Hans-Joachim Schmutzler

Handbuch Heilpädagogisches Grundwissen

Hans-Joachim Schmutzler

Handbuch Heilpädagogisches Grundwissen

Die frühe Bildung und Erziehung behinderter und von Behinderung bedrohter Kinder

HERDER

FREIBURG · BASEL · WIEN

Anmerkung des Verlags:
Wir danken den Verlagen und Rechteinhabern für die Erteilung der Abdruckgenehmigungen.
Bei einigen Texten und Abbildungen war es trotz gründlicher Recherchen nicht möglich, die Inhaber der Rechte ausfindig zu machen. Honoraransprüche bleiben bestehen.

1. Auflage der vollständig überarbeiteten Neuausgabe
(7. Gesamtauflage)

Gedruckt auf umweltfreundlichem, chlorfrei gebleichtem Papier

www.herder.de
Umschlaggestaltung: R·M·E Roland Eschlbeck / Rosemarie Kreuzer
Satz: Barbara Herrmann, Freiburg
Druck und Bindung: fgb · freiburger graphische betriebe 2006
www.fgb.de

ISBN-13: 978-3-451-29197-5
ISBN-10: 3-451-29197-5

Vorwort zur überarbeiteten und erweiterten Neuausgabe

Heilpädagogik und Früherziehung behinderter und von Behinderung bedrohter Kinder haben ihre größte Wirksamkeit zwischen Geburt und Schulanfang. In dieser Zeit extremer Lernfähigkeit entwickelt das Kind den quantitativ wie qualitativ größten Teil seiner Fähigkeiten und die Grundlage seiner Persönlichkeit.

Werden in dieser lebensentscheidenden Entwicklungsphase Schädigungen, Funktionsschwächen oder Entwicklungsrisiken nicht entdeckt bzw. nicht behandelt, dann entstehen mehr und kompliziertere Entwicklungs-, Lern-, Verhaltens- und Schulschwierigkeiten mit wachsendem Behandlungsaufwand und Belastungen für das Kind und seine Familie. Die Effizienz früher medizinischer, heilpädagogischer und psychologischer Hilfen ist hinreichend wissenschaftlich geprüft. Daher führen viele früh geförderte Kinder heute als Erwachsene ein selbständiges Leben.

Trotzdem bedarf es in der Frühförderung weiterer wissenschaftlich gesicherter Qualitätssteigerungen, um für den Einzelfall die optimale Hilfe zu entwickeln. Deshalb ist die heilpädagogische Ausbildung (Professionalisierung) und die Qualitätsverbesserung heilpädagogischer Einrichtungen eine Schlüsselfrage für die Lebenschancen entwicklungsgefährdeter Kinder, damit sie nicht zu »vergessenen Bürgern« werden – so die Ärztin und Pädagogin Montessori.

Frühe Elternberatung und soziale Hilfen, Frühdiagnostik und Frühbehandlung geschädigter und entwicklungsgefährdeter Kinder sind zentrale wie auch komplexe Aufgaben, die aber allein heilpädagogisch nicht gelöst werden können. In diesem Buch wird daher das Behinderungsproblem aus heilpädagogischer, medizinischer, soziologischer und psychologischer Sicht dargestellt. So werden z. B. familiäre, elterliche und psychosoziale Probleme mit dem behinderten Kind, seine soziale Integration in Kindergarten und Schule sowie sozialrechtliche Aspekte im soziologischen Teil behandelt.

Als heilpädagogisches Grundwissen dienen die ersten vier Kapitel dem fachübergreifenden Verständnis von Entwicklungsproblemen und Behinderungen. Die sich anschließenden Kapitel folgen der Fragestellung: Was sind und wie entstehen Behinderungen und Entwicklungsprobleme, wie kann man diese frühzeitig erkennen, was sind die spezifischen Entwicklungs-, Lern- und Erziehungsprobleme, und welche effizienten Hilfen gibt es heute?

Die jüngere Gehirnforschung hat in der Früherziehung und speziell im heilpädagogischen Bereich zum besseren Verständnis von frühen Lernmöglichkeiten, von Behinderungen, Erziehungs- und Entwicklungsproblemen beigetragen. Bei den Pädagogen haben die beeindruckenden Forschungsergebnisse große Hoffnungen auf wirksamere frühe Hilfen geweckt. Deshalb wurden im grundlegenden Teil, aber auch in den nachfolgenden pädagogisch-praktischen Kapiteln neuere neurobiologische und auch heilpädagogische Forschungsergebnisse, Definitionen, neuere diagnostische und pädagogisch-therapeutische Verfahren und international gebräuchliche Sprachregelungen eingearbeitet.

Eingefügt wurde ein neues Kapitel über die Didaktik in der Früherziehung, die sich zunehmend auch auf die moderne Gehirnforschung zum frühen Lernen beruft und ein neues pädagogisches Qualitätsniveau anstrebt. Das zeigt sich eindrucksvoll in den bayerischen oder hessischen Bildungs- und Erziehungsplänen für 0–6- bzw. bis 10-jährige Kinder und SchülerInnen. Deshalb wurden auch die Literatur- und Praxishinweise behutsamen erneuert. Praktisch hilfreiche und bewährte Informationen wurden durch neuere, vor allem empirisch abgesicherte Erkenntnisse und Hinweise ergänzt. Dieser Leitgedanke, nach wissenschaftlich gesicherten Erkenntnissen und darauf fußenden frühen und wirksamen Hilfen zu suchen, bestimmt nicht nur dieses Buch, sondern die moderne Früherziehung und Heilpädagogik insgesamt.

Diese heilpädagogische Grundorientierung gibt Studierenden ein Überblickswissen. Für die Elterninformation gibt es Praxishinweise, Anleitungen für den Umgang mit dem Kind und zur Kindbeobachtung. Heilpädagogische PraktikerInnen und LehrerInnen finden hier neben Grundinformationen auch Hilfen in Praxisbeispielen und in der weiterführenden Literatur.

Danken möchte ich für konstruktive Leserzuschriften und den Mitarbeitern des Herder-Verlages für ihre Mühe und Geduld mit dem Autor.

Hans-Joachim Schmutzler

Inhalt

1 Was ist eine Behinderung?

Die behinderten Kinder sind dazu da,
um uns die Liebe zu lehren.
(Russ. Sprichwort)

Der Begriff »Behinderungen« wird im Sinne von »anormal« seit 1958 von Egenberger in der Heilpädagogik verwendet.

Definition

Behinderung bezeichnet allgemein sowohl Schädigungen als auch Funktionsausfälle und -minderungen des Menschen, die seine Entwicklung zur selbständigen und verantwortlichen Lebensführung (Autonomie) beeinträchtigen und ihn gesellschaftlich im Vergleich zu den Gesunden graduell benachteiligen oder hilfsbedürftig machen.

Bleidick, ein führender deutscher Heilpädagoge, definiert Behinderung daher wie folgt:

»Als behindert gelten Personen, die infolge einer Schädigung ihrer körperlichen, geistigen oder seelischen Funktionen soweit beeinträchtigt sind, dass ihre unmittelbaren Lebensverrichtungen oder ihre Teilhabe am Leben der Gesellschaft erschwert werden.«[1]

Ähnlich ist dies auch im Sozialgesetzbuch definiert.

Verschiedene andere, teilweise ähnliche Begriffe gibt es im Behindertenrecht (Arbeitsförderungsgesetz, Kranken- und Rentenversicherungsrecht), im Schulrecht (Sonderschulaufnahmeverfahren), Sozialhilfe-, Straf-, Zivil-, Unfall-, Versicherungs-, Versorgungsrecht.[2]

1.1 Behinderungsarten und Klassifizierung

Behinderungseinteilungen

Die verschiedenen Einteilungen und Abgrenzungen der Behinderungsarten richten sich jeweils nach den Wissenschaften, dem Behindertenrecht und den Institutionen, die sich mit Behinderten befassen. Danach gibt es verschiedene Einteilungen:

1. Medizinische (nach Krankheitsbildern, Organschädigungen, Ursachen und Defekten);

2. Pädagogische Einteilungen (etwa nach Behinderungsformen, z. B. Blinde, nach Lernbehinderungen und vorhandenen Behindertenschulen und -einrichtungen, z. B. Frühförderstellen);
3. Sozial- bzw. versicherungsrechtliche Einteilungen, aber keine einheitlich standardisierte Klassifikation.

So ist die nachstehende Übersicht auch deswegen unvollständig, weil u. U. auch neue Behinderungen entstehen können (z. B. Strahlengeschädigte nach Tschernobyl, Dioxin-Fälle, Kehlkopflose, exogene Psychosen, gesichtsversehrte Menschen, Gliedmaßenfehlbildungen und -verluste, Mucoviscidose usw., s. S. 36)

Nachstehend sind alle Arten der Behinderungen (bzw. von Behinderten) nach ihren geläufigen Bezeichnungen aufgeführt; entsprechende Begriffe und medizinische Bezeichnungen sind in Klammern genannt.[3]

- Anfallskranke (Epileptiker)
- Altersgebrechliche
- Geisteskranke (Psychotiker)
  - Schizophrene
  - Manisch-Depressive
- Hörgeschädigte
  - Gehörlose (Taubstumme)
  - Schwerhörige
- Intelligenzgeschädigte
  - Geistigbehinderte (z. B. Mongoloide)
  - Lernbehinderte
- Körperbehinderte
  - Gliedmaßenfehlbildungen (Dysmelie) und Gliedmaßenverlust
  - Krampfgelähmte (zerebrale Bewegungsstörungen; Spastiker und Athetotiker)
  - Querschnittgelähmte
  - Kindergelähmte (Poliomyelitis)
  - Muskelerkrankte (z. B. Muskelschwund, progressive Muskeldystrophie)
  - Wirbelsäulenerkrankte (Skoliosen)
  - Erkrankungen des Zentralnervensystems (Multiple Sklerose, Spina bifida, Hydrocephalus)
  - Knochenerkrankungen (z. B. Knochenentzündungen, Knochentuberkulose, Glasknochenkrankheit)
  - Bluter (Hämophilie)
  - Patienten mit Kunstafter (Anus-praeter-Träger; Ileostomie und Kolostomie)
  - Rheumaerkrankte (Rheuma und Gelenkrheuma)

- Langfristig Kranke
  - z. B. Zuckerkranke (Diabetiker) und Nierenkranke (Dialysepatienten)
- Sehgeschädigte
  - Blinde
  - Sehbehinderte
  - Taubblinde
- Sprachbehinderte
  - Hörstumme (Aphatiker)
  - Stotterer und Polterer
  - Stammler
  - Dysgrammatiker
  - Stimmstörungen
  - Verzögerte Sprachentwicklung
  - Kehlkopflose
- Verhaltensgestörte
  - Neurotiker
  - Sozial Vernachlässigte und Verwahrloste
  - Autisten

4. Neue Einteilung der WHO: ICIDH2-Klassifikation (International classification of impairment, disability and handicaps)

Die WHO hat eine Einteilung von Behinderungen vorgelegt, die zunehmend die wissenschaftliche Diskussion und Praxis bis in die Gesetzgebung hinein bestimmt. Die zweite Fassung (1997) der Klassifikation von »Dimensions of Disablement and Health« (erste 1980) veränderte die Betrachtungs- und Definitionsweise von Behinderungen. Sie rückt ab von einer medizinisch-kausalen bzw. defektologischen Sicht und wendet sich hin zu einer finalen Sicht der Behinderungen, d. h. Ausrichtung auf die Folgen einer Behinderung und der damit verbundenen Konsequenzen

– auf individuell-persönlicher Ebene, z. B. Teilhabe an sozialem Leben, Kindergarten, Schule, Beruf, Alter;

– auf sozialpolitischer Ebene, d. h. die Rechte der Behinderten und sozialpolitische Gesetzgebung bzw. Behindertenrecht (z. B. SGB, Schwerbehindertenrecht, Rehabilitationshilfen, heilpädagogischer Förderbedarf usw.) betreffend.

Diese handlungsleitende Betrachtungsweise orientiert sich an folgenden Kategorien:

»1) impairments (function and structure) betreffen organische Schädigungen und funktionelle Störungen; 2) activity (activity limitation) definiert das Maß der persönlichen Verwirklichung; 3) participation (participation restriction) beschreibt die Teilhabe am Leben der Gesellschaft. Kontextfaktoren (persönliche wie Alter, Umweltfaktoren wie Arbeitsplatz) beeinflussen alle drei Dimensionen« (Antor/Bleidick, Handlexikon der Behindertenpädagogik, Stuttgart/Berlin 2006, S. 59).

In der Erprobung ist bereits eine neue Klassifikation: ICF. Die ICF ist eine Fortentwicklung der ICIDH (vgl. Deutsches Ärzteblatt 17 vom 23.4.2004): »Diese erlaubt eine bessere Differenzierung der Schädigungen, eine Zusammenfassung oder Trennung von Aktivitäten und Teilhabe und berücksichtigt äußere und innere Einflüsse auf Funktionsfähigkeit und Behinderung ... Die ICF stellt einen Rahmen zur Beschreibung von Gesundheit und mit Gesundheit zusammenhängenden Zuständen in einheitlicher und standardisierter Sprache zur Verfügung. Die ICF hat folgende Funktionen: Sie ist eine Konzeption zum besseren Verständnis der Komponenten der Gesundheit ... und ein theoretischer Rahmen zum Verständnis des Zusammenhangs zwischen diesen Komponenten. Sie ist ein Schema zur Klassifikation und Codierung der Komponenten der Gesundheit.«

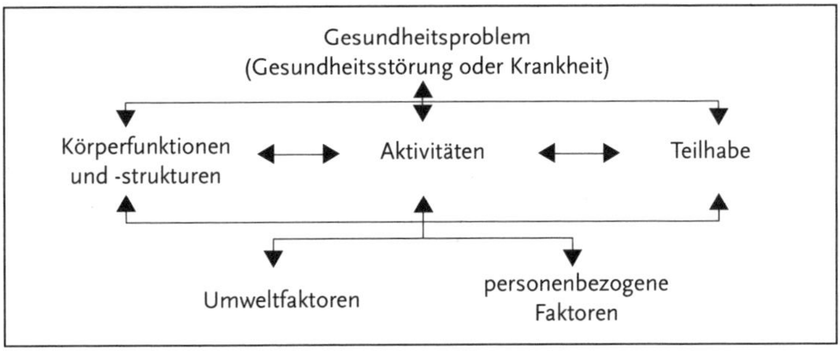

Wechselwirkungen zwischen den Komponenten der ICF

Begriffe der ICF:

»– Körperfunktionen sind die physiologischen Funktionen von Körpersystemen (einschließlich psychologischer Funktionen).

– Körperstrukturen sind anatomische Teile des Körpers wie Organe, Gliedmaßen und ihre Bestandteile.

– Beeinträchtigungen dieser Komponente (Körperfunktionen und/oder Körperstrukturen) werden als Schädigungen bezeichnet.

– Eine Aktivität ist die Durchführung einer Aufgabe oder einer Handlung (Aktion) durch eine Person.

– Teilhabe ist das Einbezogensein in eine Lebenssituation.

Beeinträchtigungen dieser Komponente (Aktivität und/oder Teilhabe) werden als Beeinträchtigungen der Aktivität bzw. Teilhabe bezeichnet« (a.a.O.).

Mit diesem Perspektivwechsel hin zu einer Betrachtung der gesamten Lebenssituation und daran ausgerichteten Förderung kann es zu einer umfassenderen und effektiveren Einzelfallgerechtigkeit kommen.

1.2 Mehrfachbehinderung als Regelfall

Die Schwierigkeiten einer einheitlichen Einteilung liegen nicht nur in den verschiedenen Zuständigkeiten, wie z. B. Medizin, Pädagogik, Versicherungs- und Arbeitsrecht usw., sondern auch in der Tatsache der Behinderung selbst: Kaum eine Behinderung ist eine einfache, sondern in der Regel eine Mehrfachbehinderung.

Definition

»Von Mehrfachbehinderten ist immer dann die Rede, wenn zwei oder mehrere Behinderungen zusammentreffen. Dies ist keineswegs die Ausnahme, sondern die Regel. Es gibt, vereinfacht rubriziert:
- *zusammentreffende Behinderungen, die zwangsläufig in einem Kausalzusammenhang (Verursachungszusammenhang, Verf.) stehen: Aus einer Behinderung (der Primärbehinderung) folgt eine zweite (die Sekundär- und Folgebehinderung), z. B. Gehörlosigkeit hat Sprachbehinderung zur Folge;*
- *Behinderungen, die nicht in einem Kausalverhältnis zueinander stehen; keine der zusammentreffenden Behinderungen ist Folge der anderen; z. B. Blindheit und Gehörlosigkeit (Taubblindheit);*
- *Behinderungen, die nicht zwangsläufig in einem Kausalverhältnis zueinander stehen: Eine Behinderung kann Folge einer anderen sein, muss es aber nicht; häufig sind die Kausalverhältnisse nicht klar ersichtlich, z. B. wenn Lernbehinderung und Verhaltensstörung sich wechselseitig bedingen.«*[4]

Pechstein fand in seinen Untersuchungen vor, dass 70 % des Mainzer Krankengutes (Kinderneurologisches Zentrum Rheinland-Pfalz, Mainz) mehrfachbehinderte Kinder sind[5], so dass eine eindeutige Zuordnung zu einer bestimmten Behinderung wie Körperbehinderte oder Lernbehinderte usw. nicht immer möglich ist. In fast allen Behindertenarten sind Mehrfachbehinderungen die Regel, d. h. eine Behinderung ist immer ein komplexes, mehrere Funktionsbereiche wie Sprache, Intelligenz, Lernverhalten usw. erfassendes und beeinträchtigendes Phänomen.

Dazu ein Beispiel:

Mehrfachbehinderungen bei zerebraler Bewegungsstörung[6]
Ein weiteres Beispiel für die Art der Mehrfachbehinderungen ergibt eine Übersicht von 444 Kindern mit zerebraler Bewegungsstörung, die 1972 im Kinderzentrum München betreut wurden. Von diesen CP-Kindern hatten/waren:

194	=	43,7 %	spastische Lähmungen,
28	=	6,3 %	Athetosen,
26	=	5,9 %	Ataxien,
17	=	3,8 %	Hypotonie-Syndrom bzw. Morbus Förster,
112	=	25,22 %	minimale zerebrale Bewegungsstörungen,
32	=	7,2 %	charakteristische Mischtypen,
35	=	7,8 %	nicht näher differenzierte zerebrale Bewegungsstörungen.

9,2 % der CP-Kinder waren nur einfach, 22 % zweifach, 32,2 % dreifach, 27,9 % vierfach, 7,4 % fünffach, 1 % sechs- bis siebenfach behindert.
An Häufigkeiten einzelner Behinderungen waren festzustellen:
9,2 % »nur« zerebrale Bewegungsstörung,
17,8 % Anfallsleiden,
43,4 % Sehbehinderung,
5,2 % Hörbehinderung,
44,5 % Sprachstörungen,
29,0 % schwere Verhaltensstörungen,
65,7 % Entwicklungsverzögerung und Intelligenzdefekte.

1.3 Behinderung als pädagogischer Begriff

Definition Eine Behinderung wird eine pädagogische bzw. heilpädagogische Aufgabe dann, wenn die Erziehung mit ihren Maßnahmen behindert wird, die Erziehbarkeit des Kindes und seine Lernfähigkeit so beeinträchtigt sind, dass die für das Leben in der jeweiligen Gesellschaft notwendigen humanen Kompetenzen (Sprache, Denken, Sozialverhalten, Schrift, Selbstversorgung usw.) nicht in dem Maße hinreichend entwickelt werden können, dass eine von Erwachsenen relativ unabhängige und selbstverantwortliche Lebensführung (Autonomie) möglich ist.

Heute gibt es neben dem Begriff der Heilpädagogik noch die Begriffe Pädagogik der Behinderten, Sonderpädagogik, Sondererziehung und Rehabilitation, die häufig synonym verwendet werden.[7]

Die Unterschiede in diesen Begriffen liegen neben historischen Gründen (Heilpädagogik ist der älteste Begriff) in den wissenschaftlichen Begründungen und Sichtweisen (Paradigmen) der Behinderungen und Behindertenpädagogik.
Bleidick unterscheidet:

Behinderungsparadigmen

1. »Das personorientierte Paradigma. Behinderung ist eine individuelle, meist medizinisch fassbare Kategorie«, d. h., »Behindertsein erscheint ... als ein absolut feststehender Defekt, als persönliches, weitgehend unabänderliches und hinzunehmendes Schicksal«, das alle sozialen und umweltbedingten Ursachen und Bedingtheiten usw. weitgehend ausblendet.[8] In diesem medizinisch-organologischen Ansatz werden der Pädagogik und Früherziehung nachgeordnete Bedeutungen und Wirkungsmöglichkeiten zugeschrieben.
2. »Das interaktionistische Paradigma. Behinderung ist ein sozialer Zuschreibungsprozess«, d. h., »Behinderung ist vom soziologischen Definitionsansatz her kein vorgegebener Zustand, sondern ein Zuschreibungsprozess von den Erwartungshaltungen der Gesellschaft«[9]. Danach werden Behinderungen bzw. Behinderte z. B. administrativ »gemacht« oder sind durch die gesellschaftlichen Umstände, Benachteiligungen usw. »bedingt«. Aus dieser Sicht gewinnt die Pädagogik und Früherziehung große Einflussmöglichkeiten, indem sie durch ihre Maßnahmen und politische Aktionen Behinderungen als Zuschreibungsprozesse (Etikettierung, Stigma, s. Kapitel 3) weitgehend verhindert oder abbaut.
3. »Das systemtheoretische Paradigma. Behinderung ist organisationssoziologisch fassbar ein Resultat von Ausdifferenzierung und Entlastung des allgemeinen Schulwesens«, d. h., »Behinderung ist eine vom komplexen Verwaltungsstatus der Großorganisation Bildungs- und Ausbildungswesen erzwungene Folge der Ausdifferenzierung. Behinderte Schüler sind jene Schüler, die mit den Mitteln der allgemeinen Schule nicht hinreichend gefördert werden können«[10] und folglich zu Behinderten erklärt und in Sonderschulen etc. eingewiesen werden oder nicht zu bestimmten Ausbildungen zugelassen werden. Dieser Ansatz trifft vor allem die lernbehinderten Kinder und Jugendlichen, Ausländer und andere sozial Benachteiligte. Hier haben z. B. Frühför-

derung, Schule und Lehrerschaft die Möglichkeit und Aufgabe, Aussonderung zu vermeiden (Prävention).

4. »Das politökonomische Paradigma. Behinderung ist ein Produkt der Klassengesellschaft«, d. h., »Behinderung ist aus den Produktions- und Klassenverhältnissen der Gesellschaft zu begreifen. Sie ist insbesondere ein Resultat kapitalistischer Ausbeutung insofern, weil die Schule für Behinderte als eine dem Arbeitsmarkt vorgelagerte Institution ein Element im Reproduktionsprozess der Gesellschaft darstellt«[11], die »Behinderte« als billige Arbeitskräfte braucht und deshalb bestimmte Gruppen aussondert. Auch hier hätten Pädagogik, Frühförderung und Schule neben ihren pädagogischen Möglichkeiten vor allem eine politisch-schulsystemverändernde und gesellschaftskritische Funktion.

Was bedeuten diese Sichtweisen für die Praxis?

Bleidick sieht als das »einigende Band« dieser Sichtweisen das »Handlungsinteresse«:

Praxisorientierung

- ➔ Der erste, medizinische Ansatz »will Defekte heilen oder bestenfalls Vorsorge treffen«.
- ➔ Der zweite Ansatz will Stigmata verhindern und abbauen bzw. das Kind »normalisieren«.
- ➔ Der dritte Ansatz »sucht die Schule als Organisation zu verbessern« und die Behinderten zu integrieren.
- ➔ Der vierte Ansatz »muss notwendigerweise die Gesellschaft verändern wollen, von der er annimmt, dass sie Behinderte produziert«[12].

Zweifelsohne ist für die Verbesserung der Lebens- und Entwicklungsbedingungen eine Synthese dieser Ansätze notwendig, aber gleichzeitig kann die Pädagogik als die dem einzelnen Kind verpflichtete Praxis nicht auf diese Synthese warten oder gar zuerst auf die Veränderung der Gesellschaft bauen, sondern sie muss unter den gegebenen Umständen jetzt und effektiv handeln. Diese Paradigmen sind für die pädagogische Praxis insofern wichtig, als sie ihr dabei helfen können, ihre Ansatzpunkte und Grenzen klar zu erkennen und auch in der Frage, wo sie sich politisch-konstruktiv für die Behinderten einsetzen muss, zur Klärung beitragen.

1.4 Dimensionen der Behinderung

1.4.1 Behinderung – ein relativer Begriff

Lebensnormen und -anforderungen

So kann z. B. eine Schädigung des Auges graduell vom totalen Funktionsausfall – Blindheit – bis zu Funktionsminderungen in Form von Kurzsichtigkeit usw. reichen. Dementsprechend unterschiedlich ist der Grad der visuellen Beeinträchtigung, Selbständigkeit bzw. Abhängigkeit nach Maßgabe gesellschaftlicher bzw. beruflicher Standards, Anforderungen und Normen, je nachdem, auf welche Tätigkeit (z. B. schulisches Lernen, Beruf) oder Lebensvollzugsform (z. B. selbständige Fortbewegung, Selbstversorgung) diese Funktionsminderung bezogen wird.

Behinderung ist also ein relativer Begriff, der das Verhältnis der Behinderung zu den Anforderungen umschreibt, die das »Leben« in seiner gesellschaftlichen Situation an den Behinderten stellt und ist davon abhängig, wie die Gesellschaft (Staat, Wirtschaft, Schule, Wissenschaft, insbesondere Medizin usw.) Behinderung definiert oder normiert.

Beispiel

Blindheit kann daher sehr unterschiedlich funktionsmindernd und individuell wie gesellschaftlich wirksam werden:

- → In Bezug auf die selbständige Lebensführung und Selbstversorgung wie Waschen, An- und Ausziehen usw. kann es durch eine frühzeitige Erziehung nur geringe Probleme geben.
- → In Bezug auf den Besuch von Kindergarten und Schule werden die Probleme schon größer, weil es nicht überall entsprechende Einrichtungen gibt, also: für Behinderte gibt es weniger Bildungsmöglichkeiten als für Nichtbehinderte, d. h., hier sind ggf. die gesellschaftlichen Schulangebote geringer.
- → In Bezug auf die Lernmöglichkeiten ergeben sich diverse technische Abhängigkeiten, spezielle Förderbedürfnisse und inhaltliche Einschränkungen.
- → In Bezug auf die Berufsausbildung und Ausübung sind enge Ausbildungs- und Zulassungsgrenzen gesetzt, wenngleich es Beispiele genug gibt, dass bestimmte Berufe voll ausgeübt werden können (so gibt es z. B. blinde Juristen, Hochschullehrer).
- → In Bezug auf die Freizeit, wo die Teilhabe am Sport, der Besuch eines Konzertes, Reisen usw. i.d.R. Begleitpersonen erforderlich machen oder sich z. B. Sportvereine gegenüber Behinderten mehr oder weniger öffnen, also gesellschaftliche Normen, Vorurteile und Wertvorstellungen wirksam werden.

Die Behinderung und Funktionsminderung ist also in Relation zu den individuell möglichen Lebensvollzugsformen und den jeweiligen gesellschaftlichen Realitäten, ihren Bildungs- und Berufsanforderungen bzw. Normen, Wertvorstellungen, den Lebensstandards usw. zu sehen. Behinderung hat also auch einen gesellschaftlichen Bezug. Demgegenüber hat Behinderung auch einen subjektiven Bezug.

1.4.2 Behinderung und subjektives Erleben

Selbstkonzept Identität

Behindertsein als Lebenszustand und Erlebnisweise umschreibt die Formen von Aktion und Reaktion des Menschen auf die persönlichen Einschränkungen und Funktionsminderungen – wie er mit seiner Behinderung umgehen und wie er mit den psychosozialen Reaktionen aus der Familie, der Schule und der Gesellschaft auf sein Behindertsein reagieren lernt. Erlebt er sich z. B. als minderwertig, verzweifelt, verlassen, oder entwickelt er ein individuelles Wohlbefinden, ein selbst- und lebensbejahendes tragfähiges Selbstkonzept, eben trotz seiner Behinderung eine individuelle und stabile Identität als eine immer wieder neu zu gestaltende Balance zwischen Ich und Umwelt?[13]

1.4.3 Behinderung – ein Prozess

Behinderungen können sich verschlimmern, ausweiten, gemildert werden oder sogar ganz verschwinden.

Behinderung: Statik und Dynamik

Bleidick spricht daher von Behinderung als »Prozessbegriff«[14], wenn Behinderungen z. B. mit der Geburt auftreten und zu Folgebehinderungen (konsekutiven Behinderungen) führen können. So kann eine Gehörlosigkeit konsekutiv (Folgewirkung einer Schädigung) Sprachbehinderungen, intellektuelle oder auch soziale Behinderungen verursachen.

Behinderungen können aber auch durch frühe und systematische pädagogische oder medizinische Maßnahmen abgebaut und geheilt werden (z. B. Bewegungsbehinderungen, Lernbehinderungen, Gaumenspalte). Schließlich können Behinderungen präventiv (vorbeugend) beseitigt werden, wenn z. B. bei angeborenen Stoffwechselstörungen eine Diät und andere medizinische Maßnahmen erfolgen und somit Intelligenzminderung und andere Schäden vermieden werden.

1.4.4 Wandel des individuellen Behinderungsbildes

Behinderungen können ihr Erscheinungsbild im Verlauf der Entwicklung verändern. Behinderungen können

Verschlimmerung und Heilung

- sich negativ verändern durch unabwendbare Verschlimmerungen (z. B. progressiver Muskelschwund, Erblindung) oder
- sich positiv verändern bis zur völligen Aufhebung der Behinderung durch medizinische oder z. B. heilpädagogische Maßnahmen oder
- vorübergehender Art sein, wenn z. B. nach einem Unfall oder einer Krankheit Funktionsausfälle bzw. -minderungen eintreten, wie z. B. bei komplizierten Knochenbrüchen, oder
- sich verfestigen, wenn z. B. eine komplizierte Meniskusoperation nicht gelingt und eine dauerhafte Versteifung des Knies eintritt.

1.4.5 Behinderung und Lebensalter

Biografische Aspekte

Behinderung steht auch in einer Relation zum Lebensalter. Wir erwerben nicht nur mit zunehmendem Alter Behinderungen aufgrund der Alterungsprozesse (z. B. Gedächtnis- und Bewegungsschwächen usw.), sondern bestimmte Behinderungen treten nur in bestimmten Altersstufen auf, wie z. B. Lernbehinderungen, bestimmte Sprachbehinderungen (z. B. Sprachentwicklungsverzögerungen) oder Verhaltensauffälligkeiten. Lernbehindert ist man in der Regel nur in Bezug auf die mehr oder weniger angemessenen Anforderungen der Schule, bzw. bestimmte Sprachbehinderungen treten nur in der Kindheit auf.

1.4.6 Behinderung und Krankheit

Krankheiten sind in der Regel vorübergehender Art. Sie können aber zu einer Behinderung werden, wenn sie ärztlich als solche festgestellt werden und dann Rehabilitationsmaßnahmen und Heilpädagogik erforderlich machen.[15]

1.4.7 Behinderung und soziale Ausgrenzung

Sozialauslese

Ein besonderes Problem stellen soziale Auslese- und Selektionsmaßnahmen dar, die Kinder oder Erwachsene mit bestimmten Funktions- oder Leistungsschwächen zu Behinderten »machen«, indem z. B. die Schul- oder Arbeitsnormen so gestaltet werden, dass eine Gruppe mit bestimmten Leistungs- oder Persönlichkeitsmerkmalen (etwa im Lernvermögen oder im Sozialverhalten) zu Behinderten gemacht wird. Man spricht hier vom »systemtheoretischen« bzw. »gesellschaftstheoretischen« Modell, wonach ein bestimmtes Schul- oder Gesellschaftssystem seine »Behinderten« mehr oder weniger absichtlich verursacht und aussondert, weil sie z. B. in der Schule oder im Arbeitsleben den Leistungsanforderungen nicht genügen oder systematisch benachteiligt werden, damit man billige und anspruchslose Arbeitskräfte verfügbar hat.[16]

1.4.8 Behinderung als pädagogische Aufgabe

Nicht jede Behinderung wird zu einer pädagogischen Aufgabe. Behinderungen, die erst im Erwachsenenalter auftreten, können, müssen aber nicht in den Bereich der Pädagogik fallen. Eine Beinamputation im Erwachsenenalter kann z. B. ohne Pädagogik »bewältigt« werden. Eine unfallbedingte Sprachbehinderung wird dagegen im Erwachsenenalter durchaus die Sprachheilpädagogik erfordern.

Soziale Zuständigkeit für Behinderungen

Danach ist die Frage der behinderungspolitischen Zuordnung relevant, d. h., ob eine Behinderung überhaupt der Pädagogik oder ob sie z. B. allein der Medizin oder anderen helfenden bzw. heilenden Instanzen als Aufgabe zugewiesen wird oder überhaupt keiner. Geistig schwerbehinderte Kinder z. B. wurden bis vor wenigen Jahrzehnten als »nicht schulfähig« zumindest von der Schulpädagogik ausgeschlossen und in der Nazi-Diktatur als »lebens-unwertes Leben« vernichtet. Die grauenhaften Bilder z. B. aus den rumänischen Kinderlagern zeigen, dass soziale Ausgrenzung und die Verweigerung jeglichen Rechts auf humane Hilfen sowie Erziehung durchaus noch zur heutigen Realität gehören.

2 Behinderung aus medizinischer Sicht

Für die Heilpädagogik bzw. Frühförderung ist die Medizin mit ihren diagnostischen und therapeutischen Möglichkeiten einschließlich der ihr nachgeordneten Heilberufe (z. B. Physiotherapeuten, Logopäden) unerlässlich.

Medizinische Aufgaben und Hilfen

Die Medizin gibt der Frühförderung Aufschluss über
- die organischen Ursachen;
- Art, Schwere und Wirkung der Schädigung (Noxe bzw. Noxen);
- die Reiz- und Informationsverarbeitung des Nervensystems (sie ist grundlegend für Lern-, Lehr- und Erziehungsprozesse);
- die Dauer und den Umfang bzw. Grad der schädigenden Einwirkung (Noxe, Noxen);
- den Zeitpunkt, zu dem diese Noxe einwirkt, weil man »annehmen darf, dass, je früher eine Schädigung eintritt, sie sich desto diffuser und schwerwiegender auswirkt; so auch, ob das betroffene Gehirn noch unreif ist oder ob es schon eine differenzierte Entwicklungsstufe erreicht hat;
- die im Bereich des ZNS (Zentrales Nervensystem) meist sehr unregelmäßig und ganz verschiedenartig lokalisierten Schädigungen (Defekte);
- die individuellen, vor allem konstitutionellen Bedingungen der Betroffenen selbst und ihrer Familie;
- die Häufigkeit des Vorkommens bestimmter Formen von Behinderungen;
- die Kombinationen mehrerer Behinderungen miteinander;
- die Notwendigkeit, das Störungsbild differentialdiagnostisch aufzuklären bzw. verbindlich einzuordnen«;[17]
- die pädagogischen Möglichkeiten, Grenzen und Belastbarkeiten des behinderten Kindes;
- die Diagnose der Normalentwicklung und ihre Abweichungen, was wiederum für Fördermaßnahmen von unerlässlicher Bedeutung ist;[18]

– die Belastbarkeit der Familie mit dem behinderten Kind, d. h., ob und wie eine Familie mit dem behinderten Kind umgehen kann, welche Therapien, Behandlungs- und Förder- bzw. Hilfsmaßnahmen angebracht und zumutbar sind, um auch die Familie vor Überlastung zu schützen. Überforderte Familien, insbesondere Mütter, können für das behinderte Kind, die ggf. vorhandenen Geschwister und die Ehe schließlich zu einem unkalkulierbaren Risiko werden.

Außerdem ist die Medizin durch medizinische Gutachten eine wichtige Instanz (in Verbindung mit dem Gesundheits-, Versorgungs- und Sozialamt) bei der Initiierung, Genehmigung, Durch- und Fortführung der Frühfördermaßnahmen.

2.1 Der Behinderungsbegriff aus medizinischer Sicht

Die Medizin sieht Behinderung vor allem von den Ursachen und ihren Folgen her. Dabei unterscheidet sie: *Schädigung, Behinderung und Benachteiligung.*

Ursachen- und Folgenkette

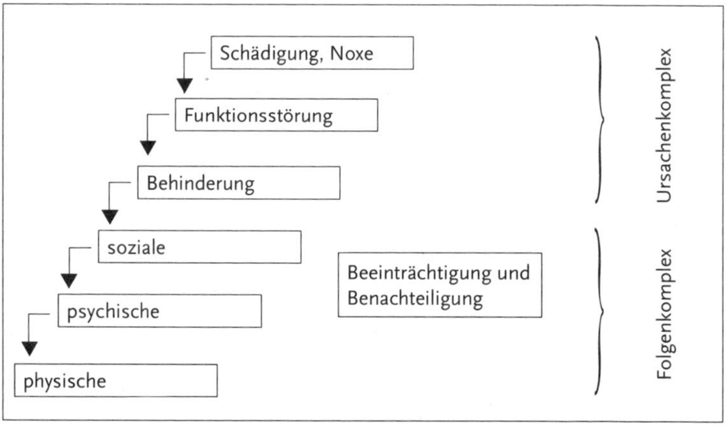

Ursachen- und Folgenkette bei einer Behinderung[19]

Die Medizin unterscheidet zwischen »Schädigung«, »Behinderung« und »Benachteiligung« als einer Ursachen-Folgen-Kette mit unterschiedlichen Auswirkungen auf den Menschen:
– hinsichtlich der Komplexität,

- der Dauer und
- der Funktionen, wie z. B. Sprache, Bewegung, Intelligenz, Sozialverhalten usw.

Nach dieser Ursachen-Folgen-Kette definiert Paul[20] im Anschluss an Riviere diese medizinischen Begriffe wie folgt:

Definition

»Wir unterscheiden: ›Einfachbehinderungen‹ von ›Mehrfachbehinderungen‹ ohne eine verbindliche Abgrenzung zwischen diesen Begriffen zu haben außer der, dass eine Funktion im Gegensatz zu mehreren Funktionen des Menschen nicht oder nicht vollständig ausgeübt werden kann. Selbst der Terminus ›Behinderung‹ ist nicht eindeutig definiert. Ich möchte Ihnen deshalb drei Definitionen von M. Riviere aus den ›Rehabilitation Codes‹ in deutscher Übersetzung vorstellen:

a) Schädigung (impairment) ist jede Abweichung von der Norm, die sich in einer fehlerhaften Funktion, Struktur, Organisation oder Entwicklung des Ganzen oder einer seiner Anlagen, Systeme, Organe, Glieder oder von Teilen hiervon auswirkt.

b) Behinderung (disability) ist jede Beeinträchtigung, die das geschädigte Individuum erfährt, wenn man es mit einem nicht geschädigten Individuum des gleichen Alters, Geschlechts und gleichen kulturellen Hintergrunds vergleicht.

c) Benachteiligung (handicap) ist die ungünstige Situation, die ein bestimmter Mensch infolge der Schädigung oder Behinderung in den ihm adäquaten psychosozialen, körperlichen, beruflichen und gesellschaftlichen Aktivitäten erfährt.

Das heißt zusammengefasst: Schädigung ist die gestaltliche Veränderung, die Behinderung ist die funktionale Auswirkung hiervon, während sich die Benachteiligung als mögliche soziale Folge der Behinderung einstellen kann.«

2.2 Probleme der Diagnose und Prognose

Entwicklungsoffenheit

Nach dem obigen Schema von Paul erfolgt aus einer primären Schädigung oder Funktionsstörung nicht zwangsläufig eine Behinderung. Sie kann es werden, wenn aus einer Wechselwirkung zwischen Individuum und Umwelt oder aus einer primären Schädigung funktionelle Ausfälle oder Minderungen entstehen.

So kann z. B. aufgrund einer minimalen Hirnstörung in einem pädagogisch ungünstigen Milieu durchaus eine Behinderung in Lese-Rechtschreib-Fähigkeit oder eine Schulschwierigkeit oder Benachteiligung (z. B. Einschränkung der Berufswahl) entstehen.

Das Zusammenwirken von Schädigungen und Folgeschäden sowie der damit möglicherweise entstehenden Behinderungen ist medizinisch nicht sofort und eindeutig oder gar endgültig abklärbar, weil es

»eine scharfe Grenze zwischen Normalem und Pathologischem ... nicht gibt, zumal die Grenzwerte immer noch gleichzeitig von vielen anderen Faktoren abhängen, die sie beeinflussen, die nicht immer leicht erfassbar sind«[21].

Fortlaufende Kontrolle

Zwar gelingt es heute »zu jedem Zeitpunkt der kindlichen Entwicklung, aus anamnestischen und momentanen Umständen, statistisch die aktuellen Entwicklungsrisiken zu erfassen«, aber »für das einzelne Kind ist eine sichere prognostische Aussage nicht möglich«, und »im 1. Lebensjahr können wegen der noch im Fluss befindlichen Hirnreifung definitive Diagnosen nicht gestellt werden«.[22] Aus dieser diagnostischen und damit auch prognostischen Unsicherheit heraus erfolgt die Notwendigkeit einer fortlaufenden Kontrolle der Kinder.

2.3 Ursachenfelder von Behinderungen (Ätiologie)

Die Ursachen von Behinderungen und Entwicklungsabweichungen sind – wie die nachstehende Übersicht zeigt – im Wesentlichen nicht erblicher oder genetischer Art, sondern exogene Schädigungen, also Einflüsse aus den Lebensumständen der Schwangeren, ihrer sozialen, ökonomischen und psychischen Situation und damit der des Kindes.

Diese Ursachen-Felder beeinflussen den Schwangerschaftsverlauf und damit die prä-, peri- und postnatale (d. h. die vor, während der Geburt und nachgeburtlich stattfindende) Entwicklung des Kindes.

Weil nicht aus jeder Schädigung eine Behinderung entsteht, aber entstehen kann, ist die Erfassung und Beobachtung der so genannten Risikokinder von entscheidender Bedeutung.

Entstehungsbedingungen von Behinderungen

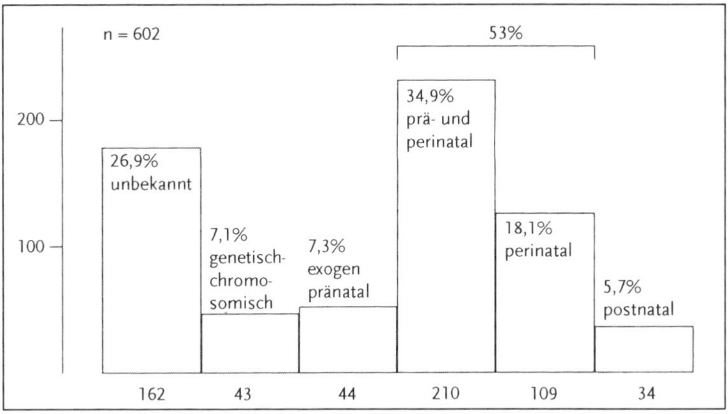

Wahrscheinliche Entstehungsbedingungen kindlicher Behinderungen. Bei der Auswertung ausführlicher, standardisierter Anamnesebögen von 602 zentralnervös geschädigten, behinderten Kindern unter Berücksichtigung des klinischen Befundes betrug der Anteil an prä- u./o. perinatalen Belastungsfaktoren mehr als 50 % (nach Kuntze und Eckart 1973).[23]

2.4 Was sind Risikokinder?

Die Ursachenforschung hat in den beiden letzten Jahrzehnten zunehmend auch die vorgeburtliche Entwicklung und die sozialen Bedingungen der Schwangerschaft einbezogen.

Schädigungszeitpunkt und Folgen

Mit Risikokindern bezeichnet Göllnitz solche Kinder, die »als potentiell gefährdet in ihrer körperlichen und geistigen Entwicklung gelten und einer besonderen Kontrolle, Fürsorge, Therapie und Förderung bedürfen.«[24] Er nennt als »Schwerpunkte der Erfassung (von Risikokindern) genetische Erkrankungen in der Aszendenz (Verwandtschaftsverhältnis in aufsteigender Linie, Verf.), pathologische Schwangerschaftsverläufe, komplizierte Geburtssituationen, Auffälligkeiten in der Neugeborenenperiode, zerebrale Krampfanfälle« usw.[25]

Es ist mit immer größerer Sicherheit erkannt worden, dass der Zeitpunkt der Schädigung entscheidend ist für den Ort, das Ausmaß und den Grad einer Schädigung. Das hängt mit den so genannten kritischen Phasen der pränatalen Entwicklung zusammen, in denen Fehlbildungen (Teratogenwirkungen) entstehen können.[26] Aus dem Schema S. 32 ist ersichtlich, dass die embryonale Phase als risikoreichste Entwicklungszeit anzusehen ist.

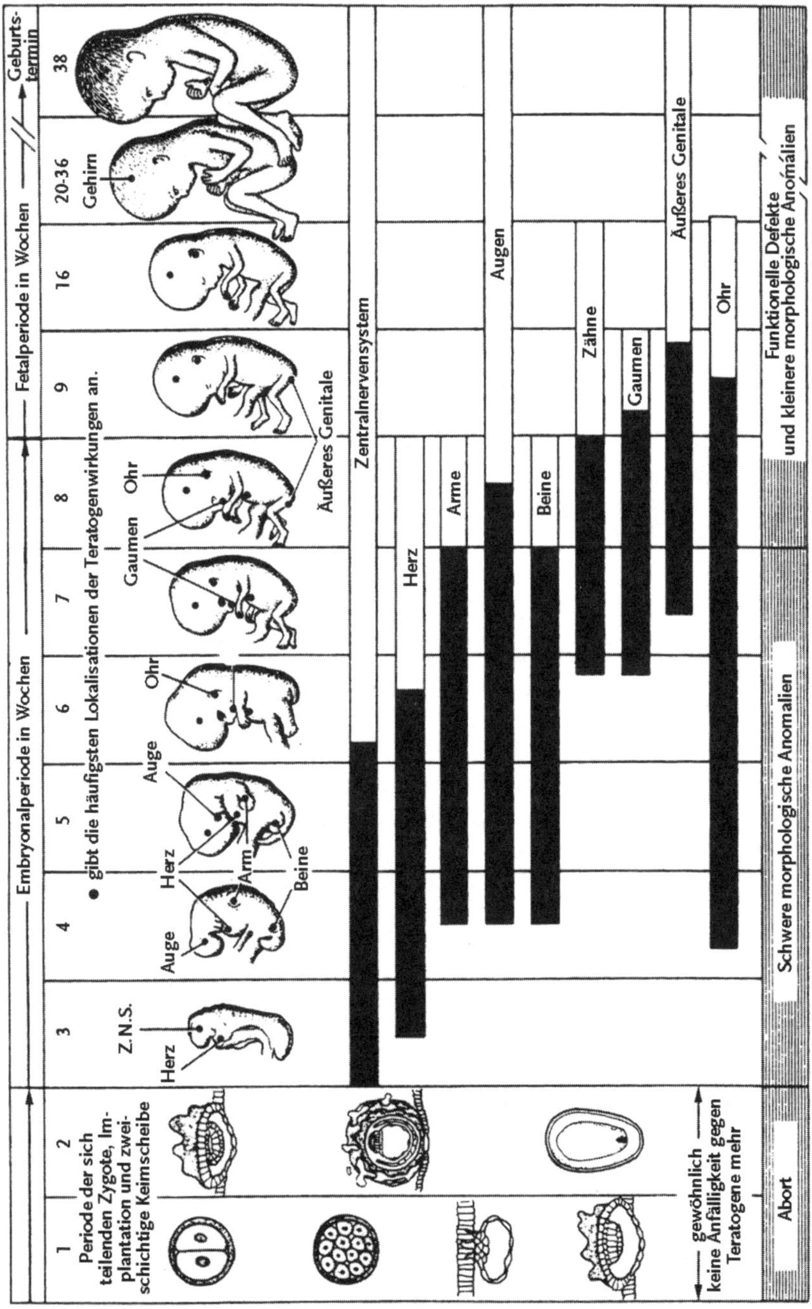
Embryonalperiode in Wochen
Fetalperiode in Wochen
Geburtstermin
1
2
3
4
5
6
7
8
9
16
20-36
38
Periode der sich teilenden Zygote, Implantation und zweischichtige Keimscheibe
● gibt die häufigsten Lokalisationen der Teratogenwirkungen an.
Herz
Z.N.S.
Auge
Herz
Arm
Beine
Auge
Herz
Arm
Beine
Ohr
Gaumen
Ohr
Äußeres Genitale
Gehirn
Zentralnervensystem
Herz
Arme
Augen
Beine
Zähne
Gaumen
Äußeres Genitale
Ohr
gewöhnlich keine Anfälligkeit gegen Teratogene mehr
Abort
Schwere morphologische Anomalien
Funktionelle Defekte und kleinere morphologische Anomalien

2.5 Zahlen über Risikokinder

Notwendigkeit früher Beobachtung

Die Zahlen schwanken erheblich. Nach Göllnitz müsste man, würden alle bekannten prä-, peri- und postnatalen Risikofaktoren zugrunde gelegt, 60 % aller Neugeborenen erfassen[27]. Flehmig zitiert Autoren, nach denen in 20–30 % aller Schwangerschaften für Feten Risikofaktoren bestehen und 10–15 % aller Neugeborenen nicht unter »optimalen Bedingungen« zur Welt kommen.[28]

Pechstein[29] nennt wiederum andere Zahlen:

Überschlägige Regel für die regionale Schätzung von medizinisch-pädagogisch-sozialem Betreuungsbedarf im Bundesgebiet aufgrund der Geburtenzahlen von 1972/73.
In Regionen mit 1 Million Einwohnern *werden geboren:*
ca. 12 000 Kinder je Jahrgang, darunter

a) 20 % = 2400 *Risikokinder*
   Belastung meist schon nach der Geburt erfassbar, spätere Entwicklung jedoch überwiegend ohne Behinderung
b) 10 % = 1200 *Überwachungskinder:*
   zumeist unter a) enthalten; in den ersten beiden Lebensjahren entwicklungsneurologisch auffällig; Beobachtung erforderlich, häufig jedoch ›Spontanremission‹ der Symptome ohne spätere Behinderung
c) 5 % = 600 *behinderte Kinder:*
   zumeist unter a) oder auch b) enthalten. Nur ein geringer Teil von ihnen – schwergeschädigte bzw. dysplastische Kinder – ist schon in den ersten Lebensmonaten diagnostizierbar. Mit dem Alter zunehmender Anteil postnataler Behinderungsursachen (psychosoziale Deprivation, Unfälle etc.)

leben im Kindesalter – 15 Jahrgänge –: ca. 9000 behinderte Kinder.

2.6 Schwangerschaft, Behinderungsrisiko und -prävention

Schon vor der Zeugung sind einige, insbesondere erbliche Risikofaktoren zu beachten, die erkennbar sind und durch das Aufsuchen einer genetischen Beratungsstelle abgeklärt werden können.

Beratungshilfen

Die Bundesregierung gibt folgende Hinweise für das Aufsuchen einer Beratungsstelle[30]:

»Werden unsere Kinder gesund sein?
Diese Frage sollte immer gestellt werden, wenn Einzelpersonen und Paare ein Risiko für ihre Kinder befürchten, weil
- *ein oder beide Partner an einer Erbkrankheit leiden oder als Überträger von Erbkrankheiten in Betracht kommen;*
- *in der Verwandtschaft mehrmals gleiche Behinderungen aufgetreten sind;*
- *bereits ein behindertes Kind geboren wurde;*
- *eine Ehe unter Blutsverwandten geplant ist oder*
- *ältere Paare sich ein eigenes Kind wünschen.*

Fachleute empfehlen besondere Aufmerksamkeit bei folgenden Krankheitsgruppen:
- *Missbildungen und Missbildungssyndrome,*
- *Stoffwechselerkrankungen,*
- *Nerven- und Geisteskrankheiten,*
- *Muskelerkrankungen,*
- *Blindheit und Sehbehinderung ohne erkennbare äußere Ursache,*
- *Taubheit oder Schwerhörigkeit,*
- *Hauterkrankungen,*
- *Störungen der Geschlechtsentwicklung (auch gehäufte Fehlgeburten),*
- *Bluterkrankheit.«*

2.7 Erbschäden und Chromosomenabnormalitäten

Obwohl diese Ursachengruppe zu den kleineren zählt, führen Schädigungen des Erbgutes zu den schwersten Fehlentwicklungen und organischen Schäden bzw. Missbildungen beim Kind.

Umweltrisiken

Verantwortlich sind dafür u. a.
- Mutationen (Veränderungen im Erbgut);
- Strahlenschäden (man denke an Hiroshima, Tschernobyl);
- Medikamente (z. B. Contergan, Hormonbehandlungen), insbesondere ärztlich unkontrollierte Medikamenteneinnahme, und
- chemische Einflüsse (Pflanzenschutzmittel);
- dioxinhaltige Umweltgifte, Blei, Cadmium, Quecksilber, Dieselruß, Schwefeldioxid, Kupfer, chlororganische Verbindungen, PCB, Benzol, Tuluol.

Chromosomenveränderungen sollen bei ca. 0,5 % aller Lebendgeborenen vorkommen.[31]

2.7.1 Chromosomenabnormalitäten oder -aberrationen

Chromosomen sind die Träger der Erbanlagen bzw. der Gene. Chromosomen bestimmen u. a. die Blutgruppe, Körpergröße und -form, beeinflussen die Intelligenz und auch bestimmte Krankheiten. Chromosomen des Menschen wurden nach ihrer Größe, Form und Anordnung gruppiert und nummeriert von 1–46 und zu 23 Paaren geordnet.

Erbanlagen und komplexe Schäden

In der Verbindung von männlichem Samen und weiblicher Eizelle werden die Erbanlagen an das Kind weitergegeben. In beiden Zellarten ist je ein Zellkern mit den Chromosomen enthalten. Angeborene Schädigungen einer Zelle, Störungen in dem Prozess der Zellvereinigung und der darauf folgenden Zellteilungen des werdenden Kindes nennt man Chromosomenabnormalitäten oder -aberrationen.

Chromosomenschädigungen führen u. a. zu Minderwuchs, Fehlbildungen innerer Organe, wie z. B. Nieren-, Herz- und Gefäßanomalien, Fehlbildungen der Geschlechtsorgane, schwacher Sexualität, Immunschwächen, Bluterkrankungen (Leukämie) usw., aber auch zu psychisch-geistigen Schwächen und Verhaltensstörungen, Passivität, Bewegungsarmut und vielen anderen Störungen.

Zu den häufigeren Formen von Chromosomenschäden gehört das Ulrich-Turner-Syndrom (organische Schäden wie z. B. Skelettmissbildungen, Minderwuchs, Sinnesschäden, Intelligenzschwäche usw.; 1: 2500 weibl. Neugeborenen) und das Klinefelter-Syndrom (1: 600 überwiegend männl. Neugeborenen, Lernbehinderte).

Zu den bekannteren Behinderungen aufgrund von Chromosomenabnormalitäten gehört das Down-Landonsche Syndrom (Mongolismus) bzw. Trisomie 21.

Auf ca. 600 Geburten entfällt ein Fall von Trisomie 21, und die Fälle steigen an, insbesondere bei Müttern ab ca. 35 Jahren. Bei den 46 paarweise angeordneten Chromosomen der menschlichen Zelle ist es bei der Trisomie 21 zu einer Störung beim Chromosom 21 gekommen, d. h., statt der zwei sind an diesem Paar drei Chromosomen, also eine Trisomie angeordnet. Das führt beim Kind zu einem komplexen Schädigungsbild mit körperlichen Merkmalen (z. B. geburtliches Untermaß und -gewicht, Zurückbleiben des Längenwachstums, häufig angeborene Herzfehler, Deformationen der Finger, überdurchschnittlich häufig Leukämieerkrankungen, vermindertes Gehirngewicht, Mongolenfalte beim Auge), Intelligenzmängel, sensorische Schäden u. v. a. ... Dieses Gesamtbild von Schwächen und Schädigungen führt trotz moderner medizinischer Hilfen zu einer stark verminderten Lebenserwartung: Bis zum Ende des 1. Lebensjahres sterben 40 % der Geburten, und nur 40 % erreichen das 6. Lebensjahr.[32]

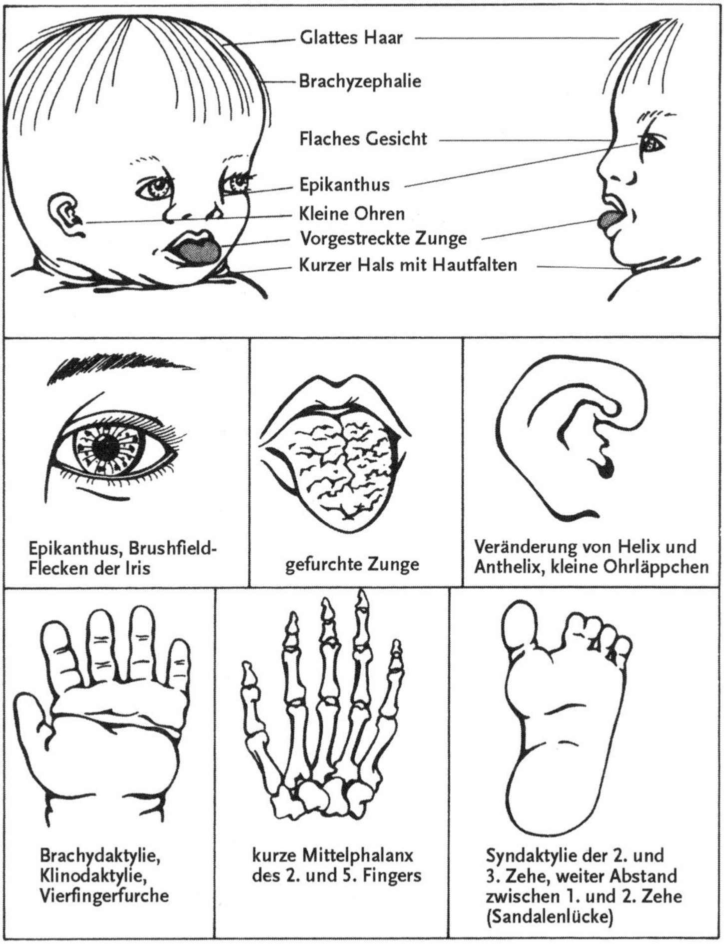

Verschiedene Symptome bei Down-Syndrom (Trisomie 21) am Gesicht, an Augen, Ohren, Zunge, Händen und Füßen[33]

2.7.2 Stoffwechsel- und Drüsenerkrankungen

Auf Erbschäden sind vielfältige Stoffwechselerkrankungen und Ernährungsstörungen zurückzuführen, die zu Schwachsinn (z. B. Lernbehinderung), zu geistiger Behinderung und beträchtlichen Lebenserschwerungen führen können. Bekannte Schädigungen sind die verschiedenen Muskeldystrophien (Muskelschwund).

Heilungsrisiken und -chancen

In den alten Bundesländern wurden 500 Jungen mit diesen Erbschäden jährlich geboren. Dieses Leiden hat – besonders vom Typ Duchenne – zzt. wenig Chancen auf Heilung, sondern eher auf Linderung.[34]

Zu den angeborenen Stoffwechselerkrankungen zählt auch die Phenylketonurie (Fehlen eines Leberenzyms), die aber durch zuverlässige Frühdiagnose und Diät gut behandelbar ist.[35]

Auch die Mucoviscidose (Cystische Fibrose) ist nicht selten. Es ist eine Erkrankung der schleim- und schweißproduzierenden Drüsen, führt zu Entwicklungsverzögerungen, chronischem Husten, weil die Schleimdrüsen ihr Sekret in die Luftwege abgeben, und außerdem zu schweren Verdauungsstörungen im Darm.

Ohne Frühdiagnose und -behandlung – das zeigen amerikanische Studien – sterben 60 % dieser Kinder im 1. und 90 % bis zum 4. Lebensjahr. Man rechnet 1 Kind auf 1000–2000 Geburten. Diese Kinder können, bei rechtzeitiger Diagnose, medizinischer Behandlung und pädagogischer Förderung sogar Spitzenleistungen in der Schule erreichen.[36]

2.8 Pränatale Risiken

Pechstein hat diese Risiken zusammengestellt.[37] Auf einige soll hier eingegangen werden.

Risikofaktoren

»Pränatale Gefährdung in der Schwangerschaft

1. *Schlechte soziale Stellung der Mutter und mangelhafte medizinisch-soziale Schwangerschaftsfürsorge.*
2. *Sehr junge oder alte Mütter (unter 18 und über 35 Jahren).*
3. *Infektionskrankheiten während der Schwangerschaft.*
4. *Andere Krankheiten der Mutter, insbesondere Diabetes, Hyperthyreose, Nephropathie, cardiopulmonale Insuffizienz.*

5. *Chemotherapeutica und andere differente Medikamente, Nikotinabusus, radioaktive Bestrahlung und große Chirurgie während der Schwangerschaft.*
6. *Blutgruppenunverträglichkeit.*
7. *Uterusblutungen während der Schwangerschaft.*
8. *Hydramnion (Fruchtwasserstörung).*
9. *Anhalt für rezidivierende Gestationsstörungen (reproductive failure).*
10. *Mehrlingsschwangerschaft.*
11. *Abnorm kurze (unter 37 Wochen) und abnorm lange (über 42 Wochen) Schwangerschaft.*
12. *Intrauterine Mangelernährung und Placenta-Insuffizienz (Hypotrophie oder ›small for dates infants‹ = untermaßige Kinder trotz normaler Schwangerschaftsdauer).«*

2.9 Infektionen (Beispiele)

2.9.1 Röteln

Schutzimpfungen

Röteln (Rubeola) sind eine Vireninfektion in der Schwangerschaft, und sie führen im embryonalen Stadium des Kindes zu Schädigungen der Augen bis hin zur Erblindung, des Innenohres (angeborene Taubheit), des Herzens, der Zähne, Wachstumsrückständen, Myokardschäden (Herzschäden), Gefäßmissbildungen und Gehirnmissbildungen einschließlich Schwachsinn.

Die Art und das Schwangerschaftsrisiko hängt ab vom embryonalen Entwicklungsstadium, in dem die Infektion stattfindet.[38] Röteln lassen sich verhindern durch Vorsorgeuntersuchungen und medizinische Prophylaxe. Doch trotz vielfältiger Aufklärung gab es 1981 noch 75 000 schwangere Frauen, die keinen Rötelschutz hatten, und 1981 wurden 300 rötelgeschädigte Kinder geboren.[39]

2.9.2 Geschlechtskrankheiten

Infektionen durch Geschlechtskrankheiten wie Herpes oder Syphilis entstehen während der Schwangerschaft oder Geburt. Die Folgen sind u. a. Mikrozephalie (zu kleines Gehirn), Hepasplenomegalie (Leber- und Milzvergrößerungen), Schwachsinn, Lippen- und Gaumenspalte, Spina bifida (angeborene Spaltbildung der Wirbelsäule) und Taubheit.[40]

2.10 Mangelernährung und Gifte in der Schwangerschaft

Zu nennen sind hier insbesondere Jod- und Protein-Kalorienmangel. Sie führen zu schweren geistigen Behinderungen, Mutismus (Sprachlosigkeit), Kleinwuchs, spastischer Diplegie (s. S. 244) sowie motorischen Abnormitäten.[41]

Am häufigsten sind Kombinationen von geistiger Behinderung und schweren Beeinträchtigungen des Gehörs und der Sprache.[42]

Wirkungen von Giften und Mangelernährung

Zu den bekannten Giften in der Schwangerschaft zählen Alkohol und Nikotin mit umfänglichen Auswirkungen (Frühgeburten, Missbildungen, Mikrozephalie, Lippen-, Kiefer-Gaumenspalte usw.). Dennoch können kleinere funktionelle Schädigungen bis zum 6. Lebensjahr kompensiert werden.[43] A. Janov[44] hat die amerikanischen Forschungen zu diesem Problem in folgende Tabelle gebracht:

Nachgewiesene oder korrelierte Wirkungen von mangelhafter Ernährung, Trinken und Drogengebrauch auf den sich entwickelnden Fetus und das Neugeborene:

1. Alkohol	Fetales Alkohol-Syndrom
	Geburtsfehler
	Faziale Dysmorphologie
	Intrauterine Wachstumsverzögerung
	Verringertes Geburtsgewicht
	Geistige Retardation
	Schäden des Nervensystems
	Krebs im Säuglingsalter
	Spontaner Abortus
2. Koffein	Geburtsfehler
	Erhöhter Hormonausstoß
3. Drogen	Anoxie (Sauerstoffmangel)
	Gehirnschäden
	Pränatale Süchtigkeit
	Postnatale chronische Lethargie
4. Mangelernährung	Adrenalinüberschuss
	Glukosemangel
	Verringertes Geburtsgewicht
	Geistige Retardation
	Prädisposition für Anorexia nervosa (Magersucht)
	Frühgeburt
	Reduzierte Anzahl von Gehirnzellen

5. Nikotin	Anoxie Verengung der Blutgefäße Intrauterine Wachstumsverzögerung Verringertes Geburtsgewicht Prädisposition für Nikotin Frühgeburt Totgeburt Intoxikation

2.11 Psychosoziale Belastungen

Schwangerschaftsbelastungen

Der Schweizer Arzt Herzka spricht von »normalen« Belastungen der Schwangeren. Dazu zählen z. B. depressive Symptome: »schwermütige Stimmung, Verlangsamung vitaler Funktionen, oft auch der Körperbewegung, Lustlosigkeit und Inaktivität, Unmöglichkeit, sich zu freuen, erschwertes Denken, Gefühl der Kraftlosigkeit und Entschlussunfähigkeit« usw., die sich in weiteren Symptomen äußern, wie z. B. »Schlaflosigkeit, Verstopfung, Herzrhythmusstörungen«, aber auch Aggressionen, Vorwürfen gegenüber der Umwelt usw.[45] Daneben gibt es aber beträchtliche psychosoziale Belastungen, die Folgen für das werdende Kind haben können.

2.11.1 Ergebnisse der prä- und perinatalen Psychosomatik

Die pränatale und perinatale Psychosomatik hat in den letzten Jahren bemerkenswerte Forschungsergebnisse über Schwangerschaftsbelastungen und Entwicklungsprobleme bei Kindern hervorgebracht.[46]

2.11.1.1 Frühgeburten und psychosoziale Belastungen

Definition

Geburten vor der 37. Schwangerschaftswoche bzw. mit einem Geburtsgewicht unter 2500 g nennt man Frühgeborene (engl.: preterm infant). Als ›extrem unreif‹ geborene Kinder heißen die mit einem Geburtsgewicht < 800 g bis < 500 g und einer Geburt von 15–16 Wochen vor dem normalen Geburtstermin. Ca. 6–7 % aller Neugeborenen sind Frühgeborene und 1–1,5 % aller Neugeborenen haben ein Geburtsgewicht < 1500 g.

Ursachen

Neben den organischen Ursachen (s. Schema)[47] gibt es auch viele psychosoziale Ursachen v. a. bei Müttern, »*die oberhalb der 30. Schwangerschaftswoche noch voll arbeiten, wobei heute die gehetzte Lebensweise, vermeidbare körperliche und seelische Belastungen, aber auch größere Reisen und Klimawechsel in einem hohen Maße zur Frühgeburt führen können.*«

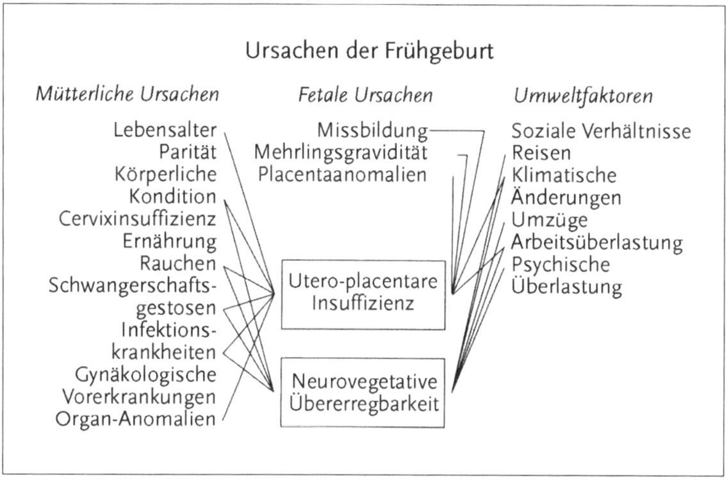

Frühgeburts-risiken

Frühgeburten sind sowohl für das Kind als auch für die Mutter/Eltern ein komplexes Risiko. Die Entwicklungsrisiken des Kindes hängen nicht nur vom Gewicht, sondern auch von der Geburtswoche und der allgemeinen Ausreifung des Kindes ab (u. a. Gehirn, Kopfumfang, Körperlänge). Ab der 24.–26. Schwangerschaftswoche steigen die Lebens- und Entwicklungschancen erheblich. Die Risiken für die Mutter/Eltern liegen v. a. in der Angst um das Überleben des Kindes, Enttäuschungsgefühlen und auch in der Hilflosigkeit bzgl. Pflege und Ernährung des Kindes sowie im Bereich sozialemotionaler und sprachlicher Interaktionen.

Bei den Kindern wurden verschiedenartige zerebrale Schäden (Gehirn) und erhöhte Krankheitsanfälligkeit festgestellt. Symptome sind u. a. Cerebralparesen, Bewegungsstörungen, Seh- und Hörbehinderungen, kognitive/intellektuelle Behinderungen, Teilleistungsstörungen, Sprachverzögerungen, Aufmerksamkeits- und sozial-emotionale Entwicklungsprobleme wie z. B. Erregbarkeit.[48]

Diese verschiedenartigen Symptome haben ein unterschiedliches Gewicht auch bzgl. der Entwicklungsprognose. Es gibt zwar Unterschiede in der Intelligenzentwicklung, d. h. einen *»signifikant niedriger(en), aber nicht so gravierende(n) Unterschied, auffallend sind aber die spastischen Diplegien (doppelseitige, zentrale Lähmung) und zerebralen Bewegungsstörungen sowie verzögerte Sprachentwicklung.«* [49]

Entwicklungschancen

Die postnatalen Folgen einer frühen Geburt, wie z. B. hinsichtlich des Schulerfolgs, werden heute aufgrund verbesserter medizinischer (der Neonatologie = med. Behandlung/Betreuung Frühgeborener, Vorsorgeuntersuchungen) und heilpädagogisch-psychologischer Hilfen für das Kind und seine Familie sowie durch die Prävention möglicher Behinderungen positiv eingeschätzt.

2.11.1.2 Angst, Stress, Schwangerschaft und Entwicklungsprobleme

Auch hier scheint es einen Zusammenhang mit postnatalen Entwicklungsproblemen bei den Kindern zu geben. Welche Folgen Angst, Stress, stressbedingter pränataler Sauerstoffmangel auf den Fetus und das Neugeborene haben können, zeigt nachstehende Übersicht auf der Basis amerikanischer Forschungen.[50]

Stressfolgen

Nachgewiesene oder korrelierte Wirkungen von stressbedingten emotionalen und psychologischen Störungen der Schwangeren auf den sich entwickelnden Fetus und das Neugeborene:

1. Anoxie (stressbedingt)	Gehirnschäden Gehirnlähmung Krippentod Epilepsie Lern- und Verhaltensprobleme Geistige Störungen Geistige Retardation Psychogener Abortus
2. Angst	Autismus Emotionale Störungen in der Kindheit Verminderter Widerstand gegen Infektionen Erhöhte Stress- und Adrenalinspiegel Übererregbarkeit im Säuglingsalter

3. Blutdruck und Herzschlag	Übererregbarkeit Abnormale Herzfrequenz Verringertes Geburtsgewicht Nahrungsmangel Sauerstoffmangel
4. Hormonale Störungen	Wachstumsstörungen Schilddrüsenüberfunktion Schilddrüsenunterfunktion Niedrige Stress-Schwelle Neurologische Schäden Frühgeburt Sexuelle und Geschlechts-anomalien verhaltensmäßige Probleme strukturelle Totgeburt
5. Unerwünschte Schwangerschaft	Missbildungen Spontaner Abortus Totgeburt

Die Schwangerschaft ist offensichtlich für das Kind ein Entwicklungsabschnitt, in dem das Wohlbefinden der werdenden Mutter, ihre psychosoziale Stabilität und ihre Lebensgewohnheiten sowie ihre wirtschaftlichen wie familiären Bedingungen Auswirkungen auf die gesunde leibliche und psychische Entwicklung des Kindes haben.

2.11.1.3 Literatur

Eine medizinische Grundlegung und pädagogisch-psychologische Orientierung zum Thema Frühgeburt bietet:

Sarimski, K.: Frühgeburt als Herausforderung. Psychologische Beratung als Bewältigungshilfe. Göttingen 2000.

2.12 Geburtsrisiken

Die Geburtsreife tritt ein, wenn die Dauer der Schwangerschaft 280 Tage, das Geburtsgewicht des Kindes mehr als 2500 Gramm und die Länge mehr als 48 cm beträgt. Das optimale Geburtsgewicht liegt zwischen 3001 und 4500 g. Der Anteil von Totgeburten, Säuglingssterblichkeit und frühkindlichen Hirnschäden nimmt in dem Maße zu, wie das Geburtsgewicht sich unter 3000 g verringert. Aber das Risiko steigt auch bei Kindern über 4500 g.[51]

Pechstein hat die wesentlichen Risiken der Geburt zusammengestellt[52]:

Risikofaktoren

»*›Perinatale‹ Gefährdung vor, unter oder nach der Geburt*

1. *Früh- oder Mangelgeburt (Geburtsgewicht unter 2500 g).*
2. *Zwillings- (bzw. Mehrlings-)geburt.*
3. *Lageanomalien des Kindes (Steißlage-Entbindung etc.).*
4. *Instrumentelle und operative Entbindungen, evtl. mit Ausnahme der unkomplizierten Beckenausgangszange (Kaiserschnitt; Zange; Wendung; Saugglocke etc.).*
5. *Mangelhafte Geburtsleitung; unsachgemäße Anästhesie; Hypo- und Hyperventilation der Mutter.*
6. *Placenta- und Nabelschnuranomalien (›Placenta praevia‹, ›vorzeitige Lösung‹, feste Nabelschnurumschlingung, Nabelschnurvorfall, Knoten und Tumoren der Nabelschnur).*
7. *Abnorme Wehentätigkeit.*
8. *Wehenschwäche und Verlängerung der Geburt, insbesondere der Austreibungsperiode; Sturzgeburt.*
9. *Verengungen des Geburtskanals, insbesondere des Beckens.*
10. *Asphyxie von mehr als 2 Min. Dauer bis zum ersten Atemzug mit künstlicher Beatmung oder mehr als 10 Min. Dauer bis zur normalen Atemtätigkeit; niedrige ›Apgar-Noten‹ (unter 7).*
11. *Schwere Gelbsucht (Ikterus gravis), Hypoglykämie, schwere oder chronische Acidose in der Neugeborenenperiode.*
12. *Jede ernsthafte Erkrankung oder Infektion in der Neugeborenenperiode, insbesondere Meningoencephalitiden.*«

2.12.1 Risiken geburtshilflicher Maßnahmen

Nach Göllnitz ist keine der verschiedenen geburtshilflichen Maßnahmen ohne Risiko. Als besonders gefährlich gelten Zangengeburten, aber auch die Sektio (Kaiserschnitt) und die Saugmethode sind nicht ohne Probleme.[53]

Geburtsprobleme und Entwicklungschancen

Zu den Geburtsrisiken gehören auch die Beckenlage-Kinder. Hier liegt der Anteil der Frühgeborenen unter 1500 g bei 10–15 % mit Folgen primärer Entwicklungsstörungen von 4–5 % gegenüber 1,5–2 % im Durchschnitt.[54]

Durch operative Maßnahmen (Kaiserschnitt, Vakuumextraktion, Zangengeburten) geborene Kinder treten häufig auf bei berufstätigen, älteren und bis zur 34. Schwangerschaftswoche tätigen Frauen. Die Kinder zeigten bei Vakuumextraktion anfängliche, aber nicht signifikante (bedeutende) Verzögerungen der Greifentwicklung.[55] Bei Zangengeburten zeigten sich durch Nachuntersuchungen bis zum 6. Lebensjahr ebenfalls Verzögerungen der Motorik (Greifentwicklung), Rechts-Links-Unterscheidung; sowohl bei Kaiserschnitt als auch bei Vakuum-Kindern wurden höhere Zahlen von Strabismus (Schielen) u. a. augenärztlich relevanten Befunden entdeckt.[56]

Im Vergleich zu normal entwickelten Schulkindern zeigten sich bei 348 verhaltensgestörten Kindern durch eine Befragung der Mütter zum Geburtsverlauf folgende Symptome (s. Abb. unten).[57]

Dringend geboten: Geburtsvorbereitung!

Durchweg wird von Fachleuten eine moderne Geburtsvorbereitung unter Einschluss des Vaters gefordert. Bekannte Verfahren der »Schule des Gebärens« sind die Methoden von Dick-Read, Lamaze und Leboyer.[58]

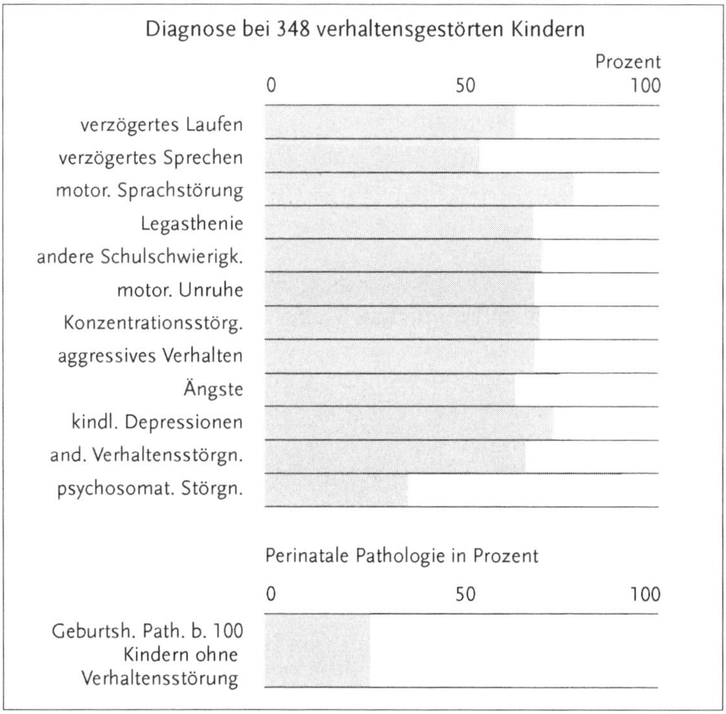

Geburtsverlauf und mögliche Folgen

2.12.2 Andere Einflüsse auf den Geburtsverlauf

Soziale Risiken

Einfluss auf den Geburtsverlauf und die postnatale Entwicklung haben auch die schlechte soziale Situation der nicht selten ledigen Mutter sowie eine ablehnende Haltung des Vaters bzw. der Familie gegenüber der Schwangerschaft. Die eigene Ablehnung des Kindes bzw. eine unerwünschte Schwangerschaft können zu kindlichen Entwicklungsstörungen wie Magen-Darm-Erkrankungen, Schlaf- und Essstörungen, viel Schreien und anderen Verhaltensstörungen führen.[59]

2.13 Geburtsbedingte Schädigungen und Verhaltensstörungen

Die perinatale Pathologie führt als Ursache von mentalen Retardierungen, zerebralen Lähmungen und so genannte minimalen kindlichen Hirnschäden den pränatalen Sauerstoffmangel an, der für mentale Retardierungen zu 85 % und für zerebrale Lähmungen zu 55 % verantwortlich gemacht wird.[60]

In den Untersuchungen zeigte sich, dass Sauerstoffmangel in der Embryonalzeit zwar die stärksten Schäden anrichtet, aber auch zum Geburtszeitraum bzw. während der Geburt noch eine beachtliche Größe darstellt.[61]

Qualität der Geburtshilfe

Nach Manzke ist die Qualität der Geburtshilfe ein entscheidender Faktor, der über die Gesundheit oder Behinderung entscheiden kann:

»Über das Schicksal der Kinder entscheidet wesentlich die Güte der Reanimation. Gelingt es innerhalb kurzer Zeit, Atmung und Herzkreislauffunktionen zu normalisieren, sind die Entwicklungschancen gut. Die Mehrzahl der überlebenden Kinder weist keine bleibenden Schäden auf.«[62]

Göllnitz stellt allerdings fest: Wenn der Atemstillstand (Apnoe) bzw. der Sauerstoffmangel (Asphyxie)

»nicht nach 5–10 Minuten behoben ist, kann, wenn das Kind überhaupt am Leben bleibt, mit Sicherheit ein schwerer Entwicklungsschaden erwartet werden. Aber auch kurzzeitige Asphyxie vermag, je nach Reifegrad des Kindes und nach verursachender Schädigung, spätere neurologische und psychische Dauerschäden unterschiedlicher

Ausprägung nach sich ziehen. Auf jeden Fall handelt es sich um ›Problemkinder‹, die bis zum Schulalter vom Pädiater und vom Kinderneuropsychiater kontrolliert und betreut werden sollten.«[63]

Problemkinder

2.14 Postnatale Risiken

Basale Eltern-Kind-Anpassung

Die ersten drei postnatalen Monate sind eine Phase der aktiven Umstellung des Säuglings auf den »sozialen Mutterschoß«, d. h. vor allem der Aufbau der Mutter-Kind-Beziehung und die Entwicklung der »sozialen Mütterlichkeit« und natürlich auch der Vater-Kind-Beziehung oder auch -Bindung. Jetzt und in den nachfolgenden ersten drei bis sechs Lebensjahren können hier für die spätere Entwicklung erhebliche Risiken entstehen, wenn diese Beziehungen bzw. Bindungen nicht oder nur sehr unvollkommen gelingen.

Humankompetenzen und postnatale Gefährdung

Es hat sich in den letzten Jahren immer deutlicher erwiesen, dass sich nicht nur das Kind an die Mutter bzw. an den Vater anpasst, sondern es vollziehen sich auch umgekehrte interaktionale Prozesse der Anpassung der Eltern an das Kind. Diese wechselseitigen Anpassungs- und Interaktionsprozesse sind für das Kind von außerordentlicher Bedeutung, insbesondere für die Gefühlsentwicklung und damit sein psychosomatisches Wohlbefinden. Weil die Gehirnentwicklung noch im vollen Gange ist und in den ersten drei Lebensjahren die Sensomotorik, fast alle Lernformen (Habituations-, Reiz-Reaktionslernen usw.) und die grundlegenden Formen der Intelligenz[64], die Sprache, die Bewegung und somit alle humanen Kompetenzen entwickelt werden, sind die postnatalen Risiken nach Pechstein ebenfalls von beachtlicher Bedeutung[65]:

Risikofaktoren

»›Postnatale‹ Gefährdung jenseits der Neugeborenenperiode

1. *Gehirn- und Hirnhautentzündungen.*
2. *Schwere Unfälle, insbesondere Kopfunfälle mit Hirnverletzungen im Straßenverkehr.*
3. *Cerebrale Impfschäden, z. B. nach Pockenimpfung.*
4. *Schwerwiegende, langdauernde Ernährungsstörungen und stoffwechselbedingte, komatöse Zustände vor allem im Säuglingsalter.*
5. *Ungenügende und ständig wechselnde mütterliche (elterliche) Zuwendung in den ersten drei Lebensjahren (weniger als täglich 4 Stunden in der Wachzeit; bei Aufenthalt in Heimen, Krippen*

oder Tagespflegenestern; bei doppelter Berufstätigkeit der Eltern oder bereits bei Betreuung von Zwillingskindern oder Geschwistern mit Geburtenabstand von weniger als 1 Jahr).

6. *Physische Kindesmisshandlung.*
7. *Erzieherisch-soziale Vernachlässigung bei Erziehungsunfähigkeit der Angehörigen.*
8. *Überprotektives, verwöhnende Erziehungshaltung der Sozialumwelt jenseits des 3. Lebensjahres (Großmutter-Erziehung; Einzelkind-Situation).*
9. *Unphysiologische, nicht entwicklungsgerechte psychophysische Leistungsanforderungen in den verschiedenen Altersstufen, z. B. durch Ganztagsunterbringung in Kindergärten und Schulen vor dem 12. Lebensjahr; durch überstrenge, überfordernde, starre Erziehungshaltung der Eltern; durch überzogene Schulanforderungen mit ständigen, demotivierenden Misserfolgserlebnissen; durch familiäre Krisen, insbesondere bei Ehescheidung der Eltern.«*

2.14.1 Beispiele für postnatale Risiken

Hirnhauterkrankungen

Besonders zu beachten sind die entzündlichen Erkrankungen, etwa der Hirnhaut (Meningitis), die sich zur Erkrankung des Gehirns ausweiten kann. Kinder zeigen Symptome, wie z. B. Bewusstseinsstörungen, Koma, Fieber, Krämpfe, Lähmungen usw.

Schädel-Hirn-Trauma

Nicht wenige Kinder erleiden beim Spielen, durch häusliche oder außerhäusliche Unfälle – insbesondere durch Verkehrsunfälle – schwere Hirnverletzungen. Aber auch Kindesmisshandlungen sind nicht auszuschließen. Folgen davon sind: Lähmungen, Sprach- und komplexe Funktionsstörungen, wie z. B. geistige Behinderung.[66]

Mangel- und Fehlernährung des Kindes

Die Frühentwicklung des Kindes und sein sich im Aufbau befindliches Nervensystem ist besonders anfällig für Mangel- und Fehlernährung, die zu Hyperaktivität und Verhaltensstörungen, Lustlosigkeit, allgemeiner Lebensschwäche, Minderung der Gehirnfunktionen, Kleinwüchsigkeit, niedriger Toleranzschwelle für Stress usw. führen.[67]

2.15 Aspekte medizinischer Frühdiagnose und -erfassung

Die Frühdiagnostik einschließlich der pränatalen Diagnostik hat sich in den letzten Jahren erheblich und so verbessert, dass es bedeutend weniger Behinderungen geben könnte, denn »Behinderungen sind in der Mehrzahl nicht schicksalhaft bedingt, sondern vielmehr weitgehend vermeidbar«[68].

2.15.1 Vorsorgeuntersuchungen der Mutter

Mutterpass und Vorsorgeschein berechtigen nach ärztlichem Attest zu kostenlosen Vorsorgeuntersuchungen.

Viele Risiken können erkannt und früh behandelt werden. Das zeigen die

Vorsorgeschema und Risiken

»zehn Beispiele für Schwangerschaftsrisiken, die durch Früherkennung zu meistern sind:

Schwangerschaftsrisiken
1. Schwangerschaftsvergiftungen
Der Arzt nennt sie Schwangerschaftstoxikosen. Sie sind an erhöhtem Blutdruck, Ödemen, Eiweiß im Urin usw. zu erkennen.

2. Rhesus-Unverträglichkeit
Eine Blutuntersuchung der Mutter kann schon früh klären, ob sich ihr Blut mit dem ihres Kindes verträgt.

3. Zuckerkrankheit
Die Urin- und Blutuntersuchung gibt Klarheit darüber, ob die Schwangere Diabetes hat oder nicht.

4. Schwere Blutarmut
Eine behandlungsbedürftige Blutarmut wird bei den routinemäßigen Blutuntersuchungen der Schwangerenvorsorge sicher erkannt.

5. Infektionskrankheiten
Treten ansteckende Krankheiten (Röteln, Virusinfektionen, Toxoplasmose, Listeriose usw.) während der Schwangerschaft auf, kommt es bei der Beurteilung des möglichen Risikos vor allem auf die Art, die Schwere und auch den Zeitpunkt der Erkrankung an.

6. Innere Krankheiten
Bei Störungen des Herz- und Gefäßsystems, der Lunge, der Leber oder der Nieren kann der Arzt schon frühzeitig eventuellen Risiken für Mutter und Kind begegnen.

7. Übergewicht
Weil sich Übergewicht nachteilig auf Schwangerschaft und Geburt auswirken kann, wird der Arzt möglicherweise eine Diät verordnen.

8. Rauchen und Missbrauch von Drogen
Nikotin beeinträchtigt die Entwicklung des Babys im Mutterleib. Alkohol, Medikamente, die nicht ausdrücklich vom Arzt verordnet wurden, oder Rauschgift können zu erheblichen Gesundheitsstörungen des Kindes führen. Hier hilft nicht Früherkennung, sondern Früherkenntnis: Verzicht auf alles, was dem Baby schaden könnte.

9. Störungen bei früheren Schwangerschaften
Hatte die Schwangere bereits früher einmal eine Fehl- oder Frühgeburt, können wirksame Maßnahmen für einen normalen Verlauf der Schwangerschaft ergriffen werden.

10. Komplikationen bei der Geburt
Es gibt eine Reihe von Anzeichen, die auf Schwierigkeiten während des Geburtsvorgangs hinweisen können. Zum Beispiel eine falsche Lage des Kindes, ein zu enges Becken der Mutter, Mehrlingsschwangerschaften usw. In diesen Fällen wird durch Spezialuntersuchungen dafür gesorgt, das Risiko bei der Entbindung so gering wie möglich zu halten.«[69]

2.15.2 Vorsorgeuntersuchungen des Kindes

Pflicht zu regelmäßiger Kontrolle

Zu den Hauptaufgaben der Eltern gehört, dass das Kind zu den Vorsorgeuntersuchungen gebracht wird. Leider ist es aber so, dass zu den letzten Untersuchungen nur noch 58 % der Kinder gebracht werden. Dies ist ein schweres Versäumnis, weil die Aufdeckungswahrscheinlichkeit von Behinderungen oder Entwicklungsstörungen mit dem zunehmenden Alter des Kindes deutlich zunimmt bzw. zuverlässiger wird. Werden durch mangelnde regelmäßige Kontrollen Schäden und Funktionsschwächen nicht rechtzeitig entdeckt, so kommt es zu Verhaltensschwierigkeiten und Lernverzögerungen besonders im Sprach- und Bewegungsbereich, wenn nicht gar zu Behinderungen.[70]

2.15.3 Hinweise für Eltern

Eltern sollten mit ihrem Kind den Arzt aufsuchen, wenn folgende Symptome erkennbar sind[71]:

»Hinweise für das Vorliegen eines Entwicklungsrückstandes
Solange der Entwicklungstest noch nicht standardisiert, objektiviert und validiert ist, muss seine Beurteilung dem erfahrenen Arzt überlassen bleiben. Immerhin geben bestimmte Entwicklungsstörungen in den verschiedenen Monaten des ersten Lebensjahres den Eltern auch einen Hinweis darauf, dass bei ihrem Kind möglicherweise ein Entwicklungsrückstand vorliegt. Die nachfolgenden Tabellen sollen den Eltern zeigen, wann sie ihr Kind unbedingt zu einer eingehenden kinderärztlichen Untersuchung bringen müssen, damit der vorhandene Entwicklungsrückstand in einer bestimmten Funktion so früh wie möglich genauer diagnostiziert und einer entsprechenden Behandlung zugeführt werden kann.

Für die Beurteilung der Kriechentwicklung ist es wichtig, das Kind auf den Bauch zu legen; die Prüfung der Entwicklung des Sitzens erfolgt in Rückenlage. Bei der Entwicklung des Stehens und Gehens wird das Kind in den Achselhöhlen gehalten. Die Prüfung der Entwicklung des Greifens und der Handbeherrschung erfolgt in den ersten 5 Monaten in Rückenlage, vom 6. Monat an beim Sitzen auf dem Schoß an einem Tisch. Bei der Prüfung der Sozialentwicklung sollten sich die Eltern so weit wie möglich mit dem Gesicht dem Kind nähern.

Tabelle 1
Mögliche Störungen der Entwicklung des Kriechens

Beobachtungshinweise

Suche den Arzt auf,
- wenn dein Kind am Ende des 1. Monats den Kopf noch nicht für einen Augenblick heben kann,
- wenn am Ende des 2. Monats dein Kind den Kopf noch nicht 5 cm hoch halten kann,
- wenn es am Ende des 3. Monats den Kopf noch nicht eine Minute lang so hoch halten kann, dass das Gesicht senkrecht zur Unterlage gehalten wird,

- wenn am Ende des 4. Monats dein Kind noch nicht aus der Bauchlage in die Rückenlage rollen kann,
- wenn es am Ende des 5. Monats sich noch nicht aktiv aus der Bauch- oder Rückenlage zur Seite dreht,
- wenn es am Ende des 6. Monats in Bauchlage noch nicht mit einer Hand zum Spielzeug greift,
- wenn es am Ende des 8. Monats noch nicht rückwärts kriechen kann,
- wenn es sich am Ende des 9. Monats noch nicht um die eigene Achse dreht und vorwärts kriecht,
- wenn es am Ende des 11. Monats noch nicht auf allen Vieren kriechen kann.

Tabelle 2
Mögliche Störungen der Entwicklung des Sitzens
Suche den Arzt auf,
- wenn dein Kind am Ende des 2. Monats nicht symmetrisch heftig strampelt,
- wenn dein Kind am Ende des 3. Monats den Kopf nicht wenigstens ½ Minute aufrecht hält, wenn es beim Sitzen festgehalten wird,
- wenn es am Ende des 4. Monats bei Heranziehen aus der Rückenlage den Kopf noch nach hinten kippen lässt,
- wenn am Ende des 5. Monats der Kopf nicht sicher gehalten wird und beim Heranziehen an den Händchen aus Rückenlage nicht zwischen den Schultern gehalten wird,
- wenn am Ende des 7. Monats das Kind sich an den angebotenen Fingern nicht selbst zum Sitzen hochzieht,
- wenn es am Ende des 9. Monats noch nicht längere Zeit mit gutem Gleichgewicht sitzen kann oder sich um die eigene Achse dreht,
- wenn es am Ende des 11. Monats noch nicht mit ausgestreckten Beinen sitzen kann.

Tabelle 3
Mögliche Störungen der Entwicklung des Stehens und Gehens
Suche den Arzt auf,
- wenn dein Kind am Ende des 4. Monats sich beim Aufrechthalten unter den Achseln noch nicht auf Zehenspitzen stützt,
- wenn es am Ende des 6. Monats beim Aufrechthalten noch nicht auf den Zehenspitzen tanzt,

- wenn es am Ende des 8. Monats noch nicht kurz stehen kann, wenn es mit den Händen gehalten wird,
- wenn es am Ende des 10. Monats sich noch nicht am Laufstall oder an Möbeln zum Stehen hochzieht,
- wenn es am Ende des 11. Monats noch nicht an Möbeln und anderen Gegenständen seitwärts geht,
- wenn es am Ende des 12. Monats an der Hand noch nicht einige Schritte gehen kann.

Tabelle 4
Störungen der Greif-Entwicklung
Suche den Arzt auf,
- wenn dein Kind am Ende des 2. Monats die Rassel noch nicht eine kurze Zeit festhält,
- wenn es am Ende des 3. Monats seine Hände nicht anschaut,
- wenn es am Ende des 5. Monats die Hand noch nicht sicher zum Spielzeug führen kann,
- wenn es am Ende des 6. Monats noch nicht einen Würfel greift,
- wenn es am Ende des 8. Monats noch keinen Knopf zwischen Daumen und Zeigefinger halten kann,
- wenn es am Ende des 9. Monats noch nicht aus der Tasse zu trinken versucht oder ein Tuch vom Kopf nimmt,
- wenn es am Ende des 12. Monats mit einer Hand noch nicht zwei kleine Würfel festhalten und das Spielzeug dem Erwachsenen hinreichen kann.

Tabelle 5
Störungen des Gesichts- und Gehörsinnes
Suche den Arzt auf,
- wenn dein Kind am Ende des 1. Monats das Licht einer Taschenlampe nicht mit seinen Augen ein wenig nach rechts und links verfolgt,
- wenn es am Ende des 2. Monats nicht auf eine Glocke hört oder eine Rassel von einer bis zur anderen Gesichtsseite verfolgt,
- wenn es am Ende des 3. Monats nicht mit seinen Augen nach dem Ton einer Glocke sucht,
- wenn es am Ende des 4. Monats die Rassel in der Hand nicht anschaut,
- wenn es am Ende des 5. Monats nicht aufhört zu weinen, wenn die Mutter singt oder wenn es Musik hört,

- wenn es am Ende des 6. Monats nicht mit Sicherheit das Rascheln von Seidenpapier außerhalb seines Gesichtsfeldes hört,
- wenn es am Ende des 7. Monats nicht mit dem Würfel auf den Tisch schlagen kann,
- wenn es am Ende des 8. Monats nicht bei einer Unterhaltung zuhört,
- wenn es am Ende des 9. Monats nicht 2 Würfel aneinander schlagen kann,
- wenn es am Ende des 10. Monats ein kleines Spielzeug nicht vom Tisch werfen kann,
- wenn es sich am Ende des 12. Monats nicht für Autos interessiert.

Tabelle 6
Störungen der Sprachentwicklung
Suche den Arzt auf,
- wenn dein Kind am Ende des 1. Monats nie vor der Mahlzeit schreit,
- wenn es am Ende des 4. Monats nicht beim Ansprechen lacht,
- wenn es am Ende des 5. Monats noch nicht kleine Silben bildet (ga – ga – ga), auf dem Arm der Mutter nicht nach Gegenständen sucht, die die Mutter benennen kann (›Wo ist der Papa?‹),
- wenn es am Ende des 7. Monats sich noch nicht durch bestimmte Silbenruflaute bemerkbar macht,
- wenn es am Ende des 9. Monats noch nicht 8 verschiedene Silben nachplappert (patsch, patsch),
- wenn es am Ende des 10. Monats noch nicht den Kopf schüttelt, ›nein-nein‹ und noch nicht spontan winke-winke macht,
- wenn es am Ende des 12. Monats noch nicht wenigstens 2 Worte in Kindersprache spricht oder auf Musik hört oder bei Aufforderung ›Bring mir den Ball!‹ den Ball sucht und ihn holt.

Tabelle 7
Sozialentwicklung
Suche den Arzt auf,
- wenn dein Kind am Ende des 1. Monats sich durch Hautkontakt oder Stillen nicht beruhigt,
- wenn es am Ende des 2. Monats beim Ansprechen durch die Mutter nicht mit den Augen hinschaut,

- wenn es am Ende des 3. Monats nicht lacht, wenn ein Erwachsener ganz nah hinsieht, mit dem Kind spricht und das Gesicht bewegt,
- wenn es am Ende des 4. Monats sich nicht freut, wenn mit ihm gespielt wird,
- wenn es am Ende des 5. Monats nicht aufhört zu weinen, wenn man mit ihm spricht, bzw. wenn es freundlich und böse in Mimik und Sprache nicht unterscheiden kann,
- wenn es am Ende des 6. Monats die Ärmchen nicht ausstrecken will, um hochgenommen zu werden,
- wenn es am Ende des 7. Monats nicht ›eia‹ machen kann (Gesicht an die Wange anschmiegen),
- wenn es am Ende des 8. Monats nicht gegenüber fremden Personen »fremdelt«,
- wenn es am Ende des 9. Monats sich nicht hinter Möbeln verstecken will oder sich nicht ärgert, wenn ihm das Spielzeug weggenommen wird,
- wenn es am Ende des 10. Monats etwas nicht nachmacht, über das gelacht wurde,
- wenn es am Ende des 11. Monats noch nicht beim Trinken aus der Tasse hilft und Zwieback allein essen kann,
- wenn es am Ende des 12. Monats noch nicht selbständig mit dem Löffel essen will und mit seinem Spiegelbild spielt.

Motoskopische Untersuchungen

Der Begriff der motoskopischen Untersuchung (aus dem Lateinischen movere = bewegen und aus dem Griechischen skopein = betrachten) wurde von Milani in die ärztliche Diagnostik eingeführt. Er bedeutet so viel wie genaue Diagnostik bestimmter Bewegungen und Bewegungsstörungen, um zerebrale Bewegungsstörungen im Hinblick auf eine neurophysiologische Behandlung so früh wie möglich erkennen zu können.

Der Säugling muss völlig entkleidet sein; ohne dass er angefasst wird, betrachtet man zunächst seine spontanen Bewegungen in Bauch- und Rückenlage. Der Untersucher bringt anschließend den Säugling in verschiedene horizontale und vertikale Positionen und betrachtet, ob dieser in der Lage ist, den Kopf hochzuhalten, bestimmte Stützreaktionen vorzunehmen usw. Wichtig ist dabei die Beachtung des Alters des Kindes, denn die entscheidende Beurteilung bei der Motoskopie stellt die Fähigkeit des Säuglings dar, sich entgegen der Schwerkraft aus der Horizontalen in die Vertikale aufzurichten und dabei in verschiedenen Altersstadien typische Bewegungsmuster zu zeigen.

Primitive frühe Nahrungsreflexe

Siehe Kap. 5.7.6

In den ersten Wochen und Monaten nach der Geburt bestehen noch primitive Reflexe, die nach und nach abgebaut werden müssen, damit eine Entwicklung zum aufrechten Gang sich vollziehen kann. So ist der Schluckreflex, mit dessen Hilfe der junge Säugling automatisch bei Nahrungsaufnahme schluckt, etwa bis zum 5. Lebensmonat vorhanden. Der Saugreflex, durch den schon das Neugeborene bei der Berührung der Lippen zu saugen anfängt, ist etwa bis zum 4. Monat nachprüfbar. Beim Suchreflex wendet sich das Kind, wenn es hungrig ist, bei Berühren des Mundwinkels mit dem Kopf in eine bestimmte Richtung. Diese Reflexe müssen sicher abgebaut sein, wenn das Kind mit Hilfe seiner Mundmuskulatur Sprachbewegungen machen soll.

Primitive Körperreflexe

Siehe Kap. 5.7

Beim Rückgratsreflex streicht man am Rücken des Kindes neben der Wirbelsäule von oben nach unten auf einer Seite, dadurch wird das Becken des Kindes auf der gleichen Seite nach oben gezogen. Dieser Reflex besteht nur in den ersten 2 Monaten.

Um den so genannten asymmetrisch-tonischen Nackenreflex zu prüfen, wird der Kopf des Kindes in Rückenlage auf eine Seite gedreht. Daraufhin streckt sich der Arm, auf den das Gesicht nunmehr schaut, horizontal vom Körper weg, während der andere Arm gewinkelt zum Hinterkopf des Kindes zeigt. Dieser Reflex wird vom 4. Monat an allmählich abgebaut und muss im 7. Monat verschwunden sein.

Der Hals-Stellreflex lässt sich dadurch auslösen, dass der Säugling aus der Rückenlage schnell zur Seite gelegt wird. Es folgt dann die Schulter wegen der noch fehlenden Fähigkeit der selbständigen Drehung zum Kopf und Körper nach. Das Kind dreht sich gewissermaßen total. Dieser Hals-Stellreflex sollte bereits im 3. Monat verschwunden sein.

Stell- und Gleichgewichtsreaktionen

Etwa zwischen dem 4. und 6. Monat müssen die meisten primitiven Reflexmuster nach und nach abgebaut sein. Sie werden durch Muster ersetzt, welche die Stell- und Gleichgewichtsreaktionen ermöglichen. Beides ist aber Voraussetzung für normales Sitzen, erst recht für das Stehen und Gehen.

Eine Gleichgewichtsreaktion im Sitzen mit Abstützen nach vorne sollte vom 6. Monat an, mit Abstützen zur Seite vom 8. Monat an und mit Abstützen nach hinten vom 10. Monat an vorhanden sein. Das Stehen ohne Gleichgewicht sollte sich allmählich vom 10., mit Gleichgewicht vom 11. Monat an entwickeln. Ein normaler Säugling sollte vom 11. Monat an krabbeln, vom 12. Monat an mit Gleichgewicht gehen können.«

2.16 Frühtestverfahren für Eltern und Erzieherberufe

Kindbeobachtung in der Familie

Schon der Begründer des deutschen Kindergartens, Friedrich Fröbel, forderte Mitte des letzten Jahrhunderts eine regelmäßige Beobachtung und Tagebuchführung über die Kindesentwicklung. Heute gibt es einfache Verfahren, wie z. B. den Entwicklungskalender[72] oder die bilderreiche Darstellung über »Die ersten 365 Tage im Leben eines Kindes«.[73]

Kiphards Buch, »Wie weit ist ein Kind entwickelt?«[74], richtet sich auch an Eltern und Erzieherinnen und ermöglicht es, ihr Kind zu beobachten und grobe Entwicklungsrückstände aufzudecken.

Von diesen einfachen Beobachtungs- und Siebverfahren sind nachfolgende Verfahren zu unterscheiden:

- Statistisch teilweise abgesichert, d. h. mit größerer Zuverlässigkeit und Genauigkeit arbeitet man mit der von Hellbrügge u. a. entwickelten »Münchener Funktionellen Entwicklungsdiagnostik«, die angewendet werden kann von Kinderärzten, Psychologen und für das Testen ausgebildeten Pädagogen. Sie reicht vom 1.–3. Lebensjahr.
- Zu den bekannten und teststatistisch zuverlässigeren Verfahren zählen auch die Denver-Entwicklungsskalen, die 85–100 % der Säuglinge und Keinkinder von 0–6 Jahren mit Entwicklungsverzögerungen herausfinden können.[75]

Davon gibt es verschiedene Versionen (lang–kurz), die wenig Zeit beanspruchen (15–20 Min.). In einem jüngeren ärztlichen Fachbuch heißt es:

»Die DES sind ein verlässliches, kostengünstiges Screening, um Kinder mit einer Entwicklungsverzögerung mit hoher Wahrscheinlichkeit zu identifizieren. Sie sind sehr geeignet, um symptomlose Kinder mit möglichen Entwicklungsproblemen zu testen und einen intuitiven Verdacht auf Verzögerungen festzustellen. Sehr effektiv sind die DES bei der Beobachtung von Kindern mit hohem Risiko, z. B. solchen mit perinatalen Problemen.«[76]

2.17 Chancen der Frühtherapie aus medizinischer Sicht

Eine Früherkennung solcher Störungen und ihre Behandlung ist nicht nur für die Gesamtentwicklung entscheidend, sondern auch aussichtsreich, sofern sie mit anderen Frühfördermaßnahmen zur sensorischen und sprachlichen Entwicklung und intensiver Elternberatung bzw. -anleitung kombiniert werden. Mit neurophysiologischen Behandlungsmethoden, z. B. nach Vojta, Bobath, Castillo-Morales, ist es

Fördereffekte

»möglich, bei leicht betroffenen Kindern eine vorhandene zerebrale Bewegungsstörung weitgehend zu bessern, so dass sie auch durch differenzierte neurologische Untersuchungen kaum noch nachweisbar sind. Schwerer geschädigte Kinder werden durch eine frühzeitig eingeleitete Behandlung in die Lage versetzt, mit den kleineren Anforderungen des Alltags – wie Waschen, Kleiden, Essen und Trinken – selbständig fertig zu werden und damit ein einigermaßen sinnvoll erfülltes Leben zu führen. Sehr schwer geschädigte Kinder können auf diese Weise pflegefähig gemacht und vor stärkeren Deformitäten oder Kontrakturen bewahrt werden.«[77]

2.17.1 Bewertung von Behinderungen und Frühtherapie aus ärztlicher Sicht

Amerikanische Ärzte kommen zu folgenden Positionen:

1. »Frühe Erlebnisse beeinflussen alle Entwicklungsbereiche. Tatsächlich lassen alle derzeitigen Forschungsergebnisse den Schluss zu, dass die Entwicklung jeder menschlichen Fähigkeit auf einer komplexen dynamischen Interaktion zwischen genetischen Faktoren und Umwelteinflüssen beruht ...

und dass Ärzte eine gewisse Möglichkeit haben, die Umweltkomponente zu beeinflussen.«[78]

2. »Verschiedene Langzeituntersuchungen nach pränatalen und perinatalen Komplikationen konnten keinen anderen stärker wirksamen Einzelfaktor als die familiären und sozioökonomischen Charakteristiken der Umwelt des Kindes nachweisen. Der Einfluss der jeweiligen sozialen Schicht kann das intellektuelle Defizit verstärken oder abschwächen. In bevorzugten Familien zeigten Kinder, die perinatale Komplikationen, Anoxie oder symptomlose intrauterine Infektionen durchmachten, im allgemeinen keine signifikanten oder nur geringe Restzustände in Nachuntersuchungen«, d. h., falls sie Behandlung erfuhren.
3. Man kann so genannte »kritische Perioden« in der Entwicklung annehmen, in der bestimmte Fähigkeiten entwickelt werden, wie z. B. die Intelligenz in den ersten vier Lebensjahren, wo die »Wachstumsrate von Gehirn und Nervensystem am größten ist«.[79]
4. »Das Fehlen von frühen Umweltreizen führt nicht allein zu einem Stillstand der Entwicklung, sondern auch zu einer echten Atrophie (allgemeine bzw. Zellrückbildung) von sensorischen Fähigkeiten und Entwicklungsrückbildung ... Daher ist es eine wichtige Aufgabe der Frühtherapie, die Entwicklungsgeschwindigkeit eines Kindes zu maximieren und nicht zu normalisieren ...«[80]
5. »Gelingt es nicht, eine Behinderung zu bessern, so kann sich die Wirkung in anderen Entwicklungsbereichen vervielfältigen oder zu weiteren sekundären Behinderungen sozialer oder emotionaler Natur führen. Man hat erkannt, dass eine Beeinträchtigung im sensorischen System oft zu Behinderungen in einem anderen System führt. Fällt auf diese Weise der ›sensorische Synergismus‹, den jedes System für ein anderes besitzt, aus, so multipliziert sich der Effekt der ursprünglichen Behinderung«, d. h. aus einem Hörschaden kann es zu visuellen Perzeptionsstörungen und umgekehrt kommen.
6. »Wird die Diagnose einer intellektuellen oder kognitiven Behinderung verzögert, so verschlechtert sich mit der Zeit die Entwicklung des Kindes gegenüber anderen«, weil das »Vorhandensein einer Behinderung die Reaktionen der Eltern, Lehrer und Betreuer in der Umgebung beeinflusst oder steuert«[81].

7. Aus ärztlicher Sicht kann die »Frühförderung ... die Wirkungen einer Behinderung verringern und verbessern und dies vielmehr als eine spätere Förderung ... Mehrere Langzeituntersuchungen weisen darauf hin, dass bis zu einem Drittel dieser Kinder normale Schulklassen besuchen, dass sie mit ihren gleichaltrigen Genossen mithalten können und Klassen nicht wiederholen müssen.
8. Eltern benötigen Modelle für gutes Erziehungsverhalten mit einem behinderten Kind und spezielle Instruktionen, wie sie mit ihm in einer natürlichen stimulierenden Weise arbeiten sollten«[82], und sie brauchen die Unterstützung in ihrem Schock, Kummer und ihrer reinen körperlichen Erschöpfung und Hilflosigkeit.

Bei aller notwendigen Spezialisierung der ärztlichen Dienste zeigt sich hier eine Gesamtverantwortung für das behinderte Kind und seine Familie sowie für ihre sozio-ökonomischen Umfeldbedingungen.

3 Behinderung aus soziologischer Sicht

Viele behinderte Kinder und Jugendliche kommen aus der sozialen Unterschicht, wie z. B. Lernbehinderte (bis zu 80 %) und Geistigbehinderte. Soziologische Sicht heißt, zu fragen: Wie wirken sich soziale Bedingungen, wie z. B. Schichtzugehörigkeit, soziale Beziehungen in der Familie, Armut, Unwissenheit usw. und die Institutionen, wie Schule und ihre organisatorischen Strukturen und Normen, ihr Handeln zum Vor- oder Nachteil der Behinderten aus? Unter welchen sozialen Bedingungen entstehen Behinderungen? Welche Rechte und Pflichten, Vergünstigungen oder Benachteiligungen bestehen für die Behinderten z. B. beim Kindergarten- oder Schulbesuch, bei der Aufnahme oder evtl. dem Ausschluss, bei der Mittel- und Stellenplanausstattung einer Frühförderstelle, im Mutterschutz usw.?

Nachdem bei Behinderungen diese sozialen Abhängigkeiten, Bedingtheiten und Folgen von Schichtzugehörigkeit, Sozial- und Bildungsstatus immer deutlicher erkannt wurden, ist es die Aufgabe einer Soziologie der Behinderten, insbesondere solche Zusammenhänge umfassender und differenzierter aufzuklären und der Öffentlichkeit zugänglich zu machen.[83]

3.1 Behinderung in ihren sozialen Abhängigkeiten

Risiko-Kinder und Risiko-Schicht

Es zeigte sich schon aus medizinischer Betrachtungsweise, dass Behindertsein mehr als zufällig mit der sozialen Wirklichkeit zu tun hat, wenn z. B. Mütter eines bestimmten Sozialstatus bzw. einer Schicht (Unterschicht) eher behinderte Kinder oder risikobeladene Frühgeburten haben als Mütter anderer, höherer sozialer Schichten. Es erwies sich immer deutlicher, dass es für Behinderung soziale bzw. psychosoziale Determinanten gibt, die Behinderungen bei der Entstehung und in ihrem weiteren Verlauf beeinflussen.

3.2 Beispiel: Frühgeburten, Unterschicht, Alter und Bildungsgrad

Psychosoziale Risikofaktoren

»Ein zunehmendes Gewicht erhalten (bei Frühgeburten und biologischen Anfangsproblemen, Verf.) ... psychosoziale Risikofaktoren. Die soziale Schicht, der Bildungsgrad und die Intelligenz der Mutter erwiesen sich für den Entwicklungsstand mit fünf und mehr Jahren – und zuvor vor allem für die Entwicklung des aktiven Sprechens – als die bedeutsamsten Prognoseindikatoren aus der Neugeborenenzeit; nur bei Kindern mit eindeutigen neurologischen Schäden standen die biologischen Risikofaktoren an erster Stelle ... sie wirken sich mit zunehmendem Alter des Kindes immer stärker aus.«[84]

Sozial benachteiligte Mütter

Besonders Mütter unter 18 Jahren und aus der Unterschicht mit wenig Erziehungswissen, ohne Unterstützung durch ein soziales Beziehungsnetz und »ohne positiv erlebte Beziehung zum Partner können zu einem erheblichen Risikofaktor für das entwicklungsgefährdete Kind werden«[85]. Diese Kumulation von Risikofaktoren zeigt sich in nachstehendem Schaubild über die Zunahme psychischer Auffälligkeiten.

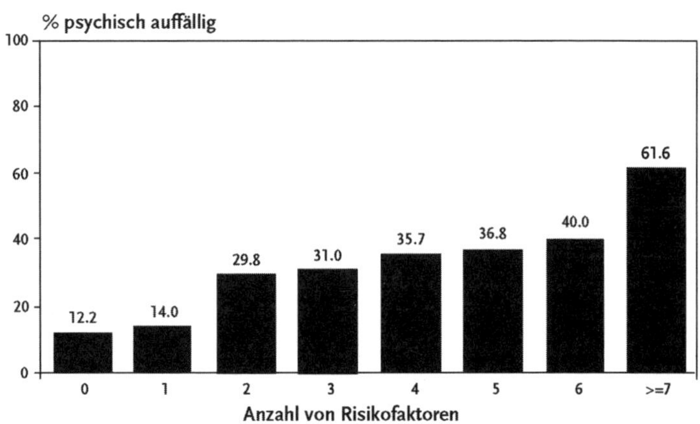

Kumulativer Effekt psychosozialer Risikofaktoren
Quelle: Laucht u. a.: Risiko- und Schutzfaktoren in der Entwicklung von Kindern und Jugendlichen. In: Frühförderung interdisziplinär 19/2000, S. 101.

3.3 Beispiel: Geistige Behinderung und Unterschicht

In einer Untersuchung (M. Liepmann) heißt es:

»Die Befunde zur sozialen Schichtzugehörigkeit weisen darauf hin, dass nicht nur – wie inzwischen bekannt – die leichteren Grade der geistigen Behinderung (IQ > 60), also die Lernbehinderung, vorwiegend ein Problem der sozial unterprivilegierten Schichten sind, sondern auch schwere geistige Behinderung (IQ < 50). Dieses Ergebnis ist unerwartet.«[86]

Die Autorin sieht die Ursachen des Zusammenhanges zwischen geistiger Behinderung und Schichtzugehörigkeit z. B. in der

»Quantität medizinischer Versorgung … sowie unzureichende(n) Mutterschutzregelungen und schichtspezifische(m) Verhalten der schwangeren Frauen (nicht zuletzt bedingt durch die ihnen angebotenen Arbeitsplätze, auf deren Gestaltung sie kaum einen Einfluss haben und die sie als typische ›Hinzuverdiener‹ akzeptieren müssen«[87].

Armutsprobleme

Die primär soziale Bedingtheit vieler Behinderungen und insbesondere der größten Gruppe – Lernbehinderungen – darf heute als feste Erkenntnis gelten: Die wirtschaftlich sozialen Daten der Eltern (keine oder niedrige berufliche Qualifikation, Arbeitslosigkeit, Gelegenheitsarbeit), ihr i. d. R. niedriger Bildungsstand, schlechte bis katastrophale Wohnverhältnisse (Obdachlosengebiete), keine kindgemäßen Erziehungsmethoden, fehlende Kindergartenplätze u. v. a. Bedingungen sind als soziale Hauptursachen für Lernbehinderung anzusehen.[88] Die Armutsproblematik hat sich nach dem Zweiten Armuts- und Reichtumsbericht der Bundesregierung (2004, S. 82) noch verschärft, und sie resümiert:

»Kinder mit erhöhtem Armutsrisiko haben häufiger als nicht arme Kinder gesundheitliche Probleme oder sind in ihrer körperlichen Entwicklung zurückgeblieben. Weitere Merkmale der Ausgrenzung armer Kinder können unregelmäßige Zahlungen von Essensgeld in Kinderbetreuungseinrichtungen, mangelnde körperliche Pflege, Auffälligkeiten im Spiel- und Sprachverhalten oder geringere Teilnahme am Gruppengeschehen sein.
Im frühen Grundschulalter setzen sich diese Ausgrenzungserscheinungen fort. Armutsfolgen zeigen sich am deutlichsten im Schulerfolg

und in der schulischen Laufbahn. Zentrale Ursachen hierfür sind in vielen Fällen eine verspätete Einschulung, Leistungsprobleme, mangelnde deutsche Sprachkenntnisse, eine fehlende Integration in die Klassengemeinschaft und eine geringe Förderung durch die Eltern.«

3.4 Historischer Abriss der gesellschaftlichen Lage und Rechte Behinderter

Für den Behinderten positive Veränderungen der gesellschaftlichen, insbesondere der finanziellen, ausbildungsbezogenen bzw. beruflichen Situation, der sozialen Einstellungen oder Wertungen gegenüber Behinderten zu bewirken, ist außerordentlich schwierig, langwierig und komplex.

Das liegt z. B. an historisch-sozial bestimmten Denkhaltungen. Das generelle Denken in Nützlichkeitskategorien, aber auch vorrationale und oft religiös begründete Einstellungen bzw. Wertungen haben den Behinderten überwiegend in eine soziale Randstellung gebracht, wenn er nicht gleich nach der Geburt getötet wurde.[89]

Krüppel wurden im griechischen Altertum (600 v. Chr.) zu Bettlern gemacht oder noch stärker verunstaltet, um ein erhöhtes Mitleid zu erregen.[90]

Mit dem Aufkommen des Christentums veränderte sich die Situation des Behinderten nur langsam:

»Zweifelsohne erlebte das Behindertenbetreuungswesen vom Ausgang des Römischen Reiches bis zum Mittelalter einen enormen Ausbau, gemessen an den Leistungen vorheriger Zeiten. Insbesondere das Existenzrecht und der Pflegeanspruch wurden theologisch begründet.«[91]

Aber auch danach gab es Rückfälle, die Verteufelung, Ausgrenzung und Vernichtung von Behinderten.[92]

Mit der Industrialisierung und einer enormen Verstärkung des Brauchbarkeitsdenkens veränderten sich auch die Stellung und die Lebenschancen Behinderter.

Für die Zeit bis zum Ende des 18. Jahrhunderts schreibt Borel über die Lage der Geistigbehinderten:

Wirtschaftlichkeitsdenken

»Geistig behinderte Menschen wurden hinsichtlich ihres Daseins diesem Rentabilitätsaspekt subsumiert. Die Lage von geistig behinderten

Menschen im ausgehenden Feudalismus ... kann als eine sich schrittweise verschlechternde Lage bezeichnet werden mit der Tendenz zur Hoffnungslosigkeit angesichts der Beurteilung ihrer Lebens- und Daseinsberechtigung unter dem Gesichtspunkt der wirtschaftlichen Verwertbarkeit. Langfristig gesehen, bedeutete die Betrachtung des Lebens geistig behinderter Menschen unter dem Gesichtspunkt der Wirtschaftlichkeit immerhin die Überwindung der Ausgrenzungsideologie: Geistig behinderte Menschen werden zum Gegenstand wissenschaftlicher und wirtschaftlicher Interessen. An der aktuellen und hoffnungslosen Lage der unmittelbar Betroffenen hat dies nichts geändert.«[93]

3.5 Behinderung und Sozialrecht

Wandel sozialer Wertungen

Man könnte glauben, dass diese Denkweisen auch heute noch dominieren, wenn Thimm über die Situation in den 1970er und 1980er Jahren schreibt:

»Die Behinderung wird sozialrechtlich vor allem als Erwerbsminderung gefasst. Viele Leistungen der Behindertenhilfe – keineswegs nur die berufsbezogenen – setzen voraus, dass ein physischer bzw. psychischer Schaden in die Kategorie ›Minderung der Erwerbsfähigkeit‹ überführt wurde – selbst für Kinder! Die vordergründige Orientierung von Rehabilitation an den Normen der Erwerbstätigkeit, die den einzelnen vor allem unter dem Gesichtspunkt seiner ökonomischen Verwertbarkeit einstuft, schlägt sich in verschiedenen Bereichen nieder ...«[94],

wie z. B. in den sozial- und schulrechtlichen Definitionen, bei den Rehabilitationsmaßnahmen und durch den Ausschluss beachtlicher Gruppen, wie z. B. Kinder, Hausfrauen, alten Menschen und Familien mit behinderten Kindern.

Auch die gesonderte Heraushebung mancher Verursachungen, wie z. B. Kriegsleiden, Berufskrankheiten und -unfälle, macht Unterschiede, die für den nicht in diese Kategorien fallenden Behinderten zu nicht nachvollziehbaren Ungerechtigkeiten führte. Auch die neue Definition »Grad der Behinderung« hat diese Unterschiede in der Praxis nicht vollständig beseitigt.

3.6 Was ist Rehabilitation?

Rehabilitation/Eingliederung/Teilhabe am sozialen Leben umfasst

»Leistungen, die notwendig sind, um
1. *eine Behinderung abzuwenden, zu beseitigen, zu mindern, ihre Verschlimmerung zu verhüten oder ihre Folgen zu mildern,*
2. *Einschränkungen der Erwerbsfähigkeit oder Pflegebedürftigkeit zu vermeiden, zu überwinden, zu mindern oder eine Verschlimmerung zu verhüten sowie den vorzeitigen Bezug von Sozialleistungen zu vermeiden oder laufende Sozialleistungen zu mindern,*
3. *ihnen einen ihren Neigungen und Fähigkeiten entsprechenden Platz im Arbeitsleben zu sichern,*
4. *ihre Entwicklung zu fördern und ihre Teilhabe am Leben in der Gesellschaft und eine möglichst selbständige und selbstbestimmte Lebensführung zu ermöglichen oder zu erleichtern sowie*
5. *Benachteiligungen aufgrund der Behinderung entgegenzuwirken (§ 10 SGB I)*

Diese Ziele der Leistungen zur Teilhabe werden im SGB IX (Rehabilitation und Teilhabe behinderter Menschen) präzisiert und im Einzelnen für die zuständigen Rehabilitationsträger geregelt.«[95]

3.6.1 Eingliederungshilfen

Eingliederungshilfen sind weiter als der Rehabilitationsbegriff gefasst und enthalten einen größeren Bereich von so genannten »Kann-Leistungen«, die auch die Frühförderung behinderter und von Behinderung bedrohter Kinder betreffen, wenn das »Vorliegen einer wesentlichen Behinderung, durch die die Fähigkeit zur Eingliederung in die Gesellschaft in erheblichem Umfang beeinträchtigt ist«[96], gegeben ist.

Diese offene Formulierung erschwert die Eingliederung einer großen Gruppe von Kindern, die man als potentiell lernbehindert bezeichnen kann. Es sind Kinder, die aus ungünstigen sozialen Verhältnissen kommen (z. B. Obdachlosensiedlungen), Entwicklungsverzögerungen insbesondere im psychischen, kognitiven, sensomotorischen, sprachlichen Bereich usw. aufweisen, aber eben nur schwache, medizinisch kaum nachweisbare und ›wesentliche‹ Behinderungen haben. Ihnen droht dann der bekannte Teufelskreis: Sie kommen aus entwicklungshemmendem Milieu, gehen in die Primarstufe, ggf. in den Schulkindergarten, bleiben in der Schule ein bis zwei Mal sitzen, gehen dann in die Sonderschule für Lernbehinderte, bekommen keinen Berufsausbildungsplatz, werden arbeitslos oder nur Gelegenheitsarbeiter und fallen so wieder in das sozial- und entwicklungsbehindernde Milieu zurück, aus dem sie gekommen sind.

3.6.2 Sozialhilfe-Prinzipien

Die Frühförderung z. B. wird u. a. nach den Prinzipien der Eingliederungshilfen (vgl. SGB IX, § 30 Frühförderung) finanziert.[97] Dementsprechend sind die Sozialhilfe-Prinzipien aufgebaut:

- das *Nachrangigkeitsprinzip*, d. h., wenn Selbsthilfe nicht möglich ist, sind unterhaltspflichtige und -fähige Angehörige 1. Grades oder Ehegatten und Hilfe von anderen Leistungsträgern zuständig;
- das *Individualisierungsprinzip*, d. h., hier entscheidet sich die Hilfe »nach der Besonderheit des Einzelfalles«;
- das *Bedarfsdeckungsprinzip*, d. h., »Sozialhilfe wird nur bei gegenwärtig vorliegendem Bedarf geleistet«[98].

Gerade diese Bedarfsermittlung eröffnet den Trägern der Sozialhilfe bei der Einrichtung von Frühförderstellen oder Sonderkindergärten und ihrer personellen, finanziellen und materiellen Ausstattung Spielräume, die überwiegend zu Lasten der Behinderten und von Behinderung bedrohten Kinder gehen.

3.7 Stigmatisierung von Behinderten

Ausgrenzung und Ablehnung

Die soziale Aus- und Abgrenzung Behinderter ist ein oft subtiler Prozess, der mit Stigmatisierung bezeichnet werden kann. Stigma (griech. = Gebrandmarkter) bedeutet, dass eine Eigenschaft, wie z. B. geistige oder körperliche Schwäche, ein »Anderssein« oder eine Behinderung in eine Relation zur so genannten »Normalität« gebracht wird und diese sich zu einem diskriminierenden Stereotyp ausbildet, wie z. B. Spasti, Krüppel. Oft wird sie mit diversen Zuschreibungen (Etikettierung, Labeling) wie Faulheit, Bösartigkeit usw. ausgestattet. Auf diese Weise wird ein unerwünschtes, abgelehntes Anderssein bezeichnet und bewertet. Stigmatisierungen sind »ein allgemeiner Bestandteil von Gesellschaft«[99].

3.7.1 Ursachen und Folgen der Stigmatisierung

Psychosoziale Beschädigung

Aus der Begegnung mit den »Normalen« und so genannten »Gesunden« können durch das Anderssein des Behinderten Stigmatisierungen und zusätzliche sozialbedingte seelische Beschädigungen entstehen. Die Stigmatisierung hängt erheblich ab von der Sichtbarkeit (Visibilität) einer Behinderung, dem Wissen von ihren Ursachen und dem Maße, in dem sie abstoßend auf die »Normalen«[100] wirkt. Sie hängt aber auch ab von epochalen Wertskalen, wie z. B. der aktuellen Hochschätzung des Leistungsprinzips und der kognitiven Kompetenzen, der Jugendlichkeit und Schönheit, Anpassungsfähigkeit und vom gesellschaftlichen Rang von Mitleid, Hilfsbereitschaft und Dienst am Schwachen usw.

3.7.2 Soziale Diskriminierung

Soziale Wertskalen

Der Behinderte, der den aus solchen Wertungen entspringenden Vorurteilen ausgesetzt ist, wird sozial diskriminiert: »Dabei reicht die Skala ... von der physischen Ausstoßung aus der Gesellschaft bis zur Zuweisung eines transzendenten Status, wie dies in einigen Gesellschaften mit Blinden oder Epileptikern geschieht«, d. h. ihnen werden besondere Kräfte oder göttliches Wirken zugesprochen.[101] Auswirkungen von Stigmatisierungen sind auf gesellschaftlicher Ebene Verdrängung, Verharmlosung, Schuldzuweisungen an den Behinderten selbst oder die Eltern, Ausgrenzung aus den Bildungseinrichtungen, Vermeidung des Anschauens Behinderter usw.; immerhin gibt es auch positiv anerkanntes Spenden-Mitleid, aber auch wertende Skalierungen der verschiedenen Behinderungsformen.

Rückwirkungen auf Behinderte und ihre Angehörigen

Stigma-Kompensation

Bei den Behinderten und ihren Eltern wiederum kommt es zu verschiedenartigen Kompensationsversuchen durch Überforderung, wie z. B. kosmetische Operationen des Kindes, um es möglichst »unauffällig« zu machen, und familiäre Selbstüberforderung, Rückzug aus der Gesellschaft und soziale Selbstisolierung.

Daneben gibt es aber auch bewusste Selbstorganisationen, wie z. B. die »Krüppelbewegung«, bis zu Attacken und Aggressionen gegenüber den so genannten »Gesunden« und »Normalen«.

3.7.3 Überwindung der Stigma-Probleme

Stigma-Management

Einen Ausweg aus diesem Dilemma zwischen Nichtbehinderten und Behinderten sieht Thimm u. a. darin, dass der Behinderte über diese Vorurteile und die Mechanismen ihrer Entstehung aufgeklärt wird und lernt, mit dem Stigma umzugehen (Stigma-Management). Umgekehrt muss die Gesellschaft über Behinderungen, ihre Entstehung usw. über die Massenmedien aufgeklärt werden. Schließlich kann die direkte Begegnung zwischen Behinderten und Nichtbehinderten vorurteilsmindernd und entstigmatisierend wirken.[102]

Hierzu sind die neuen Ansätze gemeinsamer – integrativer – Erziehung und das Normalisierungsprinzip entscheidende Voraussetzungen.

3.7.3.1 Normalisation und Integration

Die Geschichte zur sozialen Lage Behinderter hat gezeigt, dass sie vielfach abgewertet, stigmatisiert, ausgesondert (segregiert), oft von Eltern über Jahre aus Angst und Scham versteckt und in verschiedener Weise benachteiligt wurden: In pädagogischer Hinsicht wurde ihnen Bildung vorenthalten (z. B. Ausschluss vom Schulbesuch), oder sie wurde verkürzt; sie wurden als medizinisch aussichtslose Fälle behandelt, ihrer sozialen Rechte beschnitten u. v. a.

Soziale Programmatik

Diesem Zustand ein Ende zu bereiten, ist das Ziel dieser beiden für die Behindertenarbeit, das Behindertenrecht und für die Verbesserung der gesellschaftlichen Stellung des Behinderten programmatischen Begriffe: Normalisation und Integration.

Normalisation

Der Begriff Normalisierung hat seinen Ursprung in der Montessori-Pädagogik, und er meint einmal die Beseitigung aller Entwicklungshemmnisse für das Kind und gleichzeitig die Optimierung seiner Entwicklung und Lernfähigkeiten bzw. Kompetenzen, damit es zur Unabhängigkeit vom Erwachsenen, d. h. zu Selbständigkeit und Mündigkeit gelangen kann.

In der Behinderten-Pädagogik wurde der Begriff erst in den 1950er Jahren, in Deutschland noch einmal später heimisch durch den Dänen Bank-Mikkelsen, der Normalisierung wie folgt definiert:

Definition

»Unter Normalisierung versteht man: Anerkennung des geistig behinderten Menschen und seiner Behinderung; Gleichstellung des Behinderten mit anderen Bürgern des Landes; das Recht der Behinderten auf Behandlung, Unterricht und Ausbildung, die dem jeweiligen Bildungsgrad anzupassen sind, damit sie sich optimal entwickeln können.«[103]

Soziale Gerechtigkeit

Es geht hier also schlicht um die allgemeinen sozialen Rechte für alle Bürger, eben auch die des behinderten Bürgers, die ihm bisher vorenthalten wurden oder eingeschränkt waren.

Diese Definition ist jedoch insofern sehr bescheiden, als es ja zunächst um das Nachholen der generellen Gleichstellung geht und noch nicht um das aufgrund der Behinderung, also seiner in der Regel nicht selbstverschuldeten Schwäche, notwendige Mehr an Hilfen. Aber gerade dieses »Mehr« an lebensnotwendiger und vor allem früher Hilfe ist der Punkt, an dem sich das Schicksal des Behinderten entscheidet.

Die Umsetzung von Normalisation und Integration

Die Umsetzung dieser Programmatik erfasst viele Institutionen, Normen und Handlungsformen der Gesellschaft, die nach Wolfensberger für den Behinderten verändert werden müssen. Nach ihm ist Normalisation

Definition

»die Anwendung von Mitteln, die der kulturellen Norm soweit wie möglich entsprechen mit der Absicht, persönliches Verhalten ... und Charakteristika zu entwickeln bzw. zu erhalten, die den kulturellen Normen soweit wie möglich entsprechen.«[104]

Anpassungsprogramm

Normalisation als Anpassungstechnik an die Kulturnormen der jeweiligen Gesellschaft vollzieht sich praktisch nach Maßgabe eines Rollen- bzw. interaktionstheoretischen Schemas.

Wolfensberger unterscheidet dabei drei soziale Handlungsebenen und zwei Aktionsformen (Interaktion und Interpretation):

Normalisation: Interaktion und Interpretation

1. Person-Ebene: Hier entwickelt das Kind interaktiv (z. B. mit Eltern) kulturspezifische Grundverhaltensmuster bzw. -formen wie Sprache, Hygiene, selbständiges An- und Ausziehen usw.

Auf dieser Ebene werden durch die Aktionsform »Interpretation« Konzepte sozialen Ausdrucks und sozialer Wahrnehmung gelernt: Anrede, Höflichkeitsformen, situationsspezifische Deutung und Anwendung, soziale Verhaltensformen.

2. Ebene – primäre und mittlere soziale Systeme: Dazu zählen Familie, Spielgruppen, Kindergarten, Schule usw. Durch die Aktionsform »Interaktion« wird das Kind fähig, sich hier »systemadäquat« zu verhalten.

In der Aktionsform »Interpretation« lernt es z. B. die institutionsspezifischen Bedingungen, Verhaltensformen, Sitten usw. wahrzunehmen, zu deuten, zu nutzen und nach Maßgabe eigener Interessen anzuwenden oder zu beeinflussen.

3. Ebene – Gesellschaftssysteme: Hier sind die sozialen Gestaltungen wie Bildungssystem, Parteien, überregionale Verwaltungen, Verbände usw. gemeint, in denen sich Aktionsformen vollziehen und die die Lebensbedingungen des Behinderten beeinflussen. Hier werden z. B. Interpretationsmuster entworfen, wie z. B. Behinderte gesehen, beurteilt, begünstigt oder benachteiligt werden durch Gesetze, Vorschriften, Erlasse usw.

Dieses Schema zeigt die sozialen Lebensräume auf, in denen sich das Leben des Behinderten vollzieht, von denen aus es bestimmt, geleitet und auch geprägt wird durch Aktionsfreiräume, Lebenschancen, wechselseitige Interpretationsmuster zwischen Behinderten und Nichtbehinderten. In diesen sozialen Räumen bzw. Sozialisations- und folglich auch Normalisationsinstanzen konkretisieren sich die kulturellen Normen, d. h. Vorschriften und Regeln darüber, was erlaubt, verboten, erwünscht bzw. »normal« oder »nicht normal« ist. Hier vollzieht sich auch das soziale Handeln in Form von Mittelanwendungen (z. B. Erziehung, finanzieller oder materieller Hilfen) gegenüber den Behinderten.

Definition

Normalisation ist bei Wolfensberger vor allem Sozialisation durch Anpassung an kulturelle Normen und Rollen der jeweiligen Institutionen wie Kindergarten, Schule usw. Umgekehrt heißt Normalisation gegenüber den Behinderten, die Institution und ihre Aktionsformen so zu gestalten, dass Normalisation als Aufnahme des Behinderten möglich wird.

Diese soziologisch-formale, technizistische Mittelanwendung ist ergänzungsbedürftig, weil hier ein entscheidendes Moment, die Interaktionspraxis auf personaler Ebene zwischen Behinderten und Nichtbehinderten, wesentlich zu kurz kommt.[105]

3.7.3.2 Integration – ein sozialer und personaler Akt

Integration: programmatisches Handlungsprinzip

Innerhalb dieses Normalisierungsansatzes ist die soziale Integration ein programmatisches Handlungsprinzip, das die Normalisierung ermöglichen soll. Dabei geht es nicht nur um das räumliche, physische bzw. soziale Integriertsein in den sozialen Institutionen wie Kindergarten, Schule, Beruf, Vereine usw., sondern um die sozialisierende, erziehende Wirkung des Sozialen im alltäglichen Miteinander, d. h. um das Erlernen der in der jeweiligen Gruppe, Klasse bzw. Gesellschaft üblichen Kompetenzen, Einstellungen, Lebensvollzugs- und Umgangsformen usw. Erst durch dieses gemeinsame Leben und Lernen erwartet man eine entstigmatisierende, die Beziehungen zwischen Behinderten und Nichtbehinderten »normalisierende« Wirkung. Insofern vollzieht sich Normalisation durch soziale Integration, d. h. Behinderte lernen trotz ihrer Behinderung ihr Optimum an Unabhängigkeit und sozialer Teilhabe zu entwickeln, umgekehrt lernen Nichtbehinderte mit den Behinderten unbefangener, vorurteilsfreier und solidarischer zu leben und sie in ihrer personalenWürde, in ihrem »So-Sein« anzuerkennen. Dies ist eine zentrale Voraussetzung dafür, dass auch der Behinderte sich mit seinen Stärken und Schwächen selbst erkennen, selbst achten und sich in seinem »So-Sein« annehmen, also personale Integration und Identität entwickeln kann. Normalisation und Integration können in diesem Sinne auch als Weg und Ziel zur Verbesserung der psychisch-sozialen Situation und Befindlichkeit Behinderter begriffen werden.

Identität als Prozess

Bedingungen der Integration

Die bisherigen Integrationsversuche orientierten sich vielfach an den Normalisierungsprinzipien des Schweden Nirje.[106]

Nach Maßgabe seiner programmatischen Definition bestimmt Nirje acht Zielbereiche für die Normalisationspraxis:

Pädagogische Zielbereiche

1. Normaler Tagesrhythmus nach familienähnlichen Abläufen wie Schlafen, Aufstehen, Frühstücken, Schule oder Arbeit, Freizeit usw.

2. Normaler Wochenrhythmus wie alle anderen Gleichaltrigen, d. h. 5–6 Arbeitstage, Wochenende, Ausflüge usw.
3. Normaler Jahresrhythmus, wie z. B. Urlaub, Feste, Feiertage.
4. Normaler Lebenslauf, wie Familie, Kindergartenbesuch, Schule, Beruf, Ablösung vom Elternhaus.
5. Normale Anerkennung des Behinderten, wie z. B. Anerkennung seiner Rechte, Wünsche, Eigenheiten, Entscheidungen usw.
6. Normale heterosexuelle Beziehungen pflegen dürfen und Anerkennung des Behinderten als Sexualwesen.
7. Normale ökonomische Standards durch Sicherung der wirtschaftlichen Existenz auf Grund eigener Arbeit, eigenen Geldes usw.
8. Normale Einrichtungsstandards, wie z. B. eigenes Kinderzimmer, altersentsprechende Wohnung, so wie es beim Bevölkerungsdurchschnitt üblich ist.

Kritische Punkte und Forderungen

Die Voraussetzungen für die Realisierung dieser Prinzipien stoßen noch immer auf vielfache Widerstände und Probleme:

- ➔ Es gibt personelle Probleme, d. h. in Kindergärten und Schulen sind die wenigsten auf Arbeit mit Behinderten beruflich vorbereitet, die Einrichtungen personell quantitativ zu schwach ausgestattet.
- ➔ Auf sozial-kommunikativer Ebene muss ein entsprechendes »Klima« gegeben sein, d. h. die »integrativen Bereitschaften, soziale Annäherungs- und Solidarbedürfnisse oder -regeln« müssen für alle gültig sein, insbesondere »Einstellungen, die auf die Überwindung sozialer Verfremdungen hinauslaufen«[107].
- ➔ Zu beachten ist die Tatsache, dass nicht alle Eltern und nicht alle Erzieher für Integration sind.[108]
- ➔ Technische und bauliche Voraussetzungen sind zu schaffen, Rampen, Fahrstühle, große Türen für Rollstühle usw.
- ➔ Zusätzliche didaktisch-mediale Mittel zur Individualisierung und entsprechende Erziehungs- und Unterrichtskonzepte müssen vielfach erst noch entwickelt werden, um sowohl den behinderten als auch den nichtbehinderten Kindern zu ihrem vollen Recht auf Bildung und Erziehung zu verhelfen; hier wäre an die Montessori-Pädagogik anzuknüpfen, die sowohl individualisierende Methoden als auch entsprechende didaktische Materialien entwickelte.

- → Sicherung der notwendigen Therapien muss gewährleistet sein, und dies unter allen Umständen, wenn das Kind diese benötigt, u.v.a.
- → Die notwendige Kooperation mit Logopäden, Frühförderzentren, Kinderärzten, Physiotherapeuten usw. muss ermöglicht werden, um dem behinderten Kind nicht nur die gleichen Förderchancen wie dem nichtbehinderten, sondern eben das absolut notwendige Mehr an Entwicklungs-, Erziehungs- und Lebenshilfe zu gewährleisten.

Siehe Kap. 7

Die bisherigen Integrationsversuche im westeuropäischen Raum haben gezeigt, dass unter Berücksichtigung der genannten Bedingungen Integration durchaus Chancen hat, wenn die Gesellschaft entschlossen ist, Integration als Weg und Ziel ausdrücklich zu realisieren und den dafür nötigen pädagogisch-personellen, finanziellen und materiellen Mehrbedarf gesetzlich gesichert bereitzustellen. Mit den bisher in der Sozialhilfe oft üblichen Kann- oder Sollvorschriften ist die Integration bereits im Vorschulalter nur schwer zu realisieren.[109]

4 Behinderung aus psychologischer Sicht

Das behinderte und von Behinderung bedrohte Kind und seine Familie ist mit folgenden psychologischen Problemen belastet oder durch sie gefährdet:

Soziales und psychisches Problemgemenge

- Entwicklungs-, lern-, denk- und sozialpsychologischen bzw. emotionalen Schwierigkeiten, die sich mit den Schwierigkeiten der Eltern, sich auf ihr behindertes Kind einzustellen, mit ihrem behinderten Kind zu leben, es zu lieben und annehmen zu lernen, oft zu einem entwicklungsgefährdenden Gemenge an Problemen entwickeln.

Hinzu kommen Probleme, die manche Eltern ohnehin haben:

- wirtschaftliche Sorgen, wie Arbeitslosigkeit und zu kleine Wohnungen;
- Alkohol- oder Drogenabhängigkeit;
- Mängel oder Unsicherheiten in der Erziehungskompetenz, oder sie selbst sind behindert.

Zu den größeren Schwierigkeiten zählt:

Wechselwirkungen

- der elterliche Schock auf die Tatsache, dass sie ein behindertes Kind haben, und die daraus resultierenden Folgen für das behinderte Kind beim Aufbau einer angemessenen entwicklungsfördernden Eltern-Kind-Beziehung;
- die Rückwirkungen durch die Tatsache, ein behindertes Kind und damit ungewöhnliche psychische und physische Belastungen zu haben, auf die eheliche Partnerschaft, auf die gegebenenfalls vorhandenen Geschwister, auf die weitere Familie wie Großeltern und den engeren sozialen Umkreis wie Nachbarschaft usw.

Dieses Problemgemenge in der Eltern-Kind-Beziehung, im Verhältnis der Ehepartner, zwischen behindertem Kind und den nichtbehinderten Geschwistern, im Verhältnis von Familie und sozialem Umfeld erfordert auch die Einbeziehung der Psychologie in die Behindertenpädagogik und besonders in die Frühförderung.

4.1 Spezielle Aufgaben der Psychologie

1. *Diagnostik,* d. h. die Erfassung der individuellen Entwicklungsfortschritte, die Aufdeckung der psychofunktionellen Defizite besonders in den Bereichen Sprache, Intelligenz bzw. kognitive Funktionen, Sozialverhalten, Emotionalität, Wahrnehmung, sensomotorische Fertigkeiten, Spiel usw., die wiederum entscheidend sind für die Erstellung des in der Frühförderung notwendigen Gutachtens (»Entwicklungsüberprüfung«), aber auch diagnostische Aufdeckung der Stärken des Kindes, um diese zu fördern und ggf. unbehebbare Schwächen zu kompensieren.
2. In der Zusammenarbeit mit den Pädagogen die Erstellung und regelmäßige Überprüfung von *Förderplänen* (siehe z. B. Kap. 5.7.5).
3. Einsatz *psychologischer Methoden* (z. B. Verhaltensmodifikation) zur Beseitigung von Lernhemmungen, Ängsten, Störungen der Kontaktaufnahme, Verhaltensstörungen, Aggressionen bzw. Autoaggressionen, Essstörungen usw., aber auch beim Aufbau von Selbständigkeit und Sauberkeit usw.
4. *Psychologische Beratung* der Familie und ggf. psychotherapeutische Hilfen, Elterntraining usw.

4.2 Elternreaktionen auf ihr behindertes Kind

Leibliche und seelische Annahme

Eine Schlüsselfrage für die Kindesentwicklung ist die leibliche und seelische Annahme des Kindes durch die Eltern. Sie setzt ein bei der bejahten Zeugung und Schwangerschaft. Hier vollziehen sich bei der Mutter innere Auseinandersetzungen mit Ängsten und Erwartungen, Hoffnungen und Wünschen auf ein gesundes Kind. In der Bereitschaft der Frau, das noch ungeborene Kind als eigene Person anzunehmen und anzuerkennen, liegt die spezifische Anpassungsleistung der Mutter in der Schwangerschaft. Jetzt entstehen die Fundamente für den Aufbau einer optimalen Beziehung zum Kinde, auch für das nachgeburtliche Leben. Das Kind ist für die Mutter bzw. Eltern der Projektionspunkt ihrer Liebe, aber auch der jeweiligen Hoffnungen und Wünsche – Richter spricht vom »Substitut des idealen Selbst«, dem Ich-Ideal – von Mutter und Vater, d. h., es soll in ihren Erwartungen die Person werden, die sie selbst gerne ge-

Ideales und reales Kind

worden wären.[110] Nicht selten gibt es mütterliche Erwartungen, das Kind möge ein idealisiertes Abbild einer von ihr geliebten Person, z. B. des Vaters oder der eigenen Mutter werden. Solche Hoffnungen auf so genannte »Idealqualitäten« des Kindes sind nach Richter durchaus normales Verhalten, weil dies »der persönliche Ausdruck des Menschheitsstrebens nach einem besseren Leben für die zukünftige Generation« ist.[111]

Nach der Geburt wird es zur Aufgabe, die Differenz zwischen erhofftem und realem Kind zu erkennen und auszugleichen, indem sich die Eltern auf die physische und seelische Annahme konstruktiv einstellen lernen. Diese Unterscheidung ist deswegen notwendig, weil eine rein physische Annahme, konkretisiert in Pflege und Ernährung, nicht ausreicht, sondern vielmehr auch eine innere Bejahung entwickelt werden muss, eine Liebe zum Kind mit seinen positiven und negativen Seiten, den Belastungen und Freuden, die ein Kind bringt. Erst wenn die Mutter das Kind als unentbehrlichen Teil ihres Lebens bejaht und dessen Nichtvorhandensein als bedrohlichen Verlust erlebt, hat sich die seelische Annahme vollzogen.

Seelische Annahme als Entwicklungsbedingung

Für das Kind bedeutet diese seelische Annahme die Basis für die Entfaltung seiner Persönlichkeit, denn die »ursprüngliche Mutter-Kind-Bindung ist die Keimzelle aller späteren emotionalen Bindungen des Kleinkindes; sie ist die formende Beziehung, in deren Verlauf das Kind seine Selbstgefühle entwickelt«[112], das »Urvertrauen« als Grundlage der Lebenssicherheit dafür, dass es sich der Welt zuwenden und diese sich zueigen machen kann, also lernt, Fähigkeiten und Kenntnisse erwirbt und somit personale Unabhängigkeit entwickelt.

Dieser Prozess wird durch das Erleben, ein behindertes Kind zu haben, fundamental beeinträchtigt oder gar beschädigt.

4.2.1 Stufen seelischer Annahme

Die Forschung hat sich in den letzten Jahrzehnten dieser für die Frühförderung zentralen Schlüsselfrage zugewandt und einen prozesshaften Verlauf herausgefunden, der folgende Stufen aufweist:

Stufen der Annahme	Erlebnis und Aktivitätsformen
Aktive seelische Annahme	– Akzeptieren und Gestalten der Lebenssituation – Wertverwirklichung – Solidarität – Handeln im konkret Möglichen
Trauer	– Depression – Gram – Gefühl des Verlustes
Verhandeln mit dem Schicksal	– Suche nach Heilungswegen – Hoffen auf Wunder
Auflehnung	– Aggression/Protest – Ursachen- und Schuldsuche – Isolation
Gewissheit	– Annäherung an die Wahrheit – Ablehnung der Wahrheit – Vermittlung der Wahrheit – Schock
Ungewissheit	– Noch-Nicht-Wissen bzw. Wissen – Verdacht – Unannehmbarkeit – Leugnung, Selbstbeschwichtigung – Verdrängung
Geburt	

Diese Phasen der elterlich/mütterlichen Reaktionen treten individuell und unterschiedlich auf, je nachdem, wie schon Erfahrungen in der Krisenbewältigung gemacht wurden, und dies hängt wiederum auch von religiös-weltanschaulichen Grundeinstellungen ab.[113]

4.2.2 Das behinderte Kind verändert die Familie

Erfahrungstatsache ist, dass sich mit der Geburt eines behinderten Kindes bzw. der Erkenntnis der Behinderung das Leben der Mutter und Familie grundlegend ändert.

Wie Eltern und das familiäre Umfeld das behinderte Kind aufnehmen, welche Reaktionen hieraus entstehen, wurde in Untersuchungen zur psychischen und ökonomischen Lage von Familien mit geistig behinderten Kindern ermittelt:

Familiäre Krisensymptome

- Gefühle der »Verzweiflung, Hilflosigkeit, dumpfer Leere«;
- »Gedanken an Strafe, Vererbung, Alkohol«, an den Tod des behinderten Kindes und Zukunftsängste;
- Gefühl, von der Gesellschaft verlassen zu sein;
- »seitens der Verwandtschaft teils Mitleid und Verwöhnung, teils Hilfsbereitschaft und Entlastung, Ekel und Abneigung und Abbruch der Beziehungen«;
- mangelnder »Mut, die Öffentlichkeit mit dem behinderten Kind zu konfrontieren«[114].

4.2.2.1 Wie Mütter ihr behindertes Kind erleben

Für die Praxis ist wichtig zu wissen, wie die Mütter für sich die Tatsache eines behinderten Kindes erleben, z. B.

Neue Lebensorientierung

- als starke Einschränkung der Freizeit und Realisierung eigener Interessen;
- als Reduzierung der Erwartungshaltung gegenüber dem behinderten Kind und Umorientierung in der eigenen Lebensplanung;
- als Veränderung grundsätzlicher Lebenseinstellungen und Wertvorstellungen, z. B. zu Urlaubsreisen mit dem behinderten Kind;
- als Anpassung aller Familienmitglieder an die Situation mit einem behinderten Kind auf jeweils unterschiedliche Weise;
- als permanente Auseinandersetzung mit dem sozialen Umfeld (Familie, Nachbarschaft usw.);
- als konstruktive Integration der familiären Problemlage mit den außerfamiliären Hilfssystemen, wie z. B. Ärzte, Therapeuten, Pädagogen usw.

4.2.2.2 Wachsender Realismus und die Rolle des Vaters

In der Regel entwickeln die Eltern und besonders die Mütter sehr schnell eine realistische Sichtweise, um die anfallenden organisatorischen Probleme, die physischen Belastungen und den erhöhten Pflegeaufwand mit allen möglichen Therapieverpflichtungen zu bewältigen.

Eine Mutter umschrieb ihren lebenslangen Prozess mit dem behinderten Kind wie folgt:

»Es ist ein Schicksal, das man nie annehmen kann, mit dem man sich aber abfinden und arrangieren kann. Eine Familie mit einem behinderten Kind lebt immer anders als eine so genannte ›normale‹ Familie.«[115]

Schlüsselrolle des Vaters

Daher ist es von größter Bedeutung, wie im Prozess der seelischen Annahme vor allem der Ehepartner mitarbeitet. Es zeigte sich bei allen Müttern übereinstimmend, dass die

»Zusammenarbeit und die gegenseitige Unterstützung beider Ehepartner eine wichtige Rolle (spielt und) die ›beste‹ und wirksamste Hilfestellung (ist). Die Sicherheit und das Gefühl der Mutter, mit dieser speziellen Problematik nicht alleine gelassen zu werden, hat wesentlich dazu beigetragen, mit der Tatsache einer Behinderung des Kindes leben zu lernen.«[116]

4.2.2.3 Was bringt die Hilfe von außen?

Fallspezifische Hilfe

Als besonders nützliche Hilfen von außen bewerten die Mütter »Eltern-Kind-Spielkreise« und »Elterngesprächskreise«, wo sie ihre persönlichen Erfahrungen und Ratschläge austauschen können. Auch eine begleitende psychologische Beratung in den Institutionen der Frühförderung, im Kindergarten und in der Schule werden durchweg begrüßt, aber – wie die o. g. Untersuchung zeigte – wurde von

»keiner Mutter die Notwendigkeit gesehen, eine über einen längeren Zeitraum andauernde Beratung für den Konfliktlösungsprozess in Anspruch zu nehmen; sie waren sich sicher, diesen ohne fachliche Hilfe durchleben zu können und zu wollen«[117].

Ausnahmen – besonders bei alleinerziehenden Müttern – machen allerdings solche Hilfen längerfristig notwendig. Im Vordergrund steht die Lösung der praktischen Alltagsprobleme im Bereich der Organisation, der Erziehung und Pflege. Hier kann die pädagogische ganzheitliche Frühförderung besonders wirksam werden.

4.3 Psychologische Einflüsse auf Behinderungen und Ursachen

4.3.1 Fehlentwicklungen in der Beziehung zum Kind

Zu beobachten ist gelegentlich eine extreme Mutter-Kind-Bindung über die Jahrzehnte hinaus und der Verzicht auf alle Eigeninteressen der Mutter. Andere Fehlentwicklungen der Mutter-Kind-Beziehung sind z. B. das Mitschlafen des erwachsenen behinderten ›Kindes‹ im Ehebett, Schwierigkeiten im wechselseitigen Ablösungsprozess und andere Probleme der Selbständigwerdung, weil sich die Mutter nicht ablösen kann, oder durch Verwöhnung, Vernachlässigung, Überbemutterung (Overprotecting) bzw. diverse Fehlerziehungshaltungen, z. B. als Über- und Unterforderung.

4.3.2 Kindesmisshandlung: Was heißt Misshandlung?

Der Begriff der Misshandlung bzw. Vernachlässigung ist wissenschaftlich nicht eindeutig definiert, obwohl das Phänomen sehr alt ist und heute endlich offen diskutiert wird.[118]

Nach Frank[119] gibt es folgende Beschreibungen:

Formen der Misshandlung

»Es gibt verschiedene Formen von Kindesmisshandlung und -vernachlässigung, die bei einem Kind auch gleichzeitig vorliegen können:

- *Körperliche Misshandlung liegt vor, wenn durch körperliche Gewaltanwendung Kindern ernsthafte, vorübergehende oder bleibende Verletzungen zugefügt werden. Von Kindesmisshandlung spricht man, wenn gewalttätiges Verhalten der Eltern oder Erzieher ein Grundelement der Kindererziehung ist.*
- *Körperliche Vernachlässigung liegt vor, wenn Eltern oder Erzieher ein Kind nicht gut versorgen. Formen körperlicher Vernachlässigung können sein: ein Kind mangelhaft ernähren, unzureichend bekleiden, hygienisch schlecht versorgen, die notwendige medizinische Versorgung vorenthalten.*
- *Emotionale Misshandlung meint eine feindliche oder abweisende Haltung von Eltern oder Erziehern gegenüber einem Kind. Von Misshandlung wird nur dann gesprochen, wenn ein solches Verhalten der Eltern oder Erzieher einen festen Bestandteil der Erziehung ausmacht.*
- *Emotionale Vernachlässigung bedeutet, dass Eltern oder Erzieher ihren Kindern durch Unterlassung das für eine gesunde emotionale Entwicklung notwendige Familienklima vorenthalten. Beispiele emotionaler Vernachlässigung sind: Ein Kind erhält keine oder zu wenige Aufmerksamkeit, Liebe und Wärme. Das Kind wird nicht in den Arm genommen, liebkost oder gelobt, wenn es etwas Gutes getan hat. Es wird nicht zum Spielen ermuntert. Es wird keine Sicherheit und Geborgenheit geboten.*
- *Sexueller Missbrauch heißt, ein Kind einer sexuellen Stimulation*

aussetzen, die nicht zu seinem Alter, seiner psychosexuellen Entwicklung und seiner Rolle innerhalb der Familie passt. Beispiele für sexuellen Missbrauch sind: Sexuelle Beziehungen zwischen Eltern und Kindern, zwischen Geschwistern oder zwischen Kindern und anderen Erziehern, Familienmitgliedern oder Bekannten. Sexueller Missbrauch kann von Berührungen bis zur Vergewaltigung gehen und unter Zwang, Gewalt und Erpressung stattfinden.

Diesen Formen von Misshandlungen können folgende Begriffe zugeordnet werden, die in der Literatur als eigenständige Zustandsbilder beschrieben werden:
- *Psychosozialer Minderwuchs, d. h. eine Entwicklungsstörung eines Kindes aufgrund von körperlicher und emotionaler Vernachlässigung (englischer Begriff: Failure to thrive).*
- *Münchhausen-Stellvertreter-Syndrom: Eltern täuschen bei ihren Kindern Krankheitssymptome vor, so dass die Kinder häufigen und langwierigen Krankenhausaufenthalten mit zum Teil schwerwiegenden Untersuchungen und Behandlungen unterzogen werden.«*

Misshandlung und soziale Behinderung

In der sozialpädiatrischen Diskussion – insbesondere durch Pechstein und Hellbrügge angeführt – wird auch der Begriff »soziale Behinderung« gebraucht. Er deckt sich in mancher Hinsicht mit der Misshandlung und sozialen Benachteiligung und Ausgrenzung. Er wurde von Hellbrügge eingeführt, um »positive Emotionen der Hilfe« in der Bevölkerung bzw. Behindertenhilfe und die »notwendige ärztliche, psychologische und pädagogische Aufmerksamkeit« zu erreichen.[120]

Soziale Behinderung – Soziose

Definition

»Soziale Behinderung (wurde gewählt), um die umweltabhängige Psychogenese einer Gruppe schwerwiegender Entwicklungsstörungen besonders zu kennzeichnen, bei der die ›Gemeinschaftsfähigkeit‹ des Kindes bzw. des späteren Erwachsenen z.T. schwerwiegend beeinträchtigt ist und die sich aus einer unzureichenden sozialen Umwelt während der ›sensiblen Entwicklungsperiode‹ der ersten 3 Lebensjahre herleitet.«[121]

Dieser Begriffsrahmen sollte eine Präzisierung des landläufigen Begriffs der »Verhaltensstörung« sein und durch den Begriff der

»Soziose« ersetzt werden. Dieser Ausdruck soll deutlich machen,

»dass es sich um eine soziale Krankheit handelt, welche die kindliche Sozialisation und Sozialentwicklung betrifft, die sich in Symptomen abweichenden Sozialverhaltens äußert und die daneben auch eine soziale Ätiologie hat«[122].

Hauptmerkmale der Soziose sind: Aggressionen, Provokationen, soziale Apathie; Vorstadien sind Distanzlosigkeit, soziale Überängstlichkeit, pathologische Trotzigkeit.[123]

Soziose und Deprivation

Erforscht und definiert wurde der Begriff »Soziose« vom Kinderarzt Hellbrügge auf der Grundlage von Erkenntnissen der Deprivationsforschung. Deprivationen sind v. a. Entzug und Vorenthaltung entwicklungsnotwendiger Lernanreize, wie etwa Wahrnehmungsmöglichkeiten, aber auch Liebe, Kommunikation, Bestätigung. Im Zusammenhang mit der Deprivationsforschung sind folgende Namen zu nennen: Bowlby 1951, R. Spitz 1967, Meierhofer u. Keller 1970, Langmeier und Matejcek 1977, Schmalohr 1980[124].

Deprivation

Definition

Moog/Moog definieren Deprivation als »das Vorenthalten von Reizen und Erfahrungen, die für die psychische und/oder körperliche Entwicklung förderlich sind«[125]. Betrachtet man diese Definition in Verbindung mit »Soziose« und »Misshandlung«, kommt man nicht um die Frage nach dem Grad der Absichtlichkeit bzw. Bösartigkeit herum, mit der den Kindern die entwicklungsnotwendigen Lernanreize und Erfahrungen vorenthalten bzw. nach der sie misshandelt werden.

Hospitalismus – Mutterentbehrung

Soziale Kontaktsuche und Kontaktmangel

Damit bezeichnet man seit R. Spitz entwicklungsdeprivierende Schädigungen von Säuglingen und Kleinkindern durch die Trennung von der Mutter und fehlender »mütterlicher« Zuwendung nach Maßgabe der basalen Bedürfnisse des Kindes: Liebe und Geborgenheit, Körperkontakt, Wärme und Zärtlichkeit, sprachliche, spielerische und sensomotorische Anregungen, regelmäßige Ernährung und Pflege als Dauererfahrung.[126] Besonders das angeborene Kontaktbedürfnis und die Kontaktsuche des Säuglings wird durch die Mutterentbehrung schwer beeinträchtigt (vgl. Kap. 6.9.4).

»Fortgesetztes, immer erfolgloses Kontaktsuch-Weinen nimmt zunächst über Wochen an Intensität zu, um sich aber später wieder abzuschwächen und einem depressiven Zustand Platz zu machen, in dem das Kind nicht mehr laut schreit, sondern nur noch wimmert (anaklitische Depression) ... Dieser Zustand beim ein- bis zweijährigen Kind leitet – falls sich die Lebensumstände nicht drastisch ändern – über zum psychischen Hospitalismus (Deprivationssyndrom).
Diese psychische Erkrankung bildet sich aus, wenn es in seinem ersten und zweiten Lebensjahr keine individuelle Bindung (an eine feste Bezugsperson, Verf.) knüpfen kann und womöglich noch weiteren schädigenden Einflüssen ausgesetzt ist wie Anregungsarmut und häufigem Umgebungswechsel bzw. Wechsel der Bezugsperson wie in Heimen usw.«[127]

Hospitalisierte Kinder zeigen nach B. Hassenstein folgende Symptome:

Symptome

- ➔ Die normale Lächelreaktion verschwindet.
- ➔ Die Kinder vermeiden Blickkontakte und entwickeln Bindungslosigkeit und -unfähigkeit.
- ➔ Sie zeigen eine »wahllose Zutraulichkeit«, ohne feste Bindungen zu entwickeln.[128]

In Kindergärten und Schulen fallen diese Kinder auf, weil sie sich einem zuerst in den Arm werfen und bald darauf sich plötzlich abwenden oder für pädagogische Maßnahmen und Zuwendungen unansprechlich wirken. Die Folgen sind umfassend: Die Entwicklung von »Urvertrauen« und der emotionalen Grundlagen der kognitiven Entwicklung ist beschädigt oder eingeschränkt; die emotionale Entwicklung ist durch Unsicherheit, Misstrauen und Aggressivität, geringe Leistungsmotivation und mangelnde Willenssteuerung gekennzeichnet.[129] Das natürliche kindliche Lernen aus Wissbegierde und Erkunden, Spielen und Nachahmen zeigt sich bei diesen Kindern eingeschränkt, als erschiene ihnen jede Eigenaktivität, jedes Spiel oder Spielzeug sinnlos.[130] Hospitalismus ist nicht auf Heime beschränkt, wo dieses Phänomen von Spitz erforscht wurde, sondern kommt auch in Familien durch Überlastung und Lieblosigkeit vor, bei

Familiärer Hospitalismus

unerwünschten und abgelehnten Kindern, durch physische und psychische Vernachlässigung.[131] Nicht wenige Eltern, insbesondere aus sozial schwachen Verhältnissen mit Drogen- und Alkoholabhängigkeit, sind mit der Erziehung ihrer Kinder überfordert, besonders dann, wenn diese behindert sind.

Kind als »vergessener Bürger«

Es ist aber auch eine Frage nach der sozialen Rechtsstellung und dem Schutz des Kindes in der jeweiligen Gesellschaft, seinem Recht auf Gesundheit, Erziehung und Bildung, das mit der sozialen Situation, der Bildung – insbesondere Erziehungskompetenz – der Eltern und Familie korrespondiert. Die Ärztin und Pädagogin Maria Montessori betrachtete Anfang dieses Jahrhunderts das Kind als einen »vergessenen Bürger«, dem viele dieser Rechte nach wie vor vorenthalten werden.

Die Begriffe und Phänomene wie Misshandlung, Soziose und Deprivation fußen zum überwiegenden Teil auf sozialen Tatbeständen und dementsprechend behinderten oder geschädigten Lernprozessen des Kindes, schweren Erziehungsfehlern der Eltern[132] und sind somit weniger ein medizinisches als ein soziales, psychologisches und pädagogisches Problem, das selbstverständlich die medizinische Diagnose, Unterstützung und Beratung erfordert.

4.4 Lern-, entwicklungs- und persönlichkeitspsychologische Besonderheiten

Normales Lernen auf verschiedenen Wegen

Einleitend muss festgehalten werden, dass sich das Lernen Behinderter grundsätzlich nicht von dem der Nichtbehinderten unterscheidet, sondern eben durch die Schädigungen oder Deprivationen verzögert, erschwert bzw. auf bestimmte Sinnesaktivitäten, z. B. bei blinden Kindern das Tasten oder Hören, konzentriert wird; außerdem stehen dem behinderten Kind – je nach Schädigung eingeschränkt – die bei jedem Menschenkind vorhandenen Lernformen zur Verfügung, wie sie z. B. von Gagné dargestellt wurden.[133] Von diesen Lernformen werden die meisten bereits in den ersten drei Lebensjahren wirksam (Nachahmungs-, Reiz-Reaktions-, Verstärkungs-, Versuch-Irrtumslernen usw.), manche werden sogar – wie z. B. Habituation bzw. Orientierungsreaktion auf einen neuen Gegenstand bzw. Zustand und der bedingte Reflex – schon pränatal aktiv.

4.4.1 Geistige Entwicklungsstufen nach Piaget

Entwicklungsmodell Piagets

Die Erforschung der psychischen Entwicklung und speziell des Erkenntnis- und Denkvermögens war ein Schwerpunkt des Schweizer Forschers Jean Piaget (1896–1980), der bereits als Schüler anerkannte wissenschaftliche Arbeiten veröffentlichte.

Piaget hat ein Entwicklungsmodell entworfen, nach dem sich viele dieser grundlegenden Humankompetenzen wie die Raumvorstellung bzw. der Raumbegriff, der Zeit- und Zahlbegriff, die Moral und die Intelligenz entwickeln. Viele Forscher haben sich an diesem Modell orientiert, das Konzept überprüft und kritisiert, modifiziert und fortentwickelt.

Piaget untersuchte besonders die kognitive Entwicklung vom Säuglingsalter an und brachte diese in folgendes Stadien-Konzept:[134]

»Stadien der kognitiven Entwicklung nach Piaget

Stadium/Alter	*Typische Merkmale und wichtigste Errungenschaften*
Sensumotorisch (0–2)	Das Kind verfügt zu Beginn seines Lebens über eine kleine Zahl an sensumotorischen Sequenzen. Das Kind erwirbt Objektpermanenz und die Anfänge symbolischen Denkens.
Präoperatorisch (2–7)	Das Denken des Kindes ist von Egozentrismus und Zentrierung geprägt. Das Kind besitzt verbesserte Fähigkeiten zum Einsatz symbolischen Denkens.
Konkret-operatorisch (7–11)	Das Kind versteht das Invarianzprinzip. Das Kind kann in Bezug auf konkrete, physikalische Objekte schlussfolgernd denken.
Formal-operatorisch (11–x)	Das Kind entwickelt die Fähigkeit zu abstrakten Schlussfolgerungen und hypothetischem Denken.«

Erläuterungen zu Piagets Modell

Nach Piaget durchlaufen Kinder diese aufeinander aufbauenden und unumkehrbaren – irreversiblen – Stadien. Ob alle Kinder – z. B. behinderte Kinder – die höheren Stadien erreichen, ist entwicklungsoffen.

Zum Sensumotorischen Stadium:
Das Kind verfügt über angeborene Handlungsschemata, wie z. B. Saugen, Greifen, und es beginnt, Handlungsschemata zu kombinieren bzw. zu integrieren, wie z. B. Saugen+Greifen+Anschauen. Weiter bildet sich die sehr wichtige »Objektpermanenz« aus, d. h. die »Erkenntnis, dass Objekte unabhängig von Handlungen oder von dem Bewusstsein einer Person existieren.«[135]

Zum Präoperativen Stadium:
Egozentrismus bedeutet die »Unfähigkeit des kleinen Kindes, die Perspektive einer anderen Person einzunehmen«.[136]

Piagets »Drei-Berge-Versuch« **Beispiel**

»Legen Sie vierjährigen Kindern ein Modell mit drei Bergen vor, die sich deutlich unterscheiden. Setzen Sie jedes Kind vor das Modell in Position 1 und lassen Sie es die Ansicht bestimmen, die es von den drei Bergen hat. Es wird vermutlich diese Aufgabe bewältigen und aus mehreren Zeichnungen oder Fotografien diejenige auswählen, die seiner Sicht entspricht.

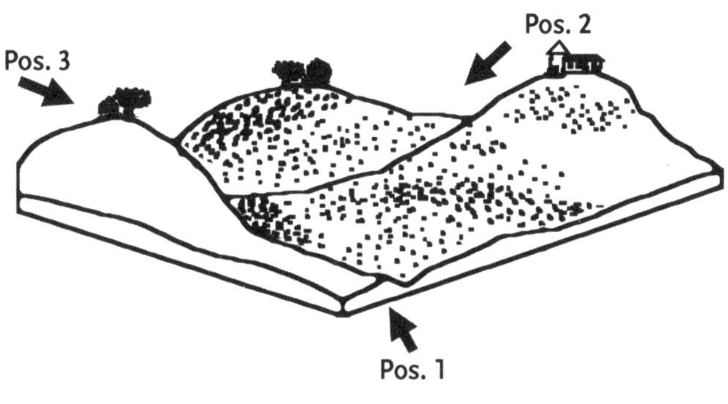

Quelle: Stangls Arbeitsblätter [http://arbeitsblaetter.stangl-taller.at]

Nun fragen Sie die Kinder, wie die Berge aus der Sicht eines Betrachters aussehen, der in Position 2 oder in Position 3 sitzt. Die Mehrzahl der Kinder wird die eigene Ansicht der drei Berge auswählen. Daraufhin führen Sie die Kinder in die Position 2 bzw. Position 3, lassen von hier aus die Berge betrachten und die jeweilige Ansicht auswählen, eine Aufgabe, die wiederum geleistet wird. Schließlich führen Sie die Kinder wieder in Position 1 und lassen erneut diejenige Ansicht auswählen, die ein

Betrachter aus der Position 2 oder 3 hat, die sie gerade vorher selbst auch bestimmt haben. Mit hoher Wahrscheinlichkeit wird als Lösung wiederum die aktuelle eigene Ansicht aus Position 1 angeboten.

Es ist nicht erstaunlich, dass das Kind die Ansicht eines Betrachters in anderer Position nicht korrekt bestimmen kann: Das ist eine recht schwierige Rekonstruktionsaufgabe. Erstaunlich ist, dass es lange Zeit glaubt, seine aktuelle Sichtweise sei die Ansicht, nicht eine unter vielen.« (Stangls Arbeitsblätter, vgl. http://arbeitsblaetter.stangl-taller.at)

Zentrierung

»Zentrierung bedeutet die Fixierung an ein Gedanken- oder Vorstellungsschema und die Unfähigkeit, ... mehr als einen perzeptuellen Faktor gleichzeitig zu berücksichtigen«.[137] Das Zentrierungsproblem zeigt sich auch in folgendem Versuch zur Mengeninvarianz:

Versuch: Füllen Sie zwei gleiche Gefäße A und B mit der gleichen Menge einer farbigen Flüssigkeit. Lassen Sie vier- bis fünfjährige Kinder konstatieren, dass in A und B gleich viel »Saft« sei. Sie gießen nun den Inhalt von B in ein schmaleres Gefäß B' und fragen das Kind, ob B' mehr, weniger oder gleich viel Saft enthalte wie A.

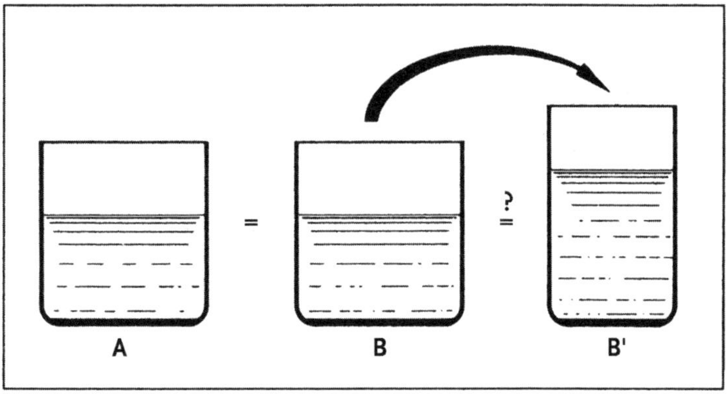

Die überwiegende Anzahl der Kinder wird behaupten, es sei nicht gleich viel. Viele werden sagen, es sei mehr Saft in B', weil das Niveau hier höher ist. Manche werden sagen, es sei weniger, weil das Gefäß schmaler ist. Die Flüssigkeitsmenge wird also nicht als invariant oder konstant bei Formveränderung gesehen.

Quelle: Oerter/Montada: Entwicklungspsychologie. Ein Lehrbuch. Weinheim ^{3}1993, S. 526.

Dasselbe Invarianzproblem bzw. die Unfähigkeit des Kindes, die Vorstellung/Zustände z. B. der Wassermenge zu transformieren, hat das Kind auch bei Gewichten, Volumen usw., d. h. es wird nach ihrer Form (z. B. 1 Kilo Federbett erscheint ihm mehr als 1 Kilo Gold) oder nach einer bestimmten räumlichen Anordnung urteilen, was ihm schwerer, größer usw. erscheint.

Symbolisches Denken

Eine besondere Leistung der präoperativen Stufe des Denkens ist das symbolische Denken. Symbolisches Denken bedeutet, dass das Kind nun in Verbindung mit der Vorstellungsfähigkeit in der Lage ist, mit Symbolen als Repräsentanten für Objekte zu operieren. Mittels Symbolen werden Vorstellungen eines Gegenstandes oder einer Person hervorgerufen, für die das Zeichen steht oder das diese repräsentiert. So »mimt« das Kind oder »tut, als ob« es schliefe oder essen würde, d. h. das mimische oder gestische Zeichen vertritt etwas Bestimmtes bzw. Gemeintes. Im Symbolspiel werden Gegenstände (z. B. ein Stück Holz) zum beliebigen Repräsentanten für etwas anderes: den Vater, das Auto usw.

Während Piaget Symbole als etwas sehr Individuelles bezeichnet, sind für ihn Zeichen das Ergebnis kollektiv-konventioneller Übereinkünfte, wie z. B. die Sprache als Zeichensystem. Das Zeichensystem »Sprache« zu beherrschen, kann als eine der großen Leistungen dieser Stufe betrachtet werden, weil das Kind nun seine Gedanken nach Maßgabe eines bestimmten Regelsystems (Grammatik, Ausspracheregeln usw.) mit anderen austauschen kann.

Zum konkret-operatorischen Stadium:

Das Kind ist nun fähig, z. B. Ordnungen nach einer Dimension, wie etwa Länge und Dicke, bzw. verschiedenartige Seriationen (Reihenbildungen) nach Größen, Tönen, Farben usw. herzustellen.

Auch der Invarianzbegriff besteht nun, d. h. Kinder wissen nun, dass sich die »physikalischen Eigenschaften von Objekten nicht verändern, wenn nichts hinzugefügt oder weggenommen wird, obwohl sich das Aussehen der Objekte ändert«[138] (s. S. 90).

Kinder in dieser Phase sind fähig zur Reihenbildung, d. h. sie erkennen die Gesetzmäßigkeiten bzw. Maßverhältnisse z. B. der Längenunterschiede bei Stangen. Das geschieht zunächst nur nach einer Dimension, wie z. B. Länge. Später aber kann das Kind mehrere Dimensionen verknüpfen und entsprechende Reihen bilden, wie z. B. die breiteste und flachste Scheibe (Übungsmaterialien und Beispiele dafür findet man bei den Montessori-Materialialien).

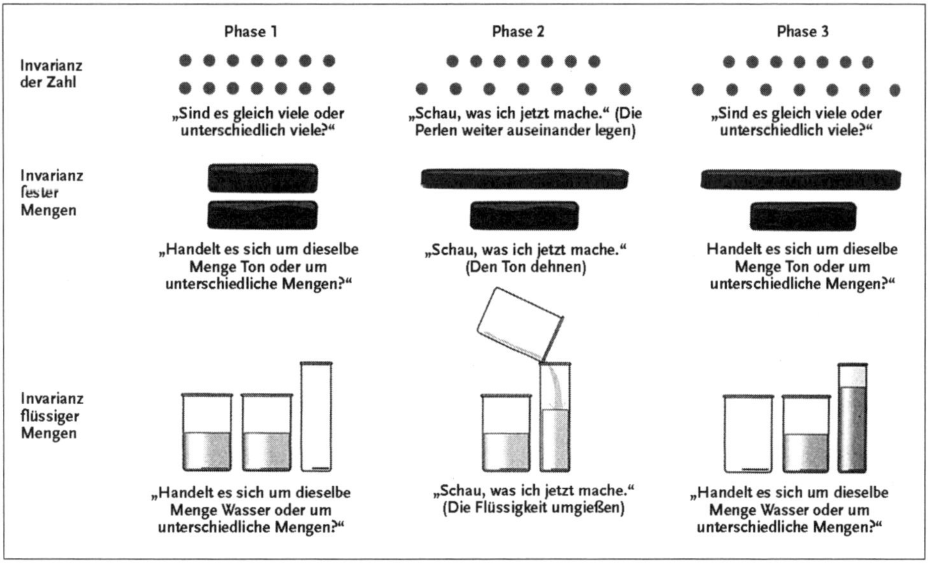

Quelle: Zimbardo/Gerrid, Psychologie. München 2004, S. 456.

Zahlbegriff

In diesem Stadium entwickelt sich auch der Zahlbegriff rapide, obwohl die Anfänge dieser Entwicklung bereits im ersten Lebensjahr liegen. Der Zahlbegriff beruht auf der Fähigkeit zur Mengeninvarianz, d. h. die Zahl/Menge bleibt identisch, auch wenn sich ihre Anordnung ändert.

Weitere Bedingungen sind Klassifikations- und Ordnungsübungen, z. B. von Gegenständen nach bestimmten Merkmalen (etwa gelb und rund), nach Längen und anderen Reihenbildungen sowie die Kenntnis der Namen der natürlichen Zahlen, d. h.

- der Ordinalzahl: der erste, zweite, dritte usw. und
- der Kardinalzahl: Anzahl der Elemente einer Menge, z. B. Einer-, Zweier-, Dreier-Menge usw. (s. S. 91, oben)

Der Prozess der Zahlentwicklung zum Begriff der Ordinal- bzw. Kardinalzahl und des Operierens mit ihnen vollzieht sich nach Piaget nach einer bestimmten, aufeinander aufbauenden Stadienabfolge, deren erste Schritte in der Klassen-, Reihen- und Relationsbildung liegen, wie dies aus der nachstehenden Abbildung ersichtlich ist (s. S. 91, unten).

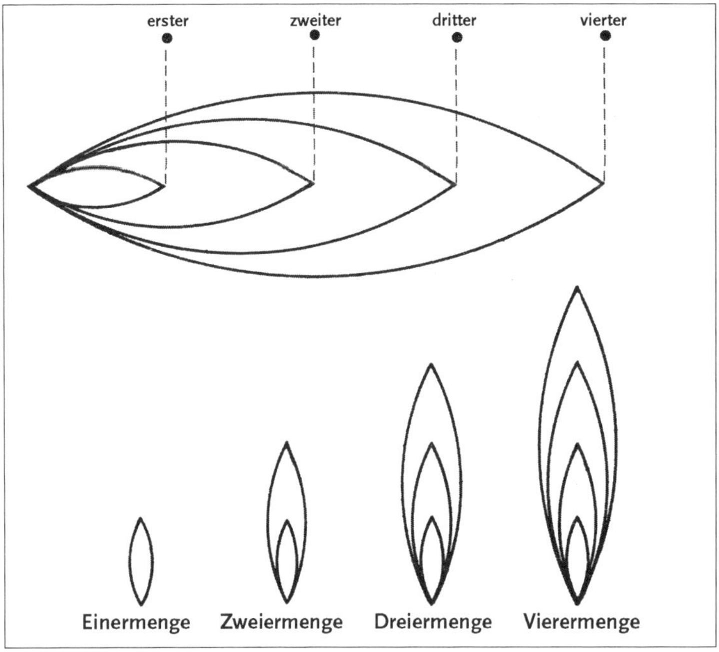

Quelle: Kesselring, Th.: Jean Piaget. München 1988, S. 138.

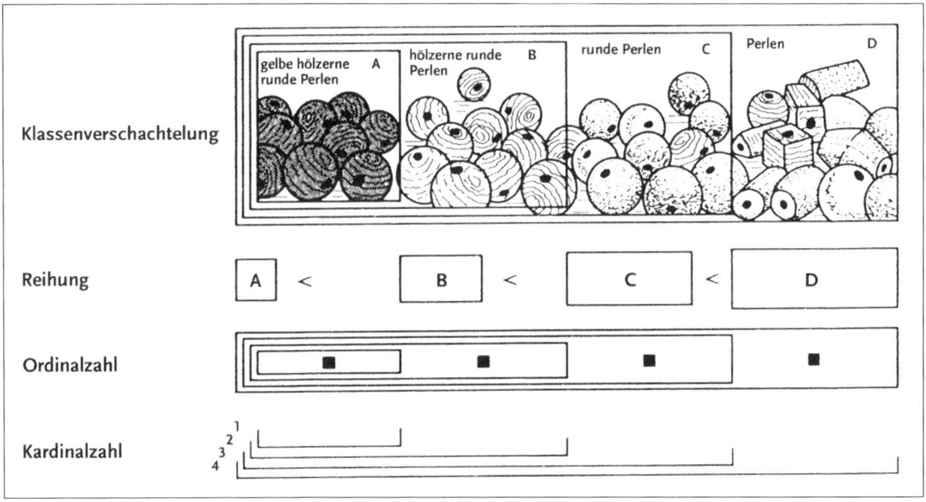

Quelle: Oerter/Montada: Entwicklungspsychologie. Ein Lehrbuch. Weinheim [3]1993, S. 535.

Zum formal-operatorischen Stadium

Auf dieser Stufe der Abstraktion löst sich das Denken von Bildern, Anschauungen und anderen konkreten Vorstellungen, wie z. B. Tieren, Autos usw. Es operiert nun nach Maßgabe von Hypothesen (was wäre, wenn ...), in abstrakten allgemeinen Begriffen (z. B. alle Säuger, alle Landfahrzeuge), mathematisch mit Zahlen oder Buchstaben (Arithmetik, Algebra) oder Formeln. Nun kann das Kind deduktiv denken, also aus bestimmten Voraussetzungen (Hypothesen, Prämissen) schlussfolgern, experimentell denken und mathematisch, wissenschaftlich-methodisch handeln. Dazu gehört z. B. auch die Kombinatorik.

Metakognition

»Bei kombinatorischen Aufgaben geht es nicht darum, Gegenstände nach äußeren Merkmalen zu klassifizieren, sondern systematisch alle Möglichkeiten zu ermitteln, nach denen die Elemente einer gegebenen Kollektion klassifiziert werden können. Die Kombinatorik ist eine Klassifikation aller Klassifikationen ..., die sich mit den Objekten einer gegebenen Kollektion durchführen lassen.« [139]

Bemerkenswert und pädagogisch bedeutsam ist nun auch die Fähigkeit, über (griech.: meta) das eigene Denken zu reflektieren, also warum, wieso usw. man selbst so denkt. Diese so genannte metakognitive Fähigkeit hat eine große Bedeutung bei der Lösung schulischer Lernprobleme, etwa bei Textaufgaben.

Piaget hat für die Entwicklung dieser verschiedenartigen Kompetenzen der Wahrnehmung und des Denkens ein relativ geschlossenes Prozess-Modell entwickelt.

In welchen Prozessen vollzieht sich die Entwicklung nach Piaget?

Das nachstehende Schema (s. S. 93) illustriert, in welchen komplizierten Teilprozessen und Wechselwirkungen sich die Entwicklung nach Piaget vollzieht.

Erläuterungen:

Ausgangslage der Entwicklung ist die aktive Kind-Umweltbeziehung und die Art, Menge und Qualität von Erfahrungen des Kindes in seiner Umwelt.

Mit seiner angeborenen Aktivität bringt es bestimmte Fähigkeiten mit bzw. entwickelt schnell neue Handlungsmöglichkeiten, die Piaget in der sensomotorischen Intelligenz erfasst, wie z. B.:

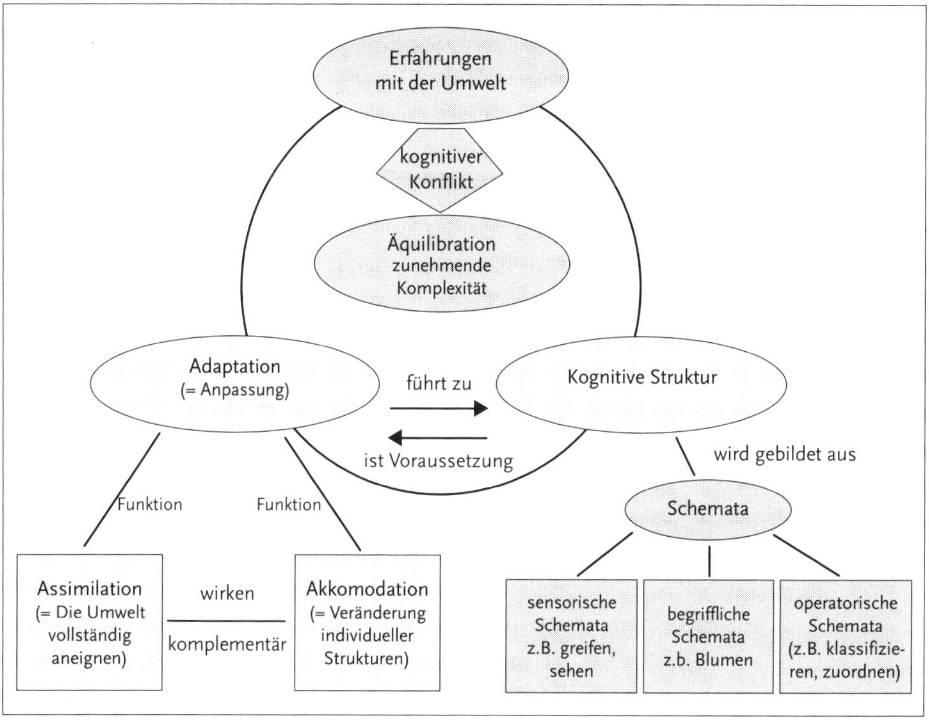

Quelle: http://art-ph-freiburg.de/Piaget/PNG/Prinzipien/Prinz-abb7.png

- angeborene Reflexmechanismen (z. B. Saugreflex),
- Sinnesaktivitäten, Anpassungsfähigkeit,
- Wiederholung angenehmer/erfolgreicher Handlungen, Unterscheidung/Selektion erfolgreicher von nicht erfolgreichen Handlungen,
- Koordination erfolgreicher Handlungsschemata für die Lösung neuer Aufgaben
- aktives Experimentieren und Erfinden neuer ziel- und problemorientierter Handlungsschemata und
- als verinnerlichte Handlung die Vorstellungstätigkeit, also Problemlösung ›im Kopf‹ vor der praktischen Ausführung.[140]

Kognitiver Konflikt
bedeutet, dass das Kind vor einem Problem steht zwischen den Herausforderungen der Umwelt bzw. seinem Wollen einerseits und den vorhandenen Handlungs- bzw. Problemlösungsmitteln

(Schema bzw. Schemata = Muster von Verhaltensweisen) andererseits und dass dieser Konflikt mit den vorhandenen Schemata/Verhaltensweisen nicht gelöst werden kann. Der Begriff Schema kann auf verschiedene Bereiche angewandt werden, wie z. B. sensorische, motorische, emotionale, begriffliche oder auch kognitiv-operationale Schemata wie Erkennen, Unterscheiden, Vergleichen usw., die für die Handlungs- und v. a. Problemlösungsfähigkeit erforderlich sind.

Im kognitiven Konflikt ist das Kind also herausgefordert, eine

- *Adaptation* (Anpassung) vorzunehmen, d. h. entweder
- als *Assimilation* (sich etwas anpassen, Aneignung der Umwelt, neue Erfahrungen in vorhandenen Schemata, Erfahrungen einordnen, interpretieren, deuten)
- oder als *Akkomodation*, d. h. Anpassung vorhandener kognitiver Strukturen, Schemata, Muster bzw. Verhaltensmodifikation des Kindes an die Herausforderungen der Umwelt.

Assimilation und Akkomodation werden als zwei Aspekte eines Adaptationsprozesses betrachtet.

Das Produkt eines solchen, zunächst vom Kinde selbst organisierten Assimilations-Akkomodationsprozesses ist die *Äquilibration* (Gleichgewicht). Sie ist als ein neues intelligentes, also problemlösendes Handlungsschema und damit als Intelligenz im weitesten Sinne anzusehen. Durch die wechselnden Herausforderungen des Lebens, aber auch durch kindliche Neugier und Forscherdrang wird hier eine Entwicklungsdynamik in Gang gesetzt, die eine immer komplexere, differenziertere, erfolgreichere Handlungsfähigkeit hervorbringen kann. Daher ist oder muss auch kein neues Schema, keine Äquilibration oder keine kognitive Struktur endgültig sein, sondern kann den Ausgangspunkt für neue Anpassungs- bzw. intelligente wie kreative Problemlösungsprozesse bilden.

Würdigung und Kritik

Die Forschungsergebnisse und Theorien Piagets haben weltweit viele andere Forscher beeinflusst und zu eigenen Forschungen angeregt. Aber auch die pädagogische Praxis hatte sich stark an Piagets Theorien z. B. der Denkentwicklung angelehnt.

Vieles wurde überprüft und bestätigt, modifiziert und auch kritisiert. Heute sind Fachleute der Ansicht, dass »einige seiner zentralen Annahmen revidiert werden müssen. Die geistigen Kompetenzen von Kindern wurden generell unterschätzt, und insbesondere das Bild vom im konkreten Denken verhafteten Grundschulkind hat dazu geführt, dass das geistige Potential jüngerer Kinder in der Schule nicht voll genutzt wurde«, schreibt Stern.[141] Gleichzeitig muss heute befürchtet werden, dass auf Grund naiver Übertragungen der Ergebnisse moderner Gehirnforschung die Gefahr entstehen kann, kleine Kinder zu überfordern und ehrgeizige Pädagogen oder Eltern »großen Schaden anrichten können«[142].

4.4.2 Lernen lässt sich früh stimulieren

In den von Papousek durchgeführten Untersuchungen beantworteten Neugeborene einen akustischen Reiz mit Bewegungsreaktionen, die dann durch geschmackliche Stimulation verstärkt wurden. Statistisch signifikante Lerneffekte ließen sich bereits am 7. Tag feststellen. Besonders zwischen dem 3. und dem 5. Lebensmonat wird das Lernen immer schneller und wichtiger und kann durch eine entsprechende Interaktion zwischen Mutter und Kind erheblich beeinflusst werden. In Interaktionen befindet sich der Säugling insofern in einer Lernsituation, als er durch sein eigenes Verhalten Veränderungen bei der Mutter auslöst und über ihre Reaktionen etwas über sein eigenes Agieren erfährt. Diese wiederum stimuliert das Kind zu neuen Aktivitäten. »Kontinuität und Konsistenz« im Verhalten der Mutter sind für das Kind wichtige Lernbedingungen.[143]

Stimulationsformen

Zu den »natürlichen« stimulativen mütterlichen Verhaltensweisen schreibt Papousek:

- Sie stellt sich in das visuelle Feld ihres Säuglings.
- Sie wählt spontan die richtige Entfernung.
- Sie passt sich in der Stimme und im Verhalten an.
- Sie »stimuliert über mehrere Wahrnehmungskanäle gleichzeitig.
- Sie belohnt wirksam, und sie lässt sich manipulieren.
- Sie ermöglicht dadurch ihrem Kind, sehr früh die Konsequenzen seiner eigenen Aktivität kennen zu lernen.«[144]

4.4.3 Wesen und Funktion der Lernprozesse

Lernen durch Interaktion

Lernprozesse sind aktive Verhaltensänderungen durch die Begegnung bzw. Interaktion zwischen Personen und durch die Auseinandersetzung mit der Sachwelt (z. B. Spielzeuge, Entwicklungsmaterialien, der dinglichen Umgebung) bzw. den kulturellen Objektivationen (Sprache, Literatur, Technik, Wissenschaft usw.). Obwohl die Lernfähigkeit bzw. Bildbarkeit angeboren ist, ist das Lernen angewiesen auf planmäßige Erziehung und die unverzichtbare didaktisch geplante Vermittlung von Kind und Welt. Dies geschieht in der Regel zuerst durch die Mutter, die dem Kinde ihre Sprache gibt, es lehrt, richtig zu sprechen, mit ihm Zärtlichkeiten austauscht und spielt und es an ihren alltäglichen Verrichtungen teilhaben lässt.

4.4.3.1 Spielen – ein komplexes Lernen

Selbständiges Problemlösen

Im Spiel sind viele Lernformen miteinander verbunden, d. h., in ihm vollziehen sich selbständige Auseinandersetzungen und Problemlösungen mit Personen und Dingen. Spiel als komplexe Vollzugsform kindlichen Lernens ist zwar auch wie Lernen ein angeborenes Phänomen, aber eben auch und vor allem auf Er-

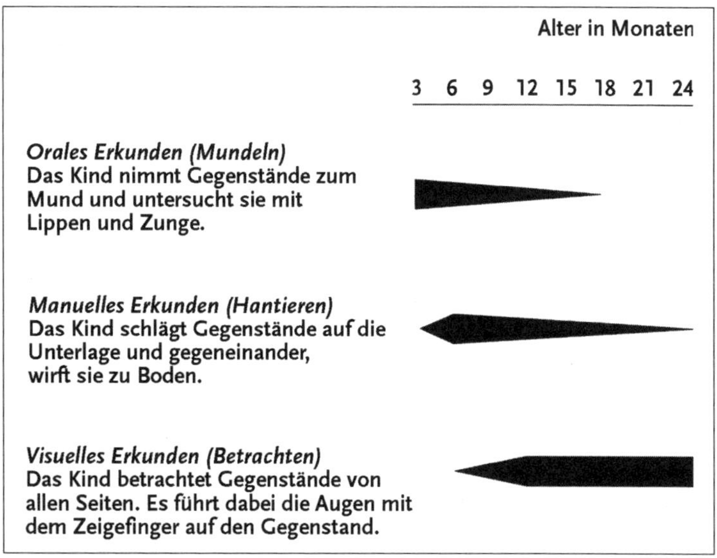

Quelle: Largo, R. H.: Babyjahre. München [10]2000, S. 288.

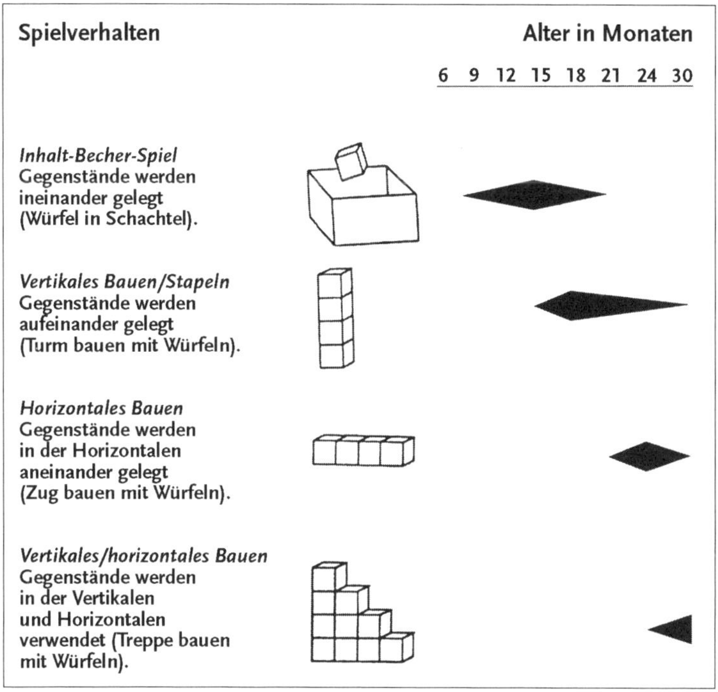

Quelle: Largo: a.a.O., S. 273.

ziehung und Förderung angewiesen, also ein Erziehungs- und Kulturphänomen. Ohne die systematische Anleitung, Förderung und Erziehung verharrt das Spiel auf den einfacheren Stufen (z. B. Funktionsspiel), und das Lernen im Spiel bleibt zufällig, d. h., die individuelle Spielentwicklung und damit menschliche Entwicklung bleibt hinter ihren Möglichkeiten zurück. Das gilt insbesondere für die behinderten Kinder.

Im Spiel erkunden Kinder früh die personal-soziale wie dingliche Umwelt. Spielerisches Erkunden, Experimentieren und Problemlösen sind angeborene Lern- und Handlungsbereitschaften.

Stadien der Spielentwicklung

Dieses explorative Spielverhalten zeigt, wie die Spielentwicklung insgesamt, typische Stadien (s. S. 96).

Eine weitere frühe Spielleistung ist die Raumvorstellung (s. Abb. oben).

Bedeutung der Spiele

Was die Spiele bedeuten, zeigt die Übersicht auf S. 98.

Daher ist systematische Spielförderung eine Hauptform der Früherziehung.[145]

Spielverhalten	*Entwicklungs-psychologische Bedeutung*	*Spielsachen*	
		Eigenschaften	*Materialien*
Erkundung Oral (ab 4 Monaten) Manuell (ab 6 Monaten) Visuell (ab 8 Monaten)	Kennenlernen der physikalischen Eigenschaften von Gegenständen	Gegenstände unterschiedlicher Größe, Form, Konsistenz, Oberflächenbeschaffenheit, Farbe	Holz, Plastik, Papier, Stoff, Schwämme, Wolle, Leder
Merkfähigkeit (ab 8 Monaten)	Üben und Überprüfen der Merkfähigkeit	Verschwindenlassen von Gegenständen, Personen	Kugelbahn Gugu-Dada-Spiel
Mittel zum Zweck (ab 8 Monaten)	Einsetzen von Gegenständen für einen bestimmten Zweck	Gegenstände zum Heranziehen, Herumstoßen	Tiere auf Rollen an einer Schnur
Kausalität (ab 9 Monaten)	Erkennen von Ursache und Wirkung	Gegenstände, die Geräusche, Klänge machen	Rasseln, Glocken

Quelle: Largo: a.a.O., S. 281.

4.4.3.2 Lernvorgang und Lernauswirkungen

Lernen als Selbstgestaltung

Lernen ist ein aktiver Selbstgestaltungsprozess auf der Basis der angeborenen Lernfähigkeiten bzw. -formen, wie z. B. Reiz-Reaktions-, Nachahmungslernen usw. Der Lernprozess selbst ist kaum beobachtbar, sondern lediglich an seinen Auswirkungen im Verhalten, in den Leistungsformen und -graden erkennbar. Die Lernauswirkungen zeigen sich nach Kanter[146] als

- »Kenntnis- und Wissenszuwachs«, z. B. in der Sprache, Sachwissen;
- »Beherrschen von Fertigkeiten und Könnensformen«, z. B. schreiben, rechnen, lesen, sich an- und ausziehen können;
- »Verfügen über formale Fertigkeiten«, z. B. denken, methodisch arbeiten können;
- »Verwirklichen sozialer Verhaltensweisen«, z. B. Tischsitten, soziale Regeln einhalten können;
- »Vollzug von Einstellungen und Werthaltungen«, z. B. Bejahung oder Ablehnung von Integration; Leben nach religiösen Werten usw.

4.4.4 Lernen und Reifung in der Entwicklung – Chancen und Risiken

Besonders für die Entwicklung der ersten Lebensjahre gilt es zu beachten, dass bereits das Neugeborene nicht nur über mehrere Lern- und Verhaltensformen verfügt, sondern sich endogene Reifeprozesse von Lern- und Erziehungsprozessen nur sehr schwer trennen lassen. Fest steht:

»Der Säugling wird mit einem bereits umfangreichen Verhaltensrepertoire geboren, dessen Erwerb nicht auf Erfahrung zurückgeführt werden kann. Wir beobachten selbständiges Gehen meist gegen Ende des ersten Lebensjahres, sinnvolle Zwei-Wort-Sätze nicht vor dem 18. Lebensmonat, logische Operationen, die ein Verständnis der Mengenmathematik ermöglichen, selten vor dem sechsten Lebensjahr. Wenn auch eine besonders förderliche Entwicklungsumwelt eine gewisse Beschleunigung zu bewirken scheint, so kennen wir doch heute noch keinen Weg, den Erwerb dieser Merkmale oder Kompetenzen vorzuverlegen.«[147]

Reifen und Lernen als Interaktionsprozesse

Es scheint also besonders für die ersten 6–8 Lebensjahre zu gelten: Lernen kann das Reifen stimulieren, und Reifeprozesse können neue Lernmöglichkeiten eröffnen.

4.4.4.1 Lernen und Gehirnentwicklung

Das Gehirn – Komponenten des zentralen Nervensystems

Die Lernfähigkeit des Kindes und damit seine spätere generelle Leistungsfähigkeit hängen entscheidend davon ab, wie und unter welchen Bedingungen sich das Gehirn während der Schwangerschaft und in den ersten drei bis sechs postnatalen Lebensjahren entwickelt. Dieser Zeitraum von der Zeugung bis zur Entstehung der humanen Grundkompetenzen, wie z. B. Wahrnehmung und Bewegung, Lernfähigkeit und Intelligenz, Sprache und Denken, sind ins Zentrum der Hirnforschung gerückt.

Von besonderem Interesse ist die Entstehung und Entwicklung der Lernfähigkeit vom vorgeburtlichen Lernen bis zu den vorschulischen und schulischen Lernbedingungen. Wie das Gehirn unter dem Blickwinkel der Lernfähigkeit entsteht und arbeitet, soll hier skizziert werden.

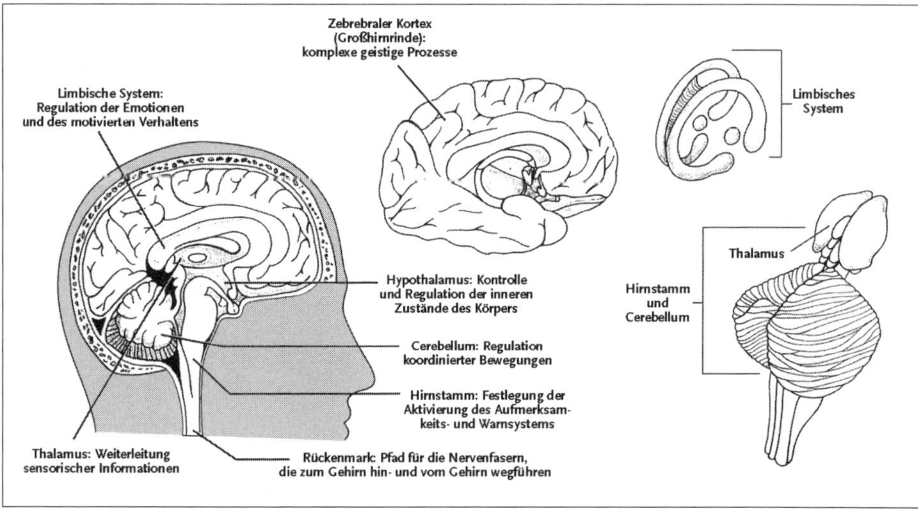

Die Strukturen des Gehirns
Quelle: Zimbardo/Gerrig: Psychologie. Berlin [7]2004, S. 69.

Gehirnentwicklung – Aufbau einer Struktur, Organisation und vieler Funktionen

Die Gehirnentwicklung in ihren Komponenten vollzieht sich in großer Geschwindigkeit und Komplexität, wie man an der nachstehenden Grafik zur Größenentwicklung im pränatalen Stadium sehen kann (s. S. 101).

Die Gehirnentwicklung im pränatalen Stadium besteht im genetisch gesteuerten Aufbau einer bestimmten Gehirnstruktur, der Bildung von Neuronen und der Entwicklung einer zunehmend umweltabhängigen neuronalen Organisation bzw. neuronaler Netzwerke. Dabei spielt die Entwicklung der Neuronen und ihre Organisation bzw. Vernetzung zu speziellen Funktionseinheiten, etwa für vegetative Funktionen (autonomes Nervensystem), wie z. B. Atmung, diverse Körperzustände (z. B. Temperatur, Blutdruck), aber auch für die Wahrnehmung, Bewegung, die Sprache und das Denken eine in Bezug auf das Lernen entscheidende Rolle.

Was sind und wie unterscheiden sich Neuronen?

Definiton Allgemein sind Neuronen Zellen innerhalb des Nervensystems, die auf das Erhalten von Informationen, die Verarbeitung und/oder auf die Übertragung auf andere Zellen spezialisiert sind.

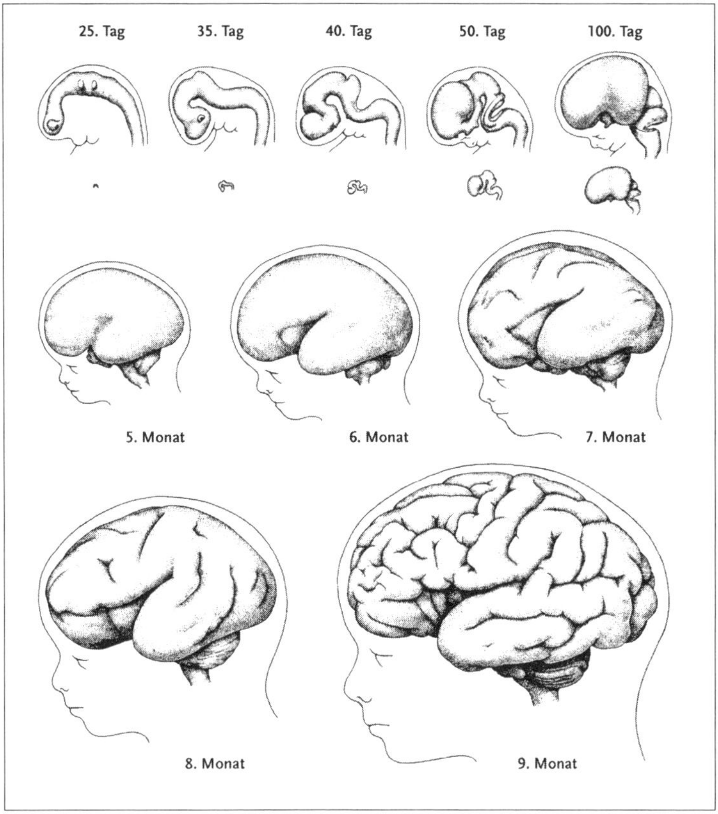

Vorgeburtliches Hirnwachstum. In vergrößertem Maßstab sind die Einzelheiten zwischen dem 25. und dem 100. Tag nach der Zeugung zu sehen. Die tatsächliche Größe (im Verhältnis zu den unteren Zeichnungen) zeigt die zweite Reihe.
Quelle: Eliot, L.: Was geht da drinnen vor? Die Gehirnentwicklung in den ersten fünf Lebensjahren. Berlin 2003, S. 30.

Etwa drei Wochen nach der Befruchtung setzt die Neurogenese – die Bildung der Neuronen – ein, und kurze Zeit später arbeitet bereits das Sinnessystem. Während der Schwangerschaft werden ca. 100 Milliarden Neuronen gebildet, das entspricht einer Produktion von ca. 250 000 neuen Neuronen pro Minute. Weil aber der größte Teil der Neuronen bereits um die Schwangerschaftshälfte vorhanden ist, bedeutet dies, dass die Produktionsrate einen Wert von bis zu einer halben Million Neuronen pro Minute erreichen kann. Die Neuronen unterscheiden sich in ihrer

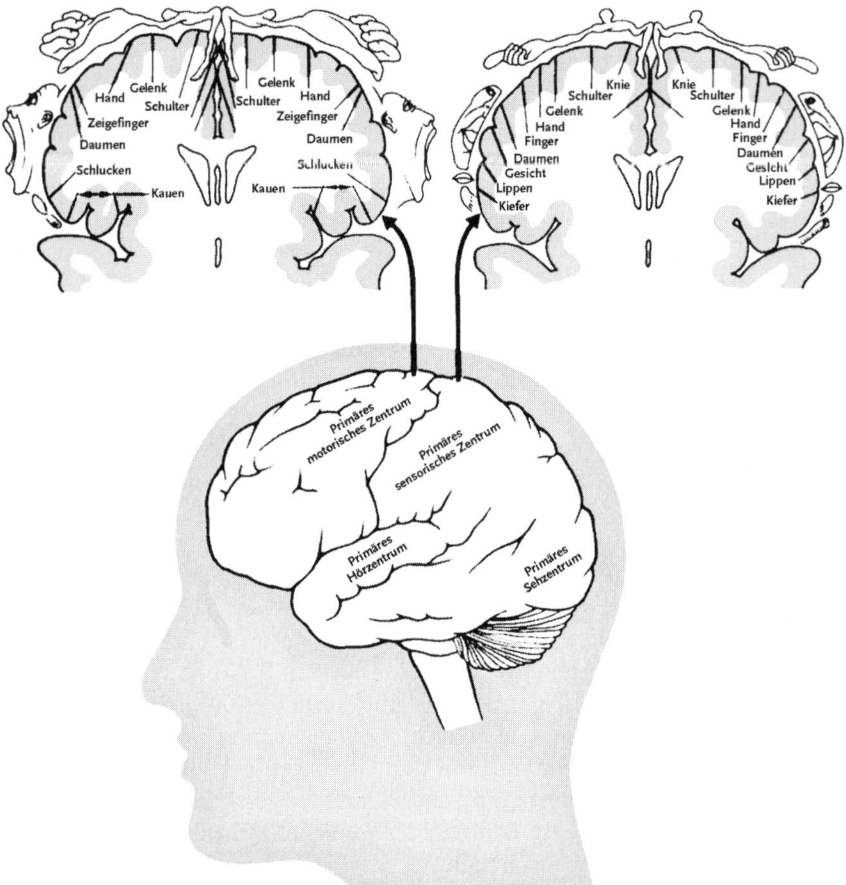

Quelle: Zimbardo/Gerrig: a.a.O., S. 74.

Entwicklung deutlich sowohl in der Gestalt als auch Leistungsfähigkeit: Neuronen sind funktional spezialisiert (z. B. für Wahrnehmung, Sprache), d. h. sie entwickeln sich nach bestimmten Aufgaben und Aufgabenorten (kortikale Karten) im Gehirn.

Wie schnell sich die neuronale Entwicklung vollzieht, sich Neuronen organisieren bzw. vernetzen und sich damit die Gehirnfunktionen herausbilden, erkennt man an der Sinnesentwicklung. Danach sind alle Sinne bei der Geburt funktionsbereit, wenngleich ihre Entwicklung noch nicht abgeschlossen ist (s. S. 104–105).

Neuronen – Hauptstrukturen, Bestandteile und Funktionen

Man unterscheidet verschiedenartige Neuronen und Zellen mit unterschiedlichen Funktionen:

1. Sensorische oder afferente Neurone, welche die Botschaften von sensorischen Rezeptoren zum Zentralnervensystem leiten, wie z. B. von Hautrezeptoren an der Fingerspitze zum Gehirn.
2. Motorneurone bzw. efferente Neurone, welche die Botschaften weg vom Zentralnervensystem hin zu den Muskeln (Bewegungswerkzeugen wie z. B. Hände) und Drüsen leiten.
3. Interneurone, welche Botschaften von sensorischen Neuronen an andere Interneurone oder Motorneurone übermitteln.
4. gibt es verschiedenartige Gliazellen. Dies sind Zellen mit den folgenden Funktionen: Sie halten Neurone zusammen, bilden eine isolierende Fettschicht (Myelin), bewirken die Ernährung der Nervenzelle und beeinflussen die neuronale Übertragung. Geschädigte bzw. abgestorbene Neurone werden von Gliazellen entfernt.
5. Dendriten, also faserartige Verästelungen von Neuronen, welche ankommende Signale empfangen können.
6. Axone, das sind Fasern eines Neurons, über die chemo-elekritische Nervenimpulse vom Soma (Zellkörper des Neurons) an andere Neuronen geleitet werden. Sie enden in Synapsen. Die Anzahl der Axone liegt zwischen 1000 und 10 000 pro Neuron. Um die Axone bilden sich Isolierschichten, die man Myelin nennt. Sie werden von den Gliazellen gebildet. Die Myelinisierung beginnt ca. ab dem 5. Schwangerschaftsmonat und vollzieht sich im Rahmen der Gehirnentwicklung bis zum Ende des 2. Lebensjahrzehnts.[148]
7. finden wir Endknöpfchen oder präsynaptische Endverzweigungen, die mit Neurotransmittern (Botenstoffen, z. B. Dopamin, Serotonin) gefüllte Vesikel enthalten. Vesikel sind Verbände von Botenstoffen. Sie geben sozusagen die »Nachricht« von einem Neuron zum nächsten weiter (synaptische Übertragung). Ein entscheidender zweiter Prozess ist die Synaptogenese ab der 5. Woche der Embryonalentwicklung, die sich bis ins 3. Lebensjahr erstreckt. Die Synapsenbildung hat ebenfalls eine hohe Geschwindigkeit (1,8 Mio./Sek. in zwei Schwangerschaftsmonaten), und so bilden sich in Spitzenzeiten an jedem Neuron des Kortex bis zu 15 000 Synapsen.

Die Synapsenbildung gesunder Gehirne im Säuglingsalter ist gekennzeichnet durch eine Überschussproduktion, d. h. es werden

	Tasten/Fühlen	Schmecken	Riechen
Ende 1. Monat			
2. Monat	Region um den Mund reagiert emp- findlich auf Reize	angelegt	Rezeptoren angelegt
3. Monat	Hand Mundhöhle Körperoberfläche zum größten Teil		
4. Monat	reiz- und schmerz- empfindlich	ausgereift	
5. Monat			
6. Monat	Vibration, Druck, Schmerz, Temperatur werden		
7. Monat	von der Hand empfunden (Ende 6. Monat)		Reifung
8. Monat		Reaktion auf	
9. Monat		Missempfindung	

Quelle: Zimmer, R.: Handbuch der Sinneswahrnehmung. Freiburg 2005, S. 50 f.

Gleichgewicht	*Hören*	*Sehen*	*Sich bewegen*

			Propriozeptoren angelegt
Labyrinth angelegt; vestibuläre Reize beginnen zu funktionieren	Schneckenwindungen angelegt		Reize werden durch die Bewegungen der Mutter vermittelt
	weitere Differenzierung		
		Sehstäbchen differenziert	
Reifung			
	alle Strukturen reif Reaktionen auf äußere Schallreize		
		Aufnahme von Lichtreizen vollständig	

doppelt so viele Synapsen produziert wie benötigt werden. Dies führt zu einem Wettbewerb und Durchsetzung (Auslese, Selektion) der aktivsten, stärksten oder nützlichsten Synapsen und neuronalen Vernetzungen und damit letztendlich zu höherer Gehirnleistungsfähigkeit und Anpassung bzw. Funktionsbildung des Gehirns an die Anforderungen der jeweiligen Umgebung.

Neuronale Vernetzung und Gehirnleistung

Von der Art und Qualität der synaptischen Verbindungen (dem neuronalen Muster) hängt die Gehirnleistungsfähigkeit wesentlich ab. Man spricht auch von »Neuronaler Plastizität«, was die Fähigkeit des Gehirns meint, neuronale Verbindungen zu aktivieren bzw. neu zu bilden und damit eine Gehirnleistung zu

Ein Beispiel für die zunehmende Vernetzung im Kortex in den beiden ersten Lebensjahren:

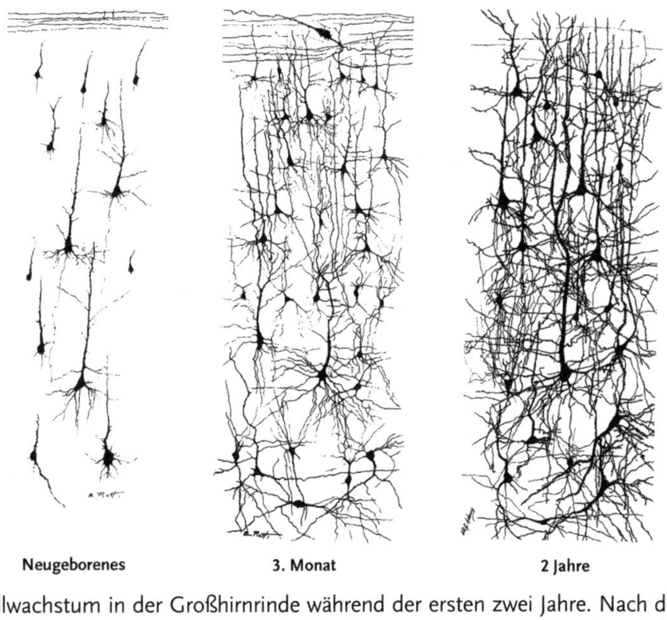

Zellwachstum in der Großhirnrinde während der ersten zwei Jahre. Nach der Geburt kommen keine Neuronen mehr hinzu, vielmehr sprießt während der ersten Lebensjahre eines Kindes eine Fülle neuer Dendriten und Synapsen, so dass der Kortex dicker wird und die Verschaltung immer komplexer. Die Schemazeichnungen stammen aus dem Augen-Stirn-Bereich des Stirnlappens, einer Kortexregion, die bei der Erinnerung und bei Gefühlen eine Rolle spielt. Quelle: Eliot: a.a.O., S. 42.

erzeugen – mag es sich dabei um eine Vorstellung/Repräsentation der Wirklichkeit oder spezifische Funktionen, wie z. B. Motorik, Denken usw. handeln. Dies wird als eine entscheidende Grundlage der Lernfähigkeit angesehen. Lernen ist nicht nur eine neuronal begründete und ermöglichte Verhaltensänderung, sondern es beeinflusst selbst wiederum das Gehirnwachstum.

Neurotransmitter und Gehirnleistung

Neurotransmitter (Botenstoffe) sind biochemische Stoffe (z. B. Kalziumionen), die von einem Neuron zum nächsten »wandern« und diese beeinflussen (erregen, bremsen usw.) und damit die Grundlagen der Gehirnleistungsfähigkeit bilden.
Die Neurotransmitter haben verschiedenartige Funktionen:

- Dopamin bzw. das Dopaminsystem ist u. a. zuständig für Motorik, Belohnung, Motivation, Denkklarheit, Wachsamkeit, Sinnesschärfung, Denken
- Acetylcholin beeinflusst die Aufmerksamkeit, das Lernen und Gedächtnis.
- Serotonin beeinflusst Affekte, Erregung und Hemmung der Neuronentätigkeit.
- Endorphine/Neuromodulator beeinflussen Angst, Furcht, Anspannung, Freude, Schmerz.

Ernährung in der Schwangerschaft

Genauere Kenntnisse über die Neurotransmitter sind insofern wichtig, als die Ernährung der Mutter bzw. Schwangeren und die Ernährung des Säuglings und Kleinkindes Einfluss auf ihre Menge/Qualität und die Leistungsfähigkeit des Gehirns hat. Rauchen z. B. hat einen deutlich negativen Einfluss auf die Wirksamkeit von Neurotransmittern und kann die Leistungsfähigkeit des Gehirns, die sprachliche und motorische Entwicklung, das Hörverständnis beeinträchtigen sowie Hyperaktivität, Konzentrationsschwäche und geistige Retardierung befördern

Die medizinisch-therapeutische Beeinflussung dieser Gehirnsubstanzen zur Verbesserung der Gehirnleistungen v. a. bei Kindern ist eine offene und sehr strittige Frage, wie sich insbesondere in der Diskussion um die Verabreichung von Ritalin bei Konzentrations- und Hyperaktivitätsyndromen zeigt.

Neuronal-synaptische Vernetzung und ihre Bedeutung für das Lernen

»Zellüberschuss und Zelltod« ist für das Lernen von früher Kindheit bis ins Alter bedeutsam,

- weil frühes Lernen (Umweltanregungen) bestimmte neuronale Verbindungen für bestimmte Kompetenzen (z. B. Motorik, Wahrnehmung, Denken) aktivieren und damit festigen und
- im Alterungsprozess des Menschen die Aktivierung den Zelltod und Funktionsminderungen bzw. -verluste verzögern kann.

Versteht man Lernen als aktive Auseinandersetzung des Individuums mit der sozial-personalen und dinglichen Umwelt, dann ergeben sich aus der Fähigkeit des Gehirns zur neuronal-synaptischen Vernetzung weit reichende Schlussfolgerungen, die von Eliot wie folgt zusammengefasst werden:

Lernumgebung

»Die Umgebung eines Kleinkinds beeinflusst direkt und fortwährend die Struktur und letztlich die Funktion seines Gehirns. Alles, was ein Kind sieht, berührt, hört, fühlt, ertastet, denkt und so weiter übersetzt sich in einer bestimmten Anzahl von Synapsen in elektrische Aktivität und verbessert ihre Chance, langfristig zu überleben. Synapsen hingegen, die selten aktiviert werden – ob wegen nie gehörter Sprachen, nie gespielter Musik, nie ausgeübter Sportarten, nie gesehener Berge oder nie empfundener Liebe –, verkümmern und sterben ab. Fehlt eine ausreichende elektrische Aktivität, verlieren sie das Wettrennen, und die Schaltkreise, die sie einzurichten versuchten – für fehlerloses Russisch, saubere Tonhöhe, vorzüglichen Aufschlag, tiefe Verehrung für die Natur, gesunde Selbstachtung –, kommen nie zu Stande.«[149]

Der Aufbauprozess des Nervensystems folgt zunächst einer bestimmten genetisch gesteuerten Hierarchie der Entwicklung, bei der aber die Umwelt, d. h. Lernen, eine zunehmende Bedeutung gewinnt:

Zusammenfassung

»Allgemein ausgedrückt, reift das Nervensystem in aufsteigender Ordnung, von unten nach oben. Rückenmark und Hirnstamm sind bei der Geburt praktisch vollständig ausgebildet, die Nervenfasern von Myelinscheiden umhüllt; unmittelbar danach beginnt die Myelinbildung im Mittel- und Kleinhirn; die subkortikalen Bereiche des Vorderhirns (einschließlich Thalamus, Basalganglien sowie Teilen des limbischen Systems) folgen wenig später während des ersten (und, bestimmte Leitungen betreffend, des zweiten) Lebensjahrs. Ganz zuletzt folgt die Großhirnrinde, die von allen Gehirnstrukturen am langsamsten und unregelmäßigsten heranreift. Die sensorischen Bereiche des Kortex entwickeln sich relativ schnell, gefolgt von den motorischen Bereichen, während ausgedehnte Regionen des Scheitel-, Schläfen- und Stirnlappens, der übergeordneten Assoziationsfelder des Gehirns, noch bis zum Ende des zweiten Lebensjahrzehnts mit der Auslese von

Synapsen und der Bildung von Myelinscheiden beschäftigt sind. Dies sind die Schaltkreise, die für unsere komplexesten geistigen Prozesse zuständig sind – Sprache, Aufmerksamkeit, Urteil, Planung, Gefühl und logisches Denken –, und deshalb braucht es uns nicht zu wundern, dass der Mensch derart langsam zu geistiger Reife gelangt.«[150]

4.4.4.2 Interaktion von Lernen, Reifen und Persönlichkeitsentwicklung

Beim konkreten individuellen Fall greifen diese Bereiche immer interaktional ineinander.

Beispiel

Ein spastisch mehrfachgeschädigtes Kind mit einer Sehschwäche (z. B. unerkannter Kurzsichtigkeit) und einschießenden, also ungesteuerten Reflexbewegungen, will in einem Alter, wo es greifen und die Auge-Hand-Koordination lernt, ein Spielzeug greifen. Die Sehbehinderung und der einschießende Reflex behindern das greifen wollende Kind. So wird nicht nur das Greifenlernen, sondern auch seine Motivation bzw. Spielfreude, seine sensomotorische Intelligenz und so auch sein gesamtes Verhalten verschiedenartig beeinflusst, d. h., es wird womöglich aggressiv oder apathisch, wenn ihm sein Spiel auf Dauer nicht gelingt. Eine so anwachsende Verhaltensstörung kann wiederum rückwirken auf die Motivation und Handlungsbereitschaft, d. h., die Hoffnung auf Erfolg oder die Furcht vor Misserfolg stärken oder schwächen. Kommen nun noch deprivierende Umweltbedingungen, also fehlende Spielmittel, unangemessene Spielanregungen und eine Fehl- bzw. Mangelerziehung hinzu, dann ergeben sich komplizierte Wechselwirkungen zwischen Kind und Umwelt, die seine angeborene spontan-aktive Auseinandersetzungs-, Lern- und Entwicklungsbereitschaft zusätzlich beeinträchtigen.

Die biologisch-organische Schädigung (Spastik und Sehschwäche) steht also in einer bio-sozialen Interaktion mit den sozialen und kulturellen, ggf. deprivierenden und hemmenden Umweltbedingungen (z. B. fehlendes Spielzeug, Fehl- und Mangelerziehung).

Dieser bio-soziale Interaktionsprozess produziert u. U. neue, sich anhäufende oder kumulierende Beeinträchtigungen des Lernens.

4.4.5 Entwicklungspsychologische Besonderheiten der ersten Lebensjahre

Die ersten 6–8 Lebensjahre unterscheiden sich qualitativ von den späteren dadurch, dass hier die grundlegenden humanen Kompetenzen wie Wahrnehmung, Sprache, Intelligenz, Sozialverhalten usw. aufgebaut und danach vollendet oder perfektioniert werden. Hier also entscheidet es sich, ob Schädigungen zwangsläufig zu Behinderungen führen oder diese vermindert bzw. vermieden werden. Dies geschieht durch medizinisch-therapeutische Maßnahmen, aber auch durch pädagogisch-psychologische Maßnahmen der Beeinflussung der fördernden und hemmenden Faktoren des Lernens.

4.4.5.1 Bedingungsgruppen fördernder oder hemmender Faktoren des Lernens

Lernbeeinträchtigungen werden durch folgende Gruppen entwicklungspsychologischer Besonderheiten der ersten Lebensjahre mitbedingt:
- die Ausbildung der motorischen und sensorischen Vermittlungsprozesse und
- die sensiblen Phasen, die man zusammen als primäres oder frühes Lernen bezeichnen kann.

Definition

»Mit dem Begriff Primäres Lernen sind spezifische Lernabläufe in frühester Kindheit gemeint, in denen die sensorischen (sinnesmäßigen) und motorischen (bewegungsmäßigen) Vermittlungsprozesse entwickelt und aufgebaut werden, welche notwendige Voraussetzung für spätere komplexe Lernleistungen darstellen. Dies geschieht in einem Wechselspiel zwischen
- *organischem Wachstum,*
- *Reifungsvorgängen,*
- *Anregungen durch Umweltreize sowie eigener Erfahrung*

und führt zur Ausbildung erforderlicher Feinstrukturen des Zentralnervensystems sowie zum Aufbau der Bewegungs- und Wahrnehmungswelt.«[151]

Sensomotorische Grundfunktionen

Sensomotorische Grundfunktionen: Gemeint sind hier die Ausbildungen von Grundfunktionen, wie z. B. die Hand-Hand- oder Augen-Hand-Koordination; aber auch die Entwicklung der Sinnessysteme gehört dazu, die sich noch weit in die ersten Lebensjahre hinein erstreckt, indem sie sich an die Umwelt anpassen, in der das Kind leben lernt.

Obwohl bei der Geburt alle Sinne funktionsbereit sind, vollzieht sich ihre Entwicklung, d. h. ihre Umweltanpassung, ihre Koordination untereinander (intersensorielle Koordination) und ihre Koordination mit der Motorik (sensomotorische Koordination) entscheidend durch die Umwelterfahrungen in den ersten Lebensjahren.

Stufen der Funktionsreifung und -organisation

Die Funktionsreifung der einzelnen Bereiche hat folgende Stufen:

»1. *Orale Organisation (Mundfunktion, Geschmack, Geruch): 1.–3. Lebensmonat.*
2. *Optische Organisation (Auge, Motorik der Hände, des Rumpfes, der Beine): 3.–12. Lebensmonat.*
3. *Akustische Organisation und Motorik des Sprechapparates: ab 12. Monat.*«[152]

Links- und Rechtshänder

Insgesamt erstreckt sich die sensomotorische Ausreifung bis zum ca. 7. Lebensjahr, wo sich z. B. die Sehfähigkeit voll ausbildet, die Raumlagestabilität verfestigt und die Rechts-Links-Unterscheidung bzw. die Festlegung der Rechts- oder Linkshändigkeit endgültig vollzieht.[153]

Beispiel

Ein Beispiel für die Anpassung des Sinnessystems an die Umwelt: Blind geborene Kinder, die durch operative Maßnahmen im Jugendalter erst sehen lernten, haben Schwierigkeiten bei der Formwahrnehmung und -unterscheidung. So dauerte es Monate, bis Dreiecke von Quadraten unterschieden werden konnten; ein hochintelligentes Mädchen mit ausgezeichnetem Abitur konnte z. B. nie mehr als drei Personen visuell erkennen.[154]

Die Entwicklung des Gehirns vollzieht sich offensichtlich einerseits nach Maßgabe von Reifungsgesetzen und andererseits in einem Dialog mit der Umwelt, an die sich das Wahrnehmungssystem anpasst.

Definition

Sensible Phasen: Aus dem obigen Beispiel kann man schließen, dass es für die Entwicklung bestimmter Kompetenzen in der Wahrnehmung, in der Motorik und für andere basale Funktionen bzw. Fertigkeiten so genannte sensible Phasen oder kritische Entwicklungsabschnitte vorübergehender Dauer gibt, in denen der Organismus besonders empfänglich bzw. lernbereit ist und in denen er schnell und intensiv etwas lernt bzw. eine Kompetenz entwickelt und für immer behält (z. B. Bewegung, Sprache, kognitive Grundfunktionen, Intelligenz, Sozialverhalten usw.). Das bedeutet: So schnell und intensiv wie in diesen Phasen lernen Kinder nie wieder. Deshalb brauchen sie auch in diesen sensiblen Phasen die entsprechenden Entwicklungs-, Handlungs- und Lernanreize. Fehlen diese Außenreize, dann kann die Gesamtentwicklung gestört, das Erreichen einer höheren Stufe der Entwicklung beeinträchtigt oder eine Behinderung begünstigt werden.[155]

Die Ärztin und Pädagogin Maria Montessori hat ihre Früherziehung und entsprechende sensomotorischen Entwicklungsmaterialien auf diese sensiblen Phasen abgestimmt, und von Hellbrügge ist diese Konzeption weitgehend in seine sozialpädiatrische Theorie und Praxis übernommen worden.[156]

4.4.5.2 Sensible Phasen und kognitive Entwicklung

In den Bereich des primären Lernens fällt die Entwicklung der elementaren motorischen und sensorischen Prozesse, die allgemein für die Persönlichkeitsentwicklung und speziell für die kognitive Entwicklung von grundlegender Bedeutung sind. Sensible Phasen als Entwicklungsabschnitte extremer und spezifischer Lernbereitschaft ermöglichen und begünstigen die sensomotorische wie kognitive Entwicklung, wenn sie pädagogisch optimal, d. h. stimulativ-fördernd genutzt werden. Wesentliche Grundlage für die optimale Förderung ist die Funktionsfähigkeit des Sinnes- und Wahrnehmungssystems.

Das Sinnes- bzw. Wahrnehmungssystem

Schon ungefähr im 2. Schwangerschaftsmonat beginnt das Sinnessystem sich zu entwickeln und funktionsfähig zu werden, wie z. B. der Tast- oder Hautsinn. Bei der Geburt sind alle Sinnessysteme funktionsbereit. Sie liefern dem Gehirn sensorische Reize, die durch Wahrnehmungsprozesse und Denken bzw. kognitive Prozesse verarbeitet werden können (s. S. 113).

Nicht alle Sinnesreize werden zu Wahrnehmungen bzw. Bewusstseinsinhalten (und entsprechenden Repräsentationen), sondern dies geschieht erst dann, wenn sie bestimmte Erregungswerte/Reizschwellen im Nervensystem überschreiten. Dann werden diese Reize wahrnehmungspsychologisch über die Aufmerksam-

Sinne	*Reiz*	*Sinnesorgan*	*Rezeptor*	*Empfindung*
Sehen	Lichtwellen	Auge	Stäbchen und Zapfen der Retina	Farben, Muster, Oberflächeneigenschaften
Hören	Schallwellen	Ohr	Haarzellen der Basilarmembran	Geräusche, Töne
Empfindungen der Haut	Äußerer Kontakt	Haut	Nervenendigungen der Haut	Berührung, Schmerz, Wärme, Kälte
Geruch	Geruchstragende Substanzen	Nase	Haarzellen des olfaktorischen Epithels	Düfte (moschusartig, blumig verbrannt, pfefferminzartig)
Geschmack	Lösliche Substanzen	Zunge	Geschmacksknospen der Zunge	Geschmacksempfindungen (süß, sauer, salzig, bitter)
Gleichgewicht	Mechanische Kraft und Schwerkraft	Innenohr	Haarzellen in den Bogengängen und im Vestibulum	Bewegung im Raum »Zug« der Schwerkraft
Kinästhesie (Bewegung)	Bewegung	Muskeln, Sehnen und Gelenke	Nervenfasern in Muskeln, Sehnen und Gelenken	Bewegung und Orientierung von Körperteilen im Raum

Quelle: Zimbardo/Gerrig: Psychologie. Berlin [7]2003, S. 114.

keit (die so genannte Orientierungsreaktion) bewusst, d. h. sie werden empfunden und geistig fassbar (Wahrnehmungsgestalt). Sodann werden die Wahrnehmungsinhalte gestaltbar, z. B. als bewusste Handlung, Bewegung, zur Einordnung in eine Kategorie oder zur weiteren geistig-kognitiven Verarbeitung, z. B. beim Problemlösen (s. S. 114).

Objektpermanenz

Das Wahrnehmungssystem vollbringt früh (mit ca. 6 bis 8 Monaten) wichtige Leistungen, wie z. B. die »Objektpermanenz« (Piaget) bzw. »Objektidentität« (Bower), wenn also Bewusstseinsinhalte (z. B. ein Teddy) weiter bestehen, auch wenn ein gesehener Gegenstand real nicht mehr gegeben ist (weil er z. B. aus dem Bett gefallen ist). Diese Fähigkeit der Objektpermanenz soll ein guter Indikator für spätere Intelligenzleistungen sein.[157]

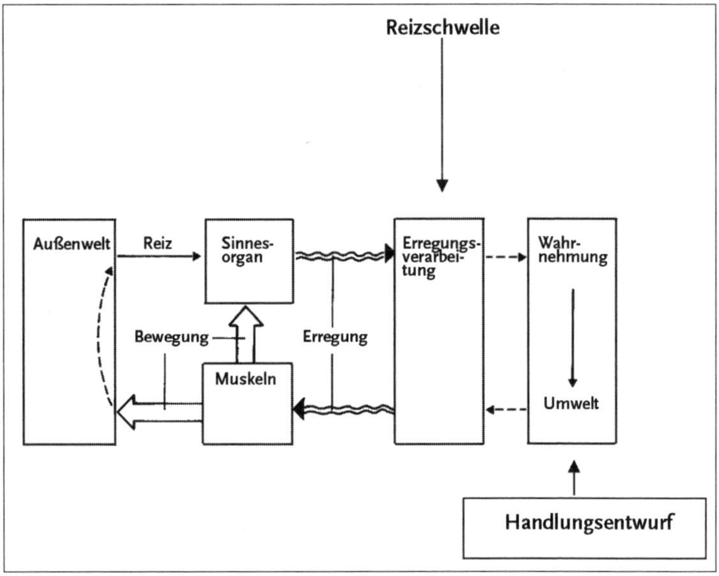

Schaubild in Anlehnung an von Campenhausen: Die Sinne des Menschen. Stuttgart. ²1993, S. 7.

Kategorisierung und Organisation der Sinnesreize

Eine weitere Leistung der Wahrnehmungstätigkeit ist die Kategorisierung, Ordnung bzw. Organisation von Sinnesreizen, die schon ab ca. 0,4 Jahren für die Unterscheidung bzw. Kategorisierung von Form, Anzahl und Farbe beginnt.[158]

Auf der Basis der neuronalen Organisation von Sinnesreizen werden Kategorien/Ordnungsschemata für bestimmte Eigenschaften gebildet, wie z. B. Gesichter, Erlebnisse, Handlungen, Objekteigenschaften (z. B. Farben, Formen, Anzahl) usw., nach denen wir unsere Wahrnehmungen und Erfahrungen erkennen, unterscheiden, einordnen und fixieren (s. Gedächtnis).

Dazu gehören z. B. auch die Kategorien Raum, Zeit und Zahl.

Raum

Die Kategorie Raum bedeutet – kurz gesagt – die Fähigkeit, sensorische Informationen wie Größe und Form, Entfernungen und Lagepositionen

- von sich selbst (eigene Körperwahrnehmung) und
- die Wahrnehmungen bzw. Objekte aus der Umwelt nach ihren Größen, Positionen und Dimensionen (zwei- bzw. drei-

dimensional) in Beziehung zu setzen und zu bestimmen (z. B. zu messen).

Dabei sind oft mehrere Sinnessysteme bzw. -modalitäten beteiligt, v. a. der visuelle Sinn, aber auch auditive, haptische oder auch der olfaktorische Sinn (man spricht von intersensorieller bzw. -modaler Koordination).

Für die Pädagogik bzw. Didaktik/Methodik ist die visuelle Raumwahrnehmung wichtig, z. B. die äußere Raumorientierung, die für das Erlernen von Lesen, Schreiben und Rechnen bedeutsam ist und bei der Kinder oft Probleme haben (z. B. Links-Rechts-Probleme, Zahlen- und Buchstabendreher, LRS, Dyskalkulie).

Zeit

Bei der Kategorie Zeit handelt es sich um die Fähigkeit, Geschwindigkeiten und Dauer von verschiedenartigen Wahrnehmungen, wie z. B. Geräuschen, Gegenständen, Ereignissen, Erlebnissen

- zu ordnen (z. B. Vorher–Nachher, Gleichzeitigkeit, Vergangenheit, Gegenwart, Zukunft),
- in Beziehung zu setzen (z. B. die Koordination von zwei unterschiedlichen Geschwindigkeiten von Kindesbewegung und Autobewegung) und
- zu schätzen bzw. zu bestimmen (z. B. Messen der Dauer in Sekunden usw.).

Pädagogisch bedeutsam ist die Kategorie Zeit v. a. bei der Handlungsplanung und -umsetzung (z. B. Lernplanung, Leistungsmessung), der Entwicklung des Geschichtsbewusstseins bzw. -denkens und natürlich als subjektives Zeiterleben des Kindes (z. B. Langeweile, Belastbarkeit, täglicher Biorhythmusablauf, individueller Lernrhythmus usw.).

Zahl

Die Kategorie Zahl gehört zu den komplizierteren Sachverhalten der Wahrnehmung und Denkentwicklung bzw. der Bildung logisch-mathematischer Strukturen (z. B. Dezimalsystem) und Operationen (z. B. »Rechnen«).

Man vermutet, dass es einen »Zahlenstrahl« bzw. -sinn oder ein Zahlenmodul in unserem Gehirn im Bereich des Parietallappens gibt[159], der in unterschiedlichen Bereichen des Gehirns (Sprache, Raum, Zeit) verortet und mit anderen Gehirnbereichen verbunden ist.

Dieser Zahlenstrahl bzw. diese Kategorie für die Zahl befähigt uns, logisch-mathematisch zu denken, Mengen schätzend zu erfassen und exakt zu berechnen. Dieses Schätzen gelingt bereits bei Tieren, und schon früh können Kinder nach Piaget »zählen«:

»Einjährige Kinder fangen an, einzelne Gegenstände zu erkennen, zweijährige Gegenstandspaare, dreijährige Dreierkollektionen und so fort. Schon im Alter von 4 ½ oder 5 Jahren zählen Kinder gern Gegenstände kleiner Kollektionen ab. Das bedeutet aber noch nicht, dass sie Zahlen korrekt anwenden oder gar rechnen können: Sie gehen einfach die Gegenstände nacheinander durch und sprechen bei jedem ein Zahlwort aus. Anders gesagt, sie bringen die Gegenstände in eine Reihenfolge, indem sie einem jeden genau eine Zahl zuordnen, also eine Eins-zu-Eins-Korrespondenz zwischen Gegenständen und Zahlnamen herstellen.«[160]

Die weitere Entwicklung des mathematischen Denkens bzw. konkreten Rechnens hängt entscheidend ab von der allgemeinen Denk- bzw. Intelligenzentwicklung und natürlich von der Möglichkeit, sich mit Mengen (z. B. Unterscheiden, Ordnen usw.) und Zahlen auseinander zu setzen (= Aufgabe der kognitiven Frühförderung). Daher soll die Raumvorstellung etwas vertiefter dargestellt werden.

Aspekte und Meilensteine der Entwicklung der Raumvorstellung

Eigene Raumlage

Die Entwicklung der Raumvorstellung vollzieht sich in den ersten Lebensjahren speziell im Bereich des Parietallappens (s. o.). Hier entwickelt das Kind die Fähigkeit, seine eigene Raumlage zu bestimmen (Körperempfinden, Raumlagesinn). Dies vollzieht sich durch so genannte Propriorezeptoren, die für die Berührungs-, Temperatur- und Schmerzimpulse zuständig sind und die von der Haut, den Gelenken und Muskeln aus dem Gehirn Informationen über die Körperlage, die Gliedmaßenstellungen, die offenen oder geschlossenen Augen geben (s. S. 117).[161]

Entscheidend für die Entwicklung der eigenen Körperlage/des eigenen Körperschemas sind neben der organischen Gesundheit Handlungs- und Erfahrungsmöglichkeiten. In der Regel erreicht das Kind zwischen 6–8 Jahren eine klare Vorstellung seiner Körperlage.

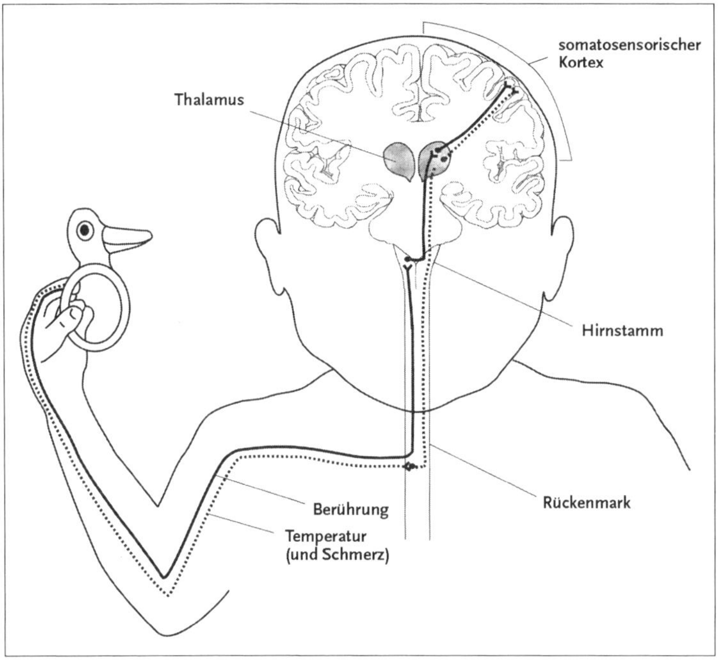

Neurologische Bahnen des Tastsinns. Der kalte Beißring aktiviert Berührungs- und Temperaturrezeptoren in den Fingern, die ihrerseits elektrische Reize durch Rückenmark, Hirnstamm und Thalamus schicken und im somatosensorischen Kontex enden, wo der Beißring bewusst wahrgenommen wird. Die Lücken in jeder Bahn markieren die Position von Synapsen.
Quelle: Eliot, L.: Was geht da drinnen vor? Die Gehirnentwicklung in den ersten fünf Lebensjahren. Berlin 2001, S. 182.

Außenraumwahrnehmung

Die Entwicklung der Wahrnehmung des Außenraumes ist zentral abhängig vom visuellen System.[162] Dabei handelt es sich um Leistungen wie

- Form- und Objektwahrnehmung, z. B. Kugel, Walze, Würfel (ab ca. 0,3–0,4 Jahren)
- Figur-Hintergrundbeziehung, also Formen in einem gepunkteten Hintergrund zu isolieren (ab ca. 0,3–0,4 Jahren, vgl. folgende Abbildung) der Tiefen-/Distanzwahrnehmung eines Gegenstandes, d. h. das visuelle Wahrnehmen/Erkennen desselben Gegenstandes aus verschiedenen Entfernungen zum Betrachter (ab ca. 0,3–4,0 Jahren)

- Farbwahrnehmung (schwach in den ersten Lebenswochen, deutlich ab ca. 0,4 Jahren)
- Bewegungswahrnehmung von Gegenständen (ab Geburt, aber zuverlässiger mit ca. 0,2 Jahren), wie z. B. selbstbewegte Gegenstände vor den eigenen Augen oder andere Gegenstände (Mobiles) oder Personen, die sich im Raum bewegen.

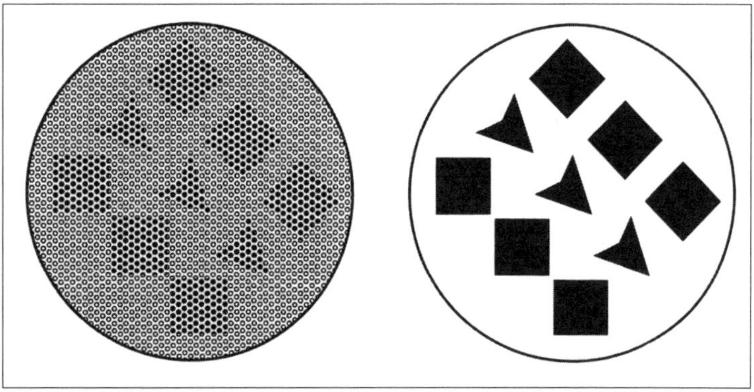

Beispiel für Mustererkennung aus dem gepunkteten Hintergrund
Quelle: Zimbardo/Gerrig: Psychologie. Berlin [7]2003, S. 130.

Sensorische Integration

Schon vorgeburtlich organisieren sich neuronal die verschiedenen Sinnesmodalitäten, wie Gleichgewichts- und Gehörsinn, d. h. Sinneserfahrungen aus dem eigenen Körper und von außerhalb werden miteinander erfasst und neuronal eingeordnet. Hier spricht man von »intersensorieller Integration«. Solche Verknüpfungen verschiedener Sinnesmodalitäten sind wichtig, z. B. für den Spracherwerb, wozu man Gehör und Sehen (wie man spricht) benötigt. Es koordinieren sich aber auch schon vorgeburtlich sensorische und motorische Funktionen (Sensomotorik), die nachgeburtlich benötigt werden, wie z. B. Sehen und Greifen, die Augen-Hand-Koordination, also sensomotorische Koordinationen. Sie sind wichtige Voraussetzung z. B. für das Spielen oder Schreibenlernen. So können Säuglinge ab ca. 0,5 Jahren ziemlich sicher koordiniert greifen (s. Abb. S. 117).

Die Entwicklung dieser Einzelfunktionen vollzieht sich im ersten Lebensjahr sowohl eigengesetzlich nach Maßgabe der Einzelfunktionen wie Sehen, Greifen usw. als auch

- in wechselseitiger Organisation (Sehen-Greifen) untereinander und
- in Koppelung mit der Umwelt, wobei die so genannten »Sensiblen Phasen« in der synaptischen bzw. neuronalen Organisation eine qualitativ besondere Entwicklungsphase darstellen.

Pädagogische Konsequenzen

In solchen Phasen erwirbt bzw. lernt das Gehirn bestimmte Erfahrungen leicht und schnell, aber es muss diese Erfahrungen auch machen können und äußere Anregungen finden, um bestimmte Kompetenzen, wie z. B. Wahrnehmung, Motorik, Sprache usw. effektiv und dauerhaft hervorzubringen.

In der äußerst komplexen und lang dauernden visuellen Entwicklung soll es mehrere sensible Phasen geben, die optimale Chancen für die volle Ausbildung der Sehfähigkeit bieten.[163] Wie die Entwicklung in den Details insgesamt zusammenhängt, beschäftigt die Entwicklungstheorie, und berühmt dafür ist das Modell nach Piaget (vgl. Kap. 4.4.1).

Denken/Intelligenz und Gehirnentwicklung

Definition

Das Denken ist, allgemein formuliert, eine komplexe Gehirn- und Bewusstseinsleistung. Denken wird auch als freies geistiges, intellektuelles, methodisches Handeln zum Zwecke der Wahrheitsfindung verstanden.

Denkprozesse können sehr unterschiedlich sein bezüglich

- ➔ Abstraktion, z. B. sensomotorisch (auf sensorischer und konkreter/dinglicher Handlungsebene), anschaulich (z. B. in Bildern, Symbolen), abstrakt (z. B. in Begriffen, Zahlen, mathematischen Formeln usw.)
- ➔ der Methode, wie z. B. logisch, analytisch, synthetisch, kreativ usw.
- ➔ bestimmter Inhalte, wie z. B. mathematisch-naturwissenschaftlich, sozialwissenschaftlich, pädagogisch usw.
- ➔ bestimmter Ziele, wie z. B. problemlösendes Denken

Denkprozesse sind u. a.

- ➔ Erkennen/Wiedererkennen (Identifikation), z. B. eines Gesichts
- ➔ Vergleichen, Unterscheiden, z. B. von Formen, Farben, Geräuschen usw.
- ➔ Kombinieren, z. B. von Merkmalen wie Größe, Farbe, Form (z. B. großes gelbes Dreieck)
- ➔ Reversibilität, umkehrbares Denken, logisch vorwärts-rückwärts

- Schlussfolgern, wie z. B. deduktives oder induktives Schließen als Anwendung logischer Regeln (z. B. deduktiv: 1. Hier können Sie in allen Währungen bezahlen. 2. Ich habe Euro. 3. Dann kann ich in Euro bezahlen; induktiv schließen bedeutet, dass man z. B. aufgrund von Beobachtungen/Vermutungen auf einen bestimmten Sachverhalt schließt: Viele um mich herum essen Eis, also muss es hier irgendwo ein Eisgeschäft geben).
- Urteilen, Bewerten, Entscheiden, z. B. zwischen richtig und falsch, gut und böse.
- Problemlösendes Denken bezeichnet methodische Denkvorgänge, um auf der Basis von Erfahrungen/Tatsachen ein bestimmtes Ziel/eine Problemlösung zu erreichen. Ein Verfahren kann das logisch-mathematische Denken sein, wie sie z. B. in Dreisatzaufgaben praktiziert wird. Bestimmte methodisch-logische Regeln/Algorithmen müssen aus dem Gedächtnis abgerufen und in einer bestimmten Reihenfolge/Sequenz auf eine Aufgabe hin angewandt werden.
- Konvergentes und divergentes Denken als Beispiel für einen Denkstil z. B. im Kreativitätsbereich bedeutet a) konvergentes Denken als Suche nach einer einzigen Lösung, zum Bestehenden hinneigendes, mehr in die Tiefe gehendes Denken; b) divergentes Denken sucht die Vielfalt von Lösungen in verschiedenen und neuen Richtungen und mehr in die Breite gehendes Denken.

Meilensteine der Denkentwicklung und Gehirnentwicklung

Die Denkentwicklung zeigt sich schon im frühen nachgeburtlichen Stadium:

- Neugeborene können Ähnlichkeiten erkennen bzw. unterscheiden, also kategorisieren/ordnen
- Ca. 0,1-Jährige können abstrakte Vorstellungen von Gegenständen speichern
- 0,3-Jährige können elementare physikalische Sachverhalte nach möglich/unmöglich unterscheiden bzw. nach Ursache–Wirkung denken und Wahrscheinlichkeiten »voraussehen«
- ca. 0,4-Jährige kategorisieren nach Form und Farbe, unterscheiden Gesichter, Stimmen, Farben
- ca. 0,5-Jährige können anschaulich Addition/Subtraktion erbringen
- bei ca. 0,8-Jährigen nehmen die Stirnlappen ihre Funktionen

auf und das Kind sucht versteckte Gegenstände (Objektpermanenz), und diese Aktion setzt Planung, Hemmung falscher Bewegungen/Impulskontrolle, Arbeitsgedächtnis und minimale Konzentrationsspanne voraus, die sich bis ca. 1,0 weiter ausbilden.

- ➔ Ca. 0,8–0,9-Jährige beginnen planvolles Handeln mit Kontrolle störender Impulse.
- ➔ Ein ca. 0,8-jähriges Kind vollzieht eine emotionale Bindung an eine feste Bezugsperson als Basis der Welteroberung, Gefühle koppeln sich mit dem Intellekt und damit zunehmend mutige Welteroberung/Exploration (Krabbeln, alles angreifen usw.)
- ➔ Mit ca. 1,6 Jahren: Abschluss der sensomotorischen Ausreifung (Wahrnehmungs-Bewegungs-Zirkel); praktisch-sensomotorische Handlungsfähigkeit und Sprachverständnis und Entwicklung steigern sich explosionsartig; Zunahme des Wortschatzes und der 2- bis 3-Wortsätze.
- ➔ Ca. 2,6: Anfänge des symbolischen Denkens, d. h. der Fähigkeit, statt konkret mit den Dingen nun mit Stellvertretern – Symbolen – zu operieren
- ➔ Weitere Ausreifung der Stirnlappen, d. h. mehr Selbstbeherrschung. Bewusstsein und -kontrolle (es sagt jetzt z. B. ich, mich, mir, mein) als Voraussetzung »disziplinierten Lernens«
- ➔ Ca. 3,0–4,0: bessere Kommunikation zwischen rechter und linker Gehirnhälfte: Zunahme der Bewusstwerdung eigener Wahrnehmungen, der Unterscheidung zwischen Schein und Wirklichkeit, Unterscheidung von realen und eingebildeten Ereignissen, Zunahme analytischer Kompetenzen, Anfänge des Verständnisses »Ich kann denken«, »mir etwas vorstellen usw.« als die Fähigkeit, den Unterschied zwischen Wahrnehmung, Erinnerung, Träumen, Wünschen, Überzeugungen und Fantasien als so genannter metakognitiver Fähigkeiten zu erkennen[164]
- ➔ Ca. 6,0–8,0: steiler Anstieg der Gehirnausreifung, höchster Energieverbrauch, »Vermehrung und Auslese (weniger benötigter) der rund einer Billiarde Synapsen«. Zunahme des so genannten P300-Potentials – jener langsamen, positiven Hirnstromwellen, die anscheinend die bewusste, aufmerksame geistige Verarbeitung begleiten«; Erwachen der »Vernunft«, d. h. das Kind beginnt, »logisch zu denken und ver-

traut endlich seinen eigenen Gedankenprozessen, die es sogar über seine Sinneswahrnehmung stellt« und
- Das Kind »erfasst Regeln des Denkens« und wendet diese bewusst (metakognitiv) an.

Damit ist die Gehirn- und Denkentwicklung zwar noch nicht abgeschlossen, aber ein entscheidender Überblick gegeben, an dem sich Frühpädagogik orientieren kann.

Das Denken ist gebunden an verschiedenen Bedingungen, z. B. an:
- neurologische Gesundheit
- Sinne/Wahrnehmung
- Gefühl/emotionale Intelligenz
- Aufmerksamkeit/Konzentration
- Gedächtnis
- Sprache
- Wissen
- Umweltbedingungen, wie z. B. Lernanregungen und -freiheit, Bücher usw.
- entwicklungsgemäße Handlungs- und Lernmöglichkeiten
- Kommunikationspartner.[165]

4.4.5.3 Stabilisierungs- und Verfestigungstendenzen von Verhaltensformen in der Kindesentwicklung

Die einzelnen Prozesse der Wahrnehmungs- und Denkentwicklung, der Entwicklung der Kategorien von Raum, Zeit, Zahl usw. im Wechselspiel von Anlage und Umwelt, Lernen und Reifung usw. führen zu Stabilisierungs- und Verfestigungstendenzen. Mit diesem Ausdruck beschreibt Kanter »diejenigen Prozesse im Entwicklungsgang ..., die zu einer Stabilisierung der Verhaltensweisen sowie Profilierung und Verfestigung des einzelmenschlichen Verhaltensrepertoires im Sinne der reifen Persönlichkeitsstruktur führen«[166]. Diese ist aber grundlegend gefährdet in dem Maße, wie biologisch-organische Schäden, z. B. in der Wahrnehmung und negative soziokulturelle Bedingungen mit Störungen im Bedingungsbereich des Primären Lernens einhergehen und damit nicht nur im positiven Sinne zu Verfestigungen, sondern auch im negativen Sinne zu sich verfestigenden Entwicklungs-, Verhaltens- bzw. Persönlichkeitsstörungen führen können.

Individuelles Behinderungsbild

Das jeweils individuelle Behinderungsbild ergibt sich letztendlich aus den Wechselwirkungen in einer Reife-Lern-Entwicklung zwischen Schädigung und entwicklungsfördernden bzw.

-hemmenden Bedingungen in der Umgebung des Kindes. Hierauf beruht die Kumulation entsprechender Lernzuwächse, die sich in den Verhaltens- und Leistungsformen und Persönlichkeitsmerkmalen eines Kindes ausprägen: z. B. in der sprachlichen, intellektuellen, sozialen oder motorischen Kompetenz.

Kanter brachte diesen Prozess in folgendes Schema[167]:

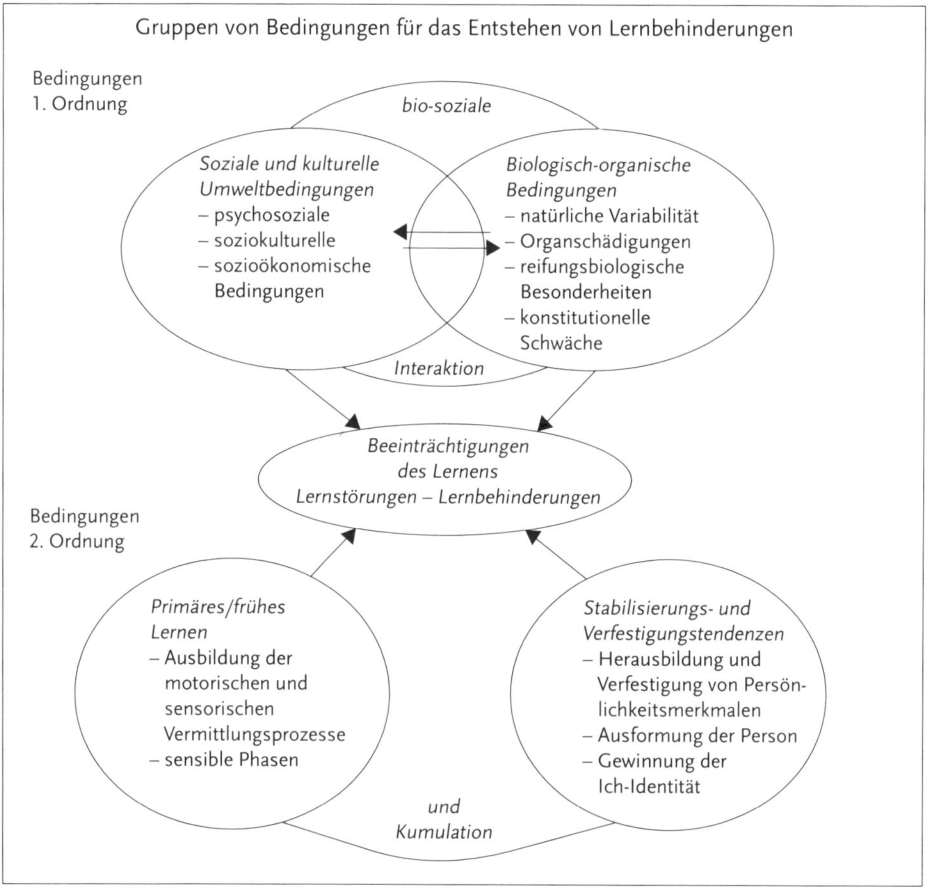

Quelle: Kanter, G.: Handbuch der Sonderpädagogik. Berlin 1976, S. 51.

4.4.5.4 Tests, Fragebögen und Förderdiagnostik mit Schwerpunkt 0–6 Jahre und Schulanfang[168]

Intelligenztests

➔ HAWIK-III

Hamburg-Wechsler-Intelligenztest für Kinder III
Hrsg. von U. Tewes, P. Rossmann und U. Schallberger
EINSATZBEREICH: Kinder und Jugendliche von 6,0 bis 16,11 Jahren. Zur Untersuchung des allgemeinen geistigen Entwicklungsstandes sowie zur Abklärung von Leistungsstörungen.
VERFAHREN: Der HAWIK-III ist ein Intelligenztest für die diagnostische Einzelfalluntersuchung. Erfasst werden über verschiedene spezifische Untertests (Bildergänzen, allgemeines Wissen, Zahlen-Symbol-Test, Gemeinsamkeitenfinden, Bilderordnen, rechnerisches Denken, Mosaik-Test, Wortschatz-Test, Figurenlegen, allgemeines Verständnis, Symbol-Test, Zahlennachsprechen und Labyrinth-Test) die praktische, die verbale und die allgemeine Intelligenz im Sinne des Globalkonzepts von Wechsler. Dies ermöglicht die Darstellung eines Leistungsprofils.
BEARBEITUNGSDAUER: 60 bis 90 Minuten.

➔ CFT 1

Grundintelligenztest Skala 15, revidierte Auflage
Von R. B. Cattell, R. H. Weiß und J. Osterland
EINSATZBEREICH: Kinder von 5,3 bis 9,5 Jahren. Verwendung in Kindergarten, Vorschule, Grundschule und Sonderschule.
VERFAHREN: Der CFT 1 ermöglicht mit seinen fünf Untertests (Substitutionen, Labyrinthe, Klassifikationen, Ähnlichkeiten und Matrizen) die Bestimmung dieser Grundintelligenz, d. h. der Fähigkeit des Kindes, Regeln zu erkennen, Merkmale zu identifizieren und rasch wahrzunehmen. Der Test gibt darüber Aufschluss, bis zu welchem Komplexitätsgrad das Kind bereits in der Lage ist, insbesondere nonverbale Problemstellungen zu erfassen und zu lösen.
BEARBEITUNGSDAUER: Bei Gruppenuntersuchungen je nach Alter zwischen 45 und 60 Minuten, beim Einzeltest ca. 30 Minuten.

➔ SON-R 2 1/2-7

Snijders-Oomen. Non-verbaler Intelligenztest
Von P. J. Tellegen, M. Winkel und J. A. Laros
EINSATZBEREICH: Hauptsächlich Kinder von 2,6 bis 7 Jahren.

Ergänzend liegen Normen für Kinder von 2,0 bis 2,5 Jahren und von 7,0 bis 7,11 Jahren vor. Der Test ist besonders geeignet zur Untersuchung von Kindern, die in der verbalen Kommunikation behindert sind (z. B. gehörlose und schwerhörige Kinder) oder für ausländische Kinder, in deren Herkunftsfamilie nicht Deutsch gesprochen wird.
VERFAHREN: Der SON-R 2 1/2–7 ist ein sprachfreier Individualtest zur Messung der Intelligenz bei Kindern. Die Subtests Kategorien, Analogien und Situationen dienen zur Erfassung des logischen Denkens; die Subtests Mosaike, Puzzles und Zeichenmuster zur Erfassung des räumlichen Vorstellungsvermögens. Für jeden Subtest existieren Regeln für den Testbeginn und den Testabbruch. In den ersten Aufgaben sind Beispiele eingearbeitet, und dem Anwender werden umfangreiche Hilfestellungen und Feedbackvorschläge für den Fall des Versagens des Kindes beim Lösen der Aufgaben bereitgestellt.
BEARBEITUNGSDAUER: Ca. 50 Minuten.

➔ BIVA
Bildbasierter Intelligenztest für das Vorschulalter
Von U. Schaarschmidt, G. Ricken, U. Kieschke und U. Preuß
EINSATZBEREICH: Einzeltest für Kinder zwischen 3,6 bis 7 Jahren. Das Verfahren erlaubt differenzierende Aussagen über alle Niveaustufen intellektueller Leistungsfähigkeit hinweg. Damit eignet es sich sowohl für die Feststellung von Entwicklungsdefiziten und -verzögerungen als auch für das Auffinden von Hinweisen auf hohe Begabung. In beiden Bereichen unterstützt es die Diagnostik im Rahmen der Frühförderung.
VERFAHREN: BIVA besteht aus insgesamt acht Untertests mit kindgerechtem bildlichem Material, die sich nach der Komplexität der geforderten kognitiven Operationen unterscheiden. Die vier elementareren Untertests kommen bei den jüngeren, die vier komplexeren Untertests bei den älteren Kindern zur Anwendung. Zu jedem Untertest gehören sechs Aufgaben sowie ein bis zwei Beispielaufgaben. Darüber hinaus stehen für die komplexeren Untertests zur besseren Differenzierung bei hoher Begabung je zwei Zusatzaufgaben zur Verfügung. Zur besseren Erschließung des Leistungspotentials erhalten die Kinder Rückmeldungen und abgestufte Hilfen, zusätzlich werden durch Verhaltensbeobachtung auch qualitative Aussagen ermöglicht. BIVA wird grundsätzlich in Einzeltestung durchgeführt. Dabei

bearbeitet ein Kind in der Regel vier Untertests. Je nach Entwicklungsstand ist aber auch eine Individualisierung des Vorgehens (Vorgabe von mehr oder weniger Untertests) möglich.
BEARBEITUNGSDAUER: Beim Einsatz von vier Untertests beträgt die Durchführungszeit bei jüngeren Kindern 15 bis 30, bei älteren Kindern 20 bis 50 Minuten.

→ CPM – Coloured Progressive Matrices
3., neu normierte Auflage
Von J. C. Raven
Dt. Bearbeitung von S. Bulheller und H. Häcker
EINSATZBEREICH: Kinder von 3,9 bis 11,8 Jahren.
VERFAHREN: Die Coloured Progressive Matrices (CPM) wurden zur sprachfreien Erfassung des allgemeinen Intelligenzpotentials entwickelt. Sie eignen sich gut zur Anwendung bei Personen, die die deutsche Sprache weder ausreichend sprechen noch verstehen, bei Personen, die unter körperlichen Behinderungen, Aphasie oder Zerebralparese leiden oder gehörlos sind, und bei geistig behinderten Personen, bei denen ein Nachlassen der intellektuellen Fähigkeiten unterstellt werden kann. Die CPM bestehen aus 36 Items in drei Sets zu je zwölf Items: Set A, Set AB und Set B. Sie sind so angeordnet, dass die wichtigsten kognitiven Prozesse, die Kinder im Alter unter 11 Jahren im Allgemeinen beherrschen, gemessen werden können. Die drei Sets geben der Testperson drei Möglichkeiten, eine konsistente Methode des Denkens zu entwickeln. Der Test als Ganzes mit seinen 36 Items wurde für eine möglichst genaue Leistungsbeurteilung der kognitiven Entwicklung bis zum Stadium voll entwickelter intellektueller Fähigkeiten konstruiert. Der Test kann mittels eines Testheftes vorgelegt werden oder in der »Board-Form«, einer Version des Tests, die das Einfügen der Antwortmöglichkeiten nach Art eines Puzzles erlaubt. Die zur Auswahl stehenden Antwortmöglichkeiten befinden sich auf beweglichen Teilen, die in das Muster eingefügt werden können. Die Board-Form ermöglicht unabhängig von ethnischer Zugehörigkeit und Sprache eine verständliche Demonstration der Testaufgaben und ist darüber hinaus einer der wenigen Tests, die mit zufrieden stellenden Ergebnissen bei Personen mit Teillähmungen, Taubheit oder Sprachstörungen angewendet werden können. Die Parallelform entspricht in der Struktur der Aufgaben und den Anforderungen an den Lösungsprozess genau

der »klassischen« Form, ermöglicht aber eine Testwiederholung, ohne dass das Testergebnis durch Erinnerungseffekte beeinflusst wird. Die Auswertung erfolgt manuell mittels Durchschreibeantwortbögen mit integriertem Lösungsschlüssel.
BEARBEITUNGSDAUER: Etwa 20 bis 30 Minuten (eine Zeitbegrenzung ist nicht vorgesehen).

➔ HAWIVA-III
Hannover-Wechsler-Intelligenztest für das Vorschulalter – III
Von A. Fritz-Stratmann, G. Ricken, K.-D. Schuck und U. Preuß
EINSATZBEREICH: Kinder von 2,6 bis 7,3 Jahren. Untersuchung allgemeiner und spezieller intellektueller Leistungsfähigkeit.
VERFAHREN: Der HAWIVA-III ist ein individuell durchzuführender Intelligenztest für das Vorschulalter und die ersten Jahre des Schulalters. Mit diesem Test können verschiedene Leistungsbereiche hinsichtlich der intellektuellen Leistungsfähigkeit untersucht werden. Bei den Adaptationen der Untertests wurden aktuelle kognitionspsychologische und neuropsychologische Erkenntnisse bei der Testentwicklung umgesetzt. Die Aufgaben sind kindgerecht, farbig und attraktiv gestaltet. Die Durchführung kann dem Alter der Kinder angemessen strukturiert werden. Für die Auswertung der Untertest wurden umfangreiche Vereinfachungen und Erleichterungen für die Testleiter mit dem Ziel der Verbesserung der Bewertungs- und Auswertungsobjektivität realisiert.
BEARBEITUNGSDAUER: Ca. 30 bis 45 Minuten.

➔ K-ABC
Kaufman Assessment Battery for Children, deutsche Version; 6., teilweise ergänzte Auflage
Von A. S. Kaufman und N. L. Kaufman; deutsche Bearbeitung von P. Melchers und U. Preuß
EINSATZBEREICH: Kinder zwischen 2,6 und 12,5 Jahren.
VERFAHREN: Die K-ABC ist ein Testverfahren, das Intelligenz und Fertigkeiten auf der Basis eines neuartigen Konzepts misst und durch einen verbesserten Aufbau eine erleichterte und angenehmere Testdurchführung für Kind und Versuchsleiter ermöglicht. Die Grundlage der K-ABC ist die Definition der Intelligenz als Fähigkeit, Probleme durch geistiges Verarbeiten zu lösen, so dass bei der Diagnose der Prozess der Lösungsfindung und nicht

der Inhalt der Aufgabe im Vordergrund steht. Die Messung intellektueller Fähigkeiten wird von der Messung des Standes erworbener Fertigkeiten (Lernen und Wissen) getrennt, um diese unterschiedlichen Bereiche mentaler Leistung einzeln und im Vergleich miteinander erfassen zu können. Deshalb ist die K-ABC in vier Skalen gegliedert: »Skala einzelheitlichen Denkens«, »Skala ganzheitlichen Denkens« (als Skalen intellektueller Fähigkeiten), »Fertigkeitenskala« und »Sprachfreie Skala«.
BEARBEITUNGSDAUER: Zwischen 30 und 90 Minuten.

➔ Kramer-Test
4., revidierte Auflage
Von J. Kramer
EINSATZBEREICH: Kinder im Alter von 3 bis 15 Jahren. Der Kramer-Test kann zur Erfassung der intellektuellen Leistungsfähigkeit bei Klein- und Schulkindern und zur Klärung bei Schulschwierigkeiten eingesetzt werden.
VERFAHREN: Der »Kramer-Test« stellt eine wissenschaftliche Erweiterung zur Umarbeitung der Stufenmethode von Binet-Simon für den deutsche Sprachraum dar. Die Eichungen wurden an mehreren tausend Kindern in Deutschland, Österreich, Luxemburg und der Schweiz vorgenommen und wissenschaftlich ausgewertet.
BEARBEITUNGSDAUER: Ca. 60 bis 90 Minuten.

➔ KFT-K.
Kognitiver Fähigkeitstest – Kindergartenform
Von K. Heller und H. J. Geisler
EINSATZBEREICH: 5- bis 6-jährige Kinder. Einzel- und Gruppentest. Einsatz in Schuleingangspädagogik und Einzelfallhilfe, bei der individuellen Begabungs- und Bildungsförderung in Kindergärten und Vorschulklassen (Förderungsdiagnostik) sowie bei wissenschaftlichen Begleituntersuchungen.
VERFAHREN: Der Kognitive Fähigkeitstest (KFT-K) ist ein Niveautest zur Ermittlung kognitiver Lernfähigkeiten. Er vermittelt Informationen über Sprachverständnis, Erkennen von Relationen, schlussfolgerndes sowie rechnerisches Denken und dient damit der Erfassung schulisch relevanter intellektueller Lern- und Leistungsvoraussetzungen.
BEARBEITUNGSDAUER: Keine Zeitbegrenzung. Mit Instruktionen ca. 85 und 105 Minuten, auf mehrere Tage verteilt.

Entwicklungstests

→ ELFRA

Elternfragebögen für die Früherkennung von Risikokindern
Von H. Grimm und H. Doll

EINSATZBEREICH: Die Elternfragebögen sind als Screeninginstrumente sowie als Forschungsinstrumente bei Kindern im Alter von 12 und 24 Monaten einsetzbar.

VERFAHREN: Die Elternfragebögen für die Früherkennung von Risikokindern (ELFRA) dienen der Erfassung des erreichten Entwicklungsstandes und der Abklärung von Entwicklungsstörungen. Erstmalig werden im Anschluss an die amerikanische Forschung standardisierte Elternfragebögen als Screening-Instrumente vorgelegt, die u. a. in der pädiatrischen Praxis im Rahmen der U6 und U7 sehr leicht und schnell einsetzbar sind. Ihr diagnostischer Nutzen sowie ihre Einsatzmöglichkeit in der Forschung sind durch empirische Untersuchungen belegt. Der Elternfragebogen ELFRA 1 misst den erreichten Entwicklungsstand bei der Sprachproduktion, dem Sprachverständnis, dem gestischen Verhalten sowie der Feinmotorik. Beim Elternfragebogen ELFRA 2 stehen der produktive Wortschatz sowie die wichtigsten Entwicklungsschritte bei der Syntax und Morphologie im Vordergrund. Bei Kindern mit bekannten Entwicklungsschädigungen (z. B. geistige Behinderung, Autismus, sensorische Behinderungen) können die Elternfragebögen auch noch im höheren Alter eingesetzt werden. Dem Verfahren liegen außerdem Elternmerkblätter und ein Hinweisblatt für den Diagnostiker bei.

BEARBEITUNGSDAUER: Ca. 5 bis 10 Minuten.

→ TBGB – Testbatterie für geistig behinderte Kinder

3., überarbeitete und erweiterte Auflage
Von C. Bondy, R. Cohen, D. Eggert und G. Lüer
Hrsg. von K. Ingenkamp

EINSATZBEREICH: 7- bis 12-jährige geistig behinderte, 9- bis 12-jährige lernbehinderte Kinder. Ferner sind in dieser Auflage nun auch Vergleichswerte für nicht-behinderte, jüngere Kinder (im Alter von 4 bis 6,11 Jahren) mit aufgenommen worden.

VERFAHREN: Die TBGB ist eine Zusammenstellung von Intelligenz-, Leistungs- und Entwicklungstests, die objektive, zuverlässige und gültige Aussagen über die Ausprägung verschiedener Persönlichkeitsmerkmale bei geistig behinderten Kindern

ermöglicht, damit gezielte Förderungs- und Betreuungsvorschläge erarbeitet werden können. Dieser Individualtest besteht aus sechs Subtests, die in variablen Kombinationen und auch als Kurzform durchgeführt werden können.
BEARBEITUNGSDAUER: Zur Durchführung der gesamten Batterie werden (ohne Pausen) 2,5 bis 4 Stunden benötigt.

➔ WET – Wiener Entwicklungstest
2., überarbeitete und neu normierte Auflage
Von U. Kastner-Koller und P. Deimann
EINSATZBEREICH: Kinder zwischen 3 und 6 Jahren. Der WET ist vor allem für förderdiagnostische Fragestellungen konzipiert und liefert wichtige Informationen über den gesamten Bereich der Kindesentwicklung, etwa für die Erziehungsberatung, Entwicklungskontrolle und Interventionsplanung.
VERFAHREN: Der WET erlaubt die Diagnose des allgemeinen Entwicklungsstandes bei Kindern zwischen 3 und 6 Jahren. Ausgehend von einer kontextualistischen Entwicklungstheorie werden alle relevanten Funktionsbereiche wie Motorik, visuelle Wahrnehmung und Gedächtnis sowie kognitive, sprachliche und sozial-emotionale Fähigkeiten erfasst. Der WET ermöglicht somit einen wesentlichen, umfassenden Überblick über Stärken und Schwächen des Kindes für förderdiagnostische Fragestellungen. Das Testmaterial ist kindgerecht gestaltet. Die Testaufgaben haben spielerischen Charakter und lehnen sich an bekannte Spielprinzipien an.
BEARBEITUNGSDAUER: Bis 3;5 Jahre etwa 90 Minuten, bei älteren Kindern etwa 75 Minuten.

➔ ENPS U4-U7
Entwicklungsneuropsychologisches Screeningverfahren für die Zeitpunkte der kinderärztlichen Vorsorgeuntersuchungen U4 bis U7
Von F. Petermann, T. Macho und A. Renziehausen
EINSATZBEREICH: Entwicklungsscreening für Kinder von 4 bis 24 Monaten mit Normen die U-Untersuchungszeitpunkte U4 bis U7 sowie einen zusätzlichen Testzeitpunkt zwischen der U6 und U7 (18 Monate).
VERFAHREN: Das ENPS U4-U7 stellt dem behandelnden Kinderarzt, aber auch Frühfördereinrichtungen und Kinderpsychologen und -psychiatern bereits für frühe Alterszeitpunkte öko-

nomisch durchzuführende Aufgabenzusammenstellungen zur Verfügung. Das Screeningverfahren erlaubt es, vor allem reifungsbedingte Entwicklungsauffälligkeiten zu erfassen und somit frühzeitig differenzierte Entwicklungsdiagnostik zu begründen. Auf diese Weise können situationsbedingte Auffälligkeiten von Kindern während der Vorsorgeuntersuchung von gravierenden Entwicklungsdefiziten unterschieden und somit unnötige Wartezeiten einerseits sowie überflüssige Untersuchungen andererseits vermieden werden
BEARBEITUNGSDAUER: Ca. 10 Minuten

➔ BUEVA – Basisdiagnostik für umschriebene Entwicklungsstörungen im Vorschulalter
Von G. Esser unter Mitarbeit von A. Wyschkon
EINSATZBEREICH: Zur Erkennung von Teilleistungsstörungen bereits vor dem Schulbeginn bei Kindern im Alter von 4 bis 5 Jahren bzw. zum Zeitpunkt der Einschulungsuntersuchung.
VERFAHREN: Für die Prävention von Verhaltens- und Leistungsstörungen ist die Früherkennung von umschriebenen Entwicklungsstörungen wesentlich. Zu diesem Zweck wurden in der BUEVA besonders aussagekräftige Untertests aus bewährten Testverfahren zusammengestellt und so modifiziert, dass den Besonderheiten der Kinder im Vorschulalter Rechnung getragen wird. Bei Vierjährigen wird rasch und ökonomisch die Allgemeine Intelligenz, die Artikulation, die expressive und die rezeptive Sprache sowie die Visumotorik erfasst, bei Fünfjährigen wird zusätzlich die Aufmerksamkeitsleistung mit zwei Untertests erhoben. Ihr Differenzierungsoptimum weist die Testbatterie naturgemäß im subnormalen Leistungsbereich auf.
BEARBEITUNGSDAUER: 20 Minuten für vierjährige, 25 Minuten für fünfjährige Kinder.

➔ BBK – Beobachtungsbogen für Kinder im Vorschulalter.
2. Auflage
Von E. Duhm und D. Althaus
EINSATZBEREICH: Kinder im Alter von 4 bis 6 Jahren. Verwendung in Kindergarten und Vorschule zur systematischen Verhaltensbeobachtung einzelner Kinder.
VERFAHREN: Der BBK dient der systematischen Verhaltensbeobachtung von Kindern in der Gruppe. Er bietet die Möglichkeit, Kinder mit Verhaltensproblemen durch direkte, teilneh-

mende Beobachtung zu erfassen und Verhaltensänderungen durch wiederholte Beobachtung zu dokumentieren. Der Beobachtungsbogen besteht aus einer Liste von insgesamt 78 Verhaltensweisen, die sich auf (1) das Ankommen des Kindes, (2) sein soziales und emotionales Verhalten in der Gruppe sowie (3) auf sein Spiel-, (4) Sprach- und (5) Arbeitsverhalten beziehen. Die Notizen zum beobachteten Verhalten werden nachträglich fünf Kategorien (von »sehr selten« bis »sehr oft«) zugeordnet.
BEARBEITUNGSDAUER: 20 bis 60 Minuten.

→ ET 6-6 – Entwicklungstest 6 Monate bis 6 Jahre
Von F. Petermann und I. A. Stein
EINSATZBEREICH: Der ET 6-6 ist ein Inventar kriteriumsorientierter Entwicklungsdiagnostik mit Altersnormen (N = 950) für Kinder von sechs Monaten bis sechs Jahren.
VERFAHREN: Das Instrument bietet im Vergleich zu anderen Verfahren besonders frühzeitig, nämlich bereits bei sechs Monate alten Kindern, die Möglichkeit, den Entwicklungsstand des Kindes zu erfassen. Hierbei können normale Entwicklung, Entwicklungsdefizite und individuelle Stärken in hohem Maße differenziert beschrieben werden. Der ET 6-6 überprüft sechs Entwicklungsbereiche: Körpermotorik, Handmotorik, kognitive Entwicklung, Sprachentwicklung, Sozialentwicklung und emotionale Entwicklung; ab dem vierten Lebensjahr wird ergänzend der Subtest Nachzeichnen vorgelegt. Das Verfahren gliedert den gesamten Altersbereich in 12 Altersgruppen. Somit wird auf ökonomische Weise für jedes Kind eine Auswahl altersbezogen relevanter Entwicklungsqualitäten aus insgesamt 113 Test- und 68 Fragebogenitems bereitgestellt.
BEARBEITUNGSDAUER: Die Testdurchführung erfordert je nach Alter zwischen 20 und 60 Minuten. Für die Jüngsten benötigt man folglich ca. 20 Minuten.

→ EVU – Erweiterte Vorsorgeuntersuchung
Von P. Melchers, S. Floß, I. Brandt, K. J. Esser, G. Lehmkuhl, H. Rauh und E. Sticker
EINSATZBEREICH: Vorsorgetermine U4 bis U10 der Kinderärzte. Die EVU ist ein entwicklungsneurologisches und entwicklungspsychologisches Screeningverfahren für Kinderärzte.
VERFAHREN: Mit Hilfe der EVU kann die Diagnostik im Rahmen der Vorsorgeuntersuchungen U4 bis U9 maßgeblich verbessert

werden, ohne die bewährten Anteile der bisherigen Vorsorgepraxis aufzugeben. Auf empirischer Grundlage kann entschieden werden, ob die Entwicklung unauffällig ist, einen Grenzbefund darstellt (der zu engerer Weiterbeobachtung und ggf. Nachuntersuchung Anlass gibt) oder gefährdet ist. Letzteres sollte dann zur Einleitung weiterer, spezifischer Diagnose- und ggf. Therapiemaßnahmen führen. Die erweiterte Vorsorgesuchung erfordert einen zusätzlichen Zeitbedarf von 10 Minuten (EVU 4) bis 20 Minuten (EVU 9). Die Bereiche motorische Entwicklung, Sprachentwicklung und kognitive Entwicklung werden durch vom Kinderarzt durchzuführende, standardisierte Untersuchungsschritte abgedeckt. Zum vierten Bereich, früh auftretende Verhaltensauffälligkeiten, der ein Novum in der pädiatrischen Vorsorge darstellt, wird den Eltern jeweils ein Fragebogen vorgelegt.
BEARBEITUNGSDAUER: Ca. 10 bis 20 Minuten.

➔ FPSS – Fragebogen zur Erfassung praktischer und sozialer Selbständigkeit 4- bis 6-jähriger Kinder
Von E. Duhm und K. Huss
EINSATZBEREICH: Kinder von 4 bis 6 Jahren. Verwendung im Rahmen der allgemeinen Entwicklungsdiagnostik in Kindergarten und Vorschule sowie in den ersten Schulklassen.
VERFAHREN: Der FPSS stellt im Rahmen der allgemeinen Entwicklungsdiagnostik ein wichtiges Instrument zur Erhebung des praktischen und sozialen Entwicklungsstandes dar. Er besteht aus einem Elternfragebogen und einem Fragebogen für den Erzieher. Erfragt werden Fähigkeiten im Bereich der praktischen Selbständigkeit (Waschen, An- und Ausziehen, manuelle Geschicklichkeit) und im Bereich der sozialen Selbständigkeit (Kontakte zu anderen Menschen, zu Bett gehen, Bewältigen schwieriger Situationen, Spiel mit anderen Kindern, Verhalten außer Haus). Der Erzieher kann seine Beobachtungsergebnisse zur Planung gezielter Förderungsmaßnahmen einsetzen.
BEARBEITUNGSDAUER: Keine Angaben.

➔ TAKIWA – Göttinger Entwicklungstest der Taktil-Kinästhetischen Wahrnehmung
Von C. Kiese-Himmel
EINSATZBEREICH: Kinder ab 3,6 bis 6 Jahre.
VERFAHREN: Der TAKIWA ist ein nach der klassischen Testtheorie konstruierter und inzwischen über Jahre erprobter Ent-

wicklungstest, der die Beurteilung verschiedener Fassetten der taktil-kinästhetischen Wahrnehmung sowie des taktil-kinästhetischen Entwicklungsstands insgesamt ermöglicht. Die Aufgabensammlung prüft sowohl verschiedene passiv-taktile als auch haptische Aspekte (sieben Funktionsbereiche). Der TAKIWA liefert Informationen für weiterführende bzw. differentialdiagnostische Fragestellungen sowie für förderdiagnostische Maßnahmen, präventive Fördermaßnahmen und therapeutische Indikationen. Derzeit existiert kein Verfahren im deutschsprachigen Raum, mit dem gleichsam differenziert wie auch umfassend diese komplexe Sinnesmodalität im Kleinkind- bzw. Vorschulalter psychologisch untersucht werden kann. Der TAKIWA verfügt über gute psychometrische Eigenschaften. Sein Testmaterial ist alltagsbezogen, die Testung selbst hat spielerischen Charakter. Die Aufgaben werden quantitativ und qualitativ ausgewertet. Als Ergebnis erhält man bei vollständiger Testdurchführung ein taktil-kinästhetisches Entwicklungsprofil, welches eine Einschätzung der individuellen Stärken und Schwächen erlaubt.
BEARBEITUNGSDAUER: Etwa 45 bis 60 Minuten. Die Untersuchung jüngerer Kinder dauert in der Regel etwas länger.

➔ GES – Griffiths-Entwicklungsskalen
2., überarbeitete und erweiterte Auflage
Von I. Brandt und E. J. Sticker
EINSATZBEREICH: Kinder im Alter von 1 bis 24 Monaten sowie ältere Kinder mit Retardierungen oder Behinderungen.
VERFAHREN: Mit den Griffiths-Entwicklungsskalen (GES) lässt sich der Entwicklungsstand insgesamt und nach fünf Funktionsbereichen differenziert feststellen: A: Motorik, B: Persönlich-Sozial, C: Hören und Sprechen, D: Auge und Hand sowie E: Leistungen. Es wird ein Gesamt-Entwicklungsquotient (EQ) sowie ein Entwicklungsquotient für jede Unterskala berechnet, woraus sich ein Entwicklungsprofil ergibt. Die GES sind so angelegt, dass sie bei Vorliegen von Teilausfällen, Retardierung oder geistiger Behinderung konkrete Hinweise zur Beratung der Eltern sowie für Planung und Durchführung gezielter Frühfördermaßnahmen liefern. Durch wiederholte Untersuchungen sind eine Beurteilung des Entwicklungsverlaufs, z. B. bei Kindern aus Spezialambulanzen, und eine Überwachung des Therapieerfolgs möglich. Neu hinzugekommen sind u. a. Kapitel zur theoretischen Fundierung, zu den Gütekriterien sowie zu Entwicklungsprofilen von Kindern

mit körperlichen und geistigen Behinderungen. Neu ist weiterhin eine übersichtliche Auflistung der prozentualen Lösungshäufigkeiten für jede einzelne Testaufgabe, vergleichbar mit Perzentilen zur Wachstumsbeurteilung; diese Tabellen können für die quantitative Entwicklungsbeurteilung benutzt werden.
BEARBEITUNGSDAUER: Bei gesunden Kindern werden im ersten Lebensjahr ca. 20 bis 30 Minuten benötigt, danach bis zu 45 Minuten sowie bei schüchternen/ängstlichen Kindern bis zu 60 Minuten.

➔ MFED – Münchener Funktionelle Entwicklungsdiagnostik
4., korrigierte und erweiterte Auflage
Von T. Hellbrügge
EINSATZBEREICH: 1. bis 3. Lebensjahr. Zur behandlungsorientierten Frühdiagnose angeborener oder früh erworbener Störungen.
VERFAHREN: Das Verfahren ermöglicht eine differenzierte Erfassung des kindlichen Entwicklungsstandes in verschiedenen Funktionsbereichen (1. Lebensjahr: Krabbeln, Sitzen, Laufen, Greifen, Perzeption, Sprechen, Sprachverständnis, Sozialverhalten; 2. und 3. Lebensjahr: Statomotorik, Handmotorik, Wahrnehmungsverarbeitung, Sprechen, Sprachverständnis, Selbständigkeit, Sozialverhalten). Für die verschiedenen Verhaltensbereiche kann das jeweilige Entwicklungsalter bestimmt werden. Auf die Bestimmung eines globalen Entwicklungsalters oder eines Entwicklungsquotienten wird verzichtet. Die Analyse des Testprofils gibt ebenso Hinweise auf die Ursachen der Retardierung als auch auf die Nutzung der Beobachtungsmöglichkeiten mit standardisiertem Material. Hieraus werden Ansatzpunkte zum Beratungsgespräch mit den Eltern und zur Planung der therapeutischen Vorgehensweise deutlich.
BEARBEITUNGSDAUER: 1. Lebensjahr: Keine Angaben; 2. und 3. Lebensjahr: Ca. 50 Minuten.

Sprache

➔ AWST 3-6 – Aktiver Wortschatztest für 3- bis 6-jährige Kinder
2., überarbeitete und ergänzte Auflage
Von C. Kiese und P.M. Kozielski
EINSATZBEREICH: Kinder im Alter von 3 bis 6 Jahren.
VERFAHREN: Für die 2. Auflage des AWST 3-6 wurden der theoretische Teil überarbeitet und zwei Validitätsstudien ergänzt.

Demgemäß ist in der Handanweisung nicht nur ein aktueller Überblick zum Thema Wortschatz-Entwicklung, sondern auch eine reichhaltige Bibliografie enthalten. Der AWST 3-6 ist ein Individualtest zur Messung des aktiven Wortschatzumfangs (Inhaltswörter) im Kindergarten- und Vorschulalter. Er ermöglicht eine eindimensionale Aussage und ist gleichzeitig ein Beitrag diagnostischer Beurteilung von Sprachentwicklungsrückständen mit entsprechender Ableitung therapeutischer Erfordernisse im Hinblick auf Wortschatztraining und Begriffserweiterung. Die Beurteilung des Sprachentwicklungsstandes hinsichtlich der Dimension Wortschatz ist darüber hinaus auch für die Förderung in außerklinischen Institutionen wie Kindergärten, sonstigen vorschulischen Einrichtungen und Beratungsstellen von Bedeutung.
BEARBEITUNGSDAUER: Ca. 15 Minuten.

➔ SETK-2 – Sprachentwicklungstest für zweijährige Kinder
Von H. Grimm unter Mitarbeit von M. Aktas und S. Frevert
EINSATZBEREICH: Kinder im Alter von 2,0 bis 2,11 Jahren und ältere Kinder mit bekannten Entwicklungsschädigungen. Der SETK-2 eignet sich zur Untersuchung des sprachlichen Entwicklungsstandes und zur Abklärung von Entwicklungsstörungen im sprachlichen Bereich. Einzeltest.
VERFAHREN: Der SETK-2 ist ein Sprachentwicklungstest für die diagnostische Einzelfalluntersuchung von 2,0 bis 2,11 Jahren. Er erfasst mit vier Untertests (Verstehen I, Verstehen II, Produktion I und Produktion II) anhand von kindgerechtem Testmaterial die rezeptive und produktive Sprachverarbeitungsfähigkeit. Für die Untersuchung des erreichten rezeptiven und produktiven Niveaus der Sprachentwicklung bei Kindern mit bekannten Entwicklungsschädigungen (u. a. Hörschädigungen, geistige Behinderung, Autismus, sensorische Behinderungen) kann der Test auch bei älteren Kindern angewandt werden. Mit Hilfe einer Kurzform des Verfahrens kann, im Sinne eines Screeninginstrumentes, eine Identifikation von Risikokindern erfolgen. Mit dem SETK-2 ist es im deutschsprachigen Raum erstmalig möglich, umfassende und valide Aussagen über das Sprachniveau so junger Kinder zu treffen.
BEARBEITUNGSDAUER: Maximal 25 Minuten.

➔ SETK 3-5 – Sprachentwicklungstest für 3-bis 5-jährige Kinder
Von H. Grimm unter Mitarbeit von M. Aktas und S. Frevert

EINSATZBEREICH: Kinder im Alter von 3,0 bis 5,11 Jahren und ältere Kinder mit bekannten Entwicklungsschädigungen. Einzeltest.
VERFAHREN: Der SETK 3-5 erfasst in über vier Untertests bei den 3-jährigen Kindern und in über fünf Untertests bei den 4- bis 5-jährigen Kindern rezeptive und produktive Sprachverarbeitungsfähigkeiten sowie auditive Gedächtnisleistungen. Erstmalig ist es möglich, im kritischen Altersbereich zwischen drei und 5 Jahren valide und reliabel das erreichte Sprachentwicklungsniveau festzustellen und in einen kausalen Erklärungszusammenhang mit auditiven Gedächtnisleistungen zu bringen. Dabei spielt das phonologische Arbeitsgedächtnis für Nichtwörter eine ganz entscheidende Rolle.
BEARBEITUNGSDAUER: 20 bis maximal 30 Minuten.

➔ Bildwortserie zur Lautagnosieprüfung und zur Schulung des phonematischen Gehörs.
Von H. Schäfer
EINSATZBEREICH: Kinder ab 4 Jahren.
VERFAHREN: Mit der auf einer Konzeption von A. Schilling beruhenden Bildwortserie soll ein Stammeln erkannt und therapeutisch behoben werden, das durch Wahrnehmungs- und Unterscheidungsschwäche für phonematische Klanggestalten verursacht ist: die partielle auditive Lautagnosie. Die Bildwortserie besteht aus zwei Teilen: einem diagnostischen Teil zur Überprüfung einer Lautdifferenzierungsschwäche und -störung bei stammelnden Kindern und einem therapeutischen Teil zur Schulung der Lautdifferenzierungsfähigkeit für Kinder mit einer sensorischen Schwäche im Bereich der Sprache. Der diagnostische Teil besteht aus zwei Prüfverfahren, der Lautagnosieprüfung und der Lautdifferenzierungsprobe. Beide Verfahren werden nach quantitativen und qualitativen Gesichtspunkten ausgewertet. Im therapeutischen Teil wird die Bildwortserie als Übungsmittel zur Schulung des phonematischen Gehörs eingesetzt. Hierzu liegen dem Testsatz mehrere, z. T. nach den Grundsätzen der Montessori-Pädagogik aufgebaute Spielmaterialien bei: das Falsche Wort, Fehler im Satz, das Passende Wort, Reihenlegen, Zuordnung von Bild und Wort (als stille Leseübung), Ungleiche Verwandte (als Lottospiel) usw.
BEARBEITUNGSDAUER: Keine Angaben.

➔ ESGRAF – Evozierte Sprachdiagnose grammatischer Fähigkeiten
2., verbesserte Auflage
Von H.-J. Motsch
EINSATZBEREICH: Keine Angaben.
VERFAHREN: ESGRAF ist ein spieldiagnostisches Verfahren, mit dem Störungen im Grammatikerwerb exakt diagnostiziert werden können. Der Test liefert Informationen über den grammatischen Entwicklungsstand des Kindes und zeigt, wie sich Therapie- und Förderziele aus dem Ergebnis ableiten lassen. ESGRAF ist theoriegeleitet, arbeitsökonomisch, kindgerecht und praxistauglich. Die Videokassette zum Buch illustriert, wie der ESGRAF-Test in der Praxis angewandt wird. Der Test wird hier mit vier Kindern durchgeführt, die in verschiedenen Spielsituationen zum Sprechen motiviert werden. Mit dieser Methode können die Sprachproduktionen der dysgrammatischen Kinder ausgewertet und Therapieziele abgeleitet werden.
BEARBEITUNGSDAUER: Ca. 60 Minuten.

➔ SEV – Screeningverfahren zur Erfassung von Sprachentwicklungsverzögerungen
Von M. Heinemann und C. Höpfner
EINSATZBEREICH: Kinder zwischen 3,5 und 4 Jahren (bei der U8).
VERFAHREN: Das SEV überprüft den sprachlichen Entwicklungsstand in Bezug auf Sprachverständnis für Oberbegriffe, Wortschatz, Nachsprechen von Sätzen, Artikulation und Befolgen von Anweisungen. Nach der Diagnose einer Sprachentwicklungsverzögerung sollte eine eingehende phoniatrische und logopädische Untersuchung erfolgen.
BEARBEITUNGSDAUER: 15 bis 20 Minuten.

➔ KISTE – Kindersprachtest für das Vorschulalter
Von D. Häuser, E. Kasielke und U. Scheidereiter
Hrsg. von K. Ingenkamp
EINSATZBEREICH: Kinder von 3,3 bis 6,11 Jahre; Einzeltest.
VERFAHREN: Mit dem Kindersprachtest können unterschiedliche Aspekte der Sprachentwicklung besonders bei entwicklungs- und sprachauffälligen Kindern erfasst werden. KISTE ermöglicht vor allem die Diagnose sprachlicher Defizite im semantischen, grammatikalischen und kommunikativen Bereich und ist daher auch im Rahmen von Schulfähigkeitsuntersuchungen

sowie der logopädischen Praxis einzusetzen. Das Verfahren besteht aus folgenden fünf Untertests: TEDDY-Test, der in Anlehnung an eine Vorform des TEDDY-Tests von G. Friedrich entwickelt wurde: Erkennen semantischer und grammatikalischer Inkonsistenzen; Aktiver Wortschatz; Semantisch-syntaktischer Test und Satzbildungsfähigkeit. Die Bewertung der Ergebnisse erfolgt anhand folgender Skalen: Sprechfreudigkeit, kommunikative, sprachstrukturelle und sprachliche Kompetenz, Semantik und Grammatik des Satzbildungstests sowie Erkennen semantischer und grammatischer Inkonsistenzen.
BEARBEITUNGSDAUER: Ca. 35 bis 50 Minuten, bei sprachentwicklungsgestörten oder geistig retardierten Kindern bis zu 70 Minuten.

➔ LBT – Lautbildungstest für Vorschulkinder
Von L. Fried, hrsg. von K. Ingenkamp
EINSATZBEREICH: Kinder im Alter von 4 bis 7 Jahren.
VERFAHREN: Mit dem LBT kann die Lautbildungsfähigkeit von Kindern überprüft werden. Es handelt sich um ein Einzelverfahren, das in zwei Testformen vorliegt: Die Testkurzform (LBT) dient dazu, Kinder mit mangelhafter Lautbildungsleistung von Kindern mit einer der Altersnorm entsprechenden Lautbildungsleistung zu trennen. Gleichzeitig kann mit einer profilanalytischen Auswertung festgestellt werden, wie stark Lautbildungsmängel ausgeprägt sind bzw. welche Lautbereiche insbesondere gestört sind. Die diagnostische Testform (DLBT) gibt Aufschluss über den Ausprägungsgrad der Lautbildungsschwäche. Auf Grund dieser differenzierten Informationen lassen sich genaue Hinweise auf gezieltes Training gewinnen. Die Lautbildungsfähigkeit wird bei Verfahren durch Bildkarten überprüft (LBT 43 Karten; DLB Karten). Die Kinder nennen jeweils den auf den Bildkarten dargestellten Begriff.
BEARBEITUNGSDAUER: LBT ca. 5 Minuten; DLBT ca. 12 Minuten.

➔ LUT – Lautunterscheidungstest für Vorschulkinder
Von L. Fried, hrsg. von K. Ingenkamp
EINSATZBEREICH: Kinder im Alter von 4 bis 7 Jahren.
VERFAHREN: Beim LUT handelt es sich um ein Gruppenverfahren, das zur Überprüfung der Lautunterscheidungsfähigkeit dient. Der Test liegt in zwei Formen vor: Mit Hilfe der Kurzform des Tests (LUT) wird Vorschulerziehern, Logopäden und Psycho-

logen die Entscheidung ermöglicht, ob die Lautunterscheidungsleistung eines Vorschulkindes seiner Altersnorm entspricht oder in entscheidendem Maße abweicht. Gleichzeitig kann so beurteilt werden, ob bei Kindern, deren Lautbildungsleistung mangelhaft ist (Stammler), als Teil- oder Hauptursache eine Lautunterscheidungsschwäche vorliegt. Mit der diagnostischen Testform (DLUT) kann bei Kindern, deren Lautunterscheidungsleistung mangelhaft entwickelt ist, die Lautunterscheidungsleistung exakt und systematisch überprüft und somit eine Grundlage zur gezielten Förderung der Mängel gefunden werden. Die Testanweisung erfolgt über Kassette, und die Kinder streichen im Testheft an. Dem Test ist ein Einübungsprogramm vorgeschaltet, das am Tag vor der eigentlichen Testdurchführung durchgegangen wird. Der LUT besteht aus 17 Aufgaben, in denen jeweils ein repräsentativ ausgewählter Laut überprüft wird. Der DLUT besteht aus 32 solcher Aufgaben.
BEARBEITUNGSDAUER: LUT ca. 12 Minuten; DLUT ca. 25 Minuten; Einübungsprogramm 7 Minuten.

→ PET – Psycholinguistischer Entwicklungstest
2., korrigierte Auflage von M. J. W. Angermaier
EINSATZBEREICH: Kinder im Alter von 3 bis 10 Jahren.
VERFAHREN: Der Psycholinguistische Entwicklungstest PET ist ein Individualtest zur Ermittlung spezifischer Fertigkeiten und Störungen von normalen und lernbehinderten Kindern. Er besteht aus folgenden Untertests: Wortverständnis deuten; Sätze ergänzen; Bilder zuordnen; Gegenstände beschreiben, Gegenstände handhaben; Grammatik-Test; Wörter ergänzen; Objekte finden; Zahlenfolgen-Gedächtnis und Symbolfolgengedächtnis. Die Testbatterie dient als differentialdiagnostischer Ausgangspunkt zur Gestaltung eines Trainingsprogramms (siehe linguistisches Sprachförderungsprogramm), das bei Lernschwierigkeiten auf jedes Kind spezifisch abgestimmt werden kann.
BEARBEITUNGSDAUER: Keine Angaben.

Wahrnehmung

→ FEW – Frostigs Entwicklungstest der visuellen Wahrnehmung
9., ergänzte Auflage
Von M. Frostig, deutsche Bearbeitung von O. Lockowandt
EINSATZBEREICH: Kinder im Alter zwischen 4 und 9 Jahren.
VERFAHREN: Der FEW – die deutsche Bearbeitung des Develop-

mental Test of Visual Perception – erfasst mit verschiedenen Untertests Grundfunktionen der Wahrnehmung: Auge-Hand-Koordination, Figur-Grund-Unterscheidung, Formkonstanz und die Identifikation und Reproduktion von Gestalten. Der Test kann zur Frühdiagnose von Debilität, Lernbehinderung, Gehörlosigkeit, Sehbehinderung und Epilepsie eingesetzt werden, die mit der Störung von Wahrnehmungsfunktionen zusammenhängen können.
BEARBEITUNGSDAUER: Ca. 35 bis 45 Minuten.

→ POD-4 – Prüfung optischer Differenzierungsleistungen bei 4-Jährigen
Von F. C. Sauter
EINSATZBEREICH: Kinder im Alter von 4,0 bis 4,11 Jahren. Zur Untersuchung des Entwicklungsstandes 4-jähriger Kinder hinsichtlich der differenzierten visuellen Wahrnehmung sowie zur Abklärung eventueller Entwicklungsrückstände oder Leistungsstörungen. Einzeltest.
VERFAHREN: Der POD-4 ist ein Leistungstest zur Erfassung optischer Differzierungsleistungen für die diagnostische Einzelfalluntersuchung. Anhand des Verfahrens werden basale Fähigkeiten für den Erwerb der Kulturtechniken (Lesen, Schreiben, Rechnen) erfasst. Voraussetzungen hierfür sind das Erkennen von Raum-Lage-Unterschieden, die Unterscheidung von Groß- und Kleindetails sowie die Identifizierung von Reihenfolgen. Die Testitems sind kindgerecht gestaltet. Neben einer quantitativen ist auch eine qualitative Analyse der Leistung möglich. Dem Test ist ein ausführliche Instruktions- und Übungsteil voranstellt. Das Verfahren kann auch Kindern mit Sprachverständnisschwierigkeiten (z. B. bei Kindern ausländischer Herkunft) oder bei gehörlosen Kindern eingesetzt werden.
BEARBEITUNGSDAUER: Ca. 15 bis 30 Minuten.

→ POD – Prüfung optischer Differenzierungsleistungen
Von F. C. Sauter
EINSATZBEREICH: Kinder im Alter von 5,0 bis 7,7 Jahren. Einzel- und Gruppentest (Gruppen von 5 Kindern zwischen 5,0 bis 5,11 Jahren bzw. von 10 Kindern ab 6,0 Jahren). Verwendung als Einschulungstest sowie als spezieller Funktionsprüfungs- und Entwicklungstest in der Förderungs- und klinischen Differentialdiagnostik.
VERFAHREN: Der POD ist aus der Notwendigkeit entstanden,

ein psychologisches Differentialdiagnostikum für Vorschulkinder und Schulanfänger zu schaffen. Er basiert auf einer Analyse der optischen Differenzierungsleistungen, die der Schulanfänger beim Erfassen von Buchstaben, Ziffern, Wörtern und Zahlen vollbringen muss. Dabei wird kindgemäßes Material verwendet. Durch vorgeschaltete Übungsaufgaben ist gewährleistet, dass das Kind die Testanweisung vor Beginn der Untersuchung verstanden hat. Bei gehörlosen Kindern wird der POD als sprachfreier Test deshalb mit Erfolg eingesetzt. Zudem können gemäß einem Defizitmodell leistungsschwache Kinder mit dem POD besonders differenziert beurteilt werden.
BEARBEITUNGSDAUER: Die reine Testzeit beträgt 15 Minuten.

Motorik

→ CMV – Checklist motorischer Verhaltensweisen
Von F. Schilling
EINSATZBEREICH: Kinder von 6 bis 11 Jahren. Spezieller Funktionsprüfungs- und Eignungstest zur differenzierten Beurteilung des motorischen Verhaltens von Schulkindern.
VERFAHREN: Die CMV bietet ein Grobraster zur Erfassung von Bewegungsbehinderungen bei Kindern und ermöglicht eine genauere qualitative Differenzierung der verschiedenen Behinderungsformen. Der Beobachter bewertet 78 Items zum Bewegungsverhalten auf ihr Zutreffen bzw. Nicht-Zutreffen; dazu sollte er das Kind bereits über längere Zeit in verschiedenen Bewegungssituationen beobachtet haben. Die Items repräsentieren insgesamt acht Dimensionen des Bewegungsverhaltens: (1) unbändige und (2) kontrollierte Bewegung, (3) ausgeprägt harmonische Koordination, (4) träges, verlangsamtes, (5) planlos fahriges, (6) gehemmtes, unbeholfenes und (7) ungeduldiges Bewegungsverhalten sowie (8) grobe Koordinationsstörungen. Auf diese Weise lassen sich psychomotorische Komponenten des Bewegungsverhaltens wie Antrieb, Motivation, Übereifer und Ängstlichkeit qualitativ gut erfassen.
BEARBEITUNGSDAUER: Keine Angaben.

→ Ordinalskalen zur sensomotorischen Entwicklung
Von K. Sarimski
EINSATZBEREICH: Kinder im Alter von 1 bis 24 Monaten und ältere Kinder mit geistiger Behinderung. Zur differenzierten Analyse der kognitiven Fähigkeiten bei Kindern, für die durch

andere Entwicklungstests bereits eine Indikation zur Entwicklungstherapie gestellt wurde.
VERFAHREN: Im Gegensatz zu herkömmlichen Entwicklungstests geht es bei den Infant Psychological Development Scales von H. I. Uzgiris und J. Hunt, die hier in der deutschen Bearbeitung vorliegen, nicht um die Erhebung eines quantitiven Maßes zum Entwicklungsstand eines Kindes. Die Ordinalskalen, die auf der genetischen Entwicklungstheorie Piagets beruhen, erlauben eine qualitative Aussage über die kognitiven Verarbeitungsfähigkeiten eines Kindes. Es werden sieben Bereiche kognitiver Kompetenz unterschieden (Objektpermanenz, Wahrnehmung von Mittel-Zweck-Beziehungen, Lautimitation, Gestenimitation, Wahrnehmung kausaler Zusammenhänge, Wahrnehmung von räumlichen Beziehungen, Schemata im Umgang mit Objekten), die in vorstrukturierten Spielsituationen beurteilt werden. Aus den Ergebnissen lassen sich unmittelbare Schlussfolgerungen für die Planung therapeutischer Übungsprogramme ziehen.
BEARBEITUNGSDAUER: Keine Angaben.

➔ DMB – Diagnostisches Inventar motorischer Basiskompetenzen bei lern- und entwicklungsauffälligen Kindern
3. Auflage
Von D. Eggert, unter Mitarbeit von G. Ratschinski
EINSATZBEREICH: Kinder im Grundschulalter.
VERFAHREN: Mit dem DMB wird ein Diagnostikum vorgelegt, das testpsychologisch an die diagnostischen Inventare und an neuere Versionen des Oseretzky-Tests anknüpft. Es stellt, von einem entwicklungspsychologischen Modell ausgehend, eine Kombination von Testaufgaben und Beobachtungssituationen vor, die sowohl diagnostisch als auch in der Intervention direkt eingesetzt werden können.
BEARBEITUNGSDAUER: Keine Angaben.

➔ MOT 4-6 – Motoriktest für 4- bis 6-jährige Kinder
2., überarbeitete und erweiterte Auflage
Von R. Zimmer und M. Volkamer
EINSATZBEREICH: Kinder im Alter von 4 bis 6 Jahren; bei behinderten Kindern bis 7 oder 8 Jahre, da sie auf Grund von Retardierung auch in ihren motorischen Fähigkeiten von Leistungen oft noch mit normal entwickelten 6-Jährigen vergleichbar sind.

VERFAHREN: Der MOT 4-6 besteht aus 18 Items, die folgende Dimensionen der Motorik beinhalten: gesamtkörperliche Gewandtheit und Beweglichkeit; feinmotorische Geschicklichkeit; Gleichgewichtsvermögen; Reaktionsfähigkeit; Sprungkraft und Schnelligkeit; Bewegungsgenauigkeit; Koordinationsfähigkeit.
BEARBEITUNGSDAUER: Ca. 15 bis 20 Minuten.

➔ LOS KF 18 – Lincoln-Oseretzky-Skala Kurzform
2. Auflage, deutsche Bearbeitung von D. Eggert
EINSATZBEREICH: Kinder im Alter von 5 bis 13 Jahren.
VERFAHREN: Die motometrische Stufenleiter zur Untersuchung der motorischen Begabung von Kindern und Jugendlichen (Oseretzky, 1931) stellt das vielleicht bekannteste Verfahren zur quantitativen Ermittlung des motorischen Entwicklungsstandes von Kindern und Jugendlichen dar. Ausgehend von der Hamburger Version der Lincoln-Oseretzky-Motor-Development-Scale für geistig behinderte Kinder wurde eine aus 18 Aufgaben bestehende Kurzform entwickelt.
BEARBEITUNGSDAUER: Ca. 30 Minuten.

➔ KTK – Körper-Koordinationstest für Kinder
Von E. J. Kiphard und F. Schilling
EINSATZBEREICH: Kinder im Alter von 5 bis 14 Jahren.
VERFAHREN: Der KTK dient zur Messung des Entwicklungsstandes der Gesamtkörperbeherrschung und -kontrolle von normalen und behinderten Kindern. Er besteht aus vier Untertests (Balancieren rückwärts, monopedales Überhüpfen, seitliches Hin- und Herspringen, seitliches Umsetzen), die sämtlich das Merkmal Gesamtkörperbeherrschung erfassen.
BEARBEITUNGSDAUER: Ca. 20 Minuten.

Schulungseignungstests
➔ BISC – Bielefelder Screening zur Früherkennung von Lese-/Rechtschreib-Schwierigkeiten
2., überarbeitete Auflage
Von H. Jansen, G. Mannhaupt, H. Marx und H. Skowronek
EINSATZBEREICH: Vorschulkinder zu Beginn oder Mitte des letzten Vorschuljahres. Einzeltest.
VERFAHREN: Das BISC erlaubt die zuverlässige individuelle Identifizierung von Vorschulkindern mit einem Risiko zur Ausbildung von Lese-/Rechtschreib-Schwierigkeiten. Das Verfahren

basiert auf der Annahme, dass eine nicht ausreichend ausgebildete phonologische Bewusstheit sowie Aufmerksamkeits- und Gedächtnisprobleme für die Ausbildung von Lese-/Rechtschreib-Schwierigkeiten verantwortlich sind. Aus den ermittelten Ergebnissen lassen sich unmittelbar Schlüsse für Förderungen ziehen. Für die 2., überarbeitete Auflage wurde im Manual eine Reihe von ergänzenden theoretischen und praktischen Erläuterungen und Zusatzinformationen aufgenommen. Die Protokollbögen sind nun noch anwendungsbezogener gestaltet. Abgerundet werden die Neuerungen von einer qualitativ verbesserten Neuaufnahme der dem Kind vorzuspielenden Subtestitems auf CD.
BEARBEITUNGSDAUER: Ca. 20 bis 25 Minuten.

→ BEDS – Beurteilungsbogen für Erzieherinnen zur Diagnose der Schulfähigkeit
2., ergänzte Auflage
Von B. Seibert, F. Schwab und K. Ingenkamp
Hrsg. von K. Ingenkamp
EINSATZBEREICH: Kinder im Vorschulalter.
VERFAHREN: Der BEDS soll die Möglichkeit geben, die von den Erzieherinnen vorgenommenen Beobachtungen in strukturierter Form zusammenzufassen und für die Beurteilung der Schulfähigkeit nutzbar zu machen. Er verbessert damit einerseits die Beurteilungskompetenz der Erzieher und macht andererseits wichtige Informationen für die individuell orientierte Förderung des Kindes im Anfangsunterricht der Schule in übersichtlicher Form zugänglich. Da der BEDS nicht nur die kognitive Entwicklung erfasst, sondern auch das Sozial- und Arbeitsverhalten, ist er vor allem zur Unterstützung von Einschulungstests geeignet. Skala 3 kann als Kurzform zur Diagnose der allgemeinen Schulfähigkeit sehr ökonomisch eingesetzt werden.
BEARBEITUNGSDAUER: Der Zeitaufwand ist der Erzieherin freigestellt und hängt von der Intensität der Beobachtungen ab.

→ Mit Pfiffigunde arbeiten – Kindgerecht überprüfen und fördern ...
Hrsg. von B. Càrdenas
EINSATZBEREICH: Keine Angabe.
VERFAHREN: Hier werden die verschiedenen Arbeitsfelder, in denen »Diagnostik mit Pfiffigunde« seit ihrem Erscheinen ange-

wendet wird, mit Praxisberichten vorgestellt: Heilpädagogische Praxen, (Sonder-)Kindergarten-, Tagesstätten, Grund- und Sonderschulen (für LB und GB). Der Leser erfährt, wie und wofür die Diagnostik genutzt wird, und es werden Hilfen für die Überprüfung von Kindern gegeben, die nicht Deutsch sprechen und verstehen. Erfahrungsberichte zeigen, warum Pfiffigunde für diese Bereiche und diese Kinder genau richtig ist.
BEARBEITUNGSDAUER: Keine Angaben.

➔ Diagnostik mit Pfiffigunde ... – Verfahren zur Beobachtung von Wahrnehmung und Motorik
8. Auflage
Von B. Càrdenas
EINSATZBEREICH: Kinder von 5 bis 8 Jahren.
VERFAHREN: Das Beobachtungsverfahren kann bei Kindern zur Diagnostik der Leistungsfähigkeit und des Entwicklungsstandes verwendet werden. Auf spielerische Art lassen sich u. a. die Bereiche Schreibmotorik, visuelle Wahrnehmung und Händigkeit kindgemäß erfassen.
BEARBEITUNGSDAUER: Keine Angaben.

➔ DES – Diagnostischen Einschätzskalen zur Beurteilung des Entwicklungsstandes und der Schulfähigkeit
2. Auflage
Von K. Barth
EINSATZBEREICH: Bei Kindern im letzten Kindergartenjahr vor der Einschulung bzw. zu Beginn des schulischen Erstunterrichts.
VERFAHREN: Die DES wurden entwickelt, um Kinder im Übergangsfeld Kindergarten/Schule möglichst früh und gezielt fördern zu können. Sie sind ein Screeningverfahren, das Erzieherinnen, Grundschullehrerinnen, Sozialpädagoginnen von Schulkindergärten, Förderklassen und Sonderpädagogen Hilfestellung bei der Beurteilung des Entwicklungsstandes eines Kindes geben soll. Diese Einschätzung erlaubt auch eine fundierte und kompetente Elternberatung sowie eine Orientierung darüber, wann bestimmte weitere Fachdienste (Kinderärzte, neuropädiatrische Zentren, Beratungsstellen, Sprach-, Ergo-, Mototherapeuten usw.) zur genaueren diagnostischen Klärung der Entwicklungsauffälligkeiten eingeschaltet werden sollen. Im Sinne einer präventiven Diagnostik können anhand der Aufgabenbereiche der

DES die Faktoren bzw. Prozesse erkannt werden, die die weitere Entwicklung des Kindes behindern oder verzögern, so dass rechtzeitig ein geeigneter Förderplan aufgestellt werden kann.
BEARBEITUNGSDAUER: 1 ½ bis 2 Stunden.

➔ MSD – Mannheimer Schuleingangsdiagnostikum
4., korrigierte Auflage
Von R. S. Jäger, E. Beetz, R. Erler und R. Walter
EINSATZBEREICH: Schulanfänger.
VERFAHREN: Das MSD ist ein Verfahren zur Bestimmung von Stärken und Schwächen solcher Bereiche, die für ein erfolgreiches Bestehen des ersten Schuljahres notwendig sind (Untertest: Motorik, Mosaik, Konzentration, Gliederungsfähigkeit und Gedächtnis). Das Diagnostikum kann bei Schulanfängern eingesetzt werden. Durch Wechsel des Materials wird die Testsituation abwechslungsreich gestaltet. Die Aufgaben sind sowohl in Antwort-Auswahl-Form als auch in freier Beantwortung durch Nachfahren zu lösen. Feinmotorische Ungeschicklichkeit behindert nicht die Beantwortung. Der Antwortmodus erlaubt Korrekturen und ist motivierend. Diagnostizierte Defizite werden nicht zur Selektion, sondern zur Förderung benutzt.
BEARBEITUNGSDAUER: 45 bis 50 Minuten.

➔ MSVK – Marburger Sprachverständnistest für Kinder
Von C. E. Elben und A. Lohaus
EINSATZBEREICH: Kindergartenkinder ab 5 Jahren sowie Erstklässler. Zur Untersuchung des Sprachverständnisses der wichtigsten sprachlichen Bereiche bei Kindern im Vorschulalter und frühen Schulalter.
VERFAHREN: Der Marburger Sprachverständnistest (MSVK) erfasst das Sprachverständnis von Kindern in den Bereichen Semantik, Syntax und Pragmatik mit jeweils zwei Untertests. Aus dem semantischen Bereich wird der passive Wortschatz und das Verständnis von Wortbedeutungen geprüft, im syntaktischen Bereich kommen Aufgaben zum Satz- und Instruktionsverständnis zur Anwendung. Das pragmatische Verständnis wird über personenbezogene und situationsbezogene Sprachzuordnungen geprüft.
BEARBEITUNGSDAUER: Ca. 30 bis 45 Minuten (ohne Zeitbegrenzung), wobei der Zeitbedarf in der Schule eher am unteren und in der Vorschule eher am oberen Ende liegt.

➔ DEMAT 1+ – Deutscher Mathematiktest für erste Klassen
Von K. Krajewski, P. Küspert und W. Schneider unter Mitarbeit von M. Vise
Hrsg. von M. Hasselhorn, H. Marx und W. Schneider
EINSATZBEREICH: Ende 1. Klasse und Anfang 2. Klasse. Zur Überprüfung der mathematischen Kompetenz von Grundschülern in Bezug auf die Inhalte der Mathematiklehrpläne der 1. Klassen (aller deutschen Bundesländer sowie zur frühzeitigen Diagnose einer Rechenschwäche bzw. besonderer Mathematikstärken).
VERFAHREN: Der DEMAT 1+ ist als Gruppentest mit zwei Parallelformen A und 1 konzipiert und damit zur ökonomischen Erfassung der Rechenleistung einer gesamten Schulklasse geeignet. Er ermöglicht es zudem, zu einem frühen Zeitpunkt leistungsschwächere Schüler im Klassenverband zu identifizieren. Dem Aufbau des Tests liegen die Lehrpläne aller deutschen Bundesländer zu Grunde. Neun Inhaltsschwerpunkte sind in den Subtests Mengen-Zahlen-Zahlenraum, Addition und Subtraktion, Zahlenzerlegung-Zahlenergänzung, Teil-Ganzes-Schema, Kettenaufgaben, Ungleichungen und Sachaufgaben thematisiert. Das Anlegen von Schablonen erlaubt eine rasche Auswertung der Testhefte. Durch Punktvergabe auf Subtestebene kann ein Leistungsprofil erstellt werden, das Hinweise auf mögliche Problembereiche gibt. Da das Verfahren besonders gut im unteren Leistungsbereich differenziert, ist es gut einsetzbar im Rahmen einer Förderdiagnostik sowie zur Diagnose einer Rechenschwäche.
BEARBEITUNGSDAUER: Gruppentest 40 Minuten, Einzeltest 20 bis 35 Minuten.

➔ OTZ – Osnabrücker Test zur Zahlbegriffsentwicklung
Von J. E. H. van Luit, B. A. M. van de Rijt und K. Hasemann
EINSATZBEREICH: Kinder im Alter von 4,6 bis 7,6 Jahren. Einsatz in Kindergärten, Vorschulen, Grundschulen, Schulen für Kinder mit Lernbeeinträchtigungen.
VERFAHREN: Der Erwerb mathematischer Fähigkeiten und Fertigkeiten ist ein Entwicklungsprozess, der lange vor dem Mathematikunterricht in der Schule beginnt. Mit Hilfe des OTZ können Niveaus in der Zahlbegriffsentwicklung bei Kindern zwischen 4,6 und 7 Jahren eingeschätzt werden. Es werden acht Komponenten des frühen Zahlbegriffs unterschieden und in zwei Paralleltestversionen operationalisiert. Mit der vorliegender deutschsprachigen Adaptation des ursprünglich niederlän-

dischen Verfahrens zeigt sich, dass der Test eine zuverlässige Erfassung der Zahlbegriffsentwicklung auch bei deutschen Kindern ermöglicht. Der Test ist besonders geeignet, etwa in der Mitte des zweiten Kindergartenjahres, diejenigen Kinder zu identifizieren, bei denen die Zahlbegriffsentwicklung relativ zu ihren Altersgenossen verzögert ist.
BEARBEITUNGSDAUER: Ca. 25 Minuten.

→ TÜKI – Tübinger Luria-Christensen Neuropsychologische Untersuchungsreihe für Kinder
2., überarbeitete Auflage
Von G. Deegener, B. Dietel, W. Hamster, C. Koch, R. Matthaei, H. Nödl, N. Rückert, U. Stephani und E. Wolf
EINSATZBEREICH: Kinder im Alter von 5 bis 16 Jahren. Die TÜKI ist zur Planung von Therapiemaßnahmen, zur Therapieverlaufskontrolle sowie in der Forschung verwendbar.
VERFAHREN: Die TÜKI ermöglicht eine umfassende Diagnostik und Differentialdiagnose neuropsychologischer Störungen und ihrer spezifischen Lokalisation. Neben der Objektivierung und Quantifizierung (Makroanalyse) der neuropsychologischen Störung wird durch die sukzessive und qualitative Analyse (Mikroanalyse) auch die Struktur der jeweiligen Störungen aufgedeckt und derjenige Faktor oder Primärdefekt ermittelt, der grundlegend für ein beobachtetes oder vermutetes Syndrom ist. Die Untersuchungsergebnisse können insbesondere als Grundlage für die Entwicklung differenzierter therapeutischer Strategien dienen, die gezielte Behandlungs- und Rehabilitationsmaßnahmen ermöglichen. Das Verfahren gliedert sich in folgende 15 Untersuchungsbereiche: Gesamtkörperkoordination; motorische Funktionen der Hände; orale Praxis; sprachliche Regulation motorischer Vollzüge; akustisch-motorische Koordination; höhere hautkinästhetische Funktionen; Stereognosie; höhere visuelle Funktionen; räumliche Orientierung; räumliches Denken (Mosaiktest); rezeptive Sprache; expressive Sprache; Lernprozess (Wortreihe); Denkprozesse.
BEARBEITUNGSDAUER: Etwa 2 Stunden.

→ DAT – Dortmunder Aufmerksamkeitstest
Von G. Lauth
EINSATZBEREICH: Kinder und Jugendliche im Alter von 7 bis 19 Jahren; Beeinträchtigungen im Aufmerksamkeitsverhal-

ten, entwicklungsinadäquate motorische Unruhe bzw. Impulsivität.
VERFAHREN: Der Dortmunder Aufmerksamkeitstest erfasst die schulisch relevante Konzentrationsfähigkeit sowie die problemlösende Reflexivität eines Kindes und gibt Informationen darüber, ob die Aufmerksamkeitsfähigkeit eines Kindes beeinträchtigt ist und welche Leistungsmerkmale zu konstatieren sind. Hierzu steht eine computergesteuerte Testversion, bestehend aus zwei Paralleltests mit jeweils zwölf Items, zur Verfügung. Nach einer adaptiven Instruktion und der Bearbeitung von Probeaufgaben werden den Kindern »match to standard«- Aufgaben präsentiert. Die Aufgaben zeigen gleichzeitig einen Standardreiz sowie sechs Antwortmöglichkeiten auf dem Bildschirm. Die Kinder sollen angeben, welche Antwortmöglichkeit genau mit dem Standardreiz übereinstimmt. Ausgewertet wird die Antwortlatenz (Zeitspanne zwischen der Vorlage der Aufgabe und der Bekanntgabe der ersten Lösung) sowie die Gesamtzahl der richtigen Lösungen. Zusätzlich werden folgende Variablen ermittelt: Lösungsstringenz, Lösungsvariabilität, Repetitionsindex, ipsative Normen und die Anzahl der Korrekturen.
BEARBEITUNGSDAUER: Ca. 15 Minuten.

➔ HKS – Fragebogen zum Hyperkinetischen Syndrom und Therapieleitfaden
Von L. Klein
EINSATZBEREICH: Hyperkinetische Kinder im Alter von 5 bis 10 Jahren.
VERFAHREN: Der Fragebogen zum Hyperkinetischen Syndrom stellt ein differenzial-diagnostisches Verfahren dar, das auf individueller Ebene eine Zuordnungsgenauigkeit erreicht, die im Einzelfall verantwortliche Entscheidungen für den Einsatz pädagogischer oder therapeutischer Maßnahmen erlaubt. Der den Fragebogen ergänzende Therapieleitfaden stellt Therapieformen zur Behandlung des Hyperkinetischen Syndroms zusammen, die sich in der Praxis bewährt haben und deren Effizienz nachgewiesen wurde. Die dargestellten Methoden werden ausführlich beschrieben, so dass der Fachmann ohne Beschaffung zusätzlicher Materialien die jeweilige Behandlungsform (ein Elterntraining, diätetische Maßnahmen, ein Entspannungstraining sowie im Kontext der Schule mögliche Behandlungsformen) einsetzen kann. Die aufgeführten Therapieformen erlauben eine Evaluation

ihrer Effizienz innerhalb eines 12-Wochen-Rahmens. Zudem gestatten sie einen simultanen Einsatz, der wegen seiner Mehrdimensionalität Therapieeffekte summativ steigert.
BEARBEITUNGSDAUER: Das Ausfüllen des Fragebogens durch die Bezugsperson (Mutter) des Kindes sowie die Interpretation anhand eines Interpretationsschemas benötigt jeweils nur wenige Minuten.

➔ TBGB – Testbatterie für geistig behinderte Kinder
3., überarbeitete und erweiterte Auflage.
Von C. Bondy, R. Cohen, D. Eggert und G. Lüer
Hrsg. von K. Ingenkamp
EINSATZBEREICH: 7- bis 12-jährige geistig behinderte, 9- bis 12-jährige lernbehinderte Kinder. Ferner sind in dieser Auflage nun auch Vergleichswerte für nicht-behinderte, jüngere Kinder (im Alter von 4 bis 6,11 Jahren) mit aufgenommen worden.
VERFAHREN: Die TBGB ist eine Zusammenstellung von Intelligenz-, Leistungs- und Entwicklungstests, die objektive, zuverlässige und gültige Aussagen über die Ausprägung verschiedener Persönlichkeitsmerkmale bei geistig behinderten Kindern ermöglicht, damit gezielte Förderungs- und Betreuungsvorschläge erarbeitet werden können. Dieser Individualtest besteht aus sechs Subtests, die in variablen Kombinationen und auch als Kurzform durchgeführt werden können.
BEARBEITUNGSDAUER: Zur Durchführung der gesamten Batterie werden (ohne Pausen) 2,5 bis 4 Stunden benötigt.

Förderprogramme

➔ Denktraining für Kinder I
Von K. J. Klauer
EINSATZBEREICH: Kinder von 5 bis 7 Jahren sowie ältere, schwach begabte Kinder. Einzel-, Paar- und Kleingruppentraining zu 3 bis 4 Kindern.
VERFAHREN: Das Denktraining für Kinder I zielt darauf ab, das induktive Denken zu fördern. Alle Aufgaben können auf sechs grundlegende Problemstrukturen (Generalisierung, Diskrimination, Kreuzklassifikation, Beziehungserfassung, Beziehungsunterscheidung und Systembildung) zurückgeführt werden. Die Kinder lernen spielerisch, Grundstrukturen an Beispielaufgaben zu erkennen und angemessene Lösungs- und Kontrollprozesse auszuführen. So wird der Transfer systema-

tisch eingeübt. In mehreren Untersuchungen wurde nachgewiesen, dass das Training die Intelligenztestleistungen nicht nur statistisch, sondern auch praktisch bedeutsam anhebt.
BEARBEITUNGSDAUER: Bei den jüngsten Kindern sollte die einzelne Sitzung nicht länger als 20 Minuten dauern. In dem Falle wird man bis zu 20 Sitzungen brauchen. Bei älteren Kindern kann man das Training auf die vorgesehenen 10 Stunden beschränken.

➔ SLT – Sprache lernen mit Teddy
Von G. Friedrich
EINSATZBEREICH: Das Förderprogramm ist für den Einsatz bei Kindern im Alter von 3,6 bis 7,11 Jahren geeignet, die Defizite bei der sprachlichen Strukturierung ihres Wissens aufweisen. Das Programm kann auch als Curriculum zur Sprachförderung in Einrichtungen der Vorschulerziehung oder in Mutter-Kind-Gruppen eingesetzt werden.
VERFAHREN: Es handelt sich um ein Programm, das mittels Spiel- und speziellem Bildmaterial in kindgerechter Weise den Aufbau und die sprachliche Umsetzung von alltäglichen, Vorschulkindern gut bekannten Situationen übt. Die Kinder lernen das gelernte Strukturierungsprinzip auf weitere, sie umgebende Situationen (Alltagssituationen) zu übertragen. Die Handanweisung bietet neben der Darstellung des theoretischen Hintergrunds des Förderprogramms eine detaillierte Anleitung zur Durchführung des Trainings.
BEARBEITUNGSDAUER: Es gibt 20 verschiedene Fördersituationen, für die Durchführung der einzelnen Situationen werden jeweils ca. 10 Minuten benötigt. Es sollten nicht mehr als zwei Situationen pro Förderstunde und nicht mehr als zwei Förderstunden pro Woche durchgeführt werden.

➔ PS – Psycholinguistisches Sprachförderungsprogramm
Hrsg. von J. M. Lug und M. Angermaier
EINSATZBEREICH: Kinder im Alter von 3 bis 10 Jahren.
VERFAHREN: Das Trainingsprogramm besteht aus Spielen und Übungen mit Arbeitsmaterial und Kassette, wobei großer Wert auf einen spielerischen und die Vermeidung eines schulischen Charakters gelegt wurde. Es kann im Kindergarten und Schulkindergarten als Mittel zur Förderung der allgemeinen Sprachfähigkeit und Sprachkompetenz und in Sonderschulen als Hilfe bei

der Therapie spezieller Lernstörungen eingesetzt werden (zur Diagnostik siehe Psycholinguistischer Entwicklungstest). Die Förderung von Sprachkompetenz und Kommunikationsfähigkeiten erfolgt dabei über das Training folgender Fähigkeiten, die am Zustandekommen menschlicher Kommunikation beteiligt sind: die Fähigkeit, Gehörtes zu verstehen; die Fähigkeit, Gesehenes zu verstehen; die Fähigkeit, Gedanken in Worten auszudrücken; die Fähigkeit, Gehörtes zu behalten und wiederzugeben; die Fähigkeit, Gesehenes zu behalten und wiederzugeben; die Wahrnehmungsgeschwindigkeit; die Fähigkeit, Laute zu verbinden, Wörter zu ergänzen und die Grammatik anzuwenden; die Fähigkeit, aus Gehörtem Beziehungen abzuleiten sowie die Fähigkeit, aus Gesehenem Beziehungen abzuleiten.

(Zu den aufgeführten Materialien vgl. auch www.testzentrale.de)

4.5 Übersicht der Frühtestverfahren

Es ist das Verdienst der Autoren Rennen-Allhoff und Allhoff[169], eine übersichtliche Zusammenstellung der gängigen Frühtestverfahren erstellt zu haben, um so schnell einen geeigneten Test finden zu können (s. S. 154/155).

Besonders hervorzuheben ist der von Toni Mayr entwickelte Beobachtungsbogen zur Erfassung von Entwicklungsrückständen und Verhaltensauffälligkeiten bei Kindergartenkindern (BEK). Der Beobachtungsbogen soll eine Früherkennung von Entwicklungsrückständen und Verhaltensauffälligkeiten bei Kindern von 4–6 Jahren ermöglichen. Pädagogische Fachkräfte in Tageseinrichtungen für Kinder erhalten somit die Möglichkeit, Beobachtungen des Alltags festzuhalten, die auf mögliche Störungen hinweisen.[170]

Verfahren	*Alter* (Monate: 0–6, 7–12, 13–18, 19–24, 25–30, 31–36; Jahre: 3, 4, 5, 6 u. mehr)	*… Entwicklung*: Aspekte des Neugeborenenverh.	allgemeine	motorische	wahrnehmungs-	kognitive	sprachliche	sozio-emotionale
Aktiver Wortschatztest für 3- bis 6-jährige Kinder	3 – 6 u. mehr						x	
Altersinventarium der aktiven mimischen Psychomotorik	4 – 6 u. mehr			x				
Bayley Scales of Infant Development	0–6 – 25–30		x	x		(x)		
Bender Gestalt Test for Young Children	5 – 6 u. mehr				x			
Beobachtungsbogen für Kinder im Vorschulalter	4 – 6 u. mehr							x
Brazelton Neonatal Behavioral Assessment Scale	0–6 – 7–12	x						
Bühler-Hetzer-Kleinkindertests	0–6 – 5		x	(x)	(x)	(x)		(x)
Burks Behavior Rating Scales, Preschool and Kindergarten	3 – 6 u. mehr			x				
Chattell Infant Intelligence Scale	0–6 – 25–30		x			(x)		
Charlop-Atwell Scale of Motor Coordination	4 – 6 u. mehr			x				
Columbia Mental Maturity Scale	3 – 6 u. mehr					x		
Denver-Entwicklungsskalen	0–6 – 6 u. mehr		x					
Developmental Test of Visual-Motor Integration	31–36 – 6 u. mehr				x			
Duisburger Vorschul- und Einschulungstest	3 – 6 u. mehr					x		
Echelle de Développement	0–6 – 6 u. mehr		x	(x)		(x)	(x)	(x)
Educational Evaluation	3 – 6 u. mehr		x					
Entwicklungsgitter	0–6 – 3			x	x		x	x
Entwicklungskontrolle für Krippenkinder	0–6 – 3		x	(x)		(x)		(x)
Fragebogen zur Erfassung praktischer und sozialer Selbständigkeit	4 – 6 u. mehr							x
French-Bilder-Intelligenz-Test	4 – 6 u. mehr					x		
Frostigs Entwicklungstest der visuellen Wahrnehmung	4 – 6 u. mehr				x			
Gesell Developmental Scales	0–6 – 3		x	(x)		(x)	(x)	(x)
Graham-Rosenblith Behavior Test for Neonates	0–6	x						
Griffiths Entwicklungsskalen	0–6 – 19–24		x	(x)		(x)	(x)	(x)
Grundintelligenztest Skala I	5 – 6 u. mehr					x		
Hannover-Wechsler-Intelligenztest für das Vorschulalter	4 – 6 u. mehr					x		

Heidelberger Sprachentwicklungstest					x	
Infant Psychological Development Scales				x		
Infant Security Scale						x
Joel Scale of Behavior Maturity						x
Körperkoordinationstest für Kinder		x				
Kognitiver Fähigkeitstest, Kindergartenform				x		
Kramer-Test				x		
Labyrinth-Test				x		
Landauer Sprachentwicklungstest für Vorschulkinder					x	
Lincoln-Oseretzky-Skala KF 18	x					
McCarthy Scales of Children's Abilities	x			x	x	
McCarthy Short Form				x		
Mann-Zeichen-Test				x		
Motor-Free Visual Perception Test			x			
Motoriktest für 4- bis 6-jährige Kinder		x				
Münchener Entwicklungsscreening	x					
Münchener Funktionelle Entwicklungsdiagnostik		x	x		x	x
Prescreening Developmental Questionnaire	x					
Primary Progress Assessment Chart						x
Psycholinguistischer Entwicklungstest					x	
Raven-Matrizen-Test				x		
Revised Developmental Screening Inventory	x	(x)		(x)	(x)	(x)
Revised Parent Developmental Questionnaire	x	(x)		(x)	(x)	(x)
Short Denver Developmental Screening Test	x					
Skala zur Erfassung des Sozialverhaltens von Vorschulkindern						x
Snijders-Oomen nichtverbale Intelligenzuntersuchung				x		
Southern California Sensory Integration Tests		x	x			
Sprachfreie Entwicklungstestreihen	x	(x)	(x)	(x)		(x)
Stanford-Binet-Intelligenztest				x		
Testbatterie zur Entwicklung kognitiver Operationen				x		
Vineland Social Maturity Scale						x
Vorschul-Lerntest				x		

x: Spezielle Skala/Skalen für diesen Bereich
(x): Spezielle Skala/Skalen für diesen Bereich zwar vorgesehen, Interpretierbarkeit aber fraglich
(Die Altersangaben beziehen sich bei mehreren Ausgaben eines Tests auf die deutsche Fassung bzw. auf die neueste Version)

5 Heilpädagogik – Frühförderung

Heute gibt es neben dem älteren Begriff Heilpädagogik die Begriffe: Behindertenpädagogik, Sonderpädagogik, Sondererziehung und Rehabilitation, die häufig synonym verwendet werden.[171] Der Begriff Frühförderung ist erst in den 1970er Jahren etabliert worden, obwohl es schon früher eine Praxis der Erziehung und Förderung Behinderter gab, die man als Frühförderung bezeichnen kann.

5.1 Früherziehung Behinderter – historische Wurzeln

Eine bewusst planmäßige Früherziehung von Kindern unter sechs Jahren ist ein historisch junges Phänomen, wenngleich es erste Überlegungen dazu schon in der Antike, z. B. bei den Griechen, gab. In der nachfolgenden Skizze werden einige Aspekte der Geschichte der Früherziehung unter Einschluss behinderter Kinder chronologisch aufgezeigt.

Antike

Kinderdarstellungen auf griechischen Vasen usw. zeigen Mütter mit Kindern kosend in Frauengemächern, und Pindar schreibt: »... da hat sorgende Liebe mich erstmals in den Windeln gebettet ...«; und auf einer anderen Darstellung sieht man eine Mutter mit einem Kleinkind sprechen, d. h., hier wird schon ein Geistes- und Seelenleben vorausgesetzt.[172]

Auch über Einzelfragen wie Bewegungs-, Sprach- und Sozialerziehung wurde nachgedacht. Bei Plato heißt es: »... die Bewegungsgymnastik der ganz kleinen Kinder ist eines der Mittel, die einen großen Einfluss haben auf die Heranbildung eines Teiles der Seelentugend«; offenbar wusste man auch schon etwas über die Bedeutung der Bildbarkeit und Frühentwicklung der ersten drei Jahre, wo sich die Sprache erst entfaltet, denn Plato schreibt[173]:

»Für die kleinen Kinder ist also Weinen und Schreien das Zeichen für das, was sie lieben und hassen – Kundgebungen von wenig erfreulicher Art. Dieser Zustand hält volle drei Jahre an, also immerhin eine beträchtliche Zeit des Lebens, dass etwas darauf ankommt, wie man sie zugebracht hat, ob besser oder schlechter.«

In Bezug auf die dementsprechende Erziehungsmethode heißt es weiter: »... denn gerade der Anfang der Erziehung birgt stets die größte Gefahr in sich«, und Plato fordert darum auch schon eine frühe öffentliche Erziehung:

»Man muss denn zu dem Ende sämtliche Kinder dieses Alters vom dritten bis zum siebenten Jahre, abgeteilt nach kleinen Bezirken (Komen), zu denen sie gehören, sich bei den Tempeln zusammenfinden«,

denn die Kinder bedürfen nach Plato einer Spielerziehung und auch schon der Strafe:

»Für die weiteren Entwicklungsstufen des Geistes aber, also für ein dreijähriges, vierjähriges und auch noch sechsjähriges Kind bedarf es der Spiele, mit der Verhätschelung aber muss es nun ein Ende haben, vielmehr muss man jetzt mit Strafen vorgehen, nur nicht mit entehrenden ... man darf weder durch übermütige Maßlosigkeit der Züchtigung die Bestraften zum Zorne reizen, noch etwa von jeder Strafe absehen und sie dadurch verwöhnen.«[174]

Schulische Bildung erfolgte im 5. Jahrhundert v. Chr. z. B. in Athen erst mit sieben Jahren und nur für Knaben – und nicht für Sklaven – in den Fächern Sport, Musik, Schreiben und Lesen sowie Rechnen. Da es griechische Abbildungen schreibender und lesender sowie musizierender Mädchen gibt, kann man annehmen, »dass zumindest die Töchter gehobener Kreise einen entsprechenden Unterricht genossen haben müssen«, evtl. von einem Paidagogos (Hauslehrer, Kindererzieher).[175]

Mittelalter

Die Früherziehung wurde also – wenn auch nur für die höheren Stände – vom klassischen Altertum her durch das Mittelalter durchaus als Aufgabe erkannt.

Berthold von Regensburg (1220–1272) war ein bekannter Prediger. Seine Erziehung zielte vor allem auf die Stabilisierung des jeweiligen Standes (Schuster erziehen ihre Kinder zu Schustern usw.) und auf die Arbeitsamkeit, Religiosität und Bescheidenheit sowie gegen Müßiggang.

Von der Bedeutung der Früherziehung wusste man, dass die ersten Erfahrungen und Eindrücke weitreichende Auswirkungen auf die nachfolgende Entwicklung haben. In der Sprache Bertholds von Regensburg hieß das so:

»Was zuerst in den neuen Topf kommt, danach schmeckt er immer gerne. Und nachdem, wer das kleine Kind zuerst gute Dinge lehrt, danach tut es immer gerne; und wer es böse Dinge lehrt, danach tut es immer gerne.«[176]

Neuzeit

Eine deutliche Zunahme pädagogischen Bewusstseins erfolgte im Humanismus der Renaissancezeit um das 15. Jahrhundert. In dieser Epoche entstand ein neues Selbstverständnis des Menschen.

Man erkannte nunmehr den Wert seiner Bildbarkeit und Bildung nicht nur im beruflich-praktischen Sinne, sondern begriff die Bildung umfassender als Entwicklung aller Fähigkeiten, insbesondere der Sprachen, der Literatur und Philosophie, der Geschichte – insbesondere der griechischen Tradition – und Naturwissenschaften. Man sah den Menschen als »uomo universale« = universalen Menschen, der alles zu lernen und zu können vermag. Diese Wiedergeburt (= Renaissance griech. Wissens und Kultur) und der Rückgriff auf die Antike bedeutete damals das Erlebnis menschlicher Persönlichkeitsformung durch die Antike als klassische Lehrmeisterin[177]. Der gebildete Mensch wird danach und fortan als das Werk seiner Selbsttätigkeit bzw. seiner Erziehung begriffen, »weil er Ursache, Freiheit, Tat ist, Ergebnis seines eigenen Aktes«[178] ist. Dieses neue anthropologische Denken schloss immer mehr auch die Früherziehung des Menschen ein.

Johannes Ludovius (1492–1540), ein spanischer Humanist, schrieb ein Buch über »Die Erziehung der Christin«. Er stellt die Spielerziehung in den Mittelpunkt:

»... Wenn das Kind zu sprechen und gehen anfängt, so muss es mit Gleichaltrigen seines Geschlechtes spielen, und zwar immer in Gegenwart der Mutter oder einer Person gesetzten Alters ... Das junge Gemüt soll nur mit guten Eindrücken erfüllt werden«;

besonderen Wert legt er auf die sittliche Erziehung im Sinne christlicher Wertvorstellungen.

Bei der frühen Spracherziehung durch die Mutter bezieht er sich auf Plato, der vor Ammen warnte, die Kindern »unnütze und alberne Märchen« erzählen, denn:

»Das kleine Kind hört die Mutter zuerst und richtet nach deren Sprache sein erstes Stammeln ... Die ersten Sinneseindrücke und die erste Seelenbildung erhält das Kind durch das, was es von der Mutter hört und sieht.«[179]

Ein anderer Spanier, J. P. Bonet (1579–1633), Offizier, Diplomat, Sekretär, schrieb das erste Lehrbuch der Taubstummenbildung (1620), das in mehrere Sprachen übersetzt wurde. Über den Tastsinn bzw. das Sehen und die Entwicklung eines Handalphabets erschloss er ihnen den Zugang zur Sprache und Bildung.[180]

Es ist nicht auszuschließen, dass J. R. Pereira, ein spanisch-französischer Taubstummenpädagoge, die Schrift von Bonet kannte. Für seine taubstumme Schwester entwickelte er eine Methode auf der Basis des so genannten Handalphabetes, und er förderte so insgesamt 10–15 Schüler, die eine derart hohe Bildung erlangten, dass sie die Bewunderung von Kaiser und Königen erregte.[181]

J. A.Comenius' (1592–1670) »Informatorium der Mutterschul« umfasst ebenfalls den Bereich vom ersten bis sechsten Lebensjahr und zielt vor allem auf »Elemente des gegenständlichen Erfassens und Unterscheidens, an Zählen, Schätzen usw., aber auch ... Sittlichkeit, Religion (und) Übungen der *äußeren Sinne* und ... Hinwendung zu den sich ihnen darstellenden Gegenständen«[182]. Verstandes- und Sinnes-, Bewegungs- und Spracherziehung, Sozial-, Spiel- und Arbeitserziehung sind hier schon grundgelegt.

Bei Comenius finden wir bedeutende Hinweise auf die Erziehung Behinderter: Blinde, Taube, Lahme, Kränkliche und Gehirnschwache. Nach Borel ist es »bedeutsam, dass Comenius explizit auf die Notwendigkeit und die Erziehungsbedürftigkeit behinderter Menschen hinweist und entsprechende Unterlassung als Verfehlung anprangert«[183], weil nach Comenius auch der schwächste Geist bildbar ist:

»Denn je schwerfälligeren und kargeren Geistes einer von Natur aus ist, desto mehr bedarf er der Hilfe, um von dem gefühllosen Stumpf-

sinn und der Dummheit möglichst befreit zu werden, und eine solche hoffnungslose Anlage lässt sich kaum finden, dass ihr die Pflege durchaus keine Besserung bringen könnte.«[184]

Historisch gesehen befinden wir uns nun in einer Epoche des Aufbruchs von Rationalität, Aufklärung und Wissenschaft und einem neuen Verständnis von Religion. Hier ist insbesondere der Pietismus zu nennen, der sich als tätiger Glaube versteht. So entstanden vor diesem geistesgeschichtlichen Hintergrund für die Früherziehung und die behinderten und benachteiligten Kinder allmählich größere Bildungs- und somit Überlebenschancen.

August Hermann Francke (1663–1727), Theologe, Pädagoge und Professor, war Gründer der einzigartigen Franckeschen Stiftungen, die mit der Gründung einer Armenschule begannen und in die auch behinderte, verwaiste und erziehungsschwierige Kinder aufgenommen wurden.

Der französische Abbé l'Epeé (1712–1789) war Taubstummenlehrer. Er folgte der Lehre Bonets und gründete die erste Taubstummenschule 1770 in Paris. Seine enormen Erfolge in öffentlichen Prüfungen (in vier Sprachen) lassen ihn stolz berichten:

»Diese Kinder, die man bis dahin als Auswurf der Natur betrachtet hat, haben sich mehr ausgezeichnet und ihren Eltern mehr Ehre gemacht als die anderen Kinder ...«[185]

Die sensationellen Erfolge von Epeé beeinflussten auch andere Männer, die sich des Elends der Blinden erbarmten, wenn sie z. B. auf Marktplätzen zur Volksbelustigung und Gespött vorgeführt wurden. So entstand ebenfalls in Paris (1784) die erste, von V. Haüy (1745–1822) gegründete Blindenanstalt der Welt. Auf einer Russlandreise machte Haüy die Bekanntschaft des preußischen Königs Friedr. Wilhelm III., der wiederum die erste preußische Blindenanstalt 1806 in Berlin gründen ließ.

In Deutschland war es S. Heinicke (1727–1790), der als Begründer der deutschen Taubstummenbildung und der ersten Taubstummenanstalt gilt (1778).[186]

Auch Joh. H. Pestalozzi (1746–1827) hat – wenn auch nicht so umfassend wie sein Schüler Fröbel – Ansätze einer Früherziehungskonzeption in seinen Schriften »Buch der Mütter« bzw. »Wie Gertrud ihre Kinder lehrt« entwickelt und der Mutterbildung eine hohe Bedeutung zugesprochen.[187]

Entscheidender jedoch ist sein Bericht über die »erfolgreiche Beeinflussung von schwerbehinderten Kindern« und ihr Recht auf humane Behandlung, ihr Lebensrecht und ihre Entwicklungsmöglichkeit, wenn nach den Prinzipien der Individualisierung und einer entsprechenden erzieherischen Beeinflussung gearbeitet wird[188], denn wie für Comenius ist auch für Pestalozzi »der aller Elendeste … fast unter allen Umständen fähig, zu einer alle Bedürfnisse der Menschheit befriedigenden Lebensart zu gelangen …«[189].

In der Phase des Übergangs vom 18. ins 19. Jahrhundert rückt damit die Früherziehung Behinderter und der Armen – wir würden heute sagen sozial Benachteiligter – immer weiter weg von der sozialen und pädagogischen Ausgrenzung. Das zeigt sich in der Zunahme von Anstalten und Bildungseinrichtungen für behinderte und sozial ausgestoßene, benachteiligte Kinder.

Freiherr von Fellenberg (1771–1844) gründete, durch Pestalozzi beeinflusst, auf seinem Gute in Hofwyl bei Bern eine Kleinkinderschule und Armenerziehungsanstalt, die als so genannte »Wehrlischulen« nach dem bei Fellenberg arbeitenden Lehrer Wehrli bekannt wurden.

In Weimar gründete mit Unterstützung Goethes, Wielands und des Herzogs von Weimar der Privatgelehrte J. D. Falk (1768–1826) die »Gesellschaft für Freunde in der Not« (1813) und ein Rettungshaus für verwahrloste, vagabundierende elternlose Kinder, die er beköstigte und pädagogisch förderte. Ähnliche Einrichtungen gründete in Horn bei Hamburg Pfr. Joh. H. Wiechern (1808–1881), die als das so genannte »Rauhe Haus« in die Geschichte eingingen.

Friedr. von Bodelschwingh (1831–1910) begründete die noch heute bestehenden Betheler Anstalten bei Bielefeld, die alle Behinderten und Gebrechlichen, die Verwaisten und Verwahrlosten usw. aufnahmen, versorgten und pädagogisch förderten.

Zu den berühmten Fällen der Geschichte der Früherziehung Behinderter gehört die Geschichte von »Victor«, dem so genannten »Wilden von Aveyron«, ein Kind, das in den dortigen Wäldern ausgesetzt wurde und von dem franz. Arzt, Spezialist für Taubstumme und Schwerhörige J. Itard (1774–1838) behandelt wurde. Dieses Kind wurde aufgrund seiner vielfältigen Defizite als Idiot definiert. Doch Itard entwickelte eine Reihe von Methoden, didaktischen Materialien und Sinnesmaterialien usw. und bildete bei diesem Jungen unter den gegebenen Umständen ein Höchstmaß an Fähigkeiten heran. Sein Schüler E. Seguin (1812–1880) führte seine Arbeit fort und entwickelte sie weiter für die Erziehung Geistigbehinderter auf der Grundlage der Sinneserziehung. An diesen Erfahrungen setzte später Maria Montessori an.

Hinzuweisen ist noch auf den Schweizer Arzt Joh. J. Guggenbühl (1816–1863), der 1841 mit Unterstützung von Fellenberg eine »Heilanstalt für Kretinen und blödsinnige Kinder« eröffnete und die Kinder mit den damals bekannten medizinischen und pädagogischen Mitteln behandelte.

Nur wenige Jahre später, 1857, gründete der Deutsche H. M. Deinhardt (1808–1880) zusammen mit J. D. Georgens (1823–1886) die »Heil-Pflege- und Erziehungsanstalt Levana« in Baden bei Wien. Beeinflusst durch die Pädagogik Fröbels entwickelten sie eine für die damalige Zeit Musteranstalt für behinderte und speziell geistig behinderte Kinder, in der Ärzte und Pädagogen in Praxis und Forschung zusammenwirkten. Auf sie geht der Begriff der »heilenden Erziehung« und der »Heilpädagogik« zurück.

Die Einrichtung von speziellen Kindergärten und Früherziehungseinrichtungen für Gehörlose usw. setzte bereits im letzten Jahrhundert ein: Für Taubstumme wurde 1872 in Dresden eine Vorschule und 1894 in Berlin ein Kindergarten errichtet. Im Gegensatz zu den Schulen für Behinderte vollzog sich die Entwicklung der institutionalisierten Früherziehung in Kinder- bzw. Sonderkindergärten für behinderte und von Behinderung bedrohte Kinder wesentlich langsamer und ist bis heute nicht abgeschlossen, wie dies die Diskussion um die Integration immer wieder belegt.

Die Nazi-Herrschaft und der systematische Mord an Behinderten oder ihre Verstümmelung (Zwangskastrationen) vor und während des 2. Weltkrieges war in der Geschichte der Behinderten ein grausamer Rückfall in Zeiten vor dem Altertum.

Erst 20–30 Jahre nach dem 2. Weltkrieg wurde die Frühförderung behinderter und von Behinderung bedrohter Kinder zu einem Problem für Ärzte und Pädagogen. Ende der 1950er und Anfang der 1960er Jahre waren die wirtschaftlichen, politischen und sozialen Voraussetzungen gegeben, nicht nur offen über die Verbrechen an Behinderten zu sprechen, sondern es entstand daraus auch ein starker Impuls, sich für die Behinderten insgesamt – nicht nur die Kriegsbeschädigten – aktiv einzusetzen. Es waren vor allem engagierte Eltern und Fachleute, die Interessenverbände und Fördereinrichtungen (z. B. die Bundesvereinigung Lebenshilfe) gründeten und sich für das Recht auf Schule, Bildung und Frühförderung einsetzten, um insbesondere auch die Eltern sozial zu entlasten. Dieser Prozess ist – trotz beachtlicher Fortschritte – bis heute nicht abgeschlossen.

5.2 Früherziehung – Frühförderung

5.2.1 Zum Begriff Früherziehung

Definition

Früherziehung heißt die Erziehung des Kindes von der Geburt bis zum Schuleintritt. Damit umfasst dieser Begriff alle pädagogischen, didaktischen und methodischen notwendigen Maßnahmen, um die grundlegenden humanen Kompetenzen wie Sprache und Intelligenz, Motorik und Wahrnehmung, Emotionalität und Sozialität sowie die dementsprechenden angeborenen und aktiven Lernfähigkeiten in ihrer Entwicklung anzuregen, zu lenken und soweit wie möglich zu optimieren.

Früherziehung ist planmäßiges methodisches Handeln auf der Basis der Interaktion mit dem Kinde und setzt eine Didaktik bzw. Methodik sowie eindeutige Erziehungsziele voraus.

Erziehende Pflege

Auch Kinderpflege ist ein Teil der Früherziehung insofern, wie dabei durch die Qualität des Umgangs (Zärtlichkeit usw.) sozial-emotionale Lernprozesse ausgelöst werden. Durch solche Früherfahrungen erlernt das Kind, wie Menschen miteinander umgehen, d. h., hierdurch erwirbt es Werthaltungen und Lebenseinstellungen.

Uneinheitliche Begriffe neben der Früherziehung

Neben dem Begriff »Früherziehung« gibt es verschiedene Begriffe mit unterschiedlichen Bezugssystemen, wie z. B.

- auf die Pädagogik bzw. Erziehungswissenschaften: So spricht man von Frühpädagogik, Elementarpädagogik usw.;
- auf die Erziehungsinstitutionen: Kindergarten, -krippen, -heim, Kinderladen, Vorklassen, Vorschulerziehung usw.;
- auf das Lebensalter, z. B. 0–3-Jährige: »Frühkindliche Erziehung« usw.

Definitionsprobleme

Eine klare und einheitliche Definition liegt für die Erziehung 0–6-Jähriger nicht vor, ja nicht einmal für den Zeitrahmen der Früherziehung. Alle diese Begriffe haben diverse Nachteile: Sie sind auf bestimmte Altersabschnitte, bestimmte Kindergruppen oder gerade jetzt bestehende Institutionen begrenzt, oder – wie z. B. Vorschulerziehung – auf bestimmte Institutionen (»Heimerziehung«) und ihre jeweils spezifischen Anforderungsnormen (z. B. Schulleistungen) bzw. Teilziele der Erziehung (z. B. kognitive Förderung) einseitig ausgerichtet.

Dementsprechend groß ist auch unter den Pädagogen die Verwirrung, weil sie aus den jeweiligen unterschiedlichen verabsolutierten Positionen heraus argumentieren und nicht von einem allgemein verbindlichen Erziehungsziel her ihre Pädagogik spezifizieren.[190]

Diese Schwierigkeiten in der Begrifflichkeit und damit eben auch Zielbestimmung der Erziehung sind allerdings nicht zufällig, sondern das Ergebnis einer wert- und normenpluralistischen Gesellschaft. Es wird daher in der Praxis entscheidend sein, ob sich die ErzieherInnen über das Erziehungsziel und die davon abhängigen Erziehungsmethoden und -inhalte eindeutige Klarheit verschaffen und immer wieder überprüfen, ob ihr Handeln dem Kind zur selbständigen und -verantwortlichen Lebensführung verhilft oder nicht.

5.2.2 Ziel der Früherziehung

Definition

Kern und Ziel der Früherziehung ist die ganzheitliche Entwicklungs- und Lebenshilfe zur Unabhängigkeit des Kindes vom Erwachsenen. Sie zeigt sich in der Gestalt einer individuellen und verantwortungsfähigen, also zur selbständigen Lebensführung befähigten Persönlichkeit. Der Schuleintritt, der Übergang zum Beruf und der Eintritt in das Berufsleben sind entscheidende Zwischenstufen und -ziele auf dem Weg zur Unabhängigkeit, deren Fundamente in der Früherziehung gelegt werden.

5.3 Früherziehung und -förderung behinderter und von Behinderung bedrohter Kinder

Früherziehung wird dann zu einem Teil der Heilpädagogik behinderter und von Behinderung bedrohter Kinder, wenn die Entwicklung der o. g. humanen Kompetenzen und die ihr zugrunde liegenden Lernprozesse durch eine Schädigung, eine eingetretene bzw. drohende Behinderung gefährdet oder so begrenzt sind, dass der Besuch eines Regelkindergartens oder einer Regelschule sowie die Entwicklung einer unabhängigen und verantwortlichen Lebensführung des zukünftigen Erwachsenen eingeschränkt bzw. bedroht ist. Ansonsten gilt: so »normal« wie möglich und nur »besonders« erziehen, wo unbedingt nötig. Heilpädagogische Früherziehung ist auch nur dann notwendig, wenn Eltern ihr behindertes oder von Behinderung bedrohtes Kind nicht selbst hinreichend erziehen und fördern können.

5.3.1 Frühförderung

Dieser Begriff ist in der Behindertenpädagogik erst in den 1970er Jahren heimisch geworden durch eine Veröffentlichung des Deutschen Bildungsrates »Zur pädagogischen Förderung behinderter und von Behinderung bedrohter Kinder und Jugendlicher«.[191] Leitgedanke dieser Empfehlung war das »Prinzip der weitmöglichen Integration Behinderter«[192]. Da heißt es:

»Die Bildungskommission empfiehlt einen Ausbau der Institutionen und Maßnahmen zur Früherkennung und Frühförderung, die darauf gerichtet sein müssen, Behinderungen zum frühestmöglichen Zeitpunkt zu erkennen und behinderten und von Behinderung bedrohten Kindern rechtzeitig behinderungsspezifischer pädagogischer und therapeutischer Förderung zuzuführen. Dazu bedarf es des Ausbaus eines Systems der Frühförderung ...«[193]

Weiter empfiehlt die Kommission

»ein flexibles System von Fördermaßnahmen, die einer Aussonderungstendenz der allgemeinen Schule begegnet, gemeinsame soziale Lernprozesse Behinderter und Nichtbehinderter ermöglicht und den

individuellen Möglichkeiten und Bedürfnissen behinderter Kinder und Jugendlicher entgegenkommt«[194].

Definition Dieser Begriff ist eine Sammelbezeichnung geworden für drei in der Praxis kooperierende Handlungs- und Organisationsbereiche:

- klinisch-ärztliche Frühdiagnostik und Frühtherapie einschließlich medizinisch abhängiger Heilberufe, wie z. B. Logopäden, Physiotherapeuten, Beschäftigungstherapeuten usw.;
- Früherziehung einschließlich pädagogisch-psychologischer Diagnostik und Behandlung sowie der verschiedenen im Einzelfall notwendigen heilpädagogischen Disziplinen: Körperbehinderten-, Sprachbehinderten-, Blindenpädagogik usw.;
- Sozialpädagogik, die sich vor allem mit den sozialrechtlichen Fragen, den Rechten Behinderter und ihrer Angehörigen, den sozialen und persönlichen Problemen der Familie usw. befasst.

5.3.2 Erziehung und/oder Therapie?

In der Schädigung bzw. Behinderung liegt die Schnittfläche zu den medizinisch-therapeutischen Maßnahmen, die wesentlich auf organische Schäden und ihre Heilung bzw. Behandlung ausgerichtet sind. Die im medizinischen Bereich gelegentlich verwendeten Begriffe »Lerntherapie« oder »Entwicklungstherapie«[195] bezeichnen lediglich aus medizinischer Sicht diese Schnittfläche und Kooperationsnotwendigkeit von medizinischen und früherzieherischen Maßnahmen im Bereich der Frühförderung. Früherzieherische Maßnahmen, die primär auf Lernprozessen beruhen, setzen immer die freie aktive Mitarbeit – Interaktion – des Kindes voraus, seine Lernmotivation und -freude, seine immer freiwillige und nicht auf Zwang beruhende »Mitarbeit«, wie z. B. in bestimmten medizinisch-bewegungstherapeutischen Verfahren.

5.3.3 Hauptprinzipien der Früherziehung behinderter Kinder

5.3.3.1 Unterschiede zur Regelerziehung

Von der Erziehung so genannter gesunder oder »normaler« Kinder unterscheidet sich die Früherziehung Behinderter nicht grundsätzlich, sondern graduell.

Für Behinderte gelten gleiche Ziele, Inhalte und Methoden wie für nichtbehinderte Kinder. Die Tatsache aber, dass eine Behinderung die Normalerziehung behindert, z. B. eine Mutter oder Regelschullehrerin mit ihren pädagogischen Möglichkeiten an Grenzen stößt – also ihre Erziehung behindert ist – und die Tatsache, dass eine Behinderung die normale Entwicklung und Kompetenzentwicklung bzw. Unabhängigwerdung des Kindes behindert, bedingt die Notwendigkeit einer speziellen Erziehung der Behinderten, also Heilpädagogik. Sie unterscheidet sich von der Regelerziehung durch

Merkmale der Unterscheidung

- ihren *Ansatz* bei der Frühentwicklung menschlicher Kompetenzen, wie Bewegung, Sprache und den frühen, elementaren Wahrnehmungs- und Lernprozessen (vgl. sensomotorische Grundfunktionen);
- einen größeren *pädagogischen Mehrbedarf* an Zeit für die Einführung und Übung, für die Sicherung und den Transfer des Gelernten auf neue Anwendungsbereiche;
- einen *Mehrbedarf an personellem Einsatz,* z. B. von Spezialisten für Sprach- und Bewegungsförderung;
- kleinere Lerngruppen und mehr *Individualisierungsnotwendigkeiten;*
- einen *Mehreinsatz an Medien und technischen Hilfsmitteln,* z. B. bei Gehörlosen oder Blinden;
- *methodisch breitere Differenzierung* und durch den Einsatz von zusätzlichen Methoden, z. B. Blindenschrift, Gebärden- oder Fingerzeichensprache (Daktylogie, daktylos, griech. Finger), z. B. bei Gehörlosen;
- *Modifikation und Elementarisierung der Lerninhalte* und -ziele, z. B. bei geistig behinderten Kindern;
- einen *höheren pädagogischen Aufwand in der Pflege* der Kinder (Windelnwechseln, Waschen usw.) und *Selbständigkeitserziehung,* aber auch in der *Beratung* und *Anleitung* der Eltern;
- durch einen *erhöhten Erziehungsbedarf* bei der Entwicklung der *Sozialkompetenzen,* den Abbau von Aggressionen und anderen Verhaltensschwierigkeiten bzw. Fehlentwicklungen.

Dies sind auch einige der Gründe für die Schwierigkeiten bei der gemeinsamen – integrativen – Erziehung Behinderter und Nichtbehinderter, aber auch Ursachen für eine gesonderte Erziehung gewesen. Die Erziehung Behinderter muss also in vieler Hinsicht anders akzentuiert, individueller und differenzierter, umfangreicher und spezialisierter, aber teilweise auch langsamer und reduzierter als eine Regelpädagogik arbeiten, um an die allgemein verbindlichen Erziehungs- und Bildungsziele so nahe wie möglich heranzukommen.

5.3.4 Prinzipien der Erziehung Behinderter

Diese Modifikation der Regelerziehung und Akzentverschiebung auf das elementare Lernen zeigt sich in den nachstehenden Prinzipien[196]:

Definition

- *Prävention:* Die Entwicklung Behinderter ist von der Gefahr bestimmt, dass eine Behinderung Folgebehinderungen, Verhaltensschwierigkeiten u.v.a. neue Probleme entstehen lassen kann. Hier vorbeugend tätig zu werden meint das Prinzip der Prävention. So kann z. B. aus einer Wahrnehmungsstörung des Gehörs eine Sprach- oder gar Lernbehinderung entstehen mit Schwierigkeiten beim Schriftspracherwerb. Begleitend können durch Verständigungsprobleme auch noch Verhaltensschwierigkeiten produziert werden. Kommen dann noch Stigmatisierungs-, Zuschreibungs- bzw. Etikettierungsprozesse hinzu: böses, faules Kind usw., kann dieser Prozess der Anfang einer »devianten Karriere« in Richtung Sonderschule für Lernbehinderte werden.
- *Reedukation:* Mit Reedukation bezeichnet man die Aktivierung und Ausschöpfung von Resten geschädigter Funktionen (Sehen, Hören, Bewegung usw.) z. B. durch den Einsatz technischer Hilfen bei Schwerhörigen, Aktivierung von Bewegungsresten bei Körperbehinderten, Mobilitätstraining bei sehgeschädigten Kindern. Plan- und regelmäßige Intensiv-Förderung kann hier dem Kind zu einer Funktionssteigerung verhelfen.
- *Korrektion:* Viele Kinder haben aufgrund der rasanten und komplexen Entwicklung in den ersten Lebensjahren schon in kurzer Zeit beachtliche Fehlentwicklungen aufgebaut, z. B. im Sozialverhalten oder in Gestalt von Bewegungsstereotypen, Aussprachefehlern, Ungeschicklichkeiten usw. Diese Fehlentwicklungen abzubauen oder zu korrigieren bezweckt das Prinzip der Korrektion.
- *Kompensation:* Wo die erstgenannten Prinzipien nicht wirken oder wo eine irreparable Schädigung, wie z. B. hochgradige Blindheit besteht, müssen so genannte »Bewältigungstech-

niken« dem Kinde vermittelt und eingeübt werden: Blindenschrift, Ausrichtung auf den Tastsinn, technische Verständigungshilfen wie Computer, Gebärdensprache bei Gehörlosen usw.

Ein berühmtes Beispiel dafür ist Helen Keller (1880–1968), die mit zwei Jahren aufgrund einer Erkrankung taubstumm und blind wurde. Über den Tastsinn und das Fingeralphabet kam sie durch die unermüdliche Hilfe ihrer Lehrerin A. Sullivan zur Sprache und Schrift, promovierte und wurde Schriftstellerin.

➔ *Integration:* Wie oben schon angesprochen: Behinderte werden von der Gesellschaft zu leicht ausgesondert und stigmatisiert, aber auch umgekehrt gibt es den Prozess der Selbstisolierung und Vereinsamung usw. Das Prinzip der Integration heißt, diesen Prozessen entgegenzuwirken: durch die Erziehung integrationsfördernden Sozialverhaltens, durch die Pflege des Kindes und seines Äußeren, wie z. B. eine ebenso geschmackvolle Kleidung, Frisur wie alle anderen auch; aber ebenso durch das gemeinsame Spielen und Lernen von Behinderten und Nichtbehinderten, damit das behinderte Kind Selbstbehauptung und Disziplin, Einordnungs- und Durchsetzungsfähigkeit lernt und ein »gleichberechtigtes Dabeisein in der Gruppe« entsteht; so wie es selbst von der Gruppe akzeptiert sein will, muss es umgekehrt lernen, die berechtigten Interessen der anderen zu akzeptieren.[197]

5.3.5 Aufgaben und Funktionsbereiche der Frühförderung

Frühförderung ist in der Praxis sehr unterschiedlich organisiert bzw. auch personell verschieden ausgestattet.

Man kann daher ihre Aufgaben und Funktionsbereiche nur allgemein umreißen:

5.3.5.1 Früherkennung und -erfassung

Funktionsbereiche

Der erste Schritt in der Frühförderung ist die Früherkennung einer Behinderung oder Entwicklungsverzögerung bzw. drohenden Behinderung. Dies geschieht

- durch die *ärztlichen Vorsorgeuntersuchungen* der Schwangeren und des Kindes (U1–U10);

- indem das Kind dem *Gesundheitsamt* z. B. auf Veranlassung einer Behörde (z. B. des Jugendamts) vorgestellt wird;
- indem das Kind einer *Frühförderstelle* vorgestellt wird, d. h., hier kann eine *pädagogisch-psychologische* Diagnostik und – wenn dort ein Arzt beschäftigt ist – auch eine *medizinische Frühdiagnostik* durchgeführt oder eine solche veranlasst werden.
- durch *wissenschaftliche Beobachtung* der Lernumwelt und die Erfassung der Lernumwelt des Kindes, seiner häuslich-familiären Lebensbedingungen;
- durch *aufspürende Früherfassung*, d. h., dadurch sollen Auffälligkeiten, drohende und vorhandene Behinderungen zum frühestmöglichen Zeitpunkt erfasst werden. Durch die intensive Zusammenarbeit von Frühförderstellen mit Ärzten, Erzieherinnen, sozialen Diensten usw., besonders Sozialarbeitern in sozialen Brennpunkten, in Ausländerfamilien, alkohol- und drogenabhängigen Familien usw. sollen entwicklungsgefährdete Kinder aufgespürt und der notwendigen Frühförderung zugeführt werden. Weitere Schritte können sein: medizinische Untersuchung im Gesundheitsamt, bei einem Kinderarzt, in einer Kinderklinik, in einem sozialpädiatrischen Zentrum (als selbständige Einrichtung oder als Teil einer Klinik). Mit Früherfassung ist also der erste Kontakt gemeint, den das behinderte Kind mit einem Arzt, dem Gesundheitsamt oder z. B. einer Frühförderstelle hat und von dem aus die weiteren Maßnahmen erfolgen.

5.3.5.2 Prävention

Medizinische Untersuchung

Die Vermeidung von Behinderungen wird sowohl von der Medizin abgedeckt durch die *Vorsorge- und genetischen Untersuchungen* als auch von der Früherziehung in der Frühförderung, die ihren Schwerpunkt hat in der Vorbeugung von Behinderungen und Folgebehinderungen. Dazu gehören z. B. Maßnahmen, damit sich aus einer Sprachstörung bzw. -behinderung nicht noch zusätzlich Verhaltensprobleme entwickeln.

Beratung

Aber auch durch die *Aufklärung und Beratung* der Familien mit behinderten Kindern kann Prävention geleistet werden. In Verbindung mit der Frühdiagnostik – sei diese nun medizinischer oder pädagogisch-psychologischer Art – wird Prävention insofern geleistet, als Funktionsschwächen, Entwicklungsstörungen und -verzögerungen sowie ihre Ursachen erkannt und durch vorbeugende Maßahmen, wie z. B. Eltern- und Erziehungsberatung, medizinische Versorgung u. a. vorsorglich behandelt oder vermieden werden.

Soziale Hilfe

Schließlich gehört aus sozialpädagogischer Sicht die Verbesserung der *sozioökonomischen Lage* der Familie und frühe sozialpädagogische Intervention (z. B. Erziehungshilfe, -beratung usw.) in Problemfamilien (Alkoholabhängige, Familien in sozialen Brennpunkten usw.) zu den grundlegenden Präventionsaufgaben.

5.3.5.3 Frühtherapie

Der Therapie-Begriff ist leider nicht sehr eindeutig. Man spricht sowohl im medizinischen als auch im pädagogisch-psychologischen Bereich undifferenziert von Therapie (Lerntherapie, Erziehungstherapie, Psychotherapie, Bewegungs- und Beschäftigungstherapie usw.). Solche Wortschöpfungen haben teils handfeste finanzielle Gründe, denn Maßnahmen, auch im engeren Sinne erzieherische, die aber medizinisch-therapeutisch veranlasst und damit abrechnungsfähig sind, haben dann als Therapie einen anderen Wert. Oft sind aber solche Begriffe sachlich unbegründete Profilierungsversuche oder schlicht Traditionen (z. B. Psychotherapie, die von dem Arzt Freud so eingeführt wurde).

Therapieformen

Frühtherapien im Bereich der Frühförderung sind u. a.:
- *Physiotherapien,* z. B. nach Vojta, Bobath u. a.; sie zielen auf die Normalentwicklung und Optimierung der Bewegungsfähigkeiten;
- *Sprachtherapie* bzw. logopädische Maßnahmen zur Behebung von Sprachrückständen, -störungen, -behinderungen; Übung des Sprechapparates und der dafür erforderlichen sensomotorischen Kompetenzen: Atmung, Lautformung, Zungenmotorik, Hören usw.
- *Esstherapie* zum Aufbau der Selbstversorgung;
- *Ergotherapie* (Beschäftigungstherapie) zur Förderung sensomotorischer, geistiger und sozialer Kompetenzen;
- *Spieltherapie* zur Entwicklung der Spielfähigkeit und zur Aufdeckung bzw. Behandlung psychosozialer Störungen;
- *Festhaltetherapie,* ein Verfahren mit dem Ziel der Förderung der Kontaktaufnahme, insbesondere bei autistischen Kindern;
- *Verhaltenstherapie* bzw. -modifikation, ein Verfahren zum Auf-

bau erwünschter bzw. Abbau unerwünschter Verhaltensweisen und vielfältig einsetzbar: Sozialverhalten, Sauberkeits- und Selbständigkeitserziehung usw.

5.3.5.4 Frühberatung

Auch dieser Aufgabenbereich wird von allen an der Frühförderung Beteiligten wahrgenommen:

Kooperation in der Beratung

Ärzte beraten

- die Eltern über die Behinderung, deren Auswirkung, Entwicklung und Behandlung, bei der Ernährung und Versorgung usw.;
- die pädagogischen und psychologischen Mitarbeiter in der Frühförderung über ihre Befunde und die aus ihrer Sicht notwendigen Maßnahmen.

Früherzieher informieren die behandelnden Ärzte und

- beraten die Eltern in Bezug auf
  - alle Erziehungsfragen im Umgang mit dem behinderten Kind im Verhältnis zu den ggf. vorhandenen Geschwistern;
  - die Organisation des familiären Alltags;
  - Fragen mit den Ämtern (z. B. Ausfüllen von Formularen bei ausländischen Mitbürgern);
  - den Übergang des Kindes zum Kindergarten, Sonderkindergarten, bei der Schulwahl usw.;
- vermitteln Hilfen,
  - z. B. Familienpflege, sozialpädagogische Familienhilfe, Tagespflege, stationäre Aufnahmen, Tagesstätten, Selbsthilfegruppen, Familienkuren, allgem. sozialer Dienst usw.;
  - auf finanziell-rechtlicher Ebene: Gewährung von Pflegegeld, Schwerbehindertenausweis, Nachteilsausgleich, Sozialhilfe;
  - auf medizinischer Ebene: der Weg zum Gesundheitsamt, Reha-Hilfsmittelversorgung, Adressen von ärztlich-therapeutischen Hilfsdiensten;
  - auf psychosozialer Ebene: Erziehungsberatung, Eheberatung, Lebensberatung, psychotherapeutische Behandlung usw.

Die Beratung, die familien- und fallorientiert immer neu zu organisieren und aufgrund der Komplexität der Lebenssituation der Familie mit behinderten Kindern eine Daueraufgabe ist, hat also vielfältige Funktionen.

5.4 Institutionen der Frühförderung

Die Gründung von Institutionen zur Frühförderung ist seit den 1970er Jahren beeinflusst worden durch die grundlegende Veröffentlichung des Deutschen Bildungsrates (1973). In der Praxis sind sie sehr unterschiedlich ausgestaltet und organisiert worden, denn bis heute gibt es aufgrund fehlender gesetzlicher Voraussetzungen keine allgemeinen Standards hinsichtlich der personellen, materiellen und finanziellen Grundausstattung. Im Gegensatz zur Sonderschule gibt es in der Frühförderung i.d.R. keine Unterteilung in Körperbehinderten-, Lernbehinderten-, Geistigbehinderten- usw. Frühförderung, es werden alle Behinderungensformen und -grade aufgenommen und dann den jeweiligen ärztlich-therapeutischen und pädagogischen Spezialisten im Bedarfsfalle zugeführt.

5.4.1 Organisationsformen

Man kann Haupttypen *institutioneller Frühförderung* unterscheiden:

➔ *pädagogische Frühförderstellen* oder -zentren in privater (z. B. Elternvereine) oder öffentlicher Trägerschaft (Gemeinde, Stadt usw.).

Pädagogische Frühförderstelle

Der Autor berichtet von einer persönlich bekannten Einrichtung in privater Trägerschaft: Hier arbeiten Sozialpädagogen mit heilpädagogischer Zusatzausbildung, Psychologen, Sonderpädagogen mit Universitätsabschluss (Sprachbehindertenpädagogik), Diplompsychologen, Erzieherinnen, eine Schreib- und eine Verwaltungskraft und eine Ärztin auf Honorarbasis. Angeboten werden folgende Dienste:

- Frühdiagnostik;
- Frühberatung (s. o.);
- Sprachheilbehandlung ambulant in der Frühförderstelle;
- Schwimmtherapie;
- Wahrnehmungs- und Spielförderung in Gruppen;
- mobile Hausfrühförderung, d. h., die Fachleute gehen im Wochenrhythmus in die Familien und fördern dort die Kinder;
- Eltern-Kind-Gruppen;
- Elterngesprächskreise;
- medizinische Beratung.

Behandelt werden folgende Behinderungsgruppen:
- Geistigbehinderte;
- Körperbehinderte;
- Entwicklungsverzögerungen und -störungen aller Schweregrade;
- Sprachbehinderungen und -verzögerungen;
- Mehrfachbehinderte;
- behinderungsbedingte Verhaltensstörungen.

Ein hauseigener Fahrdienst ermöglicht es den besonders belasteten Familien, dass ihre Kinder in die Frühförderstelle gebracht werden.

Das Frühförderzentrum kooperiert mit
- den niedergelassenen Ärzten bzw. Kinderärzten;
- den niedergelassenen Sprach-, Bewegungstherapeuten usw.;
- den Kindergärten zwecks Beratung und Aufspüren der Früherfassung;
- den für die Frühförderung zuständigen Behörden, z. B. Gesundheitsamt;
- den Sonderkindergärten und -schulen;
- den sozialen Diensten in öffentlicher und privater Trägerschaft;
- den Kliniken, in denen Kinder aus der Frühförderung untersucht und behandelt werden usw.

Die Finanzierung erfolgt über den örtlichen Sozialhilfeträger (gemäß SGB), die Krankenkassen (nach RVO) und aus Eigenmitteln (Mitgliederbeiträge, Spenden und sonstige Zuwendungen) des Trägervereins.

Viele Frühförderstellen sind mit weniger Personal ausgestattet und bieten dementsprechend weniger Dienste an. Ein Wegweiser des Bundesministers für Wirtschaft und Arbeit gibt einen Überblick über die Frühförderstellen und ihre Dienste.[198]

Sonderkindergarten

→ *Sonderkindergärten:* Vorschulische und schulvorbereitende Einrichtungen sind Schulkindergärten, Vorklassen und Sonderschulkindergärten für bestimmte Behindertengruppen im Alter von 3–6 Jahren. Diese Einrichtungen sind zzt. sehr umstritten, weil man ihnen vorwirft, dass sie die Integration verhindern und die soziale Isolation fördern. Der Sonderkindergarten ist in den 1950er und 1960er Jahren entstanden und nimmt Kinder ab drei Jahren auf, die behindert oder von Behinderungen bedroht sind und in Regelkindergärten aufgrund

ihrer besonderen Erziehungs- und Förderbedürfnisse nicht hinreichend betreut oder gefördert werden können. In der Regel sind es mehrfachbehinderte Kinder, denen spezielle therapeutische und heilpädagogische Dienste bzw. Hilfen bereitgestellt werden sollen.
Dementsprechend sind diese Einrichtungen speziell personell und materiell auszustatten, d. h., die Leitung des Sonderkindergartens und auch die Gruppenleiterin sollte eine heilpädagogische oder sozialpädagogische Fachkraft sein bzw. sich für die heilpädagogische Arbeit eignen. Die Einstellung weiterer Fachkräfte ist mit dem Träger bzw. dem überörtlichen Sozialhilfeträger abzustimmen. Die therapeutischen Maßnahmen, wie z. B. medizinische, physiotherapeutische, sprachtherapeutische Maßnahmen und die Zusammenarbeit mit den Sozial- bzw. Heilpädagogen sollen gewährleistet sein.[199]
Tatsache ist auch hier, dass durch die Anbindung an die Sozialhilfe beträchtliche finanzielle, also personelle und somit auch pädagogische Defizite entstehen, die den Sonderkindergarten zumindest in NRW nicht nur unter dem Aspekt der Integration fragwürdig werden lassen.

➔ *sozialpädiatrische Zentren*
 – als Abteilungen von Kliniken und
 – als eigenständige Einrichtungen von Kommunen.

Medizinisch-sozial-pädiatrische Zentren

Es sind *medizinisch* organisierte und geleitete Einrichtungen, die über fast alle medizinisch-diagnostischen und therapeutischen Einrichtungen und entsprechendes Personal verfügen. Nicht selten sind auch Mutter-Kind-Abteilungen vorhanden, wenn eine Untersuchung oder Therapie sich über mehrere Tage erstreckt. Eine Hausfrüherziehung, bei der die Früherzieher in die Familien gehen und dort »vor Ort« die Kinder fördern und die familiäre Lebenssituation in ihre Arbeit mit einschließen, können diese Zentren i.d.R. nicht leisten. Das kann aber ihre Notwendigkeit nicht schmälern.

Eltern als Co-Therapeuten

Zu den Besonderheiten dieser Institution gehört das Modell: Eltern als Co-Therapeuten.
Hierbei werden Eltern behinderter Kinder von Ärzten, Therapeuten, Psychologen usw. in bestimmte Behandlungsverfahren und entwicklungsfördernde Umgangsformen mit dem Kind durch ein Elterntraining eingewiesen, die sie mit ihrem Kind zu Hause anwenden sollen. Sie ersetzen nicht die Früherziehung, sondern ergänzen diese, sofern die Eltern willens

und trotz ihrer enormen Belastungen in der Lage sind, die oft komplizierten Behandlungsprogramme durchzuführen.

Probleme

Diese Übertragung von Spezialistentätigkeit auf die Eltern ist umstritten, weil die »Elternrealität« und »Spezialistenrealität« gegenüber dem Kind sich wesentlich unterscheiden, und daher empfiehlt der Heilpädagoge Speck ein eher partnerschaftliches Verhältnis in offener Kommunikation, mehr Hilfe zur Selbsthilfe und eine deutliche Respektierung des Vorranges der Elternrolle.[200]

5.4.2 Interdisziplinäre und institutionelle Kooperation

Aus diesen vielfältigen, auf die Familie mit behinderten Kindern zentrierten Aufgaben entsteht die Notwendigkeit einer engen persönlich-fachlichen (interdisziplinären) Kooperation von Ärzten und Pädagogen, Psychologen und den verschiedenen Therapeuten. Es muss also interdisziplinär kooperiert werden. Erforderlich ist aber auch eine institutionelle Kooperation von Frühförderstellen und Behörden (Gesundheits-, Jugend-, Sozialamt usw.), den Versicherungen und Kostenträgern, Kliniken und sozialpädiatrischen Zentren sowie den verschiedenen familienentlastenden sozialen Diensten.

5.4.3 Fachliche und persönliche Anforderungen an die Mitarbeiter in der Frühförderung

Die persönliche, fachliche und institutionelle Kooperation in der Frühförderung erfordert z. B. die Fähigkeit und Bereitschaft, sich mit der Fachsprache, den Denkweisen und Interessen anderer Fachrichtungen und Institutionen vertraut zu machen. Das bedeutet unter anderem, ärztliche Gutachten, Stellungnahmen von Versicherungen oder Behörden (z. B. Gesundheits-, Sozial- oder Jugendamt) verstehen, anwenden und gegebenenfalls Eltern vermitteln zu können. Dazu gehört auch, die Interessen des behinderten Kindes und die seiner Familie anderen Institutionen gegenüber zu vertreten und dementsprechend zu beraten.

Ein solches professionell-fachliches Engagement beinhaltet Fachkompetenz in Verbindung mit sozial-emotionaler wie sprachlicher Anpassungsfähigkeit und Hilfsbereitschaft vor allem gegenüber der Familie mit dem behinderten Kind, die Fähigkeit, sich mit Fachkompetenz einzufühlen, auch vom Standpunkt des anderen, der Familie her zu denken, ohne den eigenen Auftrag und die eigenen Zuständigkeitsgrenzen zu übersehen. Ohne diese Empathie (soziale Phantasie und Intelligenz) und professionelle Moral der Hilfe für das behinderte Kind und seine Familie kann Frühförderung nicht gelingen.

Kompetenzmerkmale

Da es trotz Schwerpunktsetzungen »Frühförderung« in Diplomstudiengängen noch kein professionelles Berufsbild gibt, muss hier auf einige Praxisanforderungen hingewiesen werden. Entsprechend den komplexen Berufsanforderungen (in der Regel mehrfach-verschiedenartig behinderte Kinder) sollten Fachqualifikationen breit angelegt sein durch eine pädagogische Grundausbildung, z. B. als Sozial- oder Diplompädagoge für mindestens zwei bis drei Behinderungsarten. Für den Berufseinstieg unabdingbar sind Kompetenzen, wie z. B. Frühdiagnostik und -therapie, Förderplangestaltung (z. B. in Motorik, Sprache, Wahrnehmung), Spielpädagogik, Beratung, Gesprächsführung, Behindertenrecht. Praktisch unverzichtbar sind wissenschaftliche und experimentalpädagogische Fähigkeiten, um Forschungsergebnisse in die Praxis umzusetzen und um selbst neue Methoden, didaktische Materialien, Förderpläne und -maßnahmen auf das einzelne Kind hin abgestimmt zu entwickeln.

Ausbildungsaspekte

5.5 Pädagogische Konzeptionen der Früherziehung und -förderung: Pädagogik – Didaktik – Curriculum – Methodik

Die Früherziehung und damit auch Frühförderung wurde seit ihren Anfängen beeinflusst von den großen pädagogischen Konzeptionen, wie sie von Comenius, Fröbel und Montessori entwickelt wurden, also von anthropologisch-philosophisch begründeten umfassenden Theorien des Menschen in seinem Verhältnis zur Welt und zu sich selbst. Bei allen drei genannten Pädagogen gab es noch eine Gemeinsamkeit: das christliche Welt- und Menschenbild mit den entsprechenden Grundüberzeugungen und -werten.

Christliche Anthropologien

5.5.1 Früherziehung: Wert- und normgebunden

Didaktisch-inhaltliche und somit auch methodische Entscheidungen sind aus dieser Sicht immer an diesem Welt- und Menschenbild sowie Wertsystem orientiert und darin eingebettet.

Individualität und Personalität

Das Kind, wie der Mensch, wird danach als eine Ganzheit und individuelle wie einmalige Personalität begriffen, die ihren Wert nicht der mehr oder weniger großen Nützlichkeit oder gesellschaftlich relevanten Tätigkeit verdankt, sondern einen absoluten Eigenwert bzw. eine Würde hat, die jede Reduktion auf bestimmte Nützlichkeiten oder gar Ab- oder Entwertung i. S. »lebensunwerten Lebens« wie in der Zeit der Nazi-Herrschaft ausschließt.

5.5.2 Personale Erziehung

Dienende Lebenshilfe

Die Einmaligkeit und individuelle Würde auch des behinderten Kindes verpflichtet die Erziehung zur dienenden Lebenshilfe – auch in den gegebenen Grenzen –, die volle, ganzheitliche Entfaltung seiner Person auf jeder Stufe seiner Entwicklung zu ermöglichen. Dabei sind fünf Hauptpunkte personaler Erziehung zu beachten:

Ganzheit

»1. die integrative Einheit von Leib, Geist und Leben, in der kein Faktor ohne den anderen existieren kann« bzw. das Prinzip der Ganzheitlichkeit in der Kindesentwicklung und -erziehung.

Praktisch heißt dies: Keine im Rahmen sittlicher Normen gute Fähigkeit darf unterdrückt oder vernachlässigt werden, und auch die gewollten oder ungewollten Nebenwirkungen der Erziehung müssen beachtet werden, d. h.: Wenn eine bestimmte Fähigkeit gefördert wird, stellt sich immer die Frage: Was kann gleichzeitig mitgefördert werden, also z. B. Bewegung und Sprache etwa bei den Sing-, Kreis- und Bewegungsspielen. Wenn das Kind lernt, lernt immer das ganze Kind, nicht allein das Ohr, das Auge oder irgendeine Einzelfunktion.«

Liebe und Dialog

»2. Das Angelegt- und Angewiesensein auf und das Sicherfüllen im mitmenschlichen Dialog, der aller menschlichen Weltzuwendung vorausgeht«, d. h.: vor allem die Liebe zum Kinde und Schwachen und das Prinzip der sozialen Integration, die erzieherische Zuwendung und Lebens- bzw. Entwicklungshilfe.«

Wirklichkeitsorientierung

»3. Das ebenso notwendige Angewiesensein auf die Zuwendung zur Welt als dem Gegenüber der Personalität des Menschen«, also die Hinwendung zur vollen Wirklichkeit und Förderung von Sach- und Sozialkompetenzen, damit sich auch die lebensnotwendigen Fertigkeiten – sei dies nun für die Schule oder den Beruf – entwickeln können.«

Verantwortung

»4. Das Herausgelöstsein aus der Triebverfangenheit und Freisetzung zu sittlicher Tat aus dem Gewissen heraus, auf welcher in besonderer Weise die Würde des Menschen beruht, die ihm zugleich aber auch die Last der Verantwortung auferlegt«, d. h.: Sozial- und Verantwortungserziehung, z. B. zum richtigen Umgehen mit der Sexualität oder zu Selbstbeherrschung der Triebe.«

Partnerschaft zu Gott

»5. ... die dialogische Partnerschaft zu Gott«[201], d. h.: Für das behinderte und vielleicht ein Leben lang mit dem Behindertsein beladene Kind muss es einen Bezugspunkt geben, von dem aus es Hoffnung, Trost und Orientierung erfahren kann. Dementsprechend hat die christliche Pädagogik eine »Heilerziehung aus dem Glauben« entwickelt.«[202]

5.5.3 Von der Pädagogik zum Curriculum

Die modernen didaktischen Konzeptionen der Früherziehung heißen Curriculum, ein Begriff von S. B. Robinson. Sie zielen auf die

»Planung und Vermittlung ... bestimmter Qualifikationen (um) den heranwachsenden Menschen (zu) befähigen, künftige Lebenssituationen zu bewältigen«[203].

5.5.4 Abkehr von der Wert- und Normorientierung: Erziehung als Funktionsförderung

Das Neue daran ist, dass ein – wie bei Comenius, Fröbel oder Montessori – »übergeordnetes Menschen-« bzw. Weltbild fehlt. Von diesen neueren Ansätzen fordert man mess- bzw. »kontrollierbare Lernziele«, die durch ein »pragmatisch-technologisches Erziehungsverständnis« auf lerntheoretischer Basis umgesetzt werden können.[204]

Der pädagogisch-technische Spezialist

Der Erzieher ist danach nicht mehr in persönlicher Identifikation an ein übergeordnetes Menschen- und Weltbild gebunden, sondern zum pädagogisch-technischen Spezialisten für die effektive und schnelle Umsetzung von marktgängigen und oft modisch beliebigen Trainings- oder Förderprogrammen bzw. Lernzielen geworden, wie z. B. »Emanzipation«, »Kommunikationsfähigkeit«, »Sozialkompetenz« usw.

Funktionsbereiche

Ansätze: Man unterscheidet bei den Curricula für die Früherziehung folgende Gruppen mit den Schwerpunkten:

- »... Verbesserung einzelner *psychischer Funktionen* oder bestimmter Fertigkeiten«, d. h., in Lern- und Trainingsprogrammen sollen Wahrnehmung, Denken, Sprache usw. eintrainiert werden.
- »... Einführung in bestimmte *wissenschaftliche Disziplinen* oder unterrichtliche Bereiche«, wie z. B. Kunst, Musik, Naturwissenschaften, Technik usw., wie sie sich in den Schulfächern wiederfinden.
- »... Problematisieren bestimmter *Situationen* der vom Kind erlebten sozialen Wirklichkeit«: Aus Problemen und Fragen, die das Kind hat oder an das Kind herangetragen werden, sollen »Ich-Autonomie«, »Kompetenz(en)« und »Solidarität« usw. entwickelt werden. Man geht von der Annahme aus, dass dieses situationsorientierte Lernen positive Auswirkungen auf die konstruktive Bewältigung zukünftiger Situationen hat.[205]

  Dieser situationsorientierte Ansatz soll das Kind herausfordern und so fördern, damit sich aus den gestellten akuten Situationen die für die Gegenwart und Zukunft notwendigen neuen Kompetenzen und Lösungsstrategien entwickeln.

  In Arbeitsmappen sind »Didaktische Einheiten« entwickelt worden mit Themenschwerpunkten, wie z. B.: Kinder kommen zur Schule, Wohnen, Meine Familie und ich, Geburt, Zärtlichkeit usw.

  Der letzte Curriculum-Ansatz fußt »in der Orientierung an die allgemeinen Aufgaben der Sozialisation, wie sie von der Sozialisationsforschung deutlich gemacht wurden«[206], und dieser Ansatz, der vor allem das soziale Lernen zum Schwerpunkt hat, wird weitgehend auch vom dritten, dem situationsorientierten Ansatz, abgedeckt.

5.5.5 Das Methodenproblem in der Früherziehung

Methoden – Grundsätze

Die eine und richtige Methode gibt es nicht, aber Grundsätze und Erfahrungen aus der Tradition der Früherziehung, die für die Früherziehungspraxis bei behinderten Kindern bedeutsam sind. Das sind:
- Handlungsmodelle für die gesamte Früherziehungspraxis (s. S. 184);
- Förderpläne und Fördereinheiten;
- pädagogische Prinzipien für den Umgang mit dem Kinde;
- methodische Modelle.

5.5.5.1 Handlungsmodelle für die Fördermaßnahmen

Sie dienen der Strukturierung der gesamten Planung sowie Praxis und setzen
- bei der Diagnostik ein (Beobachtung, Tests usw.);
- bei der Erklärung der Behinderung und ihrer Ursachen und
- führen zur Beschreibung des Ist-Zustandes.

Danach folgt der Schritt zur Förderplanung
- durch Beratung im Team der Frühförderstelle,
- in der Festlegung der Strategie mit dem Ziel der Ermittlung des Soll-Zustandes für die nächsten Fördereinheiten (Frühförderstunden) in den zu fördernden Bereichen, wie z. B. Sprache, Selbständigkeit, Wahrnehmung usw., und der Erstellung eines Förderplanes für Tage, Wochen, Monate.

In dem nachstehenden Beispiel (S. 182f.) werden gleichzeitig Bewegung, Sinne, Denken, Sprache und Sozialverhalten eingeplant.

5.5.5.2 Förderpläne und Fördereinheiten

Definition

Förderpläne sind mittelfristige Organisationen des Handelns (Wochen, Monate); Fördereinheiten beziehen sich auf tägliche Fördermaßnahmen, die von Minuten bis Stunden reichen können. Nach jeder Fördereinheit erfolgt die Fortschrittskontrolle (Protokoll, Test, Befragung der Eltern usw.).

Erst nach der Formulierung von Förderplänen und -einheiten wird die Förderung durchgeführt. Vorgesehene Strategien entscheiden oder modifizieren sich oft erst am Tag/Ort des Handelns mit dem Kind unter seinen akuten Bedingungen. In der Hausfrüherziehung kann dies bedeuten:

➔ Die Mutter braucht eine Beratung, Anleitung usw.
➔ Das Kind ist für die geplante Maßnahme nicht bereit.

Aufgabensammlung für die Bildung und Erziehung hochgradig hörgeschädigter Kleinkinder im Alter von 0–3 Jahren[207]

Zeichenerklärung: B = rehabilitative Bewegungserziehung
S = rehabilitative Sinneserziehung
D = rehabilitative Denkerziehung
Sp = rehabilitative Spracherziehung
SV = rehabilitative Verhaltenserziehung

Quartal	*Aufgabe*	*Wirkungsbereiche*	*Ziel*	*Material*	*Zielaspekt*	*Hinweise für die Lösung der Aufgabe*	*Sprachangebot – schädigungsspezifische Hinweise*
I. 1. bis 3. Monat	1. Kind hebt in der Bauchlage den Kopf und stützt sich auf die Unterarme	B	Anbahnung der ersten willkürlichen Bewegungen	–	Aktivierung der Muskeltätigkeit	Zur allgemeinen Stärkung der Muskulatur: beim Strampeln den Beinen durch Anlegen der flachen Hand an die Fußsohlen einen Widerstand entgegensetzen (in Bauch- und Rückenlage)	z..B.: Kräftig! Ja, das ist fein!
	2. Kind berührt noch zufällig und ungesteuert Gegenstände seiner unmittelbaren Umgebung	B	Erstes Bekanntwerden mit Gegenständen seiner nächsten Umgebung	Windel, Klapper, Cremedose, Gummitier u. Ä.	Aktivierung der Berühr- und Greifbewegungen	Kind durch Hinhalten eines Fingers oder Hinlegen und Hinhalten von Gegenständen zum Greifen anregen	z. .B.: Nimm die Klapper! Nimm die Windel! usw. Halt fest!
	3. Kind fixiert und verfolgt mit den Augen Klappern, andere Gegenstände und Personen	S	Erste Anfänge der Erziehung zum bewussten Gebrauch des optischen und akustischen Sinnes (Auge und Ohr), erste Anbahnung der optischen und akustischen Aufmerksamkeit	Klapper, Gummitiere, verschiedene farbige Ringe aus Plastik u. Ä.	Aktivierung der Sinnestätigkeit von Auge und Ohr	Spielgegenstände langsam vor den Augen hin und her bewegen, klingendes Spielzeug ertönen lassen	Schau mal! Horch! (Lauschbewegung vormachen)

4. Kind schläft nachts durch	SV	Gewöhnung an feste Schlaf- und Wachzeiten	–	Regel-mäßigkeit im Tages-ablauf	Bei unruhigem Schlaf oder nächtlichem Aufwachen 1. prüfen, ob das Kind evtl. krank ist 2. leise beruhigend auf das Kind einsprechen und in bequeme Lage bringen, auch etwas Zeit am Bett zubringen, bis Kind ruhig ist. Nicht aus dem Bett herausnehmen oder gar hin und her fahren o. Ä., kein helles Licht machen! Konsequenz ist notwendig!	z. B.: Schlaf ruhig! (über den Kopf streicheln) Schlaf schön weiter! Mama ist ja da! o. Ä.
5. Kind isst Gemüsebrei und geriebenen Apfel vom Löffel	SV	Erste Anfänge sozialhygienischer Gewohnheiten	Teller mit Brei und Löffel	Aktivierung zur Meisterung von Schwierigkeiten	Genügend Zeit für die Mahlzeiten einplanen und Ruhe bewahren! Macht das Kind anfangs den Mund mehr oder weniger zufällig auf, Löffel mit dem Essen hineinschieben und etwas den Löffel nach oben bewegen, damit der Brei in den Mund rutscht. Mit der nächsten Portion warten, bis das Kind geschluckt hat	Hm! Das schmeckt! Mach' den Mund auf! Hm, das schmeckt! Du bist lieb. (streicheln) (Die Mimik des Erwachsenen muss auf das Kind ermutigend wirken.)
6. Kind lächelt und stößt Laute aus beim engen Kontakt mit den Erwachsenen	SV	Erziehung zur gefühlsmäßigen (emotionalen) Hinwendung und Entwicklung der Kontaktfreudigkeit	–	Aktivierung der Gefühle	Dem Kind immer ein freundliches Gesicht zeigen und Ruhe ausströmen, mit dem Kind auch scherzen	Wo ist denn ...? Lach' doch! Ei, ei! u. Ä. (Lautbildung des Kindes unterstützen, indem ihm vorgelallt wird. Verwenden Sie auch die Laute, die das Kind bereits erzeugt.)

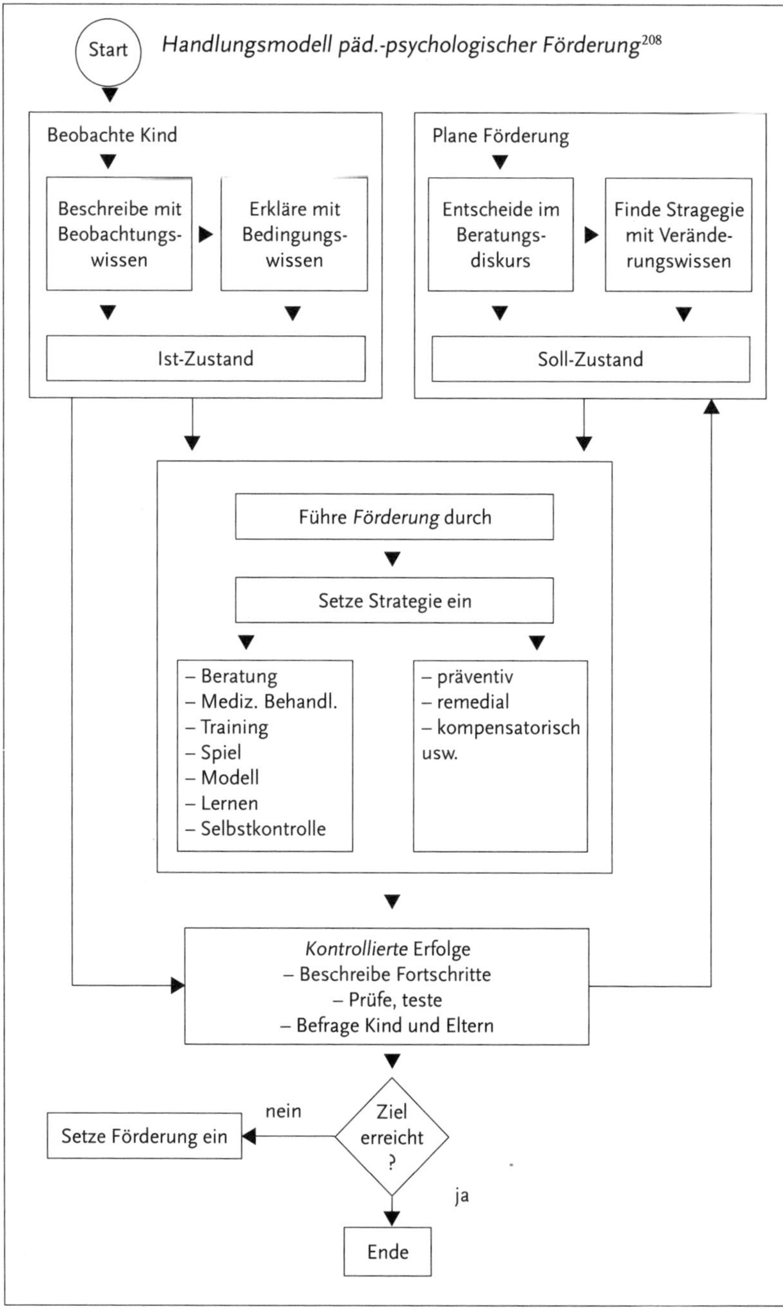
Start
Handlungsmodell päd.-psychologischer Förderung[208]
Beobachte Kind
Beschreibe mit Beobachtungs-wissen
Erkläre mit Bedingungs-wissen
Ist-Zustand
Plane Förderung
Entscheide im Beratungs-diskurs
Finde Stragegie mit Verände-rungswissen
Soll-Zustand
Führe Förderung durch
Setze Strategie ein
– Beratung
– Mediz. Behandl.
– Training
– Spiel
– Modell
– Lernen
– Selbstkontrolle
– präventiv
– remedial
– kompensatorisch
usw.
Kontrollierte Erfolge
– Beschreibe Fortschritte
– Prüfe, teste
– Befrage Kind und Eltern
Ziel erreicht ?
nein
Setze Förderung ein
ja
Ende

Hiernach entscheidet sich, ob und wie das geplante Ziel erreicht werden kann, ob und in welchem Grade es erreicht wurde, und danach erfolgt die nächste Förderplanung.

5.5.5.3 Pädagogische Prinzipien für den Umgang mit dem Kinde

Was immer auch das Kind selbst tun kann, soll es auch dürfen. Vormachen, zeigen, wie man etwas macht, ist immer nur Ermöglichung und Unterstützung der Selbsttätigkeit als die grundlegende Bedingung kindlicher Entwicklung, des Lernens am Erfolg, der sensorisch-motorischen Integration, des Selbstwertgefühls und der Motivationsbildung. Erziehung ist wesentlich nach dem Grundsatz der Montessori-Pädagogik eine Hilfe zur Unabhängigkeit vom Erwachsenen und nach dem Wort eines Kindes zu praktizieren: »Hilf mir, es selbst zu tun!«

Pädagogische Kontinuität

Entwicklungsgemäßheit: Dieses Prinzip bedeutet, dass die geplante Maßnahme einerseits an der Normalentwicklung zwar orientiert ist, aber immer auf die aktuelle individuelle Entwicklung (Individuallage) hin abgestimmt werden muss, um Über- und Unterforderung so gering wie möglich zu halten.

Dieses Prinzip schließt die didaktische und methodische Kontinuität ein, d. h., die Lerninhalte müssen sachlogisch, systematisch-planmäßig aufeinander aufbauen, z. B. vom sensomotorischen zum abstrakten Lernen, von Funktionsspiel zum Konstruktionsspiel, von der Grob- zur Feinmotorik, vom Mengenbegriff zur Zahl usw. Methodische Kontinuität bedeutet, dass die Lehr- und Erziehungsmethoden eine Stetigkeit aufweisen müssen, keine Brüche entstehen, nicht das, was heute richtig war, morgen falsch ist usw. Brüche in diesem Bereich irritieren das Kind und bauen Probleme auf. Ein Beispiel für die methodische Kontinuität sind die Drei-Stufen-Lektionen nach Montessori (vgl. Beispiel Rosa Turm, S. 195).

Ganze Person sehen

Ganzheitlichkeit: Fördermaßnahmen als reine Einzelfunktionsübungen führen nicht nur zur Vernachlässigung anderer Funktionen und Fertigkeiten, sie sind auch monoton, ermüdend und führen zu Widerständen beim Kind. Es muss also immer geprüft werden,

- welches genau umschriebene Ziel man erreichen will,
- welche Förderbereiche gezielt mitgefördert werden können,
- welche positiven oder negativen Nebenwirkungen auftreten können und

- welche neuen Entwicklungs- und Fördermöglichkeiten sich in der Fördersituation ergeben.

Probleme lösen lernen

Fordern und Fördern: Lernerfolge treten nur dann ein, wenn das Kind zu eigenen Problemlösungen und Erfolgserlebnissen geführt wird, wenn es also lernt, sich selbst zu fordern, oder eine Forderung des Erziehers annehmen lernt.

Dazu gehört die Planung von Aufgaben, die das Kind herausfordern, z. B. eine Schleife zu binden, ein exaktes Vormachen, die Selbsttätigkeit des Kindes (Nachmachen), die möglichst erfolgreich sein muss, und die Übung bzw. der erfolgreiche Transfer des Gelernten (z. B. Schleifenbinden an anderen Gegenständen, einer Puppe usw.).

Übungsablauf, -zeit und -rhythmus erfolgen immer im Wechsel von Anspannung und Entspannung, um das Kind nicht zu überfordern. Sobald das Kind Widerstände zeigt, muss abgebrochen oder eine andere lustvolle Beschäftigung angeboten werden.

5.5.5.4 Methodische Modelle

In der Praxis werden folgende Modelle angewandt:
- das Spiralmodell von R. Becker u. a.[209],
- das Stufenmodell von M. Egg[210].

Das *Spiralmodell* von R. Becker u. a. baut sich auf aus zwei Etappen mit sieben spiralisch aufbauenden Schritten, die immer wiederholt werden können.

Die erste Etappe heißt »Orientierungsteil« und enthält drei methodische Schritte des Erziehers und einen Schritt des Kindes:

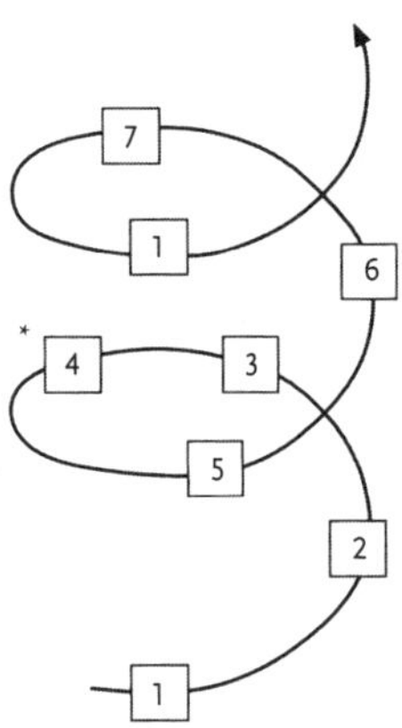

1. Schritt: Motiv setzen und Wecken der Aufmerksamkeit.
2. Schritt: Stellen der Aufgabe.
3. Schritt: Demonstration der Aufgabenlösung und Sprachangebot.
4. Schritt: Gemeinsames Lösen der Aufgabe, Bewertung, Korrektur.
(Bei völligem Versagen des Kindes wieder bei 1. beginnen, aber Ursachen ergründen; prüfen, ob erster Schritt genügend bedacht wurde; überlegen, welche methodischen Varianten möglich sind.)

Die zweite Etappe heißt »Handlungsteil« und besteht aus drei Schritten vor allem des Kindes einschließlich Übungsformen.

5. Schritt: Selbständiges Lösen der Aufgaben, Bewertung, Korrektur.
6. Schritt: Wiederholung des Lösungsweges bei gleicher Aufgabenstellung.
7. Schritt: Wiederholung des Lösungsweges bei (geringfügig) veränderter Aufgabenstellung und Anwendung auf andere Aufgaben.

Nach diesem Schema können neue Aufgabenstellungen in der Schrittfolge 1.–7. durchgeführt werden.

Diese Schrittfolge wird von den Autoren als Spirale dargestellt:

Das Stufenmodell von Maria Egg: Die Schweizer Heilpädagogin Maria Egg hat ebenfalls methodische Vorschläge für die frühe Förderung vorgelegt. Sie nennt eine Fördereinheit »Lehrspiel«. Solche Lehrspiele sind in den Tagesablauf zu integrieren und sollten 10 bis 15 Minuten nicht überschreiten.

Die Grobstruktur des Spielablaufs hat 3 Phasen. Sie werden hier mit Erläuterungen versehen, die über die von Maria Egg genannten Hinweise hinausgehen.

1. Phase: Beginn mit lustvollen und gekonnten Spielen, Bewegungen oder mit bekannten Dingen. In dieser Motivations- und Einstimmungsphase soll vor allen Dingen

- Aufmerksamkeit und positive Kontaktaufnahme ermöglicht werden;
- Blick- und Körperkontakt hergestellt und Abwehrhaltungen vermieden werden;
- stimulatives, lustbetontes und gekonntes Spiel soll das Kind aktivieren.

2. Phase: Konzentrierte, variantenreiche Übung im Wechsel von Anspannung und Entspannung bis an die obere Leistungsgrenze. In dieser Lern- und Arbeitsphase sollten folgende Aspekte beachtet werden:

- Anknüpfen an das Neugierverhalten und gekonnte Tätigkeiten mit bekannten Sachen;
- neues Medium bekannt machen;
- neue Tätigkeit bekannt machen durch Vormachen und Nachmachen bei möglichst wenig Worten;
- offen bleiben für Umwege, Improvisationen und Situationen bzw. für die Anregungen vom Kinde her;

- konzentrierte, variantenreiche Übung, Anspannung und Entspannung wechselnd;
- Rückmeldung bzw. Erfolge für das Kind sichern;
- Lob und Belohnung beachten;
- Festigung des Gelernten durch Übung und Anwendung auf andere Gegenstände bzw. Situationen.

3. Phase: Lustbetonter und entspannender Schluss. Die dritte Phase dient vor allem der Entspannung, der Verallgemeinerung bzw. den Transferübungen und sollte die Freude auf das Morgen wecken.

- Integration des Neuen in alte, bekannte Spiele;
- lustbetonte Spiele;
- Lieder singen, das Kind ggf. umhertragen, drücken, streicheln, scherzen, kleine Tanzspiele usw.

Auch Maria Egg fordert die Bereithaltung eines Tagebuches und die Eintragung der Lernfortschritte bzw. Auffälligkeiten unmittelbar nach der Übung.

5.6 Pädagogische Ansätze der Früherziehung

Auf die Früherziehung insgesamt und speziell auch für behinderte Kinder haben Fröbel (1782–1852) und Montessori (1870–1952) durch ihre spielpädagogischen Ansätze den größten Einfluss.

Spielpädagogik

In der Frühförderungspraxis sind beide Ansätze die pädagogischen Basisansätze, die andere Ansätze wesentlich beeinflussen:

- den spielpädagogischen Ansatz z. B. von Oy/Sagi[211],
- den motopädagogischen bzw. psychomotorischen Ansatz von Kiphard[212] oder Brandt[213] sowie in vielen anderen mehr pädagogisch orientierten Ansätzen, wo das Spiel im methodischen Zentrum der Förderung steht.

Aber auch in mehr entwicklungsbiologischen, auf die Ausreifung und methodische Förderung von Wahrnehmungs- und Bewegungsprozessen orientierten Ansätzen ist das spielpädagogische Moment unentbehrlicher methodischer Grundbestand.

5.6.1 Fröbels Konzeption

Eine exemplarische, pädagogisch umfassende Konzeption einer spielpädagogisch orientierten Früherziehung stammt von Fröbel (1780–1852) in Gestalt seiner Kindergartenpädagogik und der »Mutter- und Koselieder«. Im methodischen Zentrum steht bei Fröbel der angeborene Tätigkeits- und Spieldrang des Kindes, durch den es seine sämtlichen Kompetenzen mit Hilfe der Erziehung entwickelt.

Didaktische Konzeption

Die bisher umfassendste Konzeption der Früherziehung sind die Mutter- und Koselieder von Fröbel. In der Form von Spielliedern und pädagogischen Anleitungen sowie Kommentaren werden folgende Bildungsbereiche erfasst: Bewegungserziehung, Bildung des Ich-, Raum-, Gegenstands- und Zeitbewusstseins, Sinnesbildung, Sprach-, Denk-, Gefühls- und Willensbildung, Sozialerziehung, Hygiene, Ernährung, Sexualerziehung.
Folgende didaktische Felder werden erschlossen[214]:

- Gegenstände aus der Natur (Tiere, Steine, Pflanzen usw.);
- Soziale Situationen (Familie, Nachbarschaft usw.);
- Berufe und ökonomische Felder bzw. der Mensch als Schöpfer der »zweiten Natur« bzw. Kultur;
- Kosmischer Bereich (Sonne, Mond, Sterne usw.);
- Religion.

Methoden

Auch in methodischer Hinsicht nimmt die Früherziehungskonzeption Fröbels moderne Forderungen vorweg:

- entwicklungsgemäßes Vorgehen, also pädagogische, didaktische und methodische Kontinuität (Fröbel nennt dies Stetigkeit);
- ganzheitlich handelndes Lernen und Selbsttätigkeit;
- Wechsel der Lern- und Lehrformen, wie z. B. Vor- und Nachmachen, Wiederholung und Festigung, Führen und Wachsenlassen bzw. Fördern und Fordern, vorschreibend – nachgehend;
- Wechsel der Sozialformen: Kind – Mutter, Kind – Vater, mit beiden Eltern, Kind – Geschwister, Kind allein usw.;
- vom Sensomotorischen zum Abstrakten;
- vom Nahen zum Fernen und umgekehrt;
- von der Analyse des Ganzen (Einheit) zu den Elementen (Mannigfaltigkeit), zur Synthese des Ganzen und wieder umgekehrt;
- vom Aufnehmen (Innerlichmachen) zur Darstellung (Äußerlichmachen) des Inneren, also der Vorstellungen, Gefühle usw.[215]

Didaktische Materialien

Besonders hervorzuheben ist neben dem Spielgabensystem Fröbels Absicht, die Erziehungskompetenz der Eltern und ihr Erziehungsbewusstsein sowie ihre pädagogische Verantwortung zu stärken.

Auch seinen Kindergarten verstand Fröbel als eine Bildungsanstalt zur »allseitigen Lebenspflege« bzw. ganzheitlicher Bildung und »Lebenseinigung« hin zu einem differenzierten, einheitlichen und geordneten »Lebensbewusstsein«[216]. Wir würden heute dazu sagen: Die ganzheitliche Erziehung der lebensnotwendigen psychisch-geistigen und sensomotorischen Funktionen (humanen Kompetenzen, Kulturfertigkeiten, Schriftsprache usw.) sowie der grundlegenden sozialen und moralischen Lebenseinstellungen.

Doppelfunktion des Kindergartens

Der Kindergarten hat bei Fröbel einerseits die pädagogische Funktion, familienergänzend und -unterstützend und andererseits auch schulvorbereitend zu wirken, vor allem aber durch Spiel und Beschäftigung (z. B. Haus- und Gartenarbeiten, u.v.a.) dem individuellen Kind zur optimalen Entfaltung seiner Persönlichkeit zu dienen.[217]

Die Fröbel-Konzeption von Früh- und Kindergartenerziehung hat weltweite Verbreitung gefunden und ist noch heute in vielen Abwandlungen und Ergänzungen – den meisten mehr oder weniger bewusst – das unentbehrliche Kernstück jeder Früherziehungspraxis.[218]

5.6.2 Montessoris Konzeption

Konzentration

Maria Montessori (1870–1952) war Ärztin, Pädagogin und Professorin für Anthropologie. Ihre Pädagogik ist wesentlich von Itard und Seguin beeinflusst und fußt auf dem von ihr beobachteten Phänomen der »Polarisation der Aufmerksamkeit« bzw. der Konzentration, die sie als den Ausgangspunkt und die Voraussetzung jedes konstruktiven Lern- und Bildungsprozesses ansieht. Viele Polarisationen der Aufmerksamkeit führen zur »Normalisation«, d. h. zur psychisch-geistigen Ordnung und Unabhängigkeit des Denkens, Fühlens und Handelns sowohl im sozialen als auch im Sachbereich. Dadurch werden die im Kinde wirkenden schöpferischen Energien freigesetzt, durch die sich sein Lebens- und Fähigkeitsaufbau in Selbsttätigkeit vollzieht. Erziehung ist der

Dienst für das Kind, angeborenen bzw. bildbaren Entwicklungsenergien diejenigen entwicklungsgemäßen Hilfen (Anleitungen, Stimulationen, Materialien usw.) zu geben, die es zur Erlangung seiner Unabhängigkeit (Autonomie) benötigt.

Sinnesmaterial

Montessori hat die Erfahrungen der Fröbelpädagogik und der französischen Ärzte und Heilpädagogen Itard (1774–1838) und Seguin (1812–1880) studiert und Teile ihrer so genannten Sinnesmaterialien und pädagogischen Konzeption (Ansatz bei den sensomotorischen Lernprozessen, Sprache, Denken, Bewegung usw.) übernommen und fortentwickelt. Ihre damals sensationellen pädagogischen Erfolge bei geistig bzw. soziokulturell zurückgebliebenen Kindern (nicht Geistigbehinderten in der heutigen Definition!) und nach der Gründung des ersten Kinderhauses 1907 im römischen Elendsviertel San Lorenzo haben sie weltberühmt gemacht und auch für die Früherziehung Behinderter bedeutsam werden lassen. Pädagogische Einrichtungen – Kinderhäuser (-gärten) und Schulen – gibt es heute weltweit. Schon 4–6-jährige Kinder lernten durch ihre Methode die Kulturtechniken Lesen, Schreiben, Rechnen, sich selbst versorgen wie An- und Ausziehen, Körper- und Kleiderpflege, Haus- und Gartenarbeiten usw. Ihre Didaktik bzw. die Inhalte ihrer Früherziehung decken sich weitgehend mit der Fröbels, der schon damals eine beachtliche Bekanntheit in Italien hatte und auch Montessori wesentlich beeinflusste.

Didaktische Bereiche

In Deutschland wurde die Montessori-Pädagogik besonders nach dem 1. Weltkrieg heimisch, aber sie endete dann durch Verbote in der Nazi-Herrschaft.

Die Diskussion um die Vorschulerziehung in den 1960er und 1970er Jahren haben ein neues und bis heute ungebrochenes Interesse an der Montessori-Pädagogik geweckt und viele Kinderhäuser (-gärten) und Schulen neu entstehen lassen.

Für die Früherziehung Behinderter wurde seit ihren Anfängen Montessori wichtig, doch erst seit Hellbrügge als Mitglied des Ausschusses »Vorschulerziehung« des Deutschen Bildungsrates 1967 in Frankfurt ihre Pädagogik für den Aufbau seines Kinderhauses im Kinderzentrum München als »ärztliche Pädagogik« für seine sozialpädiatrischen Zwecke entdeckte, wurde die Montessori-Pädagogik fast ein Teil der Behindertenpädagogik oder wird mit ihr – nicht ganz korrekt – oft gleichgesetzt.

Heilpädagogische Bedeutung

Der Grund für die Einbeziehung der Montessori-Pädagogik in die Früherziehung Behinderter liegt in folgenden Punkten:

- der entwicklungspädagogische Ansatz Montessoris bei den sensiblen Phasen (s. o.);
- der Ansatz bei einem aktiven, auf Ganzheitlichkeit und Selbstgestaltung und auf Selbsttätigkeit hin ausgerichteten Entwicklungsbegriff. Das bedeutet die Wirkungseinheit von sensorischen, motorischen, sozialen und kognitiven, emotionalen und sprachlichen usw. Reife-Lern-Prozessen. Danach ist Entwicklung aktive und freie Selbstgestaltung in einer pädagogisch geplanten Lernsituation, die Montessori »Vorbereitete Umgebung« nennt.
  Eine »Vorbereitete Umgebung« muss einerseits den Bedürfnissen und Fähigkeiten des Kindes angepasst sein und andererseits der Vorbereitung auf das Leben und dem Kind zur Unabhängigkeit verhelfen. Weiter muss sie ein pädagogisch geordneter Raum der »Aktivitätsmotive« sein, d. h. ein nach pädagogisch-didaktischen Bereichen (Bewegung, Sprache, Sinneserziehung, Kunst, Musik usw.) frei verfügbarer Handlungsraum, in dem das Kind nach Maßgabe der sensiblen Phasen frei wählen kann. Das schließt eine pädagogisch aktive und systematische Einzelförderung ein. Schließlich muss die »Vorbereitete Umgebung« dem Kinde selbständiges, freies Handeln und selbstverständlich auch das Spiel, wie wir es von Fröbel her kennen, ermöglichen und fördern;
- den pädagogischen, didaktischen und methodischen Prinzipien, die den pädagogischen Umgang mit dem Kind bestimmen, nach denen die »Vorbereitete Umgebung« als Lebens-, Lern- und Entwicklungsraum für das Kind gestaltet wird und die den Aufbau und die Anwendung der so genannten Entwicklungsmaterialien (so genannter psychodidaktischer Materialien) organisieren. Montessori hat für die Entwicklung der grundlegenden humanen Kompetenzen ein Prinzip entwickelt, das besagt: Alle Bildungs- und Lernprozesse müssen in konkrete und ganzheitliche Handlungsprozesse eingebettet sein. In der Praxis heißt dies: Ein Entwicklungsmaterial muss gleichzeitig mehrere Funktionsbereiche aktivieren und auf sensomotorischen Grundprozessen beruhen;
- das psychodidaktische Entwicklungsmaterial. Montessori entwickelte das so genannte Sinnesmaterial für alle Sinnesbereiche, wodurch in ganzheitlichen Handlungsprozessen

eingebunden sensomotorische Grundfunktionen und die Wahrnehmung über einzelne Sinne isoliert geübt werden können.

Pädagogische Prinzipien

Die Wirksamkeit dieser Materialien hängt ab von der konsequenten Anwendung der Montessori-Prinzipien:

- ➔ *Das Prinzip der Sachlichkeit:* Polarisation der Aufmerksamkeit bzw. Konzentration und folglich Normalisation stellt sich ein, wenn das Kind einen entwicklungsgemäßen Gegenstand zur Auseinandersetzung hat, der zwei Bedingungen erfüllt:
  - Er muss den individuellen Fähigkeiten und Interessen des Kindes entsprechen bzw. eine »individuelle Passung« aufweisen oder entwicklungsgemäß sein, damit sich die im Kinde möglichen Kompetenzen auch entfalten können;
  - er muss dem Kinde einen Zugang zu Wirklichkeitsbereichen erschließen, also z. B. zur Schrift, Mathematik, zur sozialen und materiellen Realität usw.
- ➔ *Das Prinzip der freien Wahl:* Die jeweils individuelle Kindesentwicklung und die dementsprechenden individuell auftretenden sensiblen Phasen setzen die freie Wahl des Lerngegenstandes und die Freiheit des Lernens überhaupt voraus. Es ist ein Lernen frei von Hindernissen (hier spricht Montessori von der Befreiung des Kindes), und es ist eine Freiheit, etwas Bestimmtes individuell entwicklungsgemäß zu lernen. Diese Freiheit muss allerdings in einem pädagogisch verantworteten Rahmen stattfinden, um eine entwicklungshemmende Beliebigkeit zu vermeiden. Freie Wahl und Individualisierung ermöglichen es, dass das Kind sich durch sein Handeln in seinen Sensibilitäten offenbaren und somit dem Erzieher zeigen kann, wofür es sich interessiert, wo seine Stärken und Schwächen liegen, damit er ein gezieltes Angebot machen kann. Freiheit hat Grenzen im pädagogisch abgesteckten Rahmen, in den Sachgesetzen und in den sozialen Regeln des Zusammenlebens. Wenn sich das Kind (die Kinder) mit einer Sache auseinander setzt, dann hat es die Freiheit des Lernens hinsichtlich Lernpartner und -dauer, damit sich auch die Polarisation der Aufmerksamkeit einstellen kann.
- ➔ *Das Prinzip der Selbsttätigkeit:* Entwicklung als Erlangung zunehmender Grade der Unabhängigkeit bedeutet, dass das Kind selbsttätig sein muss. Denn nur dadurch kann es seine individuellen Fähigkeiten entwickeln. Weil diese Selbsttätig-

keit immer mehrere Funktionsbereiche erfasst – wie z. B. beim Spiel mit dem Rosa Turm (s. unten) – werden somit nicht nur isolierte Einzelfunktionen, sondern immer mehrere Funktionen zugleich aktiviert und gefördert. Nicht die direkte Belehrung, sondern die selbsttätige Sacherfahrung bewirkt die Veränderung im Kind. Diese allerdings hängt im Wesentlichen von der Auswahl und den Qualitäten der Lernmöglichkeiten und angebotenen Sacherfahrung ab.

Prinzipien im psychodidaktischen Material

Didaktische Prinzipien

Zu den hervorstechendsten Materialeigenschaften bei Montessori gehören folgende Merkmale:

- pädagogische Führung durch das Material: Das Montessori-Material ist so konstruiert, dass das Kind allein nach einer »Lektion«, unabhängig vom Erwachsenen damit umgehen kann;
- Fehlerselbstkontrolle: Das Kind kann selbst prüfen, ob es richtig gehandelt hat, und wird somit wiederum unabhängig vom Erwachsenen lernen, wiederholen, so oft und so lang es will;
- Isolierung der Schwierigkeiten: Das Material ist so konstruiert, damit das Kind einerseits ganzheitlich handeln kann, aber auch gezielt gefördert wird. So sind z. B. bei den Farbtäfelchen zum Üben der Farbunterscheidung und zum Kennenlernen der Farben alle Merkmale wie Größe, Form usw. gleich, nur der Farbton unterscheidet sich. Damit wird erreicht, dass es erstens das Problem selbst erkennen und lösen kann und nicht durch ablenkende überflüssige Reize überfordert wird und zweitens möglichst selbst zum Erfolg kommt (Motivationsförderung).
- didaktische Kontinuität und Transfer des Gelernten auf neue Bereiche: Didaktische Kontinuität besagt, dass die Materalien von ihrem Anspruch her von elementaren sensomotorischen Lernprozessen hin zur Abstraktion führen müssen. So lernt das Kind zuerst mit kleinen Mengen umgehen, und allmählich wird es durch die aufeinander aufbauenden Materialien zum Zahlbegriff und zum Operieren mit Zahlen geführt.
  Transfer bedeutet, dass die Montessori-Materialien für sich allein nicht ausreichen, sondern es müssen vielfältige Übungs- und Anwendungsmöglichkeiten geboten werden, damit das Kind das an den Materialien Gelernte (z. B. die Fertigkeit zu unterscheiden, ordnen, klassifizieren usw.) und Wissen auf

andere Gegenstände und Situationen in seiner Umwelt übertragen lernt.

Die Effizienz der Montessori-Pädagogik wurde in vielen Untersuchungen nachgewiesen.[219]

Förderbereiche

Montessori entwickelte Anleitungen und Materialien für folgende Förderbereiche:

Lebenspraktische Fertigkeiten

- *Übungen des praktischen Lebens:* Hier handelt es sich um den Aufbau von lebenspraktischen Fertigkeiten und die systematische Förderung von Konzentration und Grob- und Feinmotorik sowie des Selbstvertrauens auf der Basis der kindlichen Funktionslust. Sie zeigt sich in der Freude beim nachahmenden Spiel, wenn Kinder z. B. in der Küche auch kochen, spülen, putzen wollen usw. und in seiner *Wiederholungsfreude.* In den spielerischen Übungen entwickelt das Kind Selbstsicherheit (z. B. eine Tasse füllen, ohne etwas zu vergießen) und Selbstwertgefühl (ich kann etwas) und Verantwortungsbereitschaft für sich (es kann sich an- und ausziehen, pflegen usw.) und seinen Lebensraum (z. B. etwas aufwischen, wenn es etwas verschmutzt hat). Zu diesen Übungen gehören auch Hilfen zur Sozialerziehung (grüßen, bitten, danken usw.).

Wahrnehmungs- und Denkförderung

- *Das Sinnesmaterial:* Beispiel Rosa Turm.[220]

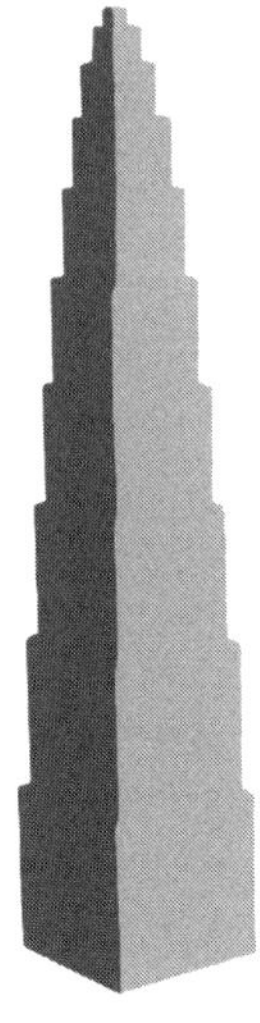

»Material:

Der Rosa Turm besteht aus zehn Kuben (massiv Holz, rosa), die sich dreidimensional verändern, d. h. der kleinste Kubus hat eine Kantenlänge von 1 cm, der größte eine Kantenlänge von 10 cm.

Direktes Ziel:

Begriffsbildung groß – klein.

Indirekte Ziele:

Entwicklung der Motorik, Koordination der Bewegung, Bildung von Ordnungsstrukturen.

Alter:

Etwa drei Jahre.

Kommentar:
Der Teppich muss sich farblich vom Material gut abheben. Die jüngeren Kinder nehmen beide Hände zum Fassen der größeren Kuben. Durch das Umspannen mit der Hand ›begreifen‹ sie die unterschiedlichen Größen.

Darbietung und Übung:
Arbeitsplatz ist der Teppich, auf dem die Kuben ungeordnet liegen. Die Leiterin fasst mit einer Hand den größten Kubus und setzt ihn vor das Kind, nimmt den nächstkleineren und setzt ihn genau von oben auf. Hierbei achtet sie auf gleichen Seitenabstand und die gezielte Bewegung beim Aufsetzen. So wird ein Kubus nach dem anderen unter Beachtung der Größenunterschiede zum Turm aufgebaut.

Wir können mit den Händen an den Seiten des Turms entlanggleiten, von unten nach oben und von oben nach unten.

Der Turm wird Kubus für Kubus abgetragen.

Das Kind kann die Übung wiederholen.

Dadurch wird für das Kind das Gleichmaß der Veränderung erfahrbar.

Fehlerkontrolle:
Ist die vorgegebene Ordnung im Aufbau nicht berücksichtigt, so ist der Fehler mittels Auge und Hand feststellbar.

Damit ist der gesamte Übungslauf dargestellt. Er ist abgeschlossen, wenn das Material wieder an seinen Platz zurückgebracht ist.

Der kleinste Kubus kann als sichtbares Maß der Veränderung gelten.

Kommentar:
Dabei werden statische Gesetze erfahren.

Durch die Gesetzmäßigkeit des Materials kann das Kind viele Variationen finden.

Weitere Übungen:
- Variationen der Grundübung in vertikaler und horizontaler Richtung.
- Die Kuben werden so aufeinander gesetzt oder aneinander gelegt, dass eine Ecke und zwei Seiten von jedem Kubus übereinstimmen. Man fügt den kleinsten Kubus in den entstehenden freien Raum ein.
- Man legt die Kuben so aufeinander, dass der nächstkleinere bis zur Mitte des vorhergehenden reicht, abwechselnd nach rechts und links.
- Man setzt die Kuben übereck aufeinander.
- Veränderungen der vorgegebenen Ordnung 10–1 unter Berücksichtigung in vertikaler und horizontaler Richtung:
  10–5–9–4–8–3–7–2–6–1–
  oder:
  10–1–9–2–8–3–7–4–6–5–
- Man unterbricht die Reihe der Kuben von 10–1, indem man einen Kubus aus der Reihe nimmt und vom Kind die sich ergebende Disharmonie zeigen lässt.
- Den Turm mit geschlossenen Augen aufbauen.
- Kombinationsspiele mit Brauner Treppe, mit Roten Stangen, mit Brauner Treppe und Roten Stangen.

Wortlexikon:
groß – klein,
groß – größer – am größten,
klein – kleiner – am kleinsten,
der größte – der kleinste,
größer als – kleiner als.

Dieser Abschnitt ist exemplarisch für alle Materialien der Reihenbildung ausgearbeitet.

1. Stufe:
Die Leiterin wählt von den zehn Kuben den größten und den kleinsten aus.

Kommentar:
Die Begriffe werden mit Hilfe der Dreistufenlektion erarbeitet. Der auffälligste Kontrast ist am eindrucksvollsten. Restliche Kuben verbleiben an ihrem Platz, damit sich die Aufmerksamkeit des Kindes nur auf diese beiden Kuben richtet.

Sie nimmt den größten Kubus, umfasst ihn und sagt: ›Von diesen beiden ist dieser hier ›*groß*‹.‹

Anschließend nimmt sie den kleinsten Kubus in die Hand, zeigt ihn dem Kind und sagt: ›Von diesen beiden Kuben ist dieser ›*klein*‹.‹

Kommentar:
Da die Begriffe groß – klein relativ sind, ist es notwendig, sie bei der weiteren Arbeit auf andere Kuben zu übertragen:

2. Stufe:
Nachdem die Leiterin dem Kind in der 1. Stufe den Vergleich der Größen benannt hat, möchte sie jetzt die Begriffe groß – klein vertiefen. – Sie bittet das Kind: ›Gib mir von diesen beiden den Kubus, der *groß* ist! – Gib mir den Kubus, der *klein* ist!‹

Der Übergang von der 1. zur 2. Stufe ist meist sofort möglich.

Dabei versucht sie möglichst viele Variationen durch andere Vergleichspaare zu bringen.

Wenn das Kind in der Wahl des Kubus ganz sicher ist, kann zur 3. Stufe übergegangen werden.

3. Stufe:
Nun soll das Kind in der Lage sein, die Eigenschaft groß bzw. klein eines Kubus im Verhältnis zu einem anderen zu benennen.

Man stellt ein Vergleichspaar vor das Kind und fragt: ›Wie ist dieser Kubus?‹ – Das Kind antwortet: ›*Groß!*‹

›Wie ist der andere Kubus?‹ – ›*Klein!*‹

groß – größer – am größten

klein – kleiner – am kleinsten

1. Stufe

Die 2. und 3. Stufe der Lektion können sich nur auf die Steigerungsformen beziehen. Sie gehen aus von der Grundform, im vorliegenden Fall von dem Kubus, der die Bezeichnung ›groß‹ bekam. Die Benennung der einzelnen Kuben ist nur möglich durch den Vergleich der drei Kuben miteinander.

Von den zehn Kuben wählt die Leiterin die drei größten aus. Den kleinsten von ihnen vergleicht sie mit einem deutlich kleineren vierten Würfel. Sie weist auf den großen Kubus und sagt: ›Dieser ist *groß!*‹ Dann zeigt sie auf den nächstgrößeren und sagt: ›Dieser ist *größer!*‹ Zuletzt nimmt sie den größten Kubus und sagt: ›Von den dreien ist dieser *am größten!*‹ Ebenso werden die Begriffe klein – kleiner – am kleinsten erarbeitet.

Die Lehrerin bittet das Kind, weitere Zusammenstellungen zu bringen, die eine Steigerung von groß oder klein möglich machen.

größte – kleinste
Bei einer Reihenbildung von mehreren Kuben nehmen die beiden äußeren eine Stellung ein, die sprachlich zu bezeichnen ist. ›Von den Kuben hier ist dieser der größte und dieser der kleinste.‹

Das Kind findet andere, sich gleichmäßig aufbauende Reihen und stellt den größten und den kleinsten heraus.

größer als – kleiner als
Im Folgenden kommt es auf eine genaue Bezeichnung der Größe eines Kubus‹ innerhalb einer Reihe an, etwa der Reihe 1–10. Die Leiterin nimmt den Kubus 5 heraus und bringt ihn in Beziehung zu anderen Kuben der Reihe.

›Dieser ist kleiner als jene.‹

Dabei zeigt sie auf die Kuben 6, 7, 8, 9, 10.

›Er ist größer als diese.‹

Dabei weist sie auf die Kuben 4, 3, 2, 1.

Kommentar: Vorbereitete Umgebung!

Anwendung:
- Kuben gleicher Größe suchen lassen.
- Übertragung der Begriffe groß – klein auf Gegenstände
- Größenabstufungen bei anderen Gegenständen finden lassen.«

Mit Hilfe dieses Materials werden u. a. geübt:
Grob- und Feinmotorik, Bewegungskoordination und Sprache (z. B. groß – klein, der kleinste – der größte, klein – kleiner – am kleinsten, groß – größer – am größten), optische und barische (Gewichts-) (und somit kognitive Funktionen): Unterscheidung, Vergleichen, Kombinieren (der größte und der kleinste Kubus), Identifikation (Erkennen, Wiedererkennen) des größten bzw. kleinsten Kubus usw., das Ordnen, Sozialverhalten im Gruppenspiel, Gedächtnis (Wegbringen und Wiederholen eines Kubus), Grundlagen des Dezimalsystems (es sind zehn Kuben) und Grunderfahrung geometrischer Formen (Quadrat, Winkel, Fläche usw.).[221]

Kognitive Kompetenzen

- ➔ *Mathematisches Material:* Montessori nennt den kindlichen Geist einen »mathematischen Geist«, weil sich beim Kinde schon in den ersten Lebensjahren grundlegende kognitive Funktionen und ein Bedürfnis nach einer klaren Bewusstseinsstruktur bzw. die Ordnungsfähigkeit entwickeln (vgl. sensible Phasen). Schon mit den Sinnesmaterialien entwickelt das Kind diese kognitiven Grundfunktionen. Mit den mathematischen Materialien wird es weitergeführt in die geometrischen und stereometrischen (Raumkörper-)Formen, und es werden ihm Hilfen zur Entwicklung des Mengen- und Zahlbegriffes und zum ersten Rechnen gegeben.

Sprachliches Material

- ➔ *Sprachliches Material:* Die aktivste Zeit der sensiblen Phase für Sprache liegt in den ersten sechs Lebensjahren. Dementsprechend legt Montessori großen Wert auf eine optimale Nutzung und Förderung in dieser Periode des Sprachaufbaus schon bei den Spielen mit den Sinnesmaterialien und dann durch spezielles Sprachmaterial, das dem Kind den Zugang zur Schrift eröffnet. Neben den von Fröbel her kommenden Methoden und Inhalten (Sing-, Kreis-, Tanz-, Puppen- und Bewegungsspielen, Sprachspielen, Geschichtenerzählen, Bildbetrachtungen usw.) hat Montessori dem Kind systematische Hilfen gegeben, damit seine Hand auf das Schreiben in seiner sensiblen Phase für Wahrnehmung und Feinmotorik vorbereitet wird. Auch für die Phase des Symbol- bzw. Zeichen- oder Buchstabenverständnisses um ca. vier Jahre ist es wichtig, dass ihm nun die Buchstaben und damit die Schrift angeboten werden. Damit soll sich einerseits sein Zeichenverständnis bzw. seine Fähigkeit zur Sinnaufnahme und -wiedergabe entwickeln, und es soll sich andererseits in diese Kulturtechnik hineinentwickeln und die Schrift als Kommunikationsmittel lernen.

Rhythmisch-musikalische Bildung

→ *Rhythmisch-musikalische Erziehung:* Montessori entwickelte mit ihrer Schülerin und Kollegin A. Maccheroni eine Musikpädagogik, die in abgewandelter Form auch auf Deutsch vorliegt.[222]

5.6.3 Der spielpädagogische Ansatz von Bondzio/Vater

In der Tradition der fröbelschen Mutter- und Koselieder ist dieses Konzept aufgebaut (s. o.). Nach einer allgemeinen Entwicklungsbeschreibung werden für einzelne Entwicklungsabschnitte von ca. drei Monaten für die ersten drei Lebensjahre kleine Fördereinheiten vorgestellt, die von den Eltern oder Früherziehern durchgeführt werden können.

Didaktische Bereiche

Folgende Bereiche sollen gefördert werden: Sprechen, Verstehen, Hören, Sehen, Handmotorik, Bewegung, Denken, Wollen und Fühlen. Außerdem werden noch Sozialität, Schmecken, Riechen, Tasten, die moralische und religiöse Entwicklung und die Phantasie bzw. Kreativität angesprochen und Hinweise zur Kindespflege bzw. Hygiene gegeben.

Fördereinheiten

Jede Fördereinheit enthält neben praktischen Anleitungen entsprechende Veranschaulichungen, Lieder und Hinweise zu den Förderintentionen sowie Medien (s. Abb. S. 201).[223]

5.6.4 Der spielpädagogische Ansatz von Oy/Sagi

Das von diesen Autoren verfasste »Lehrbuch der heilpädagogischen Übungsbehandlung«[224] fußt auf der Entwicklung und systematischen Förderung des Spiels und didaktisch-methodisch auf der Grundlage der Fröbel- und Montessori-Pädagogik. Hinzu kommen Übungen zur Sprachentwicklung, der Einsatz von Bilderbüchern, die rhythmisch-musikalische Erziehung und Hilfen zur Elternarbeit bzw. -anleitung. Hinweise zur Diagnose, Aufstellung eines Förderplanes, zur Protokollierung und Auswertung der Fördermaßnahmen sowie umfängliche praktische Hinweise runden dieses nützliche Buch ab.

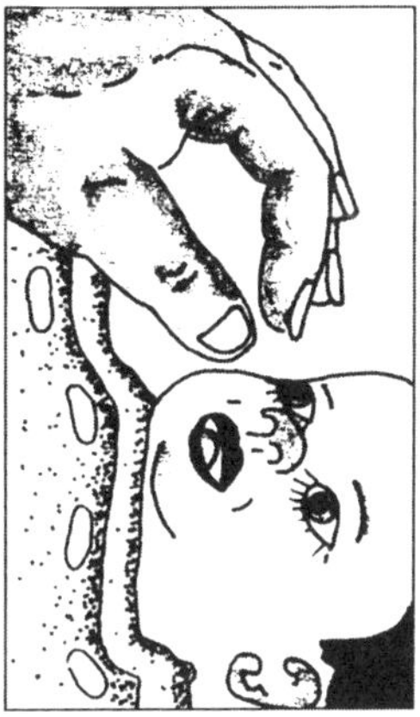

Handspiele sind eine gute Möglichkeit, mit dem Kind Kontakt aufzunehmen

Der Erwachsene bietet dem Kind seine Finger als Spielzeug an. Das Kind schaut den zappelnden und tanzenden Fingern zu und freut sich, dass sich jemand mit ihm beschäftigt. Es hört die Kinderreime gern. Sie klingen wohl in seinen Ohren.

Der Rhythmus der Worte der Ammenreime sollte zu den Fingerbewegungen passen und umgekehrt. Das Kind wird den Inhalt und den Sinn der Verse noch nicht verstehen, wohl aber die Stimmung und das Gefühl spüren, die mit den Reimen verbunden sind:

»Zehn kleine Zappelmänner
tanzen auf und nieder.
Zehn kleine Zappelmänner
tun das immer wieder. –
Zehn kleine Zappelmänner
tanzen auf und nieder.«

»In unserm Häuschen
sind schrecklich viel Mäuschen.
Sie tippeln und tappeln,
sie zippeln und zappeln,
sie stehlen und naschen,
und will man sie fassen:
Husch! Sind sie weg.«

»Seht, so, so, so tanzen
unsere kleinen Puppen.
Seht, so, so, so, eines, zwei, drei
ist alles vorbei!«

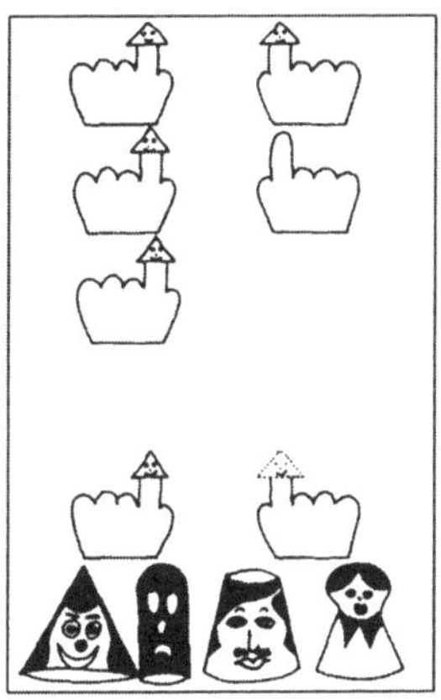

Das Kind liegt im Arm der Mutter oder sitzt auf ihrem Schoß und schaut dem lustigen Treiben zu:

»Hänsel und Gretel gehn
über den Bach.

Hänsel ist g'fallen,
Gretel, die lacht.

Hänsel geh weg!
Gretel du auch!

Hänsel komm wieder!
Gretel du auch!

Fingerpuppen sind herzustellen aus: Papierhütchen, Handschuhteilen, Filzresten, Fingerhüten, Ton und ähnlichem Material.

Bondzio/Vater: Frühförderungs- und Entwicklungshilfen für behinderte Kinder. Remagen, Reha-Verlag 2006.

Beispiel: Übungen des Funktionsspiels:
»Spiele mit Fingern und Händen

Lernziele:
Das Kind soll befähigt werden, den Blickkontakt mit der Bezugsperson aufzunehmen und für kurze Zeit zu halten.

Es soll Schau- und Greifspielzeug optisch, akustisch und taktil wahrnehmen und differenzieren können.

Es soll sich seiner Hand-Motorik und seiner Gesamt-Motorik bewusst werden.

Vorbereitetes Material:
Fingerspiele
Kinderreime
Kinderlieder
Schau- und Greifspielzeug

Übungsvorschläge:

1. Nehmen Sie das Gesicht des Kindes zwischen Ihre Hände und versuchen Sie, Blickkontakt herzustellen.
   Gesicht und Hände des Kindes streicheln, dazu singen, summen oder/und sprechen (Reime, Verse, Lieder).
2. Nehmen Sie das Kind – je nach Alter und Behinderung – aus dem Bett und auf den Arm und tragen Sie es durch den Raum.
   Das Kind in den Armen wiegen, dazu singen, summen oder/und sprechen.
3. Setzen Sie das Kind auf Ihren Schoß (oder auf einen Stuhl; legen Sie es gegebenenfalls zurück ins Bett).
   Das Kind auf ein Schauspielzeug aufmerksam machen: den Gegenstand vor den Augen des Kindes in näherem und entfernterem Abstand abwechselnd hin- und herbewegen.
   Bewegungen mit Sprech-/Singstimme begleiten.
   Durch Bewegen des Schauspielzeugs Klänge erzeugen (akustische und optische Wahrnehmung).
4. Lenken Sie die Aufmerksamkeit des Kindes auf seine Hände.
   Mit der flachen Hand über die Hände des Kindes streichen; abwechselnd über beide Hände und über Innen- und Außenfläche. (›Taler Maler geht auf den Markt ...‹)
   Die Finger der rechten und linken Hand des Kindes einzeln berühren, streicheln, fassen. (›Das ist der Vater lieb und gut ...‹)

Die ganze Hand des Kindes drehen, Drehbewegung im Handgelenk unterstützen. (›Wie das Fähnchen auf dem Turm ...‹)
Die Hände des Kindes zum Klatschen führen. (›Backe, backe Kuchen ...‹)
Mit den Fingern tippen, klopfen und mit den Händen patschen: auf die Hände des Erwachsenen oder auf eine Unterlage: Tisch, Stuhl, Bett. (›Mit Fingerlein, mit Fingerlein, mit flacher, flacher Hand ...‹)

5. Erweitern Sie das Spiel mit Fingern und Händen auf den ganzen Körper, bis zum Spiel mit den Füßen und Zehen.
   Die Hände des Kindes auf einen weichen Ball legen (Oberflächenbeschaffenheit), dann den Ball hin- und herbewegen. Ball streicheln, tätscheln, klopfen.
   Weichen Ball leicht auf den Körper des Kindes fallen lassen.
   Weichen Ball auf den Körper des Kindes tupfen und rollen – auch auf Arme und Beine – bis zu den Zehen.

Spiele mit dem ersten Spielzeug

Lernziele:
Das Kind soll den Wechsel von Greifen und Loslassen vollziehen können.

Es soll den Wechsel von Greifen und Loslassen mit dem Schauen koordinieren.

Es soll im Spiel folgende Funktionen ausüben: schütteln, schlagen, klopfen, reiben, stoßen, ziehen, werfen, aneinander schlagen, aneinander halten, aus- und einräumen, nebeneinander stellen, aufeinander stellen.

Vorbereitetes Material:
Greif- und Wurfspielzeug
Hohlformen

Übungsvorschläge:

1. Wählen Sie für das Kind ein Greifspielzeug, das es besonders anspricht, vielleicht eine Rassel.
   Spielzeug in die Hand des Kindes legen und von ihm erfassen lassen. Greift es den Gegenstand nicht, so verhilft man ihm zum Greifen durch Umschließen der Hände.
   Hände des Kindes umfassen und im Takt einer Melodie den Gegenstand hin- und herbewegen.

Beobachtungsbogen

als diagnostischer Beitrag zur Durchführung der heilpädagogischen Übungsbehandlung bei Geistigbehinderten

Lernziele beim Funktionsspiel	Er-reicht	1.*	2.**	3.***
Beim Spielen mit Fingern und Händen				
Das Kind soll befähigt werden, den Blickkontakt mit der Bezugsperson aufzunehmen und für kurze Zeit zu halten.				
Es soll Schauspielzeug wahrnehmen können.				
Es soll Greifspielzeug wahrnehmen können:				
optisch				
akustisch				
taktil				
Es soll sich seiner Handmotorik bewusst werden.				
Beim Spielen mit dem ersten Spielzeug				
Das Kind soll den Wechsel von Greifen und Loslassen vollziehen können.				

* = spontan | Datum | Min.
** = auf Aufforderung | Datum | Min.
*** = sinnvoll/selbständig | Datum | Min.

Lernziele beim Funktionsspiel	Erreicht	1.*	2.**	3.***
Es soll den Wechsel von Greifen und Loslassen mit dem Schauen koordinieren.				
Es soll im Spiel folgende Funktionen ausüben:				
schütteln				
schlagen				
klopfen				
reiben				
stoßen				
ziehen				
werfen				
aneinander schlagen				
aneinander halten				
aus- und einräumen				
nebeneinander stellen				
aufeinander stellen				
Bei Farben-, Formen und Steckspielen				
Das Kind soll die in der vorherigen Übung erworbenen Funktionen in einfachen Zusammenhängen anwenden.				
Es soll Größenunterschiede wahrnehmen.				
Es soll Gegenstände nach Farben zuordnen.				
Es soll Gegenstände nach Formen zuordnen.				
Es soll einfache sensomotorische Ordnungsfunktionen durchführen:				
wahrnehmen				
beobachten				

Rassel abwechselnd über die Handflächen und über die Handrücken des Kindes rollen.
Mit der Rassel die Innenfläche der Hände berühren und dann die Rassel wegziehen. Die wiederholte Übung verlockt zum Greifen und Loslassen.

2. Wählen Sie für das Kind verschiedene Gegenstände aus dem Greif- und Wurfspielzeug.
Mit dem unterschiedlichen Material nacheinander die erste Übung in der genannten Reihenfolge wiederholen.
Erweiterung des Spiels durch die im Lernziel genannten Funktionen: das Kind schüttelt, schlägt, klopft usw.
Die Funktionsübungen des Kindes mit Reimen, Versen, Liedern, Geräuschen und Klängen begleiten.
3. Führen Sie die Hohlformen ein zur Übung des Ein- und Ausräumens. Vom Kind die einzelnen Hohlformen erfassen lassen, greifen, tasten, halten, schütteln; klopfen auf Tisch, Stuhl, Bett, Boden.
Zwei Hohlformen aneinander schlagen, aneinander halten.
Hohlformen nebeneinander stellen.
In jede Form einen kleineren Spielgegenstand werfen (Perlen, Muggelsteine, Erbsen, Bohnen), mit Sand oder Wasser füllen.
Dem Kind die Möglichkeit des Ein- und Ausräumens geben. Hantieren lassen nach eigenem Rhythmus.
Räumt es nicht von alleine aus, einzelne Schritte mit Handführung ausführen – eventuell im Takt einer Melodie.
Spielanreiz: Hohlformen über einen kleinen Gegenstand stülpen, z. B. über ein Stückchen Keks, Gummibärchen u. Ä.
4. Zeigen Sie dem Kind das materialspezifische Spiel mit Hohlformen. Die einzelnen Hohlformen aufeinander stellen: Turm bauen.
Turm abbauen oder umwerfen.
Hohlformen ineinander stellen oder -stecken.
Hohlformen aus jeweils verschiedenem Material (Plastik, Holz) verwenden, in unterschiedlichen Formen und in leuchtenden Grundfarben.
5. Üben Sie mit dem Kind das Nebeneinanderstellen der Hohlformen. Mit drei oder vier Hohlformen (einem Drittel oder der Hälfte eines Satzes) beginnen. Wenn das Kind die Größenordnung erfasst hat, werden weitere Hohlformen – schließlich der ganze Satz – für die folgenden Übungen verwandt:

Hohlformen in vorgezeichnete, ausgemalte Schablonen setzen (mit/ohne Handführung), die Öffnungen nach unten.
Auf die einzelnen Formen Plastikpüppchen setzen oder/und mit einem Püppchen (evtl. Handführung) von einer Form zur anderen hüpfen. (›Geht ein Männchen die Treppe hinauf ...‹)
Püppchen und Hohlformen in einen Korb räumen.
Nach einem Bewegungsspiel als Entspannungsübung Hohlformen in vorgezeichnete Schablonen setzen und das Fingerspiel wiederholen.«

5.6.5 Der motopädagogische bzw. psychomotorische Ansatz von Kiphard

Kiphards Ansatz wird hier exemplarisch für andere ähnliche Ansätze genannt (z. B. Frostig, Ayres, Ohlmeyer).

Sensomotorik als Entwicklungsschlüssel

Wenn die Sensomotorik als grundlegendes Vermittlungssystem zwischen Kind und Welt gestört oder geschädigt ist oder durch entwicklungshemmende Umwelteinflüsse behindert wird, kommt es nach Kiphard zu senso- und psychomotorischen Fehlanpassungen.

Fehlanpassungen: Kind – Umwelt

Kiphard unterscheidet fünf Bereiche der Fehlanpassungen:
1. Körperbehinderungen als organisch begrenzte Funktionsfähigkeit des Bewegungsapparates und -ablaufs.
2. Bewegungsbehinderungen, wie z. B. Koordinations- und Gleichgewichtsstörungen, Störungen der Bewegungssteuerung, verzerrte Bewegungen usw.
3. Sinnesbehinderungen als verzerrte, unvollkommene und fehlende Sinneswahrnehmungen einschließlich Verhaltensstörungen als Folgebehinderungen.
4. Kognitive Behinderungen als Folge sensorischer und motorischer Behinderungen, wie sie besonders bei Geistigbehinderten auftreten.
5. Emotional-soziale Behinderungen als Folge begrenzter sozialemotionaler Lern- und Ausdrucksmöglichkeiten mit hemmenden bzw. behindernden Rückwirkungen auf die Sensomotorik.

Mit Hilfe des motopädagogischen bzw. psychomotorischen Ansatzes will Kiphard die beschriebenen Störungen beheben oder mindern.

Was ist Motopädagogik?

Lernen durch Bewegung

Unter Motopädagogik ist »ein Modell der Persönlichkeitsbildung über motorische Lernprozesse zu verstehen. Es geht darum, das Kind zu befähigen, sich sinnvoll mit sich selbst, seiner dinglichen und personalen Umwelt auseinanderzusetzen und entsprechend zu handeln. Diese Lernprozesse spielen sich im Motorischen ab, im Kognitiven, im Affektiven und im Sozialen. Durch entsprechende entwicklungsgemäße und kindgemäße Übungsangebote soll das Kind eine weitgehend selbständige Handlungsfähigkeit erlangen.

Förderziele

Kiphards Ziele sind:

- Ich-Kompetenz, d. h., sich selbst und seinen Körper (kognitiv) zu erfahren und (affektiv) zu erleben;
- Sachkompetenz, d. h., sich an die dingliche Umwelt mit ihren Materialien, Geräten und Hindernissen anzupassen sowie diese Umwelt handelnd an sich anzupassen;
- Sozial-Kompetenz, d. h. zu lernen, sich an andere Personen anzupassen, dabei aber auch in echter Kommunikation eigene Bedürfnisse durchzusetzen.«[225]

Methoden

Seine Methoden sind lernzielorientierte Spiele in den drei Lernbereichen: Wahrnehmung, Bewegung und emotional-sozialer Bereich[226], die alle um die Selbsttätigkeit bzw. Motorik herum zentriert sind.[227]

Aspekte der Motorik

Wann wird Motopädagogik eingesetzt?
Mototherapeutische Indikation:[230]
Mototherapie bedarf einer Indikation. Indiziert sind: Somatische oder/und psychisch bedingte *Störungen der Motorik*, die im Zusammenhang stehen mit Auffälligkeiten im emotionalen, sozialen oder kognitiven Verhaltensbereich.
Die Indikation ist in der Regel als *mehrdimensionale Diagnostik* zu erstellen (z. B. medizinische, motologische, psychologische Diagnostik).
Der Nachweis über Retardierungen/Störungen im psychomotorischen Leistungs- und Verhaltensbereich ist im Diagnoseprozess abzuklären.
Störungsbilder mit dieser Symptomatik sind z. B. zu beobachten bei: Teilleistungsstörungen, Hirnfunktionsstörungen, neurotischen Fehlentwicklungen, psychosomatischen Störungen.
Sie können in jedem Lebensalter auftreten und Mototherapie indizieren.
Unter Herausstellung der engen Verknüpfung zwischen psychischen und motorischen Störungen und besonderer Betrachtung der Motorik, kommen *folgende Störungsbilder* in Betracht:
- *neurotische Störungen*/Fehlentwicklungen
  (mit motorisch-, sensorisch-, körperlich-psychischen Symptomen, Konzentrationsproblemen u. a.);
- *Persönlichkeitsstörungen*
  (z. B. Vermeidung von Anforderungen zu Handeln);
- *körperliche Symptome psychischen Ursprungs* (physiologisch-körperliche Störungen);
- *spezielle Symptome*/Syndrome
  (mit Tics, stereotypen Bewegungen u. a.);
- *Anpassungsreaktionen*
  (depressive Reaktionen, emotional-soziale Störungen);
- *Störungen nach Hirnschädigungen;*
- *Störungen des Sozialverhaltens*
  (mit zwanghaften, emotionalen Störungen)
  spez. emotionale Störungen
  (z. B. Niedergeschlagenheit, Empfindsamkeit, Abkapselung, Beziehungsschwierigkeiten);
- *Hyperkinetisches Syndrom*
  (Aktivitätsstörungen, Aufmerksamkeitsstörungen, Entwicklungsrückstände, Störungen des Sozialverhaltens);
- *Entwicklungsrückstände*
  (Sprech-/Sprachentwicklung, motorische, multiple Entwicklungsrückstände);
- *Folgeerscheinungen*
  z. B. nach Krankheiten, Unfällen.

Ganzheitlichkeit

Mit Psychomotorik als Teil der Motopädagogik bezeichnet Kiphard die Funktionseinheit und Ganzheitlichkeit von Wahrnehmung, Bewegung und Gefühl im menschlichen Handeln. Besonders lustvolle Gefühle sind für die Gesamtentwicklung – speziell für Spiel und Motivation – von großer Bedeutung, denn

»*in der Tat drängen innere Gemütszustände nach außen. Gefühle wollen geäußert, in Motorik umgesetzt werden. Das Resultat dieses Outputs ist Psychomotorik*«[228] (s. Darstellung S. 209).

Effizienz der Motopädagogik

Die Effizienz dieser Verfahren darf zumindest für ihre Anwendung bei MCD-Kindern (s. u.) als gesichert angesehen werden. Hecklau-Seibert konnte nachweisen, dass schon bei einer halbjährigen Förderung 5- bis 7-Jähriger besonders im Bereich der visomotorischen Kompetenzen, danach der motorischen Koordinationsfähigkeit und im Abbau von Bewegungshemmungen und Ungeschicklichkeiten sowie im sozial-emotionalen Verhalten statistisch nachweisbare und beobachtbare Verbesserungen eintraten.[229]

5.6.6 Das Prager Eltern-Kind-Programm (PEKiP)

Dieses Programm (Total Baby Development[231]) fußt auf den Arbeiten von Dr. J. Koch vom Institut für Mutter und Kind in Prag. Es wurde von dem Ehepaar Ruppelt aus Wuppertal für die Eltern-Kind-Gruppenarbeit fortentwickelt.

Angeborene Kompetenzen

Grundlage ist die Tatsache, dass das Kind kurz nach der Geburt schon eine beachtliche Reihe von Fertigkeiten im Bereich der Sinnestätigkeit und des Denkens, der Bewegung (insbesondere Reflexe) und Kommunikation zeigt. Die Eltern können durch frühzeitige und vielfältige Anregungen nicht nur die Entwicklung des Kindes, sondern auch ein optimaleres Eltern-Kind-Verhältnis fördern. Aber, so Ruppelt:

»*Es ist für die Erwachsenen ein komplizierter Balanceakt, das passende Maß zwischen Abwarten und Anregen und zwischen Wahrnehmen der Bedürfnisse des kleinen Kindes und seinen Reaktionen wie Aktionen zu finden.*«[232]

Verhalten des Kindes »lesen« können

Hier die richtigen Anregungen und Hinweise für den individuell entwicklungsfördernden Umgang mit dem Kind zu geben, ist das Ziel der Eltern-Gruppenarbeit.

Koch wie den Ruppelts geht es aber auch um die Befähigung der Eltern, das Kind richtig zu beobachten, seine Aktionen bzw. Reaktionen richtig zu deuten und zu verstärken.

Was die Reaktionen eines Kindes bedeuten können[233]:

→ Mimik

positiv: angenehmer Ausdruck
lächeln
lachen
negativ: unzufriedener Ausdruck
stirnrunzeln
schluchzen
beginnt zu schreien

→ Stimmlicher Ausdruck

positiv: quasseln
murmeln
lautes Lachen
Geschrei
Worte
negativ: zornige Rufe
jammern
winseln

→ Motorischer Ausdruck

positiv: lebendige aktive Bewegungen kombiniert
mit positivem Gesichtsausdruck;
gewillt zur Zusammenarbeit
negativ: Passivität
Ruhelosigkeit
mangelnde Bereitschaft zur Zusammenarbeit;
verteidigende Bewegungen

→ Interesse und Aufmerksamkeit

positiv: weit geöffnete Augen, die vorsichtig beobachten,
was um es geschieht;
bewegt sich, um beobachten zu können
negativ: Mangel an Beobachtung;

schaut passiv drein;
schaut resignierend auf einen Fleck;
hält seinen Kopf beim Hochheben oder Drehen zurück

➔ Ausdruck von Müdigkeit
gähncn
- reibt sich die Augen
- rote Augen und Augenlider
- Daumenlutschen
- mechanisches Kopfnicken
- Zurückkehren zu Aktivitäten

Die Übungen mit dem Kind

Die Übung, das Spiel, die Aufgabe können zu schwierig für das Kind sein, so dass es überfordert ist. Wenn die Übungen zu oft wiederholt werden, langweilen sie das Kind. Die Übungen müssen gut vorbereitet sein, dass heißt, man muss sich mit der Ausführung vertraut machen, bevor man mit dem Kind übt.

Erziehungsregeln

Die folgenden wichtigen Regeln sollten alle, die mit Kindern zu tun haben, beherzigen:

➔ Erziehung beginnt mit dem ersten Lebenstag, denn hier wird der Grundstein für die Persönlichkeit des Kindes gelegt.
➔ Erziehung soll die Entwicklung des Kindes nicht beschleunigen, sondern alle Möglichkeiten des Kindes vom ersten Tag an voll nutzen.
➔ In diesem Alter lernt das Kind nur durch Handlungen. Erziehen bedeutet, das Kind zu Aktivitäten anzuregen, bei denen es etwas Neues und Nützliches lernen kann.
➔ Das Kind sollte möglichst viele Gelegenheiten haben, die verschiedensten Erfahrungen zu machen.
➔ Das Kind soll zur Aktivität aufgefordert, aber nie gezwungen werden.
➔ Das Kind sollte einen möglichst großen Freiraum haben, denn selbstentwickelte Aktivitäten können nur kommen, wenn das Kind die Gelegenheit hat, solche hervorzubringen.
➔ Neu erworbene Fähigkeiten sollten stets belohnt werden.
➔ Wenn das Kind etwas lernen soll, muss ihm geholfen werden. Diese Hilfe muss jedoch auf ein Minimum beschränkt werden.
➔ Wenn das Kind Fähigkeiten in bestimmten Situationen er-

worben hat, sollte ihm die Möglichkeit gegeben werden, diese in anderen Situationen zu überprüfen.

- → Das Kind sollte möglichst viel Kontakt zu anderen Personen haben.
- → Ein Neugeborenes sollte in möglichst engem Kontakt zu einer kleinen Gruppe von Personen stehen, möglichst den Eltern.
- → Wenn man sich nicht persönlich dem Kind widmen kann, sollte man eine anregende Umgebung schaffen, um es zu aktivieren.
- → Die Eltern sollten versuchen, das Kind in eine gute Stimmung zu versetzen, um ihm eine glückliche Kindheit zu bescheren.
- → Kinder sind nicht gleich, und Eltern sollten den individuellen Charakter ihres Kindes stets beachten.
- → Kinder benötigen in sich stabile Eltern, aber auch Liebe, Verständnis und Toleranz.
- → Die Eltern sollten die Signale, die ihr Kind sendet, verstehen.
- → Die Aufgabe der Eltern ist es, dem Kind bei seinem ersten Kontakt zur Außenwelt zu helfen.

Wie ist das Kind anzuregen?

Stets ist zu beachten, dass Anregungen etwas bewirken, dass sie Interesse wecken und etwas bedeuten. Um die Sinne des Kindes zu wecken, ist es den unterschiedlichsten Reizen auszusetzen.

Regeln der Anregung

Ein Kind ist nur dann zu stimulieren, wenn es wach ist. Das Kind soll die Anregungen akzeptieren und visuelle Reize für einen Moment beobachten.

Immer dann, wenn das Kind aufhört, den Gegenstand zu fixieren, es gähnt oder sich anderweitig beschäftigt, sind ihm neue Gegenstände vorzulegen oder es in Ruhe zu lassen. Es ist schwer zu erkennen, ob ein Kind aufmerksam ist oder nicht. Ein Wechsel in seinem Gehabe könnte ein Zeichen dafür sein, dass es zuhört, denn die kindlichen Bewegungen hören oft abrupt auf, wenn es etwas hört.

Beispiel nach Ruppelt[234]:

»Nachdem sich das Baby bei den beschriebenen Bewegungsanregungen schon wohl und sicher fühlt, kann der Erwachsene es auf eine Matte oder eine Decke legen, sich zu ihm auf den

Boden setzen und mit Spielmaterial zu Bewegungen anregen. Dazu eignet sich zunächst ein Wasserball recht gut, den man an eine Schnur bindet und vor die Füße des Babys hält. Das Tun des Erwachsenen beschränkt sich auf das Halten der Schnur mit dem Wasserball, dabei legt er die freie Hand unter das Gesäß des Kindes (Abb. 5). Das Kind kann nun aktiv werden, indem es mit den Füßen gegen den Wasserball tritt. Zunächst werden die Hände des Kindes beim Treten immer mitbewegt, später greifen sie zum Wasserball hin und setzen diesen durch Stöße in Bewegung.

Wenn der Wasserball klein ist, kann man das Kind mit dem Bauch auf den Wasserball legen, wobei man es nur unter den Armen festhält, damit es sich in dieser neuen Lage sicher fühlt (Abb. 6).

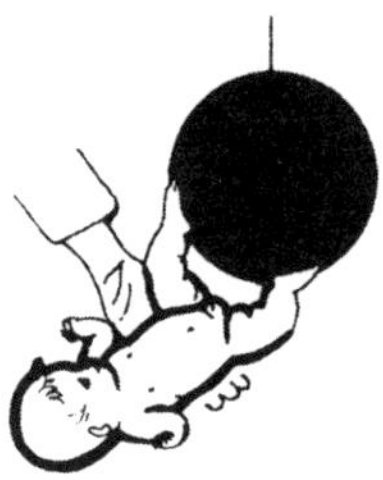

Abb. 5

Abb. 6

Abstoßen – freie Bewegung

Das Kind kann nun seine Arme und Beine frei bewegen und stößt sich mit den Füßen von der Unterlage ab.

Bei diesen Bewegungsspielen mit dem Wasserball verhält sich der Erwachsene abwartend, gibt nur die notwendige Sicherheit und Hilfestellung, überlässt aber alle Aktivität dem Kind. Er unternimmt auch dann nichts, wenn sich das Kind nicht mehr bewegen möchte, und beendet das Spiel auf jeden Fall, sowie das Kind Anzeichen von Müdigkeit zeigt.

Kopf heben

Ein weiteres Hilfsmittel zur Anregung von Bewegungen beim Kind ist eine aufgerollte Decke (Badetuch oder Ähnliches), auf die das Kind mit der Brust gelegt wird. Diese Stütze erleichtert es dem Kind, den Kopf hochzuheben, und es beginnt, sich mit den Händen auf den Boden zu stützen. Dabei hebt es den Kopf noch betonter, wenn der Erwachsene mit der flachen Hand sanft über den Rücken streicht. Auch die Beine des Kindes bleiben in dieser Lage nicht ruhig: Sie machen Kriechbewegungen.

Bewegungen mit Kopf und Augen

Der Blick des Kindes geht in dieser Lage in eine aufrechte Perspektive über, die ihm zunehmend mehr Spaß macht. Bewegt der Erwachsene nun vor dem Kind ein Spielzeug hin und her, so folgt das Kind mit Kopf und Augen, wobei es den Radius der Kopfbewegung zunehmend vergrößert.

Abstand

Der Erwachsene, der dem Kind sein Gesicht zuneigt, wählt instinktiv meist den Abstand, in dem das Kind ihn am besten sehen kann: Im ersten Monat etwa 25 cm, danach etwa 40 cm. Diese Entfernung ist ebenfalls die günstigste beim Hinhalten von Spielzeug. Gegenstände, die sich bewegen, werden leichter und früher wahrgenommen als unbewegte.

Herumdrehen

Mit leichten Hilfestellungen durch den Erwachsenen kann etwa das Herumdrehen von der Rückenlage in die Seitenlage und später in die Bauchlage angeregt werden. Der Erwachsene legt seinen Zeigefinger in die Hand des Kindes, das diesen dann umklammert, und den Daumen auf den Handrücken des Kindes. Dann bewegt er das Ärmchen leicht in die Richtung der Drehung (Abb. 7 und 7a). Das Kind wird zu Beginn nur eine leichte Mitbewegung ausführen, später mehr mitgehen. Die aktive Bewegung in Richtung auf ein Umdrehen hin erfolgt selbständig vom Kind mit seinen Beinen.

Mit der gleichen Art der Hilfestellung durch die Zeigefinger kann das Kind auch aus der Rückenlage zum Hochkommen ermuntert werden (Abb. 8). Wenn das Kind aktiv wird, nimmt es den Kopf zwischen den Schultern hoch.«

Abb. 7

Abb. 7a

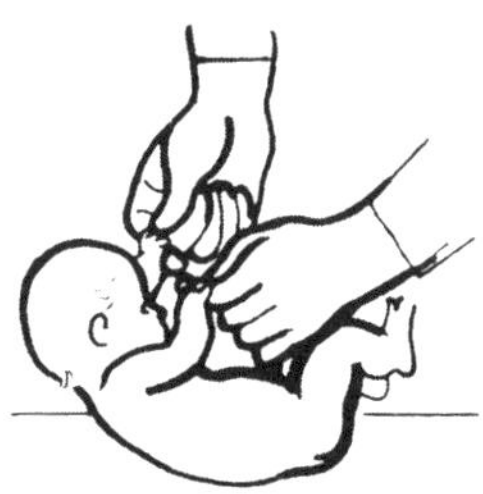

Abb. 8

5.6.7 Neue Ansätze der Früherziehung

Bildungspläne und -standards für 0–6–10-Jährige
Als eine Folge der PISA-Studie wird der Früherziehung bzw. der gesamten »Bildung vor der Schule« in Deutschland neue bildungspolitische Aufmerksamkeit zuteil. Ein Grund dafür ist die Schulmisere und das Lebensschicksal von Kindern aus Armutsmilieus, sozialen Randgruppen, mit Migrationshintergrund und Kindern, die mit ethnisch-kulturellen, religiösen sowie sprachlichen Anpassungsproblemen zu kämpfen haben.

Die Folgen für diese Kinder sind bekannt. Sie reichen vom Schulversagen bis zu lebenslanger sozial-ökonomischer Abhängigkeit. Durch neue pädagogisch-didaktische Interventionen bei frühen Bildungsprozessen, sozialpolitische Maßnahmen und eine Modernisierung der öffentlichen Früherziehung für 0–6-Jährige bzw. einer systematischen Fortführung bis zu 10-Jährigen sieht man die Chance, diese fatalen Entwicklungen präventiv, rehabilitativ und zukunftsorientiert beeinflussen zu können.

Ziele und Maßnahmen

Wie werden die neuen pädagogisch-didaktischen Ziele und Maßnahmen begründet?
Die wissenschaftliche wie bildungspolitische Diskussion geht dabei von folgenden Annahmen und Argumenten aus:

1. gibt es eine **veränderte Weltwirklichkeit**, die gekennzeichnet ist durch hochgradige wie sich wandelnde Komplexität im technischen, ökonomischen, sozialen und kulturellen Kontext (**Globalisierung**), so dass ein bestimmtes festes Weltbild als lebenslang gültige Orientierungs- bzw. Bildungsgrundlage nur schwer definierbar ist.

2. sei ein nur national ausgerichtetes Bildungskonzept bzw. eine Orientierung an ausschließlich nationalen Interessen überholt; Kinder sollen auf die europäische **Internationalität** und **interkulturelle Gemeinschaft** zugunsten **Mehrsprachigkeit** und **interkultureller Kompetenz** vorbereitet werden;

3. gibt es neue **ökonomische begründete Bildungsanforderungen an das Individuum** wie an das Bildungssystem: höhere Kompetenzen im kognitiven, sozialen und sprachlichen Bereich, wie z. B. logisches, analytisches, komplexes, technisch-problemlösendes Denken, Team- und Kommunikationsfähigkeit – auch im interkulturell-internationalen Kontext, z. B. Mehrsprachig-

keit auf technischem, wissenschaftlichem, ökonomischem Gebiet sowie lebenslange Lernbereitschaft und Verantwortungsfähigkeit usw.

4. gibt es familiär-sozial neue Herausforderungen durch den **Wandel familiärer Strukturen** und gebrochene, diskontinuierliche Entwicklungsbedingungen für das Kind, wie z. B. Ein-Eltern-, Scheidungs-, Wiederheirat-, Patchwork-Familien, was für die Kinder und die außerfamiliäre Pädagogik die Herausbildung einer neuen Identität, Ich-Stärke und Selbstkompetenz bedeutet.

5. brachte die jüngere Kindheits- und Gehirnforschung **neue Erkenntnisse zur Frühentwicklung humaner Kompetenzen**, die zu einer Neubewertung der frühkindlichen Lern- und Bildungsprozesse führten und die Frage der Neudefinition der Früherziehung, nach möglicher **Optimierung frühen Lernens** und **Vorverlegung der Schulbildung,** aufwarfen (Einschulung mit 5 Jahren).[235]

Bildungsbegriff

Vor diesem Hintergrund wird auch der Bildungsbegriff problematisiert, und zwar:

a) **inhaltlich-materiell** wie **formal**, was also ein Kind können und wissen soll und auf welches Persönlichkeitsbild hin es erzogen werden soll, z. B. nach christlicher, demokratischer, ökonomischer Orientierung? Es geht um pädagogisch-didaktische Grundfragen von

- ➔ Wert-, Sach- und Sinnorientierungen, um Fragen nach dem
- ➔ Selbst- und Weltbewusstsein, dem Selbst- und Weltverstehen und der darauf gründenden
- ➔ personalen verantwortlichen Handlungsfähigkeit (Selbst- und Weltverantwortung);

b) **prozessual**, d. h. wie sich ein Kind im individuellen und zugleich sozialgebundenen Prozess seiner Personwerdung seine Welt und damit Bildung aneignen kann und soll bzw. wie früh, wodurch und womit dem Kind Bildung z. B. durch Erziehung und Unterricht vermittelt werden soll.

Hierbei geht es auch um pädagogisch-didaktische Grundfragen, wie Entwicklungsprozesse beeinflusst werden. Dabei fragen wir nach dem pädagogisch-praktischen Verhältnis von Fremd- und Selbstbestimmung bzw. -steuerung, selbstorganisiertem oder instruktions- bzw. außengesteuertem Lernen.

Frühe Leistungsoptimierung humaner Kompetenzen

Hochaktuell ist die Suche nach den Möglichkeiten zur Leistungsoptimierung früher Wahrnehmungs-, Lern- und Denkprozesse sowie Mehrsprachkompetenzen, naturwissenschaftlicher Bildung, Erstlesen und -schreiben für 3–6-Jährige.

Gerade diese Lehr- bzw. Erziehungs- und Lernprozesse sind Diskussionsschwerpunkte, weil sich hierdurch die gesellschaftlichen ›Zugriffe‹ auf die Kindheit vollziehen, etwa Vorverlegung der Schulpflicht und gesteigerte gesellschaftliche Leistungs- oder Nützlichkeitserwartungen. Dabei können Spannungen auftreten zwischen dem Recht auf freie Selbstentfaltung des Kindes auf der einen Seite und berechtigten gesellschaftlich-ökonomischen Interessen andererseits.

Konflikte können auch dadurch entstehen, dass z. B. behinderte oder sozial benachteiligte Kinder den neuen Bildungsstandards nicht entsprechen können oder durch die bildungspolitischen Verfügungsansprüche ethische bzw. grundgesetzliche Grenzen verletzt werden (Würde des Kindes, Freiheit, Selbstbestimmung, Elternrecht).

Beispiele: Bayrischer und Hessischer Bildungsplan

Neubewertung früher Entwicklungs- und Bildungsprozesse

Dieser bildungspolitisch-ökonomische Zugriff auf die Kindheit als ökonomische Humanressource zeigt sich exemplarisch im Hessischen Bildungsplan:

> »Auf politischer Ebene geht es um eine Neubewertung des Stellenwerts früher Bildung im Bildungssystem sowie um eine Neuordnung des Bildungsverlaufs. Allen Kindern frühzeitig bestmögliche Bildungserfahrungen und -chancen zu bieten, zählt heute zu den *Hauptaufgaben verantwortungsvoller Bildungspolitik ... Inhalte und Qualität der Bildungs- und Erziehungsarbeit können nicht der Beliebigkeit überlassen werden. Bildungspolitisch wird mit einer Neubewertung des Stellenwerts früher Bildung im Bildungsverlauf* sowie mit der Entwicklung und Umsetzung eines Bildungs- und Erziehungsplans als Instrument zur Sicherung der qualitativen Bildung in allen Einrichtungen und Grundschulen reagiert.
> Auf diese Weise wird das Ziel verfolgt, mittels Bildung kindliches Lernen zu begleiten und dieses in den Dienst der Stärkung kindlicher Entwicklung zu stellen ...
> Auf dem Weg des lebenslangen Lernens sind nach der Familie der Elementarbereich die zweite und die Grundschule die dritte Station. Bildung auch schon im vorschulischen Alter wird heute als Aufgabe gesehen, die Eltern, Staat, Wirtschaft und Gesellschaft gemeinsam

fordert und verpflichtet. *International zeigen sich jene Bildungssysteme als zukunftsweisend und volkswirtschaftlich ertragreich, die von unten her aufgebaut und im Stufenverlauf miteinander verzahnt und aufeinander abgestimmt sind.*« (Kursiv, Verf.)[236]

Dieses neue bildungspolitische Denken zeigt sich pädagogisch-praktisch in so genannten ›Bildungsplänen‹ oder ›Bildungsprogrammen‹ (Bayern, Hessen) bzw. ›Bildungsvereinbarungen‹ (Nordrhein-Westfalen) der jeweiligen Bundesländer, die teilweise von der Geburt und bis ins Schulalter reichen (z. B. der Hessische Bildungsplan »Bildung von Anfang an. Bildungs- und Erziehungsplan für Kinder von 0–10 Jahren in Hessen«; Erprobungsfassung 2005), der sich stark an den »Bayrischen Bildungs- und Erziehungsplan für Kinder in Tageseinrichtungen bis zur Einschulung« anlehnt (Fassung nach Erprobung, Weinheim 2006).

Nach welchen pädagogisch-didaktischen Grundsätzen sollen die Kinder gefördert werden?

Die leitenden pädagogisch-didaktischen Grundsätze sind:
»(a) Frühes Lernen wird prinzipiell als Grundstein für ein lebenslanges Lernen verstanden;
(b) Spielen und Lernen werden als zwei unterschiedliche Seiten derselben Medaille gesehen (im Kleinkindalter herrschen spielerische bzw. informelle Formen kindlichen Lernens vor, und formeller Unterricht und andere Formen schulischen Lernens sind nicht altersgemäß);
(c) Bildung im frühkindlichen Alter wird als sozialer Prozess definiert (Lernen findet in der Regel in einer konkreten sozialen Situation und in Interaktionen mit Eltern, Fachkräften, anderen Kindern und Erwachsenen statt; Bildung in diesem Sinne impliziert eine aktive Beteiligung des Kindes, aber auch der Fachkräfte und Eltern; und Bildung findet im partnerschaftlichen Zusammenwirken aller Beteiligten statt);
(d) Kinder sind Subjekte im Bildungsprozess mit eigenen Gestaltungsmöglichkeiten (sie gestalten von Anfang an ihre Entwicklung mit und übernehmen dabei entwicklungsangemessen Verantwortung;
(e) ein solches Bild vom Kind erwartet von allen Erwachsenen eine bedingungslose Akzeptanz und Respektierung des Kindes (Kinder dürfen niemals herabgesetzt werden; stattdessen sollte ihr Selbstwertgefühl gestärkt werden);

(f) dieses Bild verlangt auch, eine angemessene Beteiligung des Kindes sicherzustellen (entsprechend dem Demokratieprinzip sind Kinder und auch Eltern angemessen an Entscheidungen zu beteiligen; Rechte bedingen Pflichten – deshalb sollen Kinder auch eine ihrem Alter entsprechende Verantwortung übernehmen können);
(g) angezielt wird eine Stärkung kindlicher Autonomie und sozialer Mitverantwortung (es gilt, jedem Kind die größtmöglichen Freiräume für seine Entwicklung zu bieten, aber auch gleichzeitig dafür zu sorgen, dass es lernt, in sozialer Verantwortung zu handeln – d. h. die Konsequenzen seiner eigenen Handlung für die anderen und sich selbst zu reflektieren);
(h) es sind grundlegende Basis-Kompetenzen und Ressourcen zu fördern, die das Kind befähigen, mit Belastungen, Veränderungen und Krisen so umzugehen, dass es darin Herausforderungen sieht und seine Kräfte mobilisiert – bzw. jene Ressourcen nutzt, die ihm eine erfolgreiche Bewältigung ermöglichen;
(i) im Mittelpunkt von Bildung und Erziehung im vorschulischen Alter steht nicht der Wissenserwerb, sondern die Vermittlung lernmethodischer Kompetenz;
(j) dem Prinzip der Entwicklungsangemessenheit folgend sind Bildungs- und Erziehungsangebote so zu gestalten, dass sie zur jeweiligen sozialen, kognitiven und emotionalen Entwicklung des Kindes passen, also eine Überforderung des Kindes ebenso unterbleibt wie eine Unterforderung;
(k) individuelle Unterschiede, die Geschlecht, Herkunft, Religion, Lebensweise sowie Stärken und Schwächen betreffen, sind anzuerkennen, was auch bedeutet, dass sozialer Ausgrenzung angemessen zu begegnen ist (pädagogische Angebote dürfen Kinder nicht ausgrenzen und sollen allen Kindern faire und gleiche Entwicklungs- und Lernchancen bieten).«[237]

Welche konkreten Bildungs- bzw. Kompetenzbereiche sollen nach dem Bayrischen Bildungsplan gefördert werden?

Hierzu unterscheidet man folgende Basiskompetenzen des Kindes:

- ➔ personale Kompetenzen wie Selbstwahrnehmung, Motivation, Kognition, physische Kompetenzen (u. a. Gesundheit, Motorik)
- ➔ Kompetenzen im sozialen Kontext, wie z. B. soziale, kommunikative, kooperative, konfliktlösende Kompetenzen, Wertorientierung, Verantwortungsfähigkeit, demokratische Partizipation
- ➔ Lernmethodische Kompetenzen, wie z. B. Lernen, wie man lernt, Können und Wissen erwirbt und verarbeitet

→ Fähigkeit, mit Veränderungen/Belastungen umzugehen, wie z. B. Widerstandsfähigkeit (Resilenz)[238]

Personen- und institutionenübergreifende Kompetenzen, wie z. B.
→ der Übergänge (Transitionen) von der Familie in Tageseinrichtungen, in den Kindergarten, in die Schule
→ Fähigkeiten, in geschlechtsgemischten, soziokulturellen und interkulturellen Gruppen zu leben
→ Gemeinsame Entwicklung und Förderung behinderter und von Behinderung bedrohter Kinder (Risikokinder) und Kinder mit Hochbegabung[239]

Thematisch gegliederte Bildungs-, Kompetenz- und Erziehungsbereiche
→ sind die Bereiche Wertorientierung und Religiosität, Emotionalität, soziale Beziehungs- und Konfliktkompetenz
→ Sprachkompetenz und Literacy (Buch-, Erzähl-, Reim-Schriftkultur)
→ Informations-, Kommunikationstechnik und Medien
→ Mathematik, Naturwissenschaft, Technik und Umwelt
→ Ästhetik, Kunst, Musik und Kultur (im weitesten Sinne)
→ Bewegung, Rhythmik, Tanz, Sport und Gesundheit[240]

Diese Bildungs- und Erziehungsbereiche sind dem Inhalt und Prinzip nach nicht neu. Man kennt sie teilweise von der Fröbel- und Montessori-Tradition her. Relativ neu erscheinen methodische Akzentuierungen bestimmter Kompetenzen, wie z. B. lernmethodischer Kompetenzen und pädagogischer Vermittlungsverfahren, wie z. B. »Ko-Konstruktion«

Didaktisch-methodische Umsetzung durch »Ko-Konstruktion« der Bildungsprozesse

Ko-Konstruktion

Die Erziehungs- und Bildungsarbeit soll sich zumeist in »Projekten« zu einem Thema, wie z. B. »Regenwurm-Projekt« vollziehen. Ein Projekt wird didaktisch-methodisch sowohl von den Pädagoginnen und Pädagogen wie auch unter Einbeziehung und in Abstimmung mit den Kindern und ihren Bildungsbedürfnissen gestaltet.

»Ko-Konstruktion als pädagogischer Ansatz heißt, dass Lernen durch Zusammenarbeit stattfindet, also von pädagogischen Fachkräften und Kindern gemeinsam konstruiert wird. Der Schlüssel der Ko-Konstruktion ist die soziale Interaktion, sie fördert die geistige, sprachliche und soziale Entwicklung. Das Kind lernt, indem es seine eigenen Ideen und sein Verständnis von der Welt zum Ausdruck bringt, sich mit anderen austauscht und Bedeutungen aushandelt. Der reine Erwerb der Fakten tritt somit in den Hintergrund. Das Kind besitzt demnach eigene Ideen und Theorien, denen es sich lohnt, zuzuhören, die aber auch in Frage gestellt werden können. Pädagogische Fachkräfte können mit Kindern Wissen ko-konstruieren, indem sie das Erforschen von Bedeutung stärker betonen als den Erwerb von Fakten.«[241]

Für die pädagogischen Fachkräfte bedeutet dies, den Kindern nicht allgemeine so genannte Förderprogramme oder Schemata überzustülpen, sondern am konkreten Handlungsort mit bestimmten Kindern individuelle Konzepte, Projekte usw. selbst zu erstellen und individuelle Bildungsprozesse zu ermöglichen, wofür der Bildungsplan die leitenden Kriterien und ausführliche Exempel liefert.

Wie könnte der Planungs- und Durchführungsprozess ablaufen?
Ausgangspunkte der Bildungs- und Erziehungsarbeit können sein:

- ➔ aktuelle Fragen, Bedürfnisse, Interessen der Kinder (Lernziel Partizipation).
- ➔ vom Erwachsenen/Pädagogen initiierte Ziele nach dem Bildungsplan als »Orientierungs- und Handlungsanleitung« [242]

Der Bildungsplan folgt demnach einer Balance im traditionellen Sinne von Führen und Wachsenlassen auf der Basis neuerer wissenschaftlicher Erkenntnisse und bildungspolitischen Zielvorstellungen.

Pädagogisch-didaktisch handlungsleitend ist die»Ko-Konstruktion« eines Projektes, und sie orientiert sich an folgenden Punkten:

- ➔ den Aspekten Inhalt, Struktur und Lernprozess, z. B. Wissen über den Regenwurm, seine Entwicklung, Arten, Lebensbedingungen und -weise, ökologische Funktionen und Nutzen
- ➔ pädagogisch-didaktischen »Zielsetzungen«, wie z. B. seine Bedeutung im ökologischen System, Schutz des Regenwurmes

➔ individuellen »Lern- und Verstehensaspekten«[243], d. h.
➔ Reflexion über das Projekt, seinen Verlauf, die Erkenntnisse, Dokumentation, Zeichnungen, Ausstellung gestalten, Anlegen eines Terrariums, Gespräch bzw. Reflexion über das Gelernte und den Lernzyklus, d. h. den gesamten Arbeitsverlauf des Projektes. Hier soll lernmethodisches bzw. metakognitives Bewusstsein angebahnt werden.

Pädagogisch-didaktische Arbeitsformen

Als pädagogisch-didaktische Arbeitsformen werden u. a. angesprochen:
- Beobachtungen, Erlebnisse der Kinder beim Aussetzen von Regenwürmern im Gras, Komposthaufen usw.
- Informationen durch die Kinder unter Einbezug der Eltern
- Besuch einer Gärtnerei
- Beobachtungen, Experimente, Informationssuche in Arbeitsgruppen, Zusammentragen und Auswerten der Ergebnisse in gemeinsamen Treffen usw.

Letztlich sollen die Ergebnisse der pädagogisch-didaktischen Arbeit reflektiert und in eine permanente Reform des offenen Bildungsplanes (Curriculum) einfließen.

5.7 Neurophysiologische und andere Therapien

Bewegungs-normal-entwicklung ermöglichen

Diese Gruppe verschiedener Therapien geht von der Möglichkeit aus, in die postnatalen Prozesse des ausreifenden und noch »plastischen« Gehirns therapeutisch durch eine methodische sensorische und motorische Stimulation einzugreifen, um somit eine normale Bewegungsentwicklung zu ermöglichen. Die Phase der höchsten Beeinflussbarkeit sind die ersten drei Lebensjahre. Hier können die Bewegungsfunktionen geschädigter Nervenbereiche durch Frühtherapie von gesunden Nervenzellen übernommen, neu gelernt oder »gebahnt« werden, indem der Therapeut die fehlenden oder falsch entwickelten Reflexbewegungsmuster aktiviert, einübt oder korrigiert. Verharrende Reflexbewegungsmuster, die die weitere Normalentwicklung behindern, können durch hemmende Verfahren sozusagen »gelöscht«, falsche Bewegungsmuster korrigiert werden. Die bekanntesten Verfahren stammen von Vojta und von dem Ehepaar Bobath.[244] Ausgangspunkt dieser Verfahren sind die diagnostischen Reflexprüfverfahren (z. B. von Bobath, Vojta, Prechtl und Beintema; vgl. auch Flehmig) und die genaue Kenntnis der Normalentwicklung der Bewegung (s. S. 225).

Ganzheitliche Wirkungen

Ziel der neurophysiologischen oder krankengymnastischen Therapien ist die Ermöglichung und Optimierung der motorischen »Normalentwicklung« und aller zumindest lebensnotwendigen Bewegungsfertigkeiten. Darüber hinaus können diese Verfahren breite positive Auswirkungen auf die Sprach-, Intelligenz- und Sozialentwicklung haben.

Wann werden diese Therapien eingesetzt – was leisten sie?
Aus Sicht der Ärzte – und nur sie entscheiden über ihren Einsatz – sind diese Verfahren anwendbar bei folgenden Schädigungen:

Indikationen zur Krankengymnastik bei Kindern[245]*:*
1. Zerebrale Bewegungsstörungen:
Zerebralparesen und drohende Zerebralparesen im Säuglingsalter;
Zustände nach Schädel-Hirn-Traumen, Hypoxien usw.;
diskrete Bewegungsstörungen im Rahmen von leichten Hirnfunktionsstörungen (minimale zerebrale Dysfunktion).
2. Spinale Bewegungsstörungen:
Querschnittssyndrome durch Spina bifida, Traumen usw.;
spinale Muskelatrophien.
3. Neurale Bewegungsstörungen:
traumatische Plexus- und Nervenlähmungen;
neurale Muskelatrophien, Polyneuritisfolgen usw.
4. Muskelerkrankungen: progressive Muskeldystrophien, Myopathien, Myotonien usw.;
5. Statomotorische Retardierung: hirnorganische Ursachen, Syndrome usw.; Umwelt- bzw. pflegebedingte Retardierungen nach schweren Erkrankungen, Ernährungsstörungen usw., bei Herzfehlern, chronischen respiratorischen Störungen o. Ä.
6. Erkrankungen und Fehlbildungen des Skelettsystems.
7. Haltungsschwächen und Fußfehlstellungen.
8. Asthma, Mukoviszidose usw.
9. Adipositas.
10. Sonstige.

Zu den Kriterien für die Methodenwahl aus ärztlicher Sicht schreibt U. Kalbe:

Methodenwahl

»Die Diskussion darüber, welches die beste Methode ist, ist m. E. nicht nur unsinnig und nutzlos, sondern auch belastend für die betroffenen Eltern. Sinnvoller erscheint mir die Frage: Welches ist für dieses Kind

Reflexe und motorisches Verhalten[247]

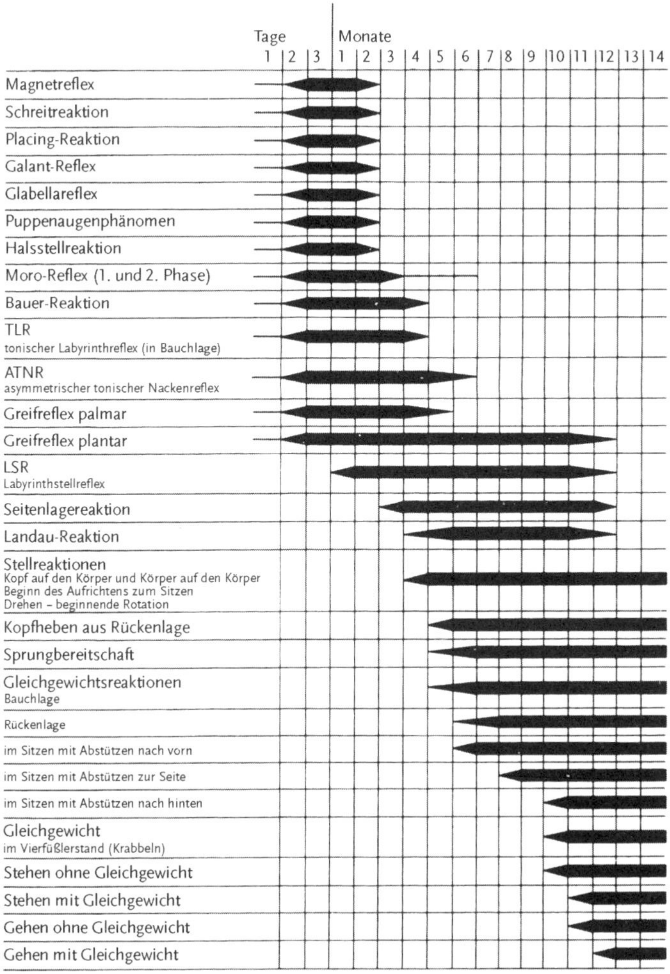

Diese Tabelle ist eine nichtstandartisierte Übersicht

und seine Eltern die beste Form der Behandlung? Dabei sollte nicht vergessen werden, dass Erfahrung und Geschicklichkeit der Therapeutin sowie die Mitarbeit der Eltern oft wichtiger sind als die angewandte Methode.«[246]

Methodenwirksamkeit

Die Wirksamkeit krankengymnastischer Behandlung hängt nach Kalbe von folgenden Faktoren ab:
»1. vom *Schweregrad der Hirnschädigung,*
2. vom *Vorhandensein oder Fehlen sonstiger Belastungen wie Missbildungen, Sinnesdefekten, Anfallsleiden etc.* und
3. von der *Behandlung*«.

Außerdem hängt die optimale Behandlungswirksamkeit davon ab, wenn sie
»1. *möglichst frühzeitig beginnt,*
2. *möglichst gezielt ansetzt und*
3. *möglichst intensiv durchgeführt wird*«, d. h.:

zu 1: Im ersten Lebenshalbjahr, um »Fehlentwicklungen frühzeitig zu korrigieren und die Entstehung von Erfahrungsdefiziten zu vermeiden«;
zu 2: »dass die therapeutischen Maßnahmen im Einzelfall auf die bestehenden Funktionsschwächen abgestimmt werden. Der Therapieplan sollte die Gesamtentwicklung des Kindes berücksichtigen und auch das soziale Umfeld« einbeziehen, d. h. z. B. auch, mit Früherziehern zu kooperieren;
zu 3: »Intensive Behandlung ist nur dann zu realisieren, wenn die Eltern oder andere Bezugspersonen aktiv mitarbeiten (und) die Behandlung und Förderung im häuslichen Alltag des Kindes« fortgeführt wird.[248]

Fördereffekte

Eine prognostische Übersicht von Ergebnissen der Frühbehandlung gibt Kalbe:

1966 Köng	69 Säuglinge	77 % nur noch minimale Symptome im Stress
1971 Hochleitner	565 Säuglinge	35 % nur noch minimale Symptome im Stress
1972 Feldkamp	90 Säuglinge	45 % neurologisch unauffällig
1974 Vojta	209 Säuglinge*	95 % normaler Befund

* Behandlungstermin z.T. schon mit 6 Wochen, d. h. wesentlich früher als bei den übrigen Autoren.

5.7.1 Behandlungsansatz nach Bobath

Grundannahmen und Ziele

Angeborene Reflexe (s. S. 225)

Aufgrund von Beobachtungsstudien kamen Berta und Karel Bobath zu der Annahme, dass tonische primitive Bewegungsschablonen (Reflexe), deren Ausgangspunkt im Hirnstammbereich anzusiedeln ist, bei Säuglingen von der Geburt an vorhanden sind. Da beobachtet wurde, dass besonders Spastiker diese primitiven Schemata häufig benutzen, setzt die Behandlung des cerebral-paretischen Kindes beim Auslösen bzw. Verhindern bestimmter tonischer Reflexe ein. Durch weitere Studien gelang man zu der Feststellung, dass auch die Kriechbewegungen des Neugeborenen durch Reize auslösbar sind, sobald diese den oberen Hirnstammbereich erreichen.

Motorische Entwicklungsgesetze

Die normale Entwicklung des Kindes findet nach physiologischen Bewegungsabläufen statt. Jede Entwicklungsstufe muss erst erreicht sein, bevor der nächste »Schritt« folgen kann: z. B. erfolgt nach dem Aufrichten erst das Kriechen, dann das Laufen. Das Überspringen einer Phase ist nicht möglich.

Mit Hilfe der Bobath-Methode soll verhindert werden, dass das Kind in falsche oder gestörte Bewegungsabläufe gerät. Durch die Wiederholung bestimmter Bewegungen soll die »Bahn«, auf der die Bewegung liegt, ausgebildet werden und eine Hemmung falscher Bewegungen erfolgen.

Voraussetzung für eine genaue Diagnose und damit auch für eine Therapie der CP (Cerebral-Parese) ist die detaillierte und genaue Kenntnis über die normale Entwicklung eines Kindes.

Berta und Karel Bobath beschreiben daher zunächst die »Meilensteine der Entwicklung des normalen Kindes«[249] und stellen fest, dass sich die Muster in den verschiedenen Stadien gegenseitig beeinflussen. Diese Überlegungen führten zu der Schlussfolgerung, dass bei cerebral-paretischen Kindern abnorme Bewegungsmuster vorhanden sind, die die normale Funktion der Bewegungen und der Haltung verhindern. Berta Bobath schreibt dazu:

»Die Grundidee in der Behandlung war daher die, dass normalere Haltungs- und Bewegungsfunktionen nicht erzielt werden können, solange die enthemmten und überstarken abnormalen Bewegungsmuster (Patterns) am Werke sind. Dieser Gedankengang, zusammen mit sorgfältiger Beobachtung der Reaktionen von Patienten auf ihre Be-

handlung, führt allmählich zu Techniken der Hemmung der typischen abnormalen motorischen ›Patterns‹. Überraschenderweise kam es dadurch nicht nur zu einer Verminderung des Hypertonus, sondern auch in vielen Fällen spontan zu einer besseren und normalen Muskeltätigkeit.«[250]

Nach Meinung von B. und K. Bobath bilden vor allem die Haltungsreflexe und ihr Zusammenspiel die Grundlage für normale, willkürliche Bewegungen.[251] Die Diagnose einer Cerebral-Parese soll durch die genaue Kenntnis der vorliegenden oder fehlenden Haltungsreflexe eines Patienten erleichtert werden und gleichzeitig Aufschluss über die möglichen Fähigkeiten der Behinderten geben. Die Behandlung besteht zunächst aus der Hemmung von pathologischen Haltungsreflexen. Im weiteren Verlauf ist dann eine Bahnung der Gleichgewichtsreaktionen und Stellreflexe vorgesehen. Deshalb muss man erst die Folge der abnormen motorischen Entwicklung kennen, um ihr Auftreten schon bei sehr jungen Kindern vorherzusehen. Lassen sich bei einem Kind Abweichungen von der normalen Entwicklung feststellen, so kann man eine mögliche Entwicklung vorhersehen und Schlussfolgerungen für die weiteren Aktivitäten des Kindes ziehen.

Behandlungsansatz

»Durch diese Kenntnis kann man die Behandlung hinsichtlich der Verhütung von Abnormitäten planen, anstatt hinterher zu versuchen, sie wieder zu korrigieren.«[252]

Cerebralparetischen Kindern sollen nach der Bobath-Methode durch krankengymnastische Übungen höhere Bewegungsmuster vermittelt werden. Dadurch soll die Entwicklung beschleunigt oder überhaupt weitergeführt werden.

Die CP zeigt sich vor allem in der Entwicklungsverzögerung und im Verharren in bestimmten Entwicklungsstadien (Arretierung). Die Arretierung wird besonders bei einer Drehung um die eigene Achse deutlich. Es finden keine Gleichgewichtsreaktionen statt. Nach Bobath ist eine unbeabsichtigte Mitbewegung der entgegengesetzten Extremitäten ebenfalls häufig zu beobachten. Das Erscheinungsbild der Cerebral-Parese wird durch Symptome abnormer oder pathologischer Haltungs- und Bewegungsmuster bestimmt.

Die Behandlung

Die Zielsetzung der Behandlungsmethode nach Bobath ist ein entwicklungsentsprechender Aufbau von normalen Bewegungs- und Haltungsabläufen. Es wird eine Regulierung bzw. Verminderung oder Stabilisierung des anormalen Haltungstonus in den betroffenen Teilen des Körpers angestrebt. Die potentiellen normalen Haltungs- und Bewegungsformen sollen gebahnt werden bei gleichzeitiger Hemmung der anormalen Reflextätigkeit. Die Bobath-Methode versucht, durch physiotherapeutische Maßnahmen neurologische Bewegungsmuster bei CP-Kindern frühzeitig einzuschleifen. Es sollen sensomotorische Grundlagen geschaffen werden, und die Kinder sollen in spielerischer Form zu willkürlichen Bewegungsmustern gelangen. Die gesamte Entwicklung des Kindes baut nach Bobath auf folgenden entwicklungsgemäßen Hauptstadien auf: Das Stützen und Hantieren mit gestreckten Armen, das Erlernen der Kopf- und Rumpfkontrolle und das Anwenden von Gleichgewichts- und Rotationsreaktionen. Das Beherrschen dieser Hauptstadien ist daher für eine positiv verlaufende Therapie unerlässlich.

Ziel: Motorische Normalentwicklung

Die Bewegungstherapie nach Bobath umfasst verschiedene Elemente. Ein wichtiges Element stellt die Elternarbeit dar. Bevor die Eltern eine Anleitung für entwicklungsstimulierende Mitarbeit erhalten, steht zunächst die Förderung einer normalen Mutter-Kind-Beziehung im Vordergrund. Weiterhin sollen die Eltern, je nach den individuellen Fähigkeiten des Kindes, krankengymnastische und entwicklungsstimulierende Spiel- und Übungssituationen schaffen. Die Übungen sollen zu Hause durchgeführt werden, um eine Integration in den Tagesablauf zu ermöglichen. Die Sprachtherapie, die die Schluck-, Kau- und Atemwerkzeuge des Kindes trainieren soll, gehört ebenfalls häufig zur Gesamtbehandlung. Weiterhin sollen dem Kind praktische Fertigkeiten, wie z. B. das An- und Ausziehen, vermittelt werden, um den Alltag in der Familie, aber auch den späteren Übergang von der Familie zum Kindergarten bzw. zur Schule zu erleichtern.

Therapie-Elemente

Hinweise für die Praxis

Wie bereits erwähnt, ist die aktive Elternarbeit für die Behandlung des CP-Kindes von großer Bedeutung. Zu Hause sollen sowohl von der Mutter als auch vom Vater krankengymnastische Übungen durchgeführt werden. Auch der praktische Umgang mit dem Kind soll unter krankenspezifischen Gesichtspunkten eingeführt werden. Neben der Physiotherapie und der praktischen Hilfe wird auch auf die soziale und emotionale Beziehung zwischen Eltern und Kind großer Wert gelegt. Nancie R. Finnie, eine langjährige Mitarbeiterin der Bobaths, gibt in ihrem Buch »Hilfe für das cerebral gelahmte Kind. Eine Anleitung zur Förderung des Kindes zu Hause nach der Methode Bobath«[253] Hinweise darüber, wie die Zusammenarbeit zwischen dem Therapeuten und den Eltern aussehen sollte. Die Bedeutung der häuslichen Behandlung wird von Finnie folgendermaßen beschrieben:

»Es muss betont werden, dass eine gute Behandlung zu Hause wichtig und grundlegender Bestandteil der gesamten Behandlung ist. Sie kann jedoch nicht an die Stelle einer fachmännischen Behandlung treten und sollte nicht als deren Ersatz betrachtet werden.«[254]

Demzufolge ist die Behandlung zu Hause als Ergänzung der therapeutischen Behandlung anzusehen. Sie sollte mit dem Therapeuten abgesprochen werden.

Beispiele aus Finnie[255]
»*Abbildung 21*
(a) Einige cerebralparetische Kinder stoßen den Kopf zurück und ziehen gleichzeitig die Schultern nach oben und nach vorn. Versuchen Sie nicht, die Kopfhaltung zu korrigieren, indem Sie eine Hand unter den Hinterkopf legen. Das bewirkt lediglich, dass das Kind stärker rückwärts stößt.
(b) Legen Sie Ihre Hände an die Seiten des Kopfes, schieben Sie ihn nach oben und lassen Sie das Kind einen »langen Hals« machen. Während Sie dies tun, drücken Sie die Schultern mit Ihren Unterarmen nach unten.

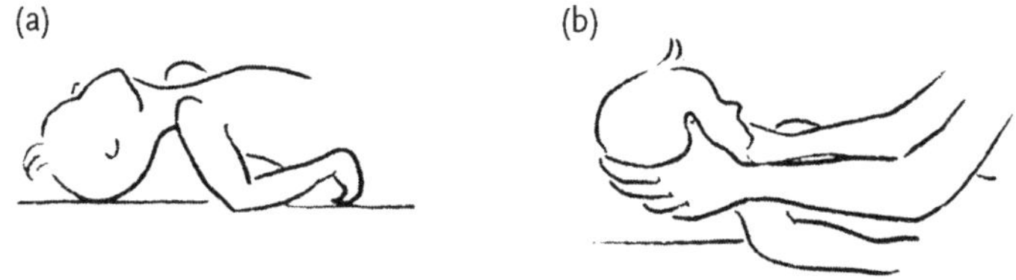

Abbildung 22
(a) Sitzt das Kind auf ihrem Schoß und wirft Kopf, Schultern und Arme zurück, versuchen Sie nicht, es – wie in der Zeichnung dargestellt – nach vorn zu drücken.
(b) zeigt eine Methode, wie man das Kind daran hindert, sich nach hinten zu drücken. Der Unterarm wird um den Hals und den Kopf gelegt. Hand und Unterarm kontrollieren die Schultern, indem sie sie nach vorn und nach innen drücken.

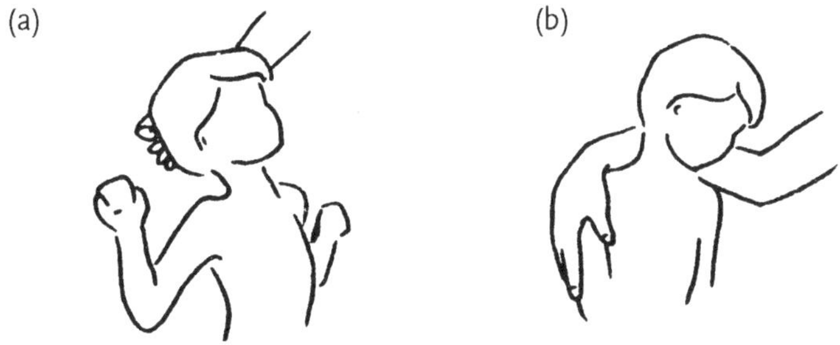

Abbildung 23
Einige Kinder können den Kopf nicht heben oder aufrecht in der Mitte halten, weil sie allgemein zu *schlaff* sind. Halten Sie sie an den Schultern fest, den Daumen auf ihre Brust gepresst. Drückt man die Schultern so nach vorn, erhalten diese Kinder etwas Stabilität. Das hilft ihnen, den Kopf zu heben und ihn hochzuhalten.«

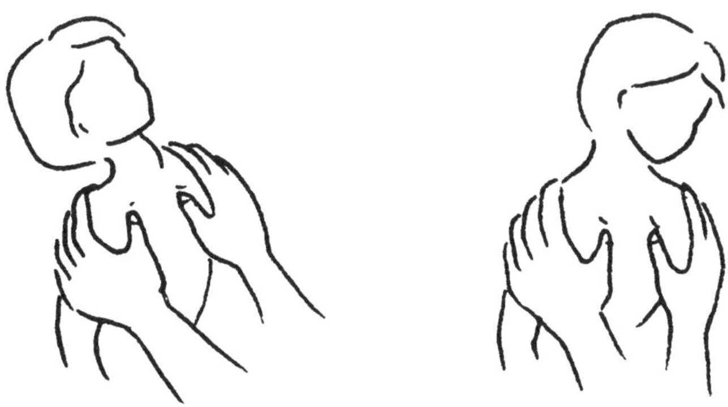

Um den positiven Verlauf einer Therapie zu begünstigen, sollten die Eltern schon dem kleinsten Zeichen eines Fortschritts Beachtung schenken. Sie sollten in ihrer Motivierung nicht nachlassen, auch wenn sich ihrer Meinung nach kein Fortschritt erkennen lässt.

Das behinderte Kind muss genau wie das gesunde lernen, sich in seiner Umwelt »normal« zu verhalten. Die Eltern eines behinderten Kindes sollten es nicht zu sehr verwöhnen, es »verhätscheln« und ihm ständig seinen Willen lassen, da Wutanfälle und Aggressivität die soziale Integration erschweren. Ein gewisses Maß an Disziplin ist auch für ein behindertes Kind unerlässlich. Die Entwicklung des Sozialverhaltens sollte im Vordergrund stehen. Das Kind sollte nicht nur lesen, schreiben und rechnen können, sondern die Fähigkeit entwickeln, mit anderen Menschen zusammenzuleben.

5.7.2 Die Petö-Bewegungstherapie

Diese Behandlungsmethode des ungarischen Arztes Dr. Petö in Budapest ist keine reine Physiotherapie, sondern sie dient ähnlich wie bei Bobath der Erziehung zur Selbständigkeit und wird sowohl als Gruppen- wie auch als Einzeltherapie angewendet. Hauptsächlich aber werden Kinder ab drei Jahren internatsmäßig darin behandelt. Eine »Konduktorin« leitet die Kinder in kollektiven Übungen an. Die Übungen sind über den ganzen Tag verteilt und

Förderbereiche

umfassen Übungen zum Essen, An- und Ausziehen, Stehen und Gehen, Handgeschicklichkeit, Schreiben, Zeichnen, Toilettentraining, aber auch Spiel, Liedersingen und Schulunterricht. Im Einzeltraining werden Eltern Anleitungen zum richtigen »handling« (zur richtigen Handhabung) gegeben, wie das Kind zu bestimmten Bewegungen anzuleiten ist. Außerdem gibt es Anleitungen zum Flaschentrinken, Essen mit dem Löffel usw., aber auch andere Übungen, wie sie z. B. von Koch empfohlen werden.[256]

5.7.3 Das Klapp'sche Kriechverfahren und Musiktherapie

Obwohl weniger verbreitet, wird es doch erwähnt, weil hier eine Kombination mit der Musiktherapie vorliegt, die in der Frühförderung große Bedeutung hat.

Rudolf Klapp hat zusammen mit Annemarie Korth ein bewegungstherapeutisches Zusatz-Verfahren entwickelt, das bei zentralbewegungsgestörten Kindern angewendet werden kann, die zumindest kriechen können.[257]

Es umfasst folgende Übungen: Vierfüßlerstand, Tiefkriechen mit Durchziehen; Tiefer Vierfüßlergang; Tiefer Vierfüßlergang mit Armkreis; Rutschen; Schlängeln; Drehübungen; Tiefkriechen mit Arm- und Beinstrecken; Großer Bogen; Waagerechtes Kriechen mit Armschlagen und Beinstrecken; Kniegang mit Seitbeugung; Kyphotischer (Wirbelsäulenkrümmung nach hinten) Kniegang mit schwungvollem Armkreis; Kyphotischer Kniegang mit kraftvoller Dehnung und kurzem Hebelarm; Kniegang mit Streckung; Hasensprung; Bewegungs- und Rhythmustherapie mit Musik.

Musiktherapie[258]

Ebenso als ein Zusatzverfahren ist diese Therapie anzusehen. Musik nimmt einen großen Einfluss auf das vegetative Funktionssystem und die psychische Reaktionsbereitschaft des Kindes, indem es sich dem Rhythmus hingibt und sich von ihm tragen bzw. stimulieren lässt. Bewährt hat sich dies für die Entwicklung des Körperschemas und der Raumorientierung mit Hilfe der Orff'schen Musik. Ziele sind:

- Sensibilisierung und Förderung des Körpererlebens,
- soziale Kontaktaufnahme,
- soziale Anpassung,
- Wahrnehmung der Selbst- und Fremdbewegung,
- Steigerung der Vorstellungsfähigkeit,
- Verbalisierung der Wahrnehmung und seelischen Empfindung,
- Abbau von Bewegungs- und Versagensängsten,
- Zeit- und Raumbegriff,
- Sprech- und Singfreude.

Hinzuzufügen ist hier, dass solche Ziele und Methoden auch schon Fröbel mit seinen Sing-, Kreis-, Tanz- und Bewegungsspielen verfolgte und einsetzte.

5.7.4 Schwimmtherapie

Schon Babys können schwimmen. Diese Tatsache nutzt man auch therapeutisch. Ansätze der Schwimmtherapie kommen von J. McMillans Halliwick-Schwimm-Methode.[259] Hierbei werden die hydraulischen Eigenschaften des Wassers (weniger Kraftaufwand für das Kind) zur Bewegungsförderung genutzt. Schwerpunkte sind: grobmotorische Gleichgewichts- und Rotationsübungen, Laufen, Hocken, Springen und Spielen im Wasser usw.

5.7.5 Verhaltenstherapie bzw. -modifikation

Bei fast allen Behinderten treten Schwierigkeiten in folgenden Bereichen auf:

Verhaltens-probleme

- bei der Entwicklung der sozialen Kontaktaufnahme (Lernen des Blickkontaktes);
- bei der Entwicklung sozial erwünschter Verhaltensformen;
- bei der Entwicklung lebenspraktischer Fertigkeiten in der Hygiene, Sauberkeits- und Selbständigkeitsentwicklung wie An- und Ausziehen, selbständiges Essen und Trinken;
- Autoaggressionen, Kotschmieren und -essen;
- Einkoten (Enkopresis) und Einnässen (Enuresis) u.v.a.

Solche Verhaltensprobleme behindern nicht nur die Erziehung, sondern auch die Gesamtentwicklung des behinderten Kindes und seine soziale Integration.

Lern-theoretischer Ansatz

Die Verhaltenstherapie bzw. -modifikation arbeitet nach lerntheoretischen Grundsätzen: Erfolgreiche, lernzielgerichtete Handlungen und Verhaltensweisen des Kindes werden verstärkt mit materiellen Verstärkern (z. B. Kekse, Bonbons), sozialen Verstärkern (z. B. Lob, Zärtlichkeiten) und Handlungsverstärkern (z. B. darf es etwas tun, was ihm Spaß macht, Schaukeln, Fernsehen usw.). Die Verhaltenstherapie oder -modifikation kann im Rahmen der Frühförderung und unter Berücksichtigung der pädagogischen und sozialen Gesamtsituation ein wirksames Mittel zur Lösung solcher Probleme sein.[260]

Beispiel für eine Verhaltenstherapie nach Schmitz[261]

Das Buch »Elternprogramm für behinderte Kinder« enthält Anleitungen für Eltern, nach verhaltenstherapeutischen Prinzipien lebenspraktische Fertigkeiten (Essen und Trinken, Anziehen, Körperpflege, Toilettentraining, Sprachanbahnung usw.) einzuüben. Eine Grundvoraussetzung für jedes Training ist die Fähigkeit des Kindes, die Eltern oder den Trainer anzuschauen (Blickkontakt-Einübung).

»Das Anschauen
Blickkontakt als Orientierungsreaktion
Ohne adäquate Wahrnehmungsauffassung von äußeren Reizen ist ein vom Trainer intendierter Lernvorgang beim behinderten Kind gar nicht möglich. Eine notwendige Voraussetzung der Wahrnehmungsauffassung ist die Orientierungsreaktion: Wenn ein Kind lernt, dann zunächst, dass der dargebotene Reiz sich von anderen abhebt und eine spezifische Bedeutung hat. Erst anschließend lernt es, welche Handlung auf diesen Reiz zu folgen hat. Um aber die Bedeutsamkeit eines Reizes auffassen zu können, z. B. die Bedeutsamkeit einer Aufforderung wie ›Georg, komm her‹, muss das Kind in einem Zustand von Wachsamkeit und Bereitschaft sein. Es muss hinschauen und hinhören können. Wir sprechen deshalb speziell von Hinwendungsreaktion.

Die Fähigkeit der Bereitschaft, hinschauen und hinhören zu können, ist die notwendige Voraussetzung für die Durchführung von Training und Übungen überhaupt. Eine Möglichkeit, diese Fähigkeit bei einem erheblich geistig behinderten Kind aufzubauen, bietet das nachstehende Programm.

Ziel
Als Endverhalten wird erwartet, dass das Kind fähig ist, bei Anrufung seines Namens auf den Trainer zu achten.

Prinzip
Ausformung des Endverhaltens.

Material
Eine Speise, die man bequem mit einem Löffel füttern kann.

Erforderliches Eingangskönnen
Das Kind muss sehen und hören können, weitere Voraussetzungen sind nicht erforderlich.

Schritt 1

Ziel
Das Kind soll lernen, mit Hilfe des Fütterns in die Augen des Trainers zu schauen.

Eingangsstellung
1. Füttern Sie das Kind täglich einmal oder besser zweimal mit einem Löffel.

2. Während des Fütterns sitzen Sie dem Kind direkt gegenüber, so dass sein Blick natürlicherweise auf Sie fallen muss, wenn es aufschaut (s. Abb. 1).

Abb. 1

3. Führen Sie die Übung nicht durch, wenn Sie nicht sicher sind, dass Ihr Kind Appetit hat.

Durchführung

Sie nehmen einen Kinderlöffel mit der Lieblingsspeise des Kindes. Diese halten Sie in Höhe der Achse zwischen Ihren Augen und den Augen Ihres Kindes. Gleichzeitig rufen Sie mit freundlicher Stimme den Namen des Kindes. Wenn Ihr Kind auf den Löffel schaut, dann bewegen Sie den Löffel spielerisch leicht im Kreis um die Blickachse. Dabei wird der Blick des Kindes zufällig in Ihr Auge fallen.

Sobald sich Ihre Blicke treffen, stecken Sie Ihrem Kind den Löffel in den Mund, geben ihm die Speise und loben es, indem Sie lächeln und mit freundlicher Stimme reden und es streicheln.

Notieren Sie die Versuche mit einem Strich und die Erfolge mit einem Kreuz.

Sobald das Anschauen mit der geschilderten Maßnahme sicher klappt, gehen Sie weiter nach Schritt 2.

Schritt 2

Ziel

Das Kind soll lernen, bei Anrufung seines Namens in die Augen des Trainers zu schauen.

Durchführung

Sie haben eine Belohnung bei sich, z. B. Gummibärchen oder andere Süßigkeiten. Gehen Sie zu Ihrem Kind und rufen Sie es beim Namen. Beugen Sie sich zu ihm herab. Sobald es Sie anschaut, loben Sie es, streicheln Sie es und geben Sie ihm von Zeit zu Zeit eine Belohnung.

Achtung! Denken Sie daran, dass alle weiteren Übungen durch die Anwendung von Belohnung unterstützt werden können und dass diese Übungen zwischen der Anrufung des Namens des Kindes bzw. der Aufforderung zur Mitarbeit und der Belohnung des Kindes liegen werden. Deshalb ist es wichtig, dass das Kind auch weiterhin von Ihnen von Zeit zu Zeit eine Belohnung erhält.

Zur Erklärung der Wirksamkeit des Versuchs

Die Lieblingsspeise hat für das Kind eine hohe Bedeutsamkeit, wie wahrscheinlich das Essen überhaupt. Beim Füttern erwartet es, die Speise in den Mund geschoben zu bekommen. Weil aber der Trainer den Löffel in der Blickachse hält, anstatt ihn in den Mund des Kindes zu schieben, entsteht eine Unsicherheit, und das Kind schaut auf. Damit es nun in die Augen des Trainers schaut, muss der Löffel in der Blickachse leicht tanzen. Nachdem so zunächst rein zufällig der Trainer angeschaut wird, erhält das Kind die erwartete Lieblingsspeise. Wenn sich dieser ganze Vorgang wiederholt, wird das Kind fortan stets zuerst den Trainer anschauen, bevor es die Belohnung erwartet.«

5.7.6 Früh- und Esstherapie nach Castillo-Morales

Rudolfo Castillo-Morales ist Professor für Psychomotorik in Cordoba (Argentinien). Er hat ein Therapiekonzept entwickelt, das aus folgenden Teilen besteht:

- der *Neuromotorischen Entwicklungstherapie* für die Behandlung von Kindern mit statomotorischen Retardierungen (Bewegungsaufbauverzögerung), Meningomyelozelen (Rückenmark- bzw. Wirbelsäulenerkrankung) und peripheren Paresen (motorische Schwächen, Lähmungen);
- der *Orofazialen Regulationstherapie* für Patienten mit sensomotorischen Störungen im Bereich des Gesichtes, des Mundes und Rachens, besonders für die Behandlung von Saug-, Kau-, Schluck- und Sprechstörungen, gegebenenfalls die Ver-

sorgung mit speziellen Gaumenplatten (in Verbindung mit der Orofazialen Regulationstherapie) als Hilfsmittel.[262] Das Verfahren ähnelt in den Grundlagen denen von Vojta, Bobath und anderen.

Durch die Stimulation von Nervenpunkten an der Körperoberfläche werden bestimmte Reflexe angeregt bzw. gehemmt, um im Zentralnervensystem entwicklungsnormale Bewegungsmuster zu organisieren. Weil viele behinderte, insbesondere spastische Kinder durch ihre mundmotorischen Störungen Sprach- und vor allem auch Essprobleme haben, hat diese Therapie in den letzten Jahren auch in Deutschland viele Anhänger gefunden. In diesem Therapiekonzept werden Anleitungen gegeben, wie die Kopf-, Gesichts-, Zungen-, Mund- und Schlundmuskulatur usw. angeregt und geübt werden kann.[263]

5.7.7 Basale Stimulation und Frühförderung Schwerstbehinderter nach Fröhlich

Merkmale Schwerstbehinderter

- ➔ Sie können nicht in Laut- oder Zeichensprache kommunizieren.
- ➔ Sie sind in ihrer Wahrnehmung der Um- und Mitwelt fast ausschließlich auf den eigenen Körper und die unmittelbare, körpernahe Umgebung beschränkt.
- ➔ Sie können ihre Hände nicht zum Spielen und Erkunden einsetzen.
- ➔ Sie sind nicht in der Lage, sich aktiv aufzusetzen.
- ➔ Sie haben keine Möglichkeit, sich koordiniert fortzubewegen.
- ➔ Sie müssen gefüttert werden und haben meist keine Kontrolle über Blasen- und Darmentleerung.
- ➔ Sie sind in allen Lebensbereichen vollständig pflege- und versorgungsabhängig.[264]

Förderung Schwerstbehinderter: Basale Stimulation

Diese komplexe Behinderung verringert die für den Aufbau der Gehirn- und Humanfunktionen (Sprache, Denken usw.) notwendige Reizzufuhr und -verarbeitung. Daher ist die »basale Stimulation« eine auf »*keinerlei Vorkenntnis* und Erfahrung« beruhende systematische »neurophysiologische« Anregung der

»Handlungsfähigkeit im Rahmen des Entwicklungsniveaus«[265]. Durch diese Stimulation wird das Kind »halb passiv Reizen ausgesetzt ... Anzahl, Art und Dauer der Reize werden zunächst von außen, d. h. vom Therapeuten, vom Pädagogen festgelegt.

Basale Stimulation ist überall da notwendig, wo das Kind noch nicht gelernt hat, mit den aus der Umwelt empfangenen Reizen sinnvoll umzugehen.«[266]

Förderbereiche

Entsprechend der Schwere und Komplexität der »Schwerstbehinderung« ist basale Stimulation in folgenden Bereichen erforderlich:

»1. somatisch 2. akusto-vibratorisch 3. haptisch 4. olfaktorisch 5. optisch	Perzeptionsbereich
6. feinmotorisch 7. koordinatorisch 8. grobmotorisch 9. Essen 10. Kontakt	Aktivitätsbereich Erhaltungsbereich«[267]

Beispiel aus der Wahrnehmungsförderung:
»Stufen der visuellen Perception:
- nimmt Streifenmuster wahr,
- zeigt nach/verfolgende Augenbewegungen, wenn die Musterkarte bewegt wird,
- nimmt Punktmuster wahr,
- nimmt Flackerlicht,
- nimmt Taschenlampenschein wahr,
- nimmt Wollknäuel vor dem eigenen Gesicht wahr,
- nimmt Gesichter vor dem eigenen Gesicht wahr,
- nimmt Personen – Raumentfernung,
- nimmt Gegenstände – Reichweite wahr.

Man stellt zunächst durch genaue testähnliche Beobachtung den Entwicklungsstand fest. Dann wird auf einem Niveau darunter intensive ›basale Stimulation‹ durchgeführt, z. B. entwickelten wir eine Diaserie mit variierenden hell-dunkel Streifenmustern, die den Kindern in abgedunkeltem Raum bei wenigem Abstand von der Projektionswand vorgeführt wurden, wobei Diafolge und Geschwindigkeit variiert wurden.

Gemäß der These von der Reizabängigkeit des Gehirns zeigten sich nach ca. 14 Tagen jeweils deutlich bessere Wahrnehmungsleistungen: Fixierung, Fixierdauer, Hinwendung, ›Interesse‹ und Spontanreaktivität auf höherem Perceptionsniveau.

Wir sind dabei, für die anderen Bereiche von ›Somatisch‹ bis ›Grobmotorisch‹ ähnliche Hierarchien aufzubauen und Programme zur basalen Stimulation zu erarbeiten.«[268]

5.8 Anmerkungen zu Fördereffekten im Früh- und Schulbereich

Jede Frühförderungsmaßnahme ist ein Eingriff in das Leben des Kindes und seine Familie mit erheblichen und verschiedenartigen Belastungen, z. B. zeitlicher und finanzieller Art. Außerdem bewirken solche Interventionen – auch wenn sie gewollt sind – unerwünschte und unbeabsichtigte Nebenwirkungen (Auffallen im familiären Umfeld, Etikettierungseffekte, Störungen des familiären Zusammenlebens, Einschränkungen der persönlichen Lebensgestaltung usw.). Schon deshalb sollten Interventionen der Frühförderung auf das Notwendige und wissenschaftlich Effektive begrenzt werden. Aber auch der Kostendruck auf Seiten der finanziellen Träger der Frühförderung (z. B. Krankenkassen) ist Grund genug, nach der wissenschaftlich erwiesenen Effizienz von Fördermaßnahmen zu fragen.

Fördereffekte prüfen

Die nachstehende Tabelle zeigt auf der Basis der Auswertung von 1700 Forschungen zu verschiedenen Förderkonzepten bzw. Interventionsmaßnahmen (Interventionsklassen) die Effektstärke (ES) dieser Förderkonzepte. Dabei bedeutet eine Effektstärke von 1, dass es zu einer Verbesserung durch diese Maßnahme bei geförderten Kinden im Vergleich zu einer nicht geförderten Kontrollgruppe gekommen ist. Dementsprechend gibt es Effektstärken über und unter 1. Daraus folgt für die Mitarbeiter und Mitarbeiterinnen in der Frühförderung die Pflicht, nach den zurzeit effektivsten Förderansätzen vorzugehen und die eigenen experimentellen Versuche und Maßnahmen – soweit möglich – in Bezug auf ihre objektive Effizienz zu prüfen.[269]

Die Tabelle zeigt leider auch, dass weitverbreitete Interventionsmaßnahmen, wie z. B. Spezialförderklassen (special class placement), wie bei uns in Deutschland üblich, nicht zu den effektivsten heilpädagogischen Maßnahmen zählen.

*Übersicht über die Effektstärken verschiedener Metaanalysen**

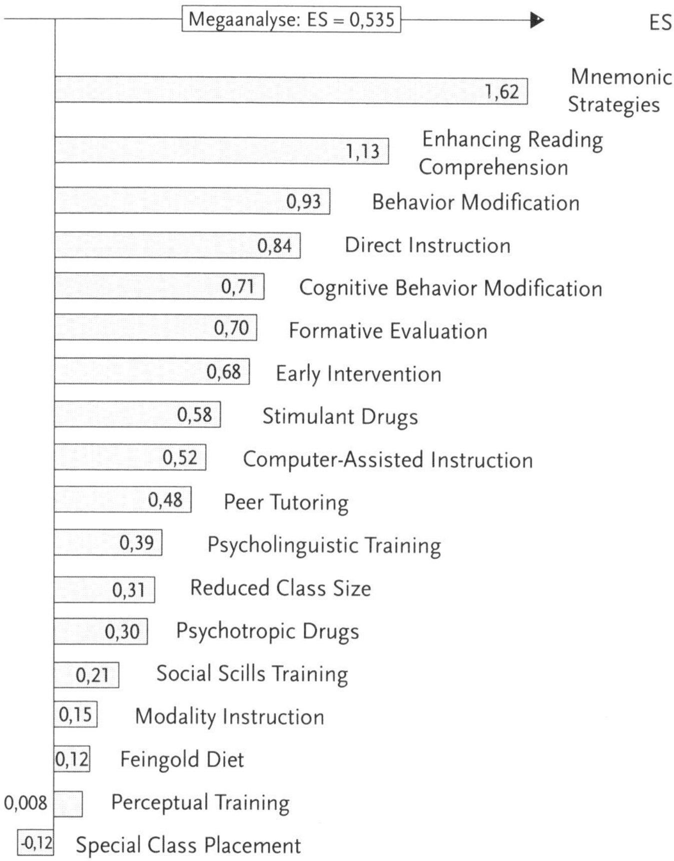

* Vgl. Forness et al., a.a.O.

6 Behinderungen und Störungsbilder

Nachstehend werden Behinderungen und Störungsbilder dargestellt, die vor allem in der Frühförderung behandelt werden.

Dabei wird auffallen, dass sich diese oft in ihren Begriffen und Symptomen, in ihren Diagnosen und Behandlungen überschneiden, weil es sich bei den Störungs- und Behinderungsbildern in der Frühförderung i.d.R. um Mehrfachbehinderungen handelt. Daher sind eindeutige Zuordnungen, wie z. B. »das körperbehinderte« oder »geistigbehinderte« oder »verhaltensgestörte« Kind, bzw. scharfe Abgrenzungen der Behinderungen nicht möglich.

Die spätere schulische Einordnung dieser Kinder hängt im Wesentlichen davon ab, in welcher Schule dieses einzelne Kind am besten gefördert werden kann.

Diese schulorganisatorische Zuordnung hängt letztlich davon ab, welche Behinderung bei Beginn der Schulpflicht die schwerste ist. Darüber entscheidet in allen Bundesländern das *Sonderschulaufnahmeverfahren* (SAV).

Die Diskussion über die Integration behinderter Kinder in Regelschulen zeigt jedoch, dass sich hier die Grenzen zunehmend verwischen, weil viele Eltern und auch Fachleute dafür sind, dass behinderte Kinder mehr als bisher in Regelschulen integriert werden.

6.1 Zerebrale Schädigungen und Bewegungsstörungen

oder: Zerebralparese, cerebrale Lähmung, ICP-Kinder (Klassifikation: Infantile Cerebralparese ICP; ICD 10: G80.1–9)

Mit diesen Begriffen bezeichnet man Störungen und Behinderungen der Bewegungssteuerung, der Bewegungsabläufe sowie der sensomotorischen und psychisch-geistigen Entwicklung aufgrund von Schädigungen des reifenden Gehirns (Zerebrum) und seiner Funktionen.

Die Schädigung selbst ist irreparabel und führt beim Kind ohne medizinische und pädagogische Frühbehandlung zu einer Verschlimmerung (Progredienz).

Schädigungsbereiche

Auswirkungen von CPs liegen in den Bereichen der
- Bewegung der Gliedmaßen, des Kopfes und Rumpfes,
- der Atem-, Kau- und Schlingmuskulatur und
- der Hör-, Sprach-, Seh-, Intelligenz- und Sozialverhaltensentwicklung.

In der nachstehenden Graphik lässt sich die Kompliziertheit des Zusammenhanges von Motorik, Sensorik, Denken, Gedächtnis

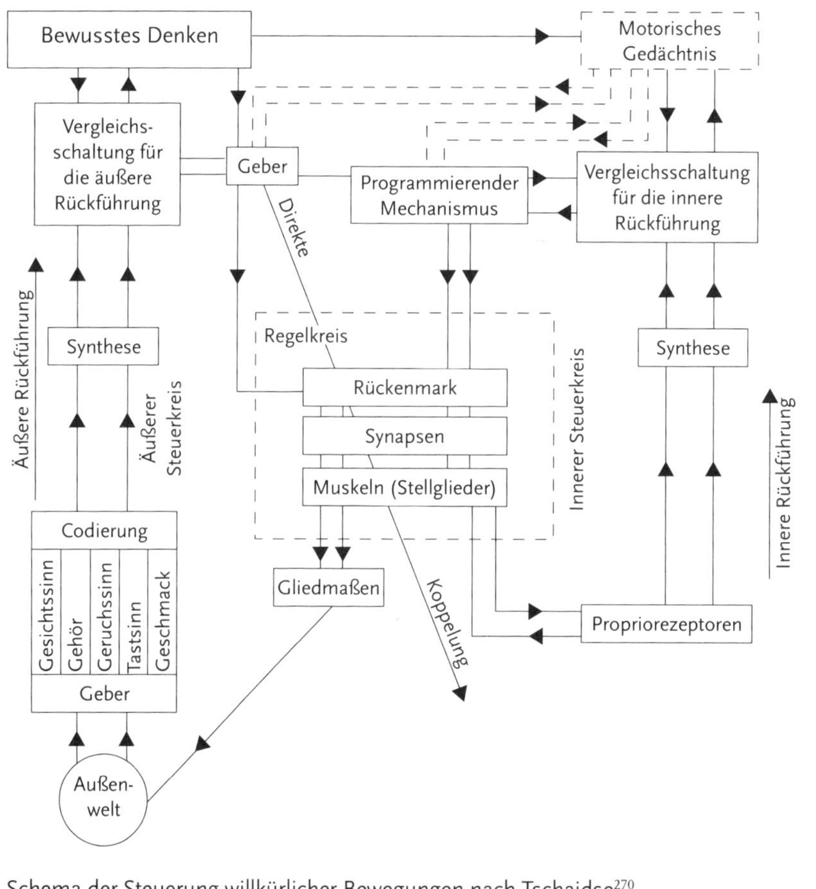

Schema der Steuerung willkürlicher Bewegungen nach Tschaidse[270]

usw. vorstellbar machen. Es ist für die Praxis wichtig zu wissen, wo die Schädigung und die Funktionsstörungen in diesem System liegen, um dem Kinde die optimale Förderung zu gestalten und es vor Über- und Unterforderung zu schützen.

6.1.1 Erscheinungsformen

Je nach dem Zeitpunkt der Schädigung in der Gehirnentwicklung und dem Schädigungsbereich im Gehirn ist das Erscheinungsbild durch verschiedenartige Symptomkomplexe gekennzeichnet:

Wirkungsmodalitäten

- die Spastik (= erhöhte Muskelspannung, Hypertonie),
- Athetose (= ungesteuert-ruckartige Muskelanspannung und bizarre Körperhaltungen),
- Ataxie (= Schlaffheit, Gleichgewichtsstörungen und Steuerungsschwäche),
- Hypotonie (= allgemeine Schlaffheit),
- Mischformen oben genannter Formen.

Körperbereiche

Je nach Schädigung sind verschiedene Körperregionen betroffen: In der

- Tetraplegie (oder Tetraparese) fast alle Bereiche: Kopf, Rumpf, Arme, Beine;
- Diplegie (oder Diparese) zumeist stärker die Beine als die Arme;
- Hemiplegie (oder Hemiparese) ist nur die linke oder rechte Körperhälfte betroffen.

Spastik

Die spastische Bewegungsstörung zeigt sich in verkrampften, steifen und langsamen Bewegungsabläufen. Besonders die antagonistisch (wechselseitig oder entgegengesetzt) wirkenden Muskeln zeigen eine steife Lähmung und erhöhte Anspannung, so dass keine volle Bewegung – gleich, ob Strecken oder Beugen – möglich wird.

Nur unter großen Anstrengungen kann sich das Kind bewegen. Häufig entstehen durch assoziierte Bewegungen (z. B. Mitbewegen des linken Armes, wenn willentlich der rechte bewegt wird) zusätzliche Behinderungen und falsche, überflüssige Bewegungsmuster.

Spastizität kann sich auf den gesamten Körper verteilen (Tetraplegie). Zumeist ist aber nur eine Körperhälfte betroffen (Hemiplegie).

Athetose

Beim Athetotiker werden die willkürlichen Bewegungen durch überraschende, ruckartige und ausfahrende (choreatische) Bewegungen behindert. So entstehen bizarre Bewegungsabläufe und Körperhaltungen. Stark betroffen sind zumeist die Hände. Schwer beeinträchtigt ist auch die Steuerungsfähigkeit, d. h. die Bestimmung zielgerichteter Bewegungen, die Dosierung der Kraft und die Bewegungskoordination. Zumeist ist – unbewusst – der Mund geöffnet, so dass Speichel herausfließt.

Ataxie

Diese Störung der Willkürmotorik verhindert die Steuerung präziser, gezielter und in der Kraft fein regulierter Bewegungen.

Schlaffe Muskulatur, Zittern und Gleichgewichtsstörungen beeinträchtigen die motorische Entwicklung und den Aufbau variantenreicher Bewegungsmuster. Weil das Kind nur die wenigen, sicheren und erfolgreichen Bewegungsmuster bevorzugt, entstehen wenig neue Bewegungsmuster und folglich weitere Behinderungen. Aus Angst, umzufallen, wirkt sein Gehen ängstlich-steif, und Drehungen werden ängstlich vermieden.

Hypotonie

Diese insgesamt schwache Muskelspannung und Schlaffheit tritt zumeist – auch vorübergehend – im Säuglingsalter auf. Unfähig, den Kopf zu halten, sich selbständig aufzurichten und zu sitzen, verzögert Hypotonie die sensomotorische Gesamtentwicklung und begrenzt das Wahrnehmungsfeld für das frühe Lernen.

Mischformen

Die vorgenannten Erscheinungsformen kommen häufiger in Mischformen oder in kombinierter Weise, selten alle zusammen vor.

In den ersten drei Lebensjahren und somit in der Phase schnellster Kindesentwicklung ändern sich auch schnell die Erscheinungsbilder. Im Säuglingsalter stellt die Hypotonie z. B. oft ein Durchgangsstadium dar, und Aspekte der Athetose, Ataxie und/oder Spastik treten hinzu.

Gemeinsamkeiten aller CP-Kinder

- Gestörte Sensomotorik, d. h. Erschwerungen der für das frühe Lernen grundlegenden Sinnes- und Bewegungsfunktionen, ihres Aufbaus und ihres Zusammenwirkens;
- Schwierigkeiten im Aufbau und Vollzug präziser, koordinierter, kraftmäßig dosierter Bewegungsformen;
- Verharren auf primitiven, verzerrten Bewegungsmustern aus den Säuglingsjahren;
- ältere und primitivere Bewegungsmuster behindern die Entwicklung neuer, flexibler Bewegungsmuster.

6.1.2 Hinweise zur Früherkennung und -diagnostik

Welche Beobachtungen erwecken den ersten Verdacht?[271]

Frühe Symptome

In den ersten vier Lebenswochen:

- *Veränderungen der Hautfarbe,* wie auffällige Blässe oder Blaufärbung sowie eine abnorm frühe, starke oder lang andauernde Gelbfärbung;
- *Atemstörungen,* anhaltendes Wimmern oder häufiges und evtl. schrilles Schreien, besonders nachts;
- *Schwierigkeiten beim Saugen und Schlucken,* Trinkschwierigkeiten;
- *Apathie oder Unruhe,* »Unzufriedenheit«, Schlafstörungen;
- *Steifmachen* beim Baden, An- und Ausziehen sowie Schwierigkeiten beim Wickeln (Abspreizhemmung der Beine);
- *Asymmetrie* der Haltungen, der Spontanbewegungen und von provozierten Reaktionen (z. B. Moro-Reflex);
- *Pathologische Reflexaktivität,* Überstreckung des Kopfes bzw. Nackens (»Kissenbohren«);
- *Krampfanfälle* oder Zuckungen.

Weitere Symptome

Im weiteren Verlauf des Säuglingsalters:

- *verzögerte motorische Entwicklung,* d. h., die normalen Bewegungen treten zwar in regelrechter Form und Folge auf, aber wesentlich später, als es der durchschnittlichen Norm entspricht;
- *abnorme Körper- und Gliedmaßenhaltungen* oder -bewegungen, Bewegungsarmut oder -überschuss, fehlende Behandlungsvielfalt, Vernachlässigung oder Bevorzugung bestimmter Gliedmaßen;

- *Störungen des Muskeltonus* und der *Koordination* der Bewegungen. Mangelhafte Entwicklung oder fehlende Stell- und Gleichgewichtsreaktionen;
- *Entwicklungsrückstand der psychischen Reaktionen,* Kontaktschwierigkeiten zur Umwelt, Auffälligkeiten im Spielverhalten.

Frühdiagnostik

Die frühdiagnostischen Verfahren sind die medizinischen Reflexprüfverfahren, insbesondere:

Bobath/Bobath: Die motorische Entwicklung bei Zerebralparesen, Stuttgart 1977;

Flehmig, I.: Normale Entwicklung des Säuglings und ihre Abweichungen, Stuttgart 1979 (einschließlich Denver-Skalen). Bundesverband für spastisch Gelähmte und andere Körperbehinderte e.V. (Hrsg.): Merkblätter zur Früherkennung von Kindern mit infantiler Cerebralparese, Stuttgart 1976.

Prechtl/Beintema: Die neurologische Untersuchung des reifen Neugeborenen, Stuttgart ^{2}1976;

Vojta, V.: Die cerebralen Bewegungsstörungen im Säuglingsalter, Stuttgart 1976.

6.1.3 Frühförderung und Früherziehung

Die Komplexität der CP erfordert i.d.R. eine entsprechend ganzheitliche medizinisch-therapeutische Behandlung und Früherziehung. Die Förderungserfolge von CP-Kindern hängen im Wesentlichen vom Zeitpunkt der Früherkennung und -erfassung und besonders vom Lernverhalten des Kindes ab, das durch eine Frühförderung zentral beeinflusst werden kann.

Besonderes Lernverhalten

Das Lernverhalten dieser Kinder ist durch folgende Merkmale bestimmt:

- ➔ Sie bleiben stärker an einmal Gelerntem haften.
- ➔ Unterscheidungs- bzw. Diskriminationslernen ist besonders schwierig und bedarf vieler Wiederholungen.
- ➔ Der Lernprozess ist allgemein langsamer und erfolgt in kleineren Schritten und erfordert demnach auch das Prinzip der kleinsten Schritte.
- ➔ Bei jedem Kind verläuft die Lernentwicklung individuell, und dies erfordert einen dementsprechend individuellen Förderplan.
- ➔ Das Lernen erfolgt oft schubweise, d. h. Still- und Rückstände sind normal für diese Kinder.

→ »Bei älteren cerebral bewegungsgestörten Kindern zeigt sich häufig eine Diskrepanz zwischen verbal-kognitiven und handlungsbezogenen Leistungen im begrifflichen Lernen; aus diesem Grunde ist es notwendig, den Spracherwerb und den sprachlichen Umgang immer wieder mit konkreten Handlungen zu verknüpfen«, wie dies z. B. durch die Fröbel- und Montessori-Pädagogik geschieht.[272]

6.1.3.1 Frühförderung

In Langzeit-Untersuchungen hat sich gezeigt, dass die drei ersten Lebensjahre für die Effizienz der Frühförderung und damit für die Steigerung des allgemeinen Entwicklungsniveaus entscheidend sind, insbesondere für die Sensomotorik, die kognitive Entwicklung, für die Prävention bzw. den Abbau sozial-emotionaler Probleme und beim Aufbau der kommunikativen Kompetenzen. Werden diese ersten Jahre für die Frühförderung voll genutzt, bestehen im Einzelfall gute bis sehr gute Aussichten zum Besuch eines Regelkindergartens und auch einer Regelschule, soweit diese bereit sind, körperbehinderte Kinder zu integrieren.[273]

Förderchancen

Generell dürfte aber gelten, was die Spezialistin Köng hinsichtlich der Prognose und Förderchancen feststellt:

»Die Prognose einer cerebralen Bewegungsstörung ist umso schwieriger zu stellen, je jünger das Kind ist, am schwierigsten im Säuglingsalter ... Die Erfahrungen der letzten Jahre haben uns gezeigt, dass die Prognose der cerebralen Bewegungsstörung durch eine frühzeitige, eingehende Behandlung und Betreuung dieser Kinder unter Mitarbeit der Eltern wesentlich verbessert werden kann. Im Einzelfall lässt sich die Prognose erst aus dem Verlauf, aus der Reaktion auf die Therapie stellen.«[274]

6.1.4 Verfahren zur Frühförderung von ICP-Kindern

Die wichtigsten Verfahren im Bereich der Physiotherapie sind die o. g. Verfahren von Bobath, Vojta u. a. Aufgrund der Komplexität werden im Bereich der Früherziehung angeboten:

- Spiel-, insbesondere Bewegungserziehung,
- Sprachförderung,
- Selbständigkeitserziehung (z. B. Essen und Trinken),

- Wahrnehmungsförderung (z. B. Farb- und Formunterscheidung),
- Förderung der Feinmotorik und Handgeschicklichkeit,
- Kognitive Förderung (z. B. kausales Denken, Mengenverständnis),
- sozial-emotionale Förderung und Kooperationsfähigkeit, Konfliktlösungshilfen,
- Elternberatung und -anleitung.

6.1.5 Literatur

Brüggebors, G.: Einführung in die Holistische Sensorische Integration (HSI). Dortmund 1992.

Dank, S.: Individuelle Förderung Schwerstbehinderter. Konkrete Beispiele, Programme, Übertragungsmöglichkeiten. Dortmund 1996.

Dörr, U.: Die Bedeutung der Musiktherapie im Rahmen der Spastikerbetreuung unter besonderer Berücksichtigung des Orff-Instrumentariums. Verband deutscher Vereine zur Förderung und Betreuung spastisch Gelähmter. Düsseldorf o.J.

Finnie, N. R.: Hilfe für das cerebral gelähmte Kind. Ravensburg 1968. – Deut. Vereinigung für Rehabilitation (Hrsg.): Praktische Hilfen für Körperbehinderte. Heidelberg o.J. (bebilderte Loseblattsammlung). – Hilf Dir selbst, Ratschläge für Hemiplegiker. Bern o.J.

Fröhlich, A.: Ganzheitliche Entwicklungsförderung. In: Fröhlich, A. (Hrsg.): Pädagogik bei schwerster Behinderung. Berlin 1991, S. 155–168.

Hedderich, I./Dehlinger, E.: Bewegung und Lagerung im Unterricht mit schwerstbehinderten Kindern. München 1998.

Kristen, U.: Praxis Unterstützte Kommunikation. Eine Einführung. Düsseldorf 1994.

Leyendecker, C./Horstmann, T. (Hrsg.).: Frühförderung und Frühbehandlung. Heidelberg 1997.

Morris, S. E./Klein, M. D.: Mund- und Esstherapie bei Kindern. Entwicklungen, Störungen und Behandlung orofazialer Fähigkeiten. Stuttgart 1995.

Sarimski, K.: Interaktive Frühförderung behinderter Kinder. Diagnostik und Beratung. Weinheim 1993.

Verheul, A.: Snoezelen – eine andere Welt. Marburg 1993.

6.2 Dysmelie-Syndrom (Gliedmaßenfehlbildungen)

6.2.1 Ursachen, Begriff, Statistik

In den Jahren 1961 und 1962 traten Häufungen angeborener Fehlbildungen der Gliedmaßen auf, die auf die Einnahme eines Medikamentes während der ersten Schwangerschaftsmonate zurückzuführen sind (Contergan bzw. Thalidomid). Man spricht daher auch von Thalidomid-Embryopathie.

Am 1.12.1976 gab es davon 2600 registrierte Fälle[275]. Mit Stichtag 31.12.1991 wurden 231 schwerbehinderte Kinder unter 6 Jahren mit Verlust oder Teilverlust von Gliedmaßen registriert. In einem anderen Teil der Bundesstatistik werden unter »Angeborene Behinderungen« und »Schwerste Behinderung« ohne Altersunterscheidung folgende Zahlen genannt:

Verlust oder Teilverlust	Fälle
eines Armes	1956
eines Beines	417
beider Arme	264
beider Beine	151
eines Armes oder eines Beines	113
von drei oder vier Gliedmaßen	3036

Funktionseinschränkungen von Armen und Beinen liegen bei 1750 Kindern im Alter von 0 bis 6 Jahren vor.

6.2.2 Symptome

Schädigungsbereiche

Fehlbildungen im Rahmen der Thalidomid-Embryopathie sind Schädigungen im Haltungs- und Bewegungsapparat, der inneren Organe und der Sinnesorgane,

- insbesondere fehlende, verkümmerte oder verkürzte Gliedmaßen (Finger, Daumen, Klumphand) und der Wirbelsäule,
- Herzfehler, Verstopfungen des Magen-Darmkanals und Nierenfehlbildungen sowie
- Genitalfehlbildungen.[275]

Daneben wurden festgestellt: Hör-Sprachstörungen, Taubstummheit und Debilität, Hypermotorik und Sehschäden.[276]

6.2.3 Frühförderung und Behandlung

Förderbereiche

Die krankengymnastischen und beschäftigungstherapeutischen Behandlungen stehen neben medizinischen, insbesondere chirurgisch-orthopädischen Behandlungen und Prothesenversorgung und -schulung zur Optimierung der Selbständigkeit im Vordergrund, insbesondere Gleichgewichts- und Geschicklichkeitsübungen, Treppensteigen, Reiten, Ein- und Aussteigen in Verkehrsmitteln usw.

Frühprobleme

Größere pädagogische Probleme gibt es bei der Sozialentwicklung dieser Kinder, die wesentlich mit der schweren Schocksituation nach der Geburt, der seelischen Annahme des Kindes und psychischen Verarbeitungsprozessen innerhalb der Familie begründet sind (s.o. Elternreaktionen).

Elternberatung

In der Frühförderung geht es wesentlich um die psychotherapeutische Hilfe für die Eltern bei der seelischen Verarbeitung und um praktische Hilfen bzw. Elternanleitung: Wie man mit diesem Kinde spielen kann, das richtige Maß zwischen Über- und Unterforderung zu finden und dem Kinde mit seinen Möglichkeiten die optimale Selbständigkeit zu stimulieren. Es geht hier vor allem darum zu vermeiden, dass »durch inadäquate Zuwendung ... eine seelische Frühverwahrlosung« eintritt.[277]

Aufgrund der Mehrfachschädigungen sind die Fördermaßnahmen für Sprache, Intelligenz, Wahrnehmung und insbesondere die sozial-emotionale Förderung wichtig, indem diesen Kindern in Eltern-Kind-Gruppen für eine frühe soziale Integration mit anderen normalen Kindern ein Optimum an Anregungen gegeben wird.

6.2.4 Literatur

Haupt, U./Jansen, G. W. (Hrsg.): Pädagogik der Körperbehinderten. Handbuch der Sonderpädagogik. Band 8. Berlin 1983.

KMK – Sekretariat der Ständigen Konferenz der Kultusminister der Länder in der Bundesrepublik Deutschland: Empfehlungen zum Förderschwerpunkt körperliche und motorische Entwicklung. Beschluss vom 20.3.1998. Bonn 1998.

Pawel, B. u. a.: Körperbehinderte in Regelschulen. Rheinstetten 1977.

Dies.: Körperbehindertenpädagogik. Stuttgart 1984.

Schönberger, F.: Die so genannten Contergankinder. München 1971.

Stadler, H.: Rehabilitation bei Körperbehinderung. Eine Einführung in schul-, sozial- und berufspädagogische Aufgaben. Stuttgart 1998.
Wellmitz, B./von Pawel, B. (Hrsg.): Körperbehinderung. Berlin 1993.

6.3 MCD, Hyperaktivität und POS

6.3.1 Begriffe und Symptome von MCD und POS

MCD (minimale zerebrale Dysfunktion oder auch: exogenes frühkindliches Syndrom) ist aller Wahrscheinlichkeit nach eine Gehirnschädigung, die aber durch Fehlerziehung und ungünstige soziokulturelle Entwicklungsbedingungen in ihren Auswirkungen verstärkt werden kann.

Sowohl als Begriff wie auch in der Beschreibung ihres Problemkreises ist MCD medizinisch umstritten, obwohl sie als Tatsache anerkannt ist.[278]

Allgemeine Symptome

Bei diesen Kindern wurden folgende Symptome festgestellt:
- normale oder überdurchschnittliche Intelligenz;
- Sprachstörungen (bes. Stammeln, Dysgrammatismus, Stottern) und Lernstörungen vor allem beim Übergang vom konkret handelnden zum abstrakten Lernen;
- visuelle oder akustische Erfassungs- und Speicherungsschwächen bzw. Wahrnehmungsschwächen (Perzeptionsstörungen);
- allgemeine Koordinationsschwächen, wie z. B. geringe Ausdauer, leichte Ermüdbarkeit;
- Affektlabilität, z. B. distanzloses, aggressives, gehemmtes Verhalten und Probleme beim Aufbau stabiler Sozialkontakte, keine oder geringe Belastbarkeit unter Stress bzw. Leistungsdruck;
- Konzentrationsschwächen;
- geringe neurologische Störungen;
- grenznormales oder abnormes EEG (Gehirnstrombefunde).[279]

»Schulische« Probleme

In der Schulzeit fallen diese Kinder u. a. auf durch:
- Einnässen und -koten;
- das Syndrom der so genannten Teilleistungsstörungen, z. B. Legasthenie;
- Probleme im Schriftbild und beim Schreibenlernen,

- Aggressivität, Clownerien;
- mangelnde Spontaneität und Ängstlichkeit besonders im Sport; sie brauchen immer Aufforderungen und drücken sich gerne vor dem Sportunterricht;
- so genanntes vorlautes Verhalten, d. h., verbal können sie immer alles, nimmt man sie aber beim Wort, dann suchen und finden sie schnell Ausreden;
- geringe Ausdauer, sie finden immer Gründe zum Nichtmitmachen.[280]

POS – das chronische organische Psychosyndrom

Akute / chronische POS

Nissen unterscheidet einen akuten von einem chronischen Zustand des POS. Als Ursachen *akuter POS* werden von ihm genannt: alle körperlichen und hirnorganischen Erkrankungen, wie z. B. schwere fieberhafte Allgemeinerkrankung, akute Hirnerkrankungen (Hirnhautentzündungen, Hirntumore und -blutungen), unfallbedingte Hirnverletzungen (Gehirnerschütterungen, -quetschungen). Eine akute POS kann sich *chronifizieren* und die genannten Ursachen eben auch als Ursache chronischer (dauerhafter) POS gelten; als besondere Ursachen *chronischer POS* werden genannt: Über- und Unterfunktionen hormoneller Drüsensysteme, wie z. B. der Schild- und Hirnanhangdrüse und der Nebenniere.[281] Die Erscheinungsbilder des POS sind in folgender Auflistung zusammengestellt[282]:

Infantiles organisches Psychosyndrom (POS): Symptomatik

Symptome

Leistungsstörungen (kognitiver Bereich):
- Leistungssschwankungen, tageweise, evtl. tageszeitlich;
- Ermüdbarkeit erhöht, Ausdauer herabgesetzt;
- Konzentrationsfähigkeit schlecht und schwankend mit entsprechend großer Ablenkbarkeit;
- Form- und Gestalterfassung (und -wiedergabe) gestört;
- andere Wahrnehmungsstörungen;
- schlechte Merkfähigkeit (Störung des Frischgedächtnisses);
- Tendenz zur Lese-Rechtschreib-Schwäche;
- schlechtes Körperschema;
- asynchrone Entwicklung.

Stimmungsstörungen (Affektiver Bereich):
- labile Affektlage, leicht störbar und große Schwankungen;
- Affektausbrüche (evtl. mit Gefährdung von sich und anderen);
- matinale Dysphorien;

- häufig depressive Verstimmung, evtl. chronisch sub-depressiv (oft larviert mit aggressivem Verhalten);
- Versagensängste, Schuldgefühle, Resignation;
- sekundäre soziale Störungen wie aggressive Kontaktsuche und kompensatorische Clownerien.

Körpersymptome:
- Adaptationsstörungen in den ersten Lebensmonaten;
- Ess-(Schluck-)störungen und Erbrechen beim Säugling;
- Sprachentwicklungsverzögerung und andere Sprachstörungen;
- linkische, erschwerte Globalmotorik und/oder Hypermotorik;
- gestörte Feinmotorik (»hölzern«, »Gstabi«, Schrift!);
- gestörte Bewegungskoordination (z. B. Diadochokinese);
- Hyperreflexie;
- Wetterfühligkeit, evtl. Kopfschmerzen;
- pathologisches Elektroenzephalogramm.

6.3.2 Frühförderung

Die Entwicklungschancen und Prognosen hängen ab von Schädigungszeitpunkt und -umfang. Bei jüngeren Kindern (zwischen 0 und 6 Jahren) sind die Behandlungschancen erheblich größer aufgrund der Gehirnplastizität, d. h., »Funktionen geschädigter Hirnpartien können von anderen Hirnabschnitten störungsfreier übernommen werden«[283]. Eine besondere Rolle im Rahmen der medizinisch-medikamentösen Behandlung nimmt die Beratung und Anleitung der Eltern ein, um bei ihnen erzieherische Fehlhaltungen gegebenenfalls zu korrigieren und ein dem Kind angemessenes Erziehungsverhalten aufzubauen. So haben sich z. B. in der Schweiz Eltern zusammengeschlossen, die POS-Kinder haben und die mit den Lehrern zusammenarbeiten (ELPOS).[284]

Für die pädagogisch-psychologische Behandlung der einzelnen von Herzka aufgelisteten Symptome kommen die Verfahren in Frage, wie sie auch bei der MCD bzw. Hyperaktivität genannt werden.

6.3.3 Hyperaktivität bzw. hyperkinetisches Syndrom (HKS) oder hyperkinetische Psychose

Diese Begriffe umschreiben ein umfängliches Störungsbild mit zentralen Merkmalen, wie z. B.

Symptome

- Bewegungsunruhe und allgemeine Ruhelosigkeit, d. h. fahrige, ungeschickte und überschießende, ungesteuerte (athethotische) Motorik[285], aber auch Antriebs- und Haltungsschwäche im Handlungs- und Leistungsbereich, wie z. B. »Spielschwäche«;[286]
- Konzentrationsschwächen, Aggressivität und Ungehorsam;
- »Reizüberempfindlichkeit«;
- Probleme mit Sozialkontakten u.v.a., wie sie schon vom Frankfurter Kinderarzt Dr. Hoffmann im Zappelphilipp beschrieben wurden[287];
- Schulprobleme: In der Schule sind solche Kinder nicht selten ein ständiger »Störungsherd« mit »mangelhaften Lernleistungen« und so genannten »Teilleistungsschwächen« (z. B. im Lese-Schreiblernprozess, vgl. Kap. 6.9.4 und 6.9.5).

Ursachenprobleme

Es ist nach Nissen ein Behinderungs- und Störungsbild, das z. T. auf erhebliche erbgenetische, somatogene (Hirnfunktionsstörungen usw.), psychogene (Umwelt, Erziehung) und endogene (katatone, angeborene Schizophrenie) Ursachen zurückzuführen ist.[288] Steinhausen erwähnt außerdem Kinder alkoholkranker Eltern.[289]

Es ist unübersehbar, dass sich MCD und Hyperaktivität in ihren Symptomen sehr ähneln, so dass eine eindeutige Diagnose und Behandlung oder die Zuweisung zu einer bestimmten Sonderschule sich daraus nicht zwingend ableiten lassen. Wie noch auszuführen ist, zeigen sich bei potentiell und faktisch Lernbehinderten ganz ähnliche Störungssymptome (s. u.).

6.3.3.1 Früherkennung und Diagnose

Die Diagnose von MCD und Hyperaktivität erfolgt nach sechs Kategorien:

»1. die prä-, peri- und postnatale Anamnese,
2. die psychomotorische Entwicklung des Säuglings und Kleinkindes,
3. der kinderpsychopathologische Befund,
4. der kinderneurologische Befund,

5. *die EEG-Untersuchung, die akustischen und visuellen evozierten Potentiale und die computertomographische Untersuchung (CT), evtl. auch ein Kernspin-Befund (NMR) und*
6. *der psychologische, insbesondere der visomotorische Untersuchungsbefund.«*[290]

Diagnostische Probleme

Nach Nissen müssen »mindestens 3, besser 4 positive diagnostische Merkmale vorliegen, wenn eine Hirnfunktionsstörung mit einer gewissen Sicherheit bestätigt werden soll«[291]. Eine Frühdiagnostik dieser Kinder ist nicht einfach. Kleinkinder fallen auf durch viel Schreien, Ess- und Trinkstörungen, Jaktationen (rhythmisches Schaukeln von Kopf und Körper), sinnlose Automatismen und Bewegungsstereotypen.

Am ehesten sind die motorische Gesamtentwicklung, Intelligenz, Sprache und Sozialverhalten zu diagnostizieren und damit Funktionen, die im Kindergarten aufgrund der Vergleichsmöglichkeiten mit normalen Kindern leichter erkennbar sind.

Tests

Im sonderpädagogischen Bereich werden außer Intelligenztests für diese Störungsbilder folgende Verfahren empfohlen:
- Körperkoordinationstest für Kinder KTD (Kiphard/Schilling);
- Checkliste motorischer Verhaltensweisen (CMV) von Schilling;
- Frostig Entwicklungstest der Visuellen Wahrnehmung (FEW).

6.3.3.2 Pädagogische Maßnahmen[292]

Die fast unübersichtliche Fülle sich oft überschneidender Vorschläge reicht von elementaren pädagogischen Selbstverständlichkeiten (z. B. stabile Erziehungsprinzipien, eindeutige Führung) bis hin zu Kombinationen z. B. medikamentöser und verhaltensmodifikatorischer Methoden. Diese Vielfalt liegt auch darin begründet, dass jeder Autor von einer unterschiedlichen Sicht bzw. Definition der Hyperaktivität ausgeht oder aber unterschiedliche praktische Zielsetzungen vorliegen, wie z. B. Konzentrations- und Wahrnehmungsförderung, Impulskontrolle, Sozialverhalten usw.

Allgemeine pädagogische Regeln

Pädagogische Grundsätze

Das in seiner rationalen und sozialadäquaten Entscheidungsfähigkeit, Selbststeuerung und -disziplin schwache und schwerer lenkbare hyperaktive Kind braucht vor allem eine eindeutige und konsequente Führung durch wenige, klare Regeln mit ebenso eindeutigen und sofortigen Konsequenzen. Der Grundsatz könnte lauten: von Chaos und Fremdsteuerung zu verantwortlicher sozial- und sachadäquater Selbststeuerung.

Die Lehrer- und Erzieherpersönlichkeit

Für den Umgang mit dem hyperaktiven Kind als pädagogischem Grenzfall in der Schule ist die Lehrerpersönlichkeit, ihre differenzierte didaktische, methodische und pädagogische Kompetenz von größter Bedeutung. Das Kind sucht im Erwachsenen die persönlich-fachliche Autorität, es erwartet über den Klassenraum hinausgehende, tragfähige, verallgemeinerungsfähige Orientierungs-»Muster« für eine selbständige Lebensführung.

Pädagogische Grundeinstellungen

Pädagogen sollten folgende pädagogische Grundeinstellungen reflektieren können:

- Wie sehe ich mich selbst, was ist mein Erziehungskonzept, -stil und Rollenverständnis (sehe ich mich als »Techniker«, »Kommandeur« oder Machtmensch, als Partner, fachwissenschaftlich- oder kindorientiert usw.)?
- Was sind meine Erziehungsschwerpunkte (sind es z. B. eher die kognitiven oder die sozialen Kompetenzen)? Wie suche ich die Lösung von Erziehungsproblemen (z. B. zuerst bei mir, dann beim Kind und in der Klasse und danach in den familiären oder gesellschaftlichen Bedingungen usw.)?
- Wie sehe ich das Kind (als aktiv sich selbst gestaltendes oder passiv aufnehmendes Wesen, auf Interaktion und Dialog usw. ausgerichtetes, sich selbst organisierendes Wesen usw.)?
- Ist meine Sicht des Kindes anthropologisch vollständig? Beziehe ich in meine Sicht (Anthropologie des Kindes) alle Wissenschaften vom Kinde ein, oder blende ich bestimmte Bereiche, wie z. B. die medizinisch-organische, sozialpsychologische Sicht, aus? Ist meine Anthropologie eng oder weit gefasst, insbesondere hinsichtlich meiner Wert- und Normvorstellungen vom so genannten »normalen« Verhalten?
- Wie ist meine Beziehung zum Kind, und wie erlebt oder sieht es mich? Eine pädagogische Schlüsselfrage ist immer die Qualität der pädagogischen Beziehung des Lehrers zum Kind: Das Kind muss spüren, dass es sich vom Lehrer akzeptiert und sehr wohlwollend ernst genommen und nicht als lästiger und hoffnungsloser Störenfried fühlt.

Gerade das schwierige Kind, das im Kern wie alle anderen geliebt und anerkannt werden will (vgl. Kap. 6.10.3.), braucht Vertrauen und Liebe als Vorschuss auf sein zukünftig besseres allseits anerkanntes Verhalten und Können, das es jetzt aufgrund vieler Probleme nicht – noch nicht – erbringen kann, weshalb es diese Anerkennung auf sozial negative Weise zu gewinnen sucht.

Der Pädagoge muss also in fachlicher und persönlicher Hinsicht Vorbild und Autorität sein und selbst klare verbindliche Erziehungsvorstellungen haben. Unsichere Lehrer verunsichern und überfordern gerade diese Kinder und tragen dadurch selbst zur Verstärkung der Kinderprobleme bei. Dies geschieht z. B. dann, wenn solche Lehrer Regeln aufstellen und Grenzen ziehen, sie aber selbst nicht einhalten oder ihre Durchsetzung nicht gewährleisten.

Entscheidend ist, dass sich der Pädagoge für diese Kinder Zeit nimmt, mit ihnen spricht und eine persönlich individuelle Bindung mit ihnen eingeht, denn nichts ist wichtiger als das Gefühl des Kindes, angenommen und geborgen zu sein.

Kollegialer pädagogischer Konsens

Pädagogisch-normativer Konsens

Das bedeutet für das Kollegium auch die Notwendigkeit des pädagogischen Konsenses im Umgang mit diesen Kindern, in den Erziehungszielen und -methoden, damit bei ihnen nicht das Gefühl aufkommt, der eine redet so und der andere anders. Solche Widersprüche stärken ihre Unsicherheit und schwächen ihre allgemeine und speziell die soziale Orientierungsfähigkeit, aber eben auch die Pädagogenwirkung.

Methodische Aspekte

Maßnahmen im Einzelnen sind:

- Absprachen mit dem Kind: Dem Kinde werden persönlich (ggf. allein) eindeutig definierte Regeln erklärt, sie werden mit ihm vertraglich abgesprochen, die dazu abgestuften Warnungen gezeigt (z. B. bestimmte Zeichen wie Blicke, Handzeichen usw.) und die Konsequenzen genannt, an die sich auch der Pädagoge konsequent zu halten hat.[293] Die erfolgreichen Versuche des Kindes, sich an diese Reglen zu halten, verlangen abgestufte und prompte Bestätigung, Lob und Anerkennung, die vom freundlichen Ansehen bis zum offenen Lob vor der Klasse reichen können;
- Absprachen mit der Klasse: Schreien, Wutanfälle, Drohgebährden, Kaspereien und andere »verbale« Äußerungen können in Absprache mit der Klasse ignoriert werden, so dass die für das hyperaktive Kind unentbehrliche Publikums-

wirkung entzogen wird. Dagegen sollte jedes sozialpositive Verhalten verstärkt werden[294];
- gezieltes Einübungen von Verhaltensweisen: Besonderer Wert sollte auf das gezielte Einüben sozialpositiver Verhaltensweisen gelegt werden, und zwar entweder durch individuelle direkte Unterweisung (Vor- und Nachmachen) oder durch Rollenspiele. Hierdurch sollen Konfliktlösungsformen und sozialpositive Verhaltensformen eingeübt und ein Transfer auf zukünftige Situationen ermöglicht werden[295];
- Kanalisierung der Bewegung statt Unterdrückung: Gegen motorische Unruhe helfen weniger Unterdrückung oder Verbieten als das Geben von Bewegungsfreiheit und »Kanalisieren« des Bewegungsdranges, wie dies z. B. in der Montessori-Pädagogik geschieht (Prinzip der Bewegungsfreiheit).[296] Dazu dienen könnten im Normalschulbereich kleine Ämter in der Klasse wie Tafelputzen, Hefte einsammeln usw.; Entspannungs- und Lockerungsübungen im Unterricht, Stilleübungen nach Montessori, psychomotorische und sporttherapeutische Maßnahmen sind weitere Möglichkeiten.[297]

Individualisierung und Methodenwechsel: Gegen die enormen Anpassungsprobleme des hyperaktiven Kindes im Unterricht müssen individualisierende Arbeitsmethoden gesetzt werden, d. h.:
- die Anforderungen an das Kind müssen individuell angepasst werden, z. B. durch spezielle Arbeitsblätter oder Aufgabenserien oder Computereinsatz;
- systematisches Lehren und Lernen in kleinsten Schritten vom Sensomotorischen zum Abstrakten mit geeigneten Arbeitsmitteln;
- individuelle und sukzessive aufbauende Arbeitsmittel müssen mit exakter Einführung bereitgestellt werden, dann Führung durch das Material und gegebenenfalls Hilfe durch den Lehrer (z. B. durch Montessori-Material);
- Zeit- und Konkurrenzdruck müssen vermindert werden, also relative Zeitfreiheit, Freiarbeit[298];
- Wechsel der Unterrichts- und Arbeitsformen vom Individualisieren zu Partner- und Projektunterricht und so generelles Vermeiden von Monotonie;
- es muss im Sinne Montessoris relative Wahlfreiheit ermöglicht werden nach dem Lerngegenstand, dem Lernpartner

und der Lerndauer, damit das Kind nicht nur seine Interessen, Stärken usw. zeigen, sondern auch zu persönlichem Erfolg gelangen kann (nichts ist erfolgreicher als der Erfolg, sagt die Motivationspsychologie)[299].

6.3.3.3 Spezielle Förderkonzepte

Die nachstehenden Hinweise sind als Orientierungen zu verstehen, denn keines der folgenden Förderkonzepte hat bisher den umfassenden Nachweis erbracht, der Komplexität der Hyperaktivität pädagogisch oder therapeutisch effizient gerecht zu werden.

Cruickshank[300]

Cruickshanks Ansatz fußt auf der Diagnose minimaler Hirnschädigungen und zielt auf die »Förderung lern- und wahrnehmungsgestörter Kinder«. Sein Schwerpunkt sind Kinder mit folgenden Störungsbildern, d. h., als signifikant für Lern- und Wahrnehmungsstörungen bei Kindern gelten für Cruickshank folgende Merkmale:

Symptome

- ➔ Hyperaktivität: Hierunter fällt sowohl die sensorische als auch die motorische Hyperaktivität. Unter sensorischer Hyperaktivität versteht man die mangelnde Diskriminationsfähigkeit für Außenreize. Mit motorischer Hyperaktivität ist die erhöhte motorische Aktivität gemeint, welche das Kind nicht steuern kann.
- ➔ Dissoziation: Dissoziation bezieht sich auf die Unfähigkeit des Kindes, Gegenstände, Situationen, soziale Strukturen im Zusammenhang zu sehen bzw. ein komplexes Ganzes in seiner Gesamtheit zu erfassen und zu strukturieren.
- ➔ Figur-Grund-Störung: Das Kind kann einen Teil des Wahrnehmungsfeldes nicht als abgehoben von allen weiteren Teilen, die den Hintergrund bilden, sehen.
- ➔ Perseveration: Perseveration ist die Unfähigkeit, von der einen zur anderen Tätigkeit mühelos überzugehen bzw. das Verharren in bestimmten Erlebnis- und Gedächtnisinhalten oder Handlungsmustern; sie ähnelt der Rigidität oder mangelnden allgemeinen Anpassungs- oder Umstellungsfähigkeit.
- ➔ Motorische Unreife oder Inkoordination: Infolge gestörter psychischer Entwicklung verfügt das Kind nur in geringem und altersunangemessenem Maße über motorische koordinierte Fähigkeiten. Neben einer verminderten Gedächtnis-

leistung sind außerdem Störungen in der Aufmerksamkeitszuwendung, in der Ich-Erfahrung und im Selbstbild charakteristisch.

Förderansatz

Diese Merkmalsbestimmung lässt erkennen, dass die Gruppe der so genannten lern- und wahrnehmungsgestörten Kinder weitgehend der Gruppe von Kindern mit HKS entspricht. Dieses Reiz-Reduktions-Konzept ist ein weitgehend medizinisch-psychiatrisch orientiertes Konzept und basiert auf den Erziehungskonzepten für geistig behinderte Kinder. Ursprünglich für Kinder mit annähernd durchschnittlicher Leistungsfähigkeit und vermuteter Hirnschädigung gedacht, wandelte es sich zu einem Konzept zur »Förderung lern- und wahrnehmungsgestörter Kinder«. Ausgehend von der leichten Ablenkbarkeit der Kinder infolge einer Unterstimulation baut das Konzept auf dem Grundprinzip der Reiz-Reduktion auf. Es verfolgt eine Lern-Umweltgestaltung unter dem Aspekt »Reizkontrolle«. Sie findet einerseits durch Reizreduktion und andererseits durch Reizintensivierung statt. Es geht also nicht nur darum, die Möglichkeiten der Ablenkung zu minimieren, sondern auch um die Erhöhung des Reizwerts bestimmter Stimuli. Diese sollen sich für das Kind deutlich abheben und so die Aufmerksamkeit auf sich lenken. Cruickshanks Konzept enthält folgende Vorschläge zur Reizkontrolle:

Reiz-Reduktion und -kontrolle

Fördermaßnahmen

- Reduzierung von Umweltreizen: Die Minimierung der Reize betrifft die farbliche Gestaltung, die Möbel und die Ausschmückung des Klassenzimmers. So sollen Wände und Einrichtungsgegenstände in einer Farbe gestrichen sein. Fensterscheiben aus undurchsichtigem Mattglas verhindern den Blick nach draußen. Das Unterrichtsmaterial ist in Schränken untergebracht; offene Regale gibt es nicht. Lediglich die momentan benötigten Materialien liegen auf den Tischen. Die farblich zur Einrichtung passenden Teppiche und Decken sind schalldämpfend und tragen so zur Lärmminderung im Raum bei.
- Reduzierung des Raumes: Raumreduzierung bedeutet, dass der Unterricht auf kleinstmöglichem, abgeschirmtem Raum stattfinden soll. Jedes Kind hat seinen Arbeitsplatz in einer kleinen, nur nach hinten offenen Kabine. Dieser kleine Raum kann der Schüler wahrnehmungsmäßig vollständig überblicken und kontrollieren. Die Kabine sollte jedoch so groß sein, dass sie Platz für eine weitere Person, den Lehrer

oder einen anderen Schüler, bietet. Es ist vorgesehen, dass jeder Schüler solange in diesem Reizvakuum arbeitet, bis er Erfolgserfahrungen machen konnte und selbstbewusster, selbstsicherer geworden ist. In der Anfangsphase finden zudem tägliche Verrichtungen wie Lernen, Essen und mittägliches Schlafen in den Kabinen statt.

- Strukturierung des Lernprogramms: Auf die ausschließlich fremdgesteuerte Strukturierung hat das Kind keinen Einfluss. Es bleiben ihm keine Alternativen bezogen auf organisatorische und inhaltliche Elemente. Demnach liegt eine Situation vor, in der alles vorhersagbar, einschätzbar ist und die ein hohes Maß an Sicherheit und Handlungsorientierung bietet. Es gelten festgelegte Regeln wie das tägliche Benutzen desselben Kleiderhakens und derselben Anlage, das sofortige Aufsuchen der Kabine und das strikte Befolgen der Anweisungen.
  Die Strukturierung der Lerninhalte orientiert sich am Lernniveau und an der kurzen Aufmerksamkeitsspanne des Kindes. Die Lehr- und Arbeitsmaterialien verfolgen eine allgemeine kognitive Förderung und eine spezielle Förderung in den Defizitbereichen. Neben einer gezielten Förderung bestimmter Basisqualifikationen, wie z. B. der Aufmerksamkeit, kommen besondere Förderprogramme zur Anwendung, z. B. für den visuell-motorischen Bereich. Als durchgängig notwendige Maßnahmen gelten die Förderung der Motorik und die der Sprach- und Kommunikationsfähigkeit. Außerdem ist eine psychologische Betreuung erforderlich.
- Feste Zeitstrukturen: Alle Aktivitäten, Regeln und Planungen sind klar auf Zeiteinheiten bezogen. Es wird darauf geachtet, dass nicht alle acht bis zehn Kinder einer Gruppe gleichzeitig am ersten Kindergarten- oder Schultag beginnen. Ein Zeitraum von mehreren Wochen, in dem die Klasse allmählich (wie bei Montessori) angefüllt wird, gibt Zeit zur Eingewöhnung und Vorbereitung auf neue Kinder. Das Gesamtprogramm geht von stark fremdbestimmtem Verhalten über Mitbestimmung bis hin zu vermehrt selbständigem und selbstgesteuertem Lernen und Handeln.
- Reizerhöhung des Unterrichtsmaterials: Mit Hilfe von Farben und Farb- oder Form-Größen-Markierungen wird der Reizwert und damit der Aufforderungscharakter des Materials an kritischen Punkten erhöht. Neben der Reizreduktion

der Lernumgebung ist die Reizerhöhung des Lernmaterials in den ersten Phasen des Programms sehr wichtig. Mit zunehmendem Erfolg wird die Stimulusanreicherung langsam ausgeblendet.

→ Gestaltung didaktischer Materialien: Bei der Gestaltung der Lernmaterialien verfolgt man den Weg vom Konkreten zum Abstrakten. Die Wahmehmungs- bzw. Gliederungsschwäche der Kinder macht eine Ausschaltung störender Nebenreize erforderlich. Das Material muss einfach handhabbar sein, eine selbständige Handlungsführung und Fehlerselbstkontrolle enthalten und nach möglichst knapper Anleitung vom Kind selbst verwendbar sein. Hier ist auf das Montessori-Material und ähnlich konstruiertes Material hinzuweisen.

Kritik

Kritisiert wird dieses Reiz-Reduktions-Konzept als defizitorientierter Ansatz, der ursprünglich von einem minimal hirngeschädigten Kind mit eingeschränkten Lernmöglichkeiten ausgeht. In einer späteren Buch-Auflage wird zwar von der Hirnschädigung abgerückt, doch nach wie vor ist von lern- und wahrnehmungsgestörten Kindern die Rede, ohne mögliche äußere Verursachungsfaktoren in Betracht zu ziehen. Cruickshank nimmt an, dass soziales Lernen mit Raum- und Reizreduzierung simultan angebahnt wird. Andere Bedingungen sozialen Lernens lässt er dabei außer Acht. Kritiker sehen vor allem die Gefahr der sozialen Isolierung, die durch Raum- und Reizreduzierung, durch das vorstrukturierte Lernprogramm und durch die Fremdsteuerung bedingt ist. Der Entwicklungtheorie fehlt es ihrer Meinung nach an einer theoretischen Fundierung, so dass sich keine Handlungsanweisungen für den Erzieher ableiten lassen. Hinsichtlich der Ausgangsdiagnostik wird bemängelt, dass die Kategorien inhaltlich nicht überschneidungsfrei sind. Die Kritik an diesem auch in Deutschland modifiziert angewandten Ansatz bemängelt die eingeschränkte Sozialerziehung bzw. das eingeschränkte soziale Lernen und das Überwiegen der Fremdsteuerung.[301]

Dennoch kann nicht übersehen werden, dass als erste begrenzte Maßnahme die strenge und übersichtliche äußere Ordnung und Isolierung zur Minderung der Ablenkung, Förderung der Orientierungsfähigkeit, sensomotorischer Grundfertigkeiten oder basaler Fertigkeiten in den Kulturtechniken dieser Ansatz durchaus nützlich sein kann, weil ja dann zunehmend Wahlmöglichkeiten und dadurch Selbststeuerung eröffnet werden, da die hier erlebten Erfolge den Anschluss an die Gruppensituation ermöglichen.

Kephart[302]

Sein Ansatz beruht auf neurophysiologischen und -psychologischen sowie entwicklungspsychologischen und sonderpädagogischen Erkenntnissen über die gestörte Informationsverarbeitung bei Kindern mit Lern- und Verhaltensstörungen und hyperkinetischen Symptomen. Ziel seines Programmms ist die Generalisierungsfähigkeit, d. h. Handlungsmuster aus Datenmengen verschiedener Sinnesquellen bilden zu können und diese Handlungsmuster immer wieder neu organisiert auf neue Situationen hin problemlösend transferierend anzuwenden.

Ziel: Generalisierungsfähigkeit

Symptome

»Das lernbehinderte Kind hat häufig gerade bei der Entwicklung von Generalisierungen die Schwierigkeiten. Fakten und spezifische Fertigkeiten erlernt es noch relativ leicht. Seine Schwierigkeit besteht in der Integration und Organisation dieser Daten. Sie bleiben voneinander weitgehend isoliert und unabhängig und werden nur angesprochen, wenn ein bestimmter Stimulus auftritt. Braucht das Kind größere Datenmengen, um ein Problem zu lösen, so muss es seine Kenntnisse einzeln durchgehen und jede Teilinformation einzeln auswählen oder zurückweisen.

Das Ergebnis ist, dass es bei jeder Aufgabe leicht Fakten oder Informationen übersieht, die ihm beigebracht wurden und die es gut weiß ... Es bringt Dinge zusammen, die nicht zusammengehören, und Ganzheiten, wie Formen oder Worte, zerfallen ihm. Seine Grob- und Feinmotorik sind beide ruckartig, heftig und unkoordiniert ... Derartige Störungen sind besonders durchschlagend während der ersten Lebensjahre, wenn sich die Muster der Generalisierungen bilden ... In den meisten Fällen hat das lernbehinderte Kind diese Störung seines Zentralnervensystems um den Zeitpunkt der Geburt herum erlitten. Sie stört daher bereits in den ersten Entwicklungsstadien den Erwerb von Generalisierungen. Eine zweite Gruppe von Lernbehinderten hat ein intaktes Nervensystem. Jedoch sind die Lernerfahrungen, denen sie ausgesetzt waren, entweder so begrenzt oder so chaotisch gewesen, dass sie nicht die notwendigen Informationen geliefert haben. Man nennt diese Kinder häufig kulturell depriviert ... Das (normallernende) Gehirn ist darauf angelegt, Muster zu bilden. Es verfügt über einen Mechanismus, der Generalisierungen aufgrund von Lernerfahrungen automatisch erzeugt.«[304]

Deshalb benötigen diese Kinder spezielle Formen der Darbietung und Techniken, die diesen abweichenden Informationsverarbeitungsprozessen entsprechen und dem Kinde das selbständige Lernen und eine normale Entwicklung – z. B. nach Piaget – ermöglichen.

Förderansatz

Nach Kephart brauchen die gestörten Kinder prothetische Hilfen in folgenden Bereichen:

Prothetische Hilfen

- Lernprothesen, z. B. beim Lesen und Rechnen, Betonung von Elementen durch Farbe und Form usw.;
- soziale Prothesen, wie z. B. kleine Lerngruppen, klare stabile Regeln, Hilfen zur Selbstkontrolle und Vermeidung von unkontrollierbaren und überraschenden Situationen, zur Entwicklung einer stabilen orientierenden Unterrichtsroutine;
- Verhaltensprothesen, wie z. B. Lernkabinen, medikamentöse Therapie.

Kepharts Interventionsprogramm fußt
- auf einer komplexen und fortlaufenden Diagnostik, deren Ergebnisse in das Interventionsprogramm einfließen;
- auf einer ganzheitlichen Behandlung grundlegender Funktionen wie der Motorik und der Wahrnehmung, besonders von Raum, Zeit und der kognitiven Grundoperationen wie Erkennen, Unterscheiden, Kombinieren bzw. Koordinieren usw., wie dies z. B. in der Montessori-Pädagogik durch die so genannten Sinnesmaterialien ebenfalls geschieht.

Didaktisch ist sein Programm so aufgebaut, dass die nach Entwicklungsgesetzen aufbauenden sensomotorischen und intellektuellen Grundfertigkeiten speziell trainiert, integriert und umgehend in generalisierende und natürliche Aufgabensituationen überführt werden.

Didaktisches Programm

Auch wenn an diesem Konzept kritische Anmerkungen gemacht werden, so ist es doch in sich konsistent, systematisch aufgebaut und vermittelt eine Fülle von praxisdienlichen Anregungen.

Methoden kognitiver Verhaltensmodifikation

Zur kognitiven Verhaltensmodifikation rechnet man die selbstgesteuerte Verhaltensmodifikation wie auch das Selbstinstruktionstraining. Es besteht aus den Komponenten der Selbstüberwachung, -bewertung und -verstärkung.

Selbststeuerung/-instruktion

Für die Selbstüberwachung in der Schule werden Arbeitskarten vorgeschlagen, in die der Schüler täglich einträgt, ob er bestimmte vereinbarte Verhaltensweisen realisiert hat. Am Ende der Unterichtsphase erfährt er anhand der Lehreraufzeichnungen, inwiefern er mit seiner Selbsteinschätzung richtig lag. Selbststeuerung bzw. kognitives Modellieren ist auch der Kern eines Ansatzes von Meichenbaum[305] auf der Basis von musterhaften Verhaltenssequenzen aus Filmen oder auf Bildkarten mit Handlungsanweisungen. Zuerst werden diese laut gesprochen und dann über leises Sprechen zum »inneren« Sprechen bzw. ins Denken überführt. Als Modell kann aber auch ein Trainer/Lehrer dienen, und die Eltern sollen bei den häuslichen Übungen einbezogen werden. Untersuchungen zu diesem Verfahren konnten positive Langzeitwirkungen nachweisen.[306]

Superlearning

In diesem Zusammenhang ist auch das Superlearning bzw. die Suggestopädie zu erwähnen, deren Effizienz sich erwiesen haben soll. Sie beruht auf neueren Erkenntnissen der Gehirnforschung über das Zusammenspiel der linken und rechten Gehirnhälften mit ihren unterschiedlichen Funktionen. Es kann zusammenfassend davon ausgegangen werden, dass dieser Ansatz durch eine Verbesserung der Motivation, der Konzentration und der Gedächtnisleistungen der Schüler das Lernen wesentlich erleichtert – auch bei schwierigen Schülern.[307]

Lernphasen

Hier wird nach drei Phasen gelernt:

- ➔ In der kognitiven Phase (linke Gehirnhälfte, abstraktes, begriffliches Lernen) wird der Stoff dargeboten, vermittelt und erarbeitet.
- ➔ Die rezeptive Phase (rechte Gehirnhälfte) wird über Musik und Entspannung aktiviert, und der Lernstoff wird in dieser Engrammierungsphase ins Gedächtnis dringen.[308]
- ➔ Die aktive, ganzheitliche Phase wird durch Tun, Rollenspiele, gruppendynamische Interaktionsspiele angesprochen und dient der selbständigen haptischen, akustischen oder optischen Wiederholung, Festigung, Vertiefung.

Der Ansatz von Wood

Dieser in den USA weitverbreitete Ansatz einer umfassenden Entwicklungstherapie wird in manchen Erziehungsschwierigenschulen (z. B. in Essen) erfolgreich praktiziert. Erziehungsschwierige Schulanfänger sind nach dortiger Erfahrung in ihrem Entwicklungsalter oft noch auf dem Niveau 2–6-jähriger Kinder, so dass hiervon auch die Kindergarten- bzw. Hortarbeit profitieren dürfte. Das Handlungskonzept ist wie folgt gekennzeichnet[309]:

Grundideen des Handlungskonzeptes

- »Es wird ein explizites Konzept formuliert mit nachvollziehbarer Offenlegung von Methoden, Instrumenten, Aktivitäten und Materialien, Interventionsstrategien.
- Verhaltensänderung und Messung des Fortschritts werden – unter Beibehaltung der Prinzipien humanistischer Psychologie – objektiviert.
- Integration statt Isolation und Stigmatisierung bei gleichzeitiger spezifischer und rascher Hilfe ist Grundprinzip.
- Der gesamte Kind-Umfeld-Hintergrund wird einbezogen statt einer ›autonomen‹, losgelösten Therapie.
- Unterricht und schulische Erziehung werden als therapeutische Faktoren gestaltet.
- Therapeutische Hilfe erfolgt auf breiter Basis, nicht nur für wenigeKinder.
- Die Einseitigkeit Psychologischer und Pädagogischer Schulen wird überwunden durch ein Konzept, in dem Experten der verschiedensten Fächer und Richtungen zusammenarbeiten können.
- Die praktische Bewährung des Konzeptes und die Überprüfung der Effektivität wird in wissenschaftlichen Längsschnittuntersuchungen belegt.

Das Konzept

Realisierungsbedingungen

Im Wood'schen Ansatz arbeiten SonderpädagogInnen als TherapeutInnen für verhaltensauffällige Schüler; die Therapie erfolgt schwerpunktmäßig durch Unterricht und Erziehung in Kleingruppen (ca. 6 Schüler). Die Schüler nehmen etwa zwei Stunden täglich an diesem Unterricht teil; die restliche Zeit sind sie, soweit irgend möglich, in reguläre Settings integriert. Die Förderung geschieht durch ein Team von zwei LehrerInnen, von denen eine(r) Klassenlehrerfunktion hat, der/die andere als AssistentIn arbeitet (LehramtsanwärterIn, StudentIn höherer Semester etc.). Das Team wird verstärkt und unterstützt durch weitere Fachleute: KoordinationslehrerIn (Funktion: Supervision, Schülerbeobachtung, Konferenzkoordination etc.), SozialpädagogIn, PsychologIn, PsychiaterIn, MedizinerIn.

Entwicklungstherapie

Die Entwicklungstherapie ist durch folgende wesentliche Elemente gekennzeichnet:

- Das Phänomen kindlicher Verhaltensauffälligkeiten und seine Beeinflussungsmöglichkeiten werden in einem theoretischen Konzept explizit dargestellt.
- Es existiert ein therapeutisches Curriculum mit dem Schwerpunkt auf Förderung von sozial-emotionaler Entwicklung, das von der Diagnose über die Unterrichtsplanung und -durchführung bis zur Evaluation des Schülerfortschritts reicht.
- Das Curriculum umfasst die Bereiche Verhalten, Kommunikation, Sozialisation und (Vor)Schulleistung, die in einem Entwicklungstherapeutischen Lernziel-Diagnosebogen (ELDiB) in 171 präzise formulierten Items als sequentielle Fähigkeitsentfaltung beschrieben sind und entsprechend beobachtet werden können.
- Sonderpädagogische und psychologische Interventionstechniken werden ausführlich diskutiert.
- Die Unterrichtsstruktur (Zeitplanungs-, Raumplanungsaktivitäten, Materialien, Interventionen etc.) werden genauestens beschrieben.

Entwicklungssequenzen und Hierarchie

Wood geht von der Prämisse aus, dass die normalen Prozesse der physischen und psychischen Entwicklung in einer Hierarchie von Stufen und Sequenzen abläuft. Diese sequentielle Natur sei in der Forschung und Literatur hinreichend dokumentiert. Ziel der Therapie sei es nun, das Kind bei der Erreichung von Entwicklungslernzielen zu unterstützen. Daher müsse zunächst bestimmt werden, welche Fähigkeiten es bereits besitzt (mittels ELDiB). Der Blick richtet sich also nicht in erster Linie auf die Defizite des Schülers, sondern auf seine Bedürfnisse in einem ›Entfaltungsmodell‹. Die Therapieplanung orientiert sich an den normalen Veränderungen in der kindlichen Entwicklung. In der therapeutischen unterrichtlichen Intervention werden altersgemäße Erfahrungen und Reaktionen zur Förderung neuer, konstruktiver Verhaltensweisen genutzt.

Therapieplanung

Das Curriculum

Das entwicklungstherapeutische Curriculum umfasst fünf aufeinander aufbauende Stufen, von denen jede durch ein Bündel von Merkmalen bestimmt wird und ein spezifisches Stufenziel hat. Darüber hinaus werden jeder Stufe die für die Schüler auf dieser Stufe angemessenen Erfahrungen, Bedürfnisse, Aktivitäten, Materialien und Interventionstechniken zugeordnet:

Stufe	*Stufenziel*	*Alter bei normaler sozial-emotionaler Entwicklung*
I.	Mit Freude auf die Umwelt reagieren	0–2 Jahre
II.	Erfolgreich auf die Umwelt reagieren	2–6 Jahre
III.	Erwerben von Fähigkeiten, um erfolgreich in Gruppen teilzunehmen	6–9 Jahre
IV.	Sich in Gruppenprozesse einbringen	9–12 Jahre
V.	Anwenden individueller und gruppenbezogener Fähigkeiten in neuen Situationen	12–16 Jahre

Auf jeder Stufe sind außerdem den vier Curriculumbereichen Verhalten, Kommunikation, Sozialisation und (Vor)Schulleistung Bereichsziele zugeordnet. Da davon auszugehen ist, dass verhaltensauffällige Schüler der Klassen 1 bis 6 (ca. 6. bis 12. Lebensjahr) Entwicklungsverzögerungen aufweisen, die eine Zuordnung zu den Entwicklungstherapie-Stufen II und III wahrscheinlich machen, werden im Folgenden exemplarisch nur die Bereichsziele für die Stufe II angegeben:

- Verhalten: Erfolgreiche Teilnahme an Routineabläufen u. Aktivitäten;
- Kommunikation: Verwendung von Sprache, um andere in konstruktiver Weise zu beeinflussen;
- Sozialisation: Sich gemeinsam mit anderen an Aktivitäten beteiligen;
- Schulleistung: Teilnahme an Routineabläufen im Umterricht mittels Sprachkonzepten hinsichtlich Ähnlichkeiten und Unterschieden, Bezeichnungen, Verwendung, Farbe; durch numerische Prozesse (ordnen und klassifizieren); durch Körperkoordination.

Für die Ebene der Einzellernziele folgt eine Auswahl von Items, die ebenfalls der Stufe II entnommen sind:

- Verhalten:
  Lernziel 9: Kind wartet ohne physische Intervention durch Erwachsenen auf Materialien oder bis es an der Reihe ist.
  Lernziel 10: Kind nimmt verbal und physisch an Aktivitäten im Sitzen teil (Arbeitsphasen, Imbissphase) ohne physische Intervention durch Erwachsenen.

- Kommunikation:
  Lernziel 12: Beschreibt einfache, erfühlbare Merkmale sowohl von sich als auch von anderen.
  Lernziel 13: Verwendet spontan Worte, um minimale Information mit einem anderen Kind auszutauschen.
- Sozialisation:
  Lernziel 13. Nimmt spontan an spezifischen parallelen Spielaktivitäten mit einem anderen Kind teil (Verwendung ähnlichen Materials, nicht interagierend).
  Lernziel 17: Beteiligt sich an interaktivem Spiel mit einem anderen Kind.
- (Vor)Schulleistung:
  Lernziel 30: Erkennt Mengen von Objekten bis 10.
  Lernziel 31: Gibt einfache Begründungen an, warum Dinge geschehen.

Der Stundenplan

Der Stunden- bzw. Unterrichtsplan dient als Leitlinie für Förderung und Therapie und setzt die Erkenntnisse der Entwicklungspsychologie und der Verhaltensauffälligenpädagogik konsequent um. Die Anzahl der Aktivitäten in einem zweistündigen Förderblock nimmt mit höheren Stufen ab (Stufe II neun; Stufe III fünf), wodurch Konzentration und Durchhaltefähigkeit angemessen berücksichtigt werden bzw. Motivationsbedingungen sich durch den systematischen Tätigkeitswechsel optimal einrichten lassen. Lernen durch eigenes Tun steht im Vordergrund. Musische Aktivitäten nehmen einen breiten Raum ein, da in diesen Bereichen oftmals brachliegende Fähigkeiten für die Gesamtförderung nutzbar gemacht werden können bzw. die Schüler in diesen Bereichen häufig nicht von negativen Vorerfahrungen belastet sind. Integrierter Bestandteil des Unterrichts ist weiterhin das Training von Wahrnehmung, von motorischen bzw. sensomotorischen Fähigkeiten sowie der Sprachfunktionen, um so Entwicklungsrückstände oder Teilleistungsstörungen bearbeiten zu können. Die schrittweise Förderung der schulischen Leistungen dient dem Aufbau eines positiven Selbstbildes im Leistungsbereich und der Vorbereitung für die erfolgreiche Teilnahme am Unterricht in regulären Settings. Die Planung für eine Unterrichtswoche gruppiert sich um ein Wochenthema herum, das altersgemäße Interessen und Aspekte des schulischen Curriculums miteinander verbindet. Ein Stundenplan der Stufe III würde beispielsweise die folgenden Aktivitäten umfassen, deren jede mindestens einen Bereich des Curriculums berührt und in der Regel einen Teilbereich des regulären schulischen Curriculums einschließt:

- Gemeinsame Planung in der Gruppe (10 Min.)
- Aktuelle Ereignisse (10 Min.)
- Muttersprachliche Phase (20 Min.)
- Gruppenprojekt (Kunst, Musik etc.) (20 Min.)
- Pause im Waschraum (5 Min.)
- Sport und Bewegung (15 Min.)
- Imbiss (10 Min.)
- Mathematik (20 Min.)
- Gruppenabschluss (10 Min.).

Insgesamt: 120 Min.

Beratungsarbeit

Die Kooperation mit der regulären Schule und mit den Eltern basiert auf ständigem Informationsaustausch und intensiver Diskussion. Nur so können Enwicklungsfortschritte des Kindes in allen drei Umfeldern (Förderzentrum, Heimatschule, Familie) gleichzeitig gefördert werden. Es ist notwendig, dass mit jedem Elternpaar bzw. mit jedem beteiligten Kollegen der regulären Schule einmal wöchentlich eine Konferenz stattfindet. Die Beratungsfunktion wird dabei entweder von sonderpädagogischen KlassenlehrerInnen, den KoordinationslehrerInnen, SozialpädagogInnen oder von einem Team dieser Personen, evtl. unter Einbeziehung der schulpsychologischen Beratungsstelle, übernommen.

In den Organisationsformen der Elternarbeit (z. B. Konferenz, Hausbesuch, Unterrichtsbeobachtung, Elterntraining) kann vorrangig das Elterntraining zur Verbesserung der Interaktion zwischen Eltern und Kind einen wesentlichen Platz einnehmen.

In der Beratung mit den KollegInnen der regulären Schulen sind vor allem deren Einstellungen, Wahrnehmungen, eventuelle Vorbehalte gegen die Förderung und Zusammenarbeit sowie individuelle pädagogische Stile zu berücksichtigen, was die sachgerechte Gestaltung der Beratungssituation unabdingbar und begleitende Supervision der SonderpädagogInnen sowie ständiges Training in Beratungskompetenzen notwendig macht.

Als Organisationsformen der Zusammenarbeit mit der regulären Schule sind u. a. zu nennen:

- Teilnahme/Mitarbeit der SonderpädagogInnen im regulären Unterricht;
- gemeinsame Erstellung von Individuellen Erziehungsplänen (IEP) in Konferenzen;
- Beobachtung von SchülerInnen im entwicklungstherapeutischen Unterricht durch den Kollegen/die Kollegin der regulären Schule;
- Beratung und Krisenintervention an der regulären Schule ...

Das Curriculum: Die planmässige Förderung entwicklungsverlangsamter emotionaler und sozialer Kompetenzen

Das entwicklungsstherapeutische Curriculum stellt nun ein System von Richtzielen, Stufenzielen, Einzellernzielen, Strategien zur Verhaltenssteuerung, Unterrichtsmaterialien und -aktivitäten sowie spezifische Rollenbeschreibungen der/des Pädagogin/en bereit, die sozial-emotionale Entwicklung zugleich mit kognitiver Entwicklung fördern und systematisch die vier Bereiche Verhalten, Kommunikation, Sozialisation und (Vor)Schulleistung in den Blick nehmen. Ausgehend von einer Einschätzung der tatsächlich vorhandenen Kompetenzen eines Schülers, also seines aktuellen Entwicklungsstandes, werden mit Hilfe des Entwicklungsstherapeutischen Lernziel-Diagnosebogens (ELDiB) Gruppenzuordnungen vorgenommen, kurz- und mittelfristige Individuelle Erziehungsspläne (IEPs) aufgestellt, Unterricht nach Maßgabe dieser Pläne strukturiert und der Fortschritt evaluiert.

Die Ausrichtung am Entwicklungsstand des Schülers und die Förderung seiner sozialen, emotionalen, kommunikativen und kognitiven Fähigkeiten gleichzeitig ist insbesondere für vier Handlungsbereiche wichtig, wenn PädagogInnen mit verhaltensauffälligen Schülern arbeiten:

1. Bedürfnisse des Schülers genau erkennen und Unterrichts- und Verhaltensstrategien danach ausrichten;
2. Positiv auf normale, adäquate Verhaltensweisen des Schülers eingehen, statt Defizite in den Mittelpunkt stellen;
3. Unterricht und Lehrerverhalten konsequent überprüfen;
4. Entwicklungsfortschritte des Schülers evaluieren.

Das entwicklungstherapeutische Lebensjahr von Kindern bzw. Jugendlichen. Es ist in fünf Stufen unterteilt. Die folgende Abbildung zeigt die Beziehung zwischen Lebensalter, normalen Stufen der Entwicklung, Stufen der Entwicklungstherapie und Förderorten.

Curriculum umfasst das 1. bis 16. Lebensjahr

Stufe	*Lebensalter*	*Normale Entwicklungsstufe*	*Förderort*
I.	0–2. Lebensjahr	Säugling und Krabbelkind	Frühförderung
II.	3. bis Schuleintritt (ca. 6. Jahr)	Frühe Kindheit	Frühförderung, Kindergarten
III.	6.–9. Lebensjahr	Mittlere Kindheit	Primarstufe Klassen 1–3
IV.	10.–12. Lebensjahr	Späte Kindheit und beginnende Adoleszenz	Primarstufe Kl. 4 und Orientierungsstufe
V.	13.–16. Lebensjahr	Adoleszenz	Sek. I

Bei einem Schüler mit Verhaltensauffälligkeiten werden die Beziehungen zwischen Alter und Stufe als Verzögerung in Erscheinung treten. Je gravierender die Auffälligkeit ist, desto kumulativer wirkt sich die Verzögerung außerdem auf die Entwicklung aus. Ein Zwölfjähriger, dessen Verhalten bereits im Kindergarten auffällig war und der keine entsprechende Förderung erfahren hat, wird daher möglicherweise erst an Entwicklungslernzielen im ersten Drittel der Stufe III arbeiten müssen.

Die einzelnen Stufen der Entwicklungstherapie lassen sich definieren:

- durch die generelle Stufenbeschreitung,
- die Art der Erfahrungen, Unterrichtsaktivitäten und -materialien,
- die Führungstechniken und
- die Rolle des Erwachsenen.

Die folgende Abbildung gibt nur einen Überblick über diese Definitionen für die Stufen II, III und IV, da diese für den Unterricht in den Klassen 1 bis 6 relevant sind.

STUFE II: Erfolgreich auf die Umwelt reagieren

- Allgemeine Beschreibung: Erwerben individueller Fahigkeiten.

- Rolle des Erwachsenen: Motivator; steuert alte Verhaltensstrategien zu erfolgreichen Ergebnissen; spiegelt Erfolg; berechenbarer Bezugspunkt.
- Techniken: Strukturierung des Unterrichts, gleichbleibende Routine; verbale Interaktion zwischen GruppenlehrerIn und AssistenzlehrerIn; körperliches und verbales Umlenken (›redirection‹); Einhalten von Grenzen; Spiegeln von Handlungen, Gefühlen und Erfolg.
- Intervention: Häufig, sowohl körperlich als auch verbal, unterstützend.
- Umgebung: Strukturiertes, erfolgreiches Erforschen; Aktivitäten führen zu Selbstvertrauen und Selbstorganisation; Kommunikationsaktivitäten, beginnende kooperative Aktivitäten, einfache Gruppenerfahrungen.

STUFE III: Erwerben von Fähigkeiten, um erfolgreich im Rahmen einer Gruppe teilzunehmen

- Allgemeine Beschreibung: Anwenden individueller Fähigkeiten im Rahmen von Gruppenverfahren; Modell für das Einbringen in die Gruppe.
- Rolle des Erwachsenen: stimuliert und fördert geeignete Gruppeninteraktion; erhält Grenzen und Gruppenerwartungen aufrecht; spiegelt und interpretiert Verhalten, Gefühle und Fortschritt.
- Techniken: Umlenken (›redirection‹); Spiegelung; verbale Interaktion zwischen KlassenlehrerIn und AssistenzlehrerIn; individuelles Life-Space-Interview; vorhersagbare Struktur und Erwartungen; Spiegelung von Gefühlen; Vorhersagbarkeit; häufige verbale Intervention, Konsistenz.
- Intervention: Häufig, meist verbal, Schwerpunkt auf der Gruppe.
- Umgebung: Gruppenaktivitäten, die Kooperation stimulieren; Teilen können und beginnende Freundschaften; Schwerpunkt auf Gruppenverfahren und -erwartungen; Annäherung an reale Lebenssituationen und -bedingungen, soweit die Gruppe ertragen kann.

STUFE IV: Sich in Gruppenprozesse einbringen

- Allgemeine Beschreibung: Wertschätzen der eigenen Gruppe.
- Rolle des Erwachsenen: Gruppenleiter; Berater; reflektiert Realität.

- Techniken: Interpretation von Gefühlen und Verhalten; individuelle und Gruppen-Life-Space-Interviews; Spiegelung der Realität.
- Intervention: Intermittierend, dem realen Leben angenähert.
- Umgebung: Realitätsorientiert; Aktivitäten, Verfahren und Erwartungen werden durch die Gruppe bestimmt; Betonung gemeinsamer Gruppenerfahrung bei schulischem Lernen; Rollenspiel; Exkursionen; Erlernen normalen Wettbewerbs ...

Erläuterungen zu den einzelnen Lernzielen sowie Beispiele
Stufe II – Erfolgreich auf die Umwelt reagieren
- Stufenziel Verhalten: Erfolgreiche Teilnahme an Routineabläufen und Aktivitäten.

8. Verwendet Spielmaterial, das normale Spielerfahrung stimuliert, angemessen (Bewusstheit der Funktion im realen Leben und in vorgeblichen Bezügen).

Das Kind sieht Spielzeuge nicht als etwas, das es zu zerstören gilt, sondern als Mittel, seine Phantasie zu beflügeln oder Situationen des realen Lebens nachzustellen.

➔ Das Kind fährt sein Spielzeugauto zu einer Tankstelle und tut so, als ob es das Auto betankt.
➔ Das Kind füttert eine Puppe und zieht sie an.

9. Wartet ohne phys. Intervention durch Erwachsenen (evtl. mit verbaler Unterstützung oder Berührung) auf Materialien oder bis es an der Reihe ist (identisch mit SOZ-14).

➔ In einer Sport-Übungssphase läuft das Kind zu den Matten, um einen Purzelbaum zu schlagen, ist aber nicht an der Reihe. Die Lehrerin sagt: ›Du freust dich, dass wir jetzt Turnen haben. Ich bin gespannt auf deinen Purzelbaum, aber erst, wenn David dran gewesen ist.‹ Das Kind wartet, bis es an der Reihe ist.
➔ Michael möchte ein Plätzchen, und er will es JETZT. Die Mutter sagt: ›Du bekommst das Plätzchen sofort, wenn Peter seins gekriegt hat.‹ Das Kind wartet.

10. Nimmt verbal und physisch an Aktivitäten im Sitzen teil, wie z. B. Arbeitsphasen und Imbissphasen, ohne phys. Intervention durch Erwachsene (evtl. mit verbaler Unterstützung oder Berührung).

Das Kind nimmt teil, indem es in dem Bereich des Raumes

bleibt, in dem nur die jeweilige Aktivität angesagt ist. Es reagiert auf Materialien, befolgt Anweisungen und reagiert verbal. Wie gut das Kind sitzt, spielt nur eine untergeordnete Rolle. – Erzählkreis. Das Kind entfernt sich aus dem Kreis. Die Lehrerin zeigt auf das Buch und ruft: ›Puh, schau mal, welch große Zähne der Wolf hat!‹ Das Kind kehrt in den Kreis zurück und sagt: ›Er wird sie alle fressen.‹

➔ Das Kind verlässt in einer Arbeitsphase abwechselnd seinen Platz und setzt sich wieder. Die Lehrerin sagt: ›Die Aufgabe ist ganz leicht, wenn du auf deinem Platz sitzen bleibst.‹ Das Kind führt seine Arbeit fort, beendet sie und beantwortet Fragen der Lehrerin zur Aufgabe.

11. Nimmt verbal und physisch an Bewegungsaktivitäten teil, wie z. B. Spielphase, Übungen auf der Matte, musische Aktivitäten, ohne phys. Intervention durch Erwachsene (verbale Unterstützung/Berührung).

Vergleiche Erläuterung zu 10.

➔ Bei einem Spiel mit einem Freund gerät das Kind in Konflikt mit ihm und bedroht ihn. Ein Elternteil stellt sich zwischen die beiden und sagt: ›Ich weiß, du möchtest auch mit dem Lastwagen spielen. Aber ich höre da ein großes rotes Feuerwehrauto, das gern aus der Spielzeugkiste heraus möchte.‹ Das Kind hört auf zu streiten, holt das Auto und sagt: ›Das ist mein Auto!‹

➔ Während einer Musikphase folgt das Kind zunächst nur zögernd einem Klatsch-Rhythmus auf eine Melodie. Nach einer verbalen Ermunterung durch die Lehrerin wird es zunehmend lebhafter. Dann fragt sie: ›Was machen wir als nächstes?‹ Das Kind schlägt vor, mit den Füßen zu stampfen.

12. Nimmt spontan verbal und physisch an Aktivitäten teil, ohne phys. Intervention Erw. (evtl. mit verbaler Unterstützung/Berührung).

Das Kind lässt Eigeninitiative erkennen, an der Aktivität teilzunehmen. Dies gilt nicht für die Übergänge von einer Aktivität zur anderen.

➔ Während einer Arbeitsphase nimmt sich Andreas sein Arbeitsblatt ohne besondere Aufforderung und fragt die Lehrerin nach der Aufgabe.

➔ In einer freien Spielphase beschäftigt sich Hans mit einem

Kaffeegeschirr. Die Lehrerin fragt, was er denn anbieten will. Hans antwortet: ›Kellerkuchen und Coca-Cola.‹«

Zusammenfassung:
Das komplexe Verhaltensbild »Hyperaktivität« erfordert offensichtlich ein mehrdimensionales diagnostisches, medizinisch-therapeutisches und pädagogisch-psychologisches Vorgehen und damit die Zusammenarbeit von Erziehern mit Eltern und Spezialisten. Aufgrund der schon im Vorschulalter beginnenden Problematik und damit drohenden Schulversagens besonders im Bereich der Sozialanpassung und im Erwerb der Kulturtechniken kommt dem Kindergarten eine fundamentale Bedeutung zu:

- ➔ Dies gilt im Bereich der Entwicklung eines für alle Mitarbeiter verbindlichen Erziehungskonzeptes für die klare soziale Verhaltensorientierung des Kindes.
- ➔ Im Bereich der basalen sensomotorischen und kognitiven Kompetenzen ist eine frühe und den Kindergarten/die Früherziehung überschreitende und in der Schule fortzuführende kontinuierliche Förderung zwingend geboten.
- ➔ Erforderlich ist eine kontinuierliche Zusammenarbeit mit Eltern, ihre Beratung und Anleitung, um eine möglichst hohe pädagogische Übereinstimmung und damit dem Kinde eine verbindliche Verhaltensorientierung zu gewährleisten.
- ➔ In Zusammenarbeit mit Eltern und Spezialisten (z. B. Psychologen, Ärzten, Jugend- und ggf. Sozialämtern usw.) ist die Entwicklung und Umsetzung von Förderkonzepten und die Einbeziehung sozialer Hilfen anzustreben (ökologischer Ansatz).

6.3.3.4 Frühförderung und Behandlung

Die Behandlung bzw. Therapie hyperaktiver Kinder ist teilweise medikamentös möglich, z. B. durch Ritalin (bzw. Captagon oder Cylert). Danach ist in 70–80 % der behandelten Fälle eine Besserung eingetreten, und nur in 10–20 % der behandelten Fälle sprachen die Kinder nicht an bzw. ist eine Verschlimmerung festgestellt worden.[310] Götze/Neukäter verweisen auf bestimmte notwendige Diäten bzw. Nahrungsmittel, die nicht eingenommen werden sollten, weil sie Phosphate, Lecithin, Glycerophosphate, Alkohol enthalten.[311]

Aus pädagogisch-psychologischer Sicht werden als Behandlungen vorgeschlagen: die klientenzentrierte Spieltherapie[312],

Entspannungsverfahren und Biofeedback, wie z. B. Autogenes Training und Muskelentspannungstraining, psychomotorische Übungen und Verhaltensmodifikation, die nach Götze/Neukäter zu eindeutigen und »dauerhaften« Verbesserungen besonders im schulischen Bereich führen können.[313]

Die Behandlung von POS- und MCD-Kindern fußt im Wesentlichen auf folgenden Verfahren:

- Krankengymnastik zur Förderung der Grob- und Feinmotorik, insbesondere der Koordinationsfähigkeiten;
- Beschäftigungstherapie zur Verbesserung der Feinmotorik und Wahrnehmung;
- Sprachtherapie in Verbindung mit Wahrnehmungs- und motorischer Förderung;
- Psychomotorische Förderung z. B. nach Kiphard zur Verbesserung der Grob- und Feinmotorik, Koordination und Konzentration, Körperbeherrschung und des Sozialverhaltens, des Selbstbewusstseins und der realistischeren Selbsteinschätzung;
- Graphomotorisches Training zur Verbesserung der Schreibfertigkeiten;
- Rhythmisch-musikalische Erziehung zur Verbesserung der Gesamtmotorik und des Körpergefühls;
- Yoga sowie Judo, um erfolgreiche Körperbeherrschung, bewusstere Selbststeuerung sowie Konzentration und die allgemeine Geschicklichkeit zu fördern.

Es wird im Einzelfall zu entscheiden sein, welche Therapie bzw. Therapiekombination zweckmäßig ist.

Beratung

Eine Hauptaufgabe der Frühförderung und Schulpädagogik ist die Eltern-, Erzieher- und Lehrerberatung, wobei es hauptsächlich um die Entwicklung einer realistischen Einschätzung und Behandlung des Kindes geht: dass dieses Kind nicht böswillig oder unerzogen ist, keinen schlechten Charakter hat usw. Hier geht es darum, einen Prozess zu vermeiden, der in Ablehnung und Stigmatisierung, Einweisung in eine Sonderschule, z. B. für Lernbehinderte, oder soziale Ausgrenzung münden kann, den Hellbrügge mit Soziose umschreibt (s. Kap. 4.3).

Wie die Beschreibungen und Symptome der MCD, POS, Hyperaktivität zeigten, liegen hier beachtliche Übereinstimmungen im Ursachenfeld, im Symptombereich und auch bei der Diagnose und Behandlung vor. Auch die Zahlen über solche Störungsbilder schwanken erheblich (zwischen 2–18 % in den Untersuchungen lern- und leistungsgestörter Kinder), und Nissen fordert daher zu Recht, »Übereinkünfte darüber zu treffen, wann eine zerebrale Schädigung diagnostiziert werden kann«[314] bzw. welches Störungs- und Behinderungsbild exakt vorliegt. Die gegenwärtige Begrifflichkeit von MCD, POS usw. ist jedenfalls unbefriedigend.

6.3.4 ADHS (Attention Deficit Hyperactivity Disorder ICD10)

Mit ADHS bezeichnet man einen Problemkomplex von Aufmerksamkeitsdefiziten und Hyperaktivitätsstörungen (engl. Attention Deficit Hyperactivity Disorder). Man spricht von ADS, dem **A**ufmerksamkeits**d**efizit**s**yndrom (als Sub- oder Untertyp), wenn Hyperaktivität fehlt. Das Störungsbild kann in der Kindheit bis zum Ewachsenenalter auftreten.

Ursachen

Sie reichen von Störungen der Informationsverarbeitung zwischen Frontalhirn und Basalganglien (zuständig für Bewegungserzeugung/-steuerung) aufgrund von Störungen im Neurotransmitterbereich (u. a. Dopamin), genetischen Faktoren, langsamerer Gehirnentwicklung, verkleinerten Gehirnbereichen (präfrontaler Cortex) bis hin zu Ernährungs- und Erziehungsfehlern und soziokulturellen Entwicklungsbedingungen, wie z. B. bestimmten Erziehungsstilen.[315]

Statistik

Die verschiedenen Statistiken gehen von ca. 3,9 % und mehr bei deutschen Kindern und Jugendlichen aus.

»Aus international an der allgemeinen Bevölkerung erhobenen Daten ergibt sich eine Häufigkeit von 9,2 % (5,8–13,6 %) für Jungen und 2,9 % (1,9–4,5 %) für Mädchen. – Neuere deutsche Erhebungen fanden bei 6–10 Jahre alten Kindern in 6 % ein ADHS. Frühere deutsche Studien ... zeigten eine Jungen/Mädchen-Relation zwischen 2:1 beim vorherrschend unaufmerksamen Subtyp und 5:1 beim hyperaktiv-impulsiven Subtyp.«[316]

Symptome

Die Symptome dieses Störungsbildes sind oft ähnlich wie bei MCD und POS.

Symptomwandel

Nach den »Leitlinien der Deutschen Gesellschaft für Sozialpädiatrie und Jugendmedizin« sind nachstehende Symptome bei ADHS gegeben. Man kann einen altersabhängigen Symptomwandel beobachten, der womöglich mit bestimmten Lebensumständen zusammenhängt.

»Aufmerksamkeitsstörung – Hyperaktivität – Impulsivität

Hinweisend auf das Vorliegen dieser Leitsymptome sind Verhaltensauffälligkeiten in jeweils altersvariabler Ausprägung:
Säuglingsalter: unerklärliche lang dauernde Schreiphasen, motorische Unruhe, Ess- und Schlafprobleme, Ablehnung von Körperkontakt, Misslaunigkeit; anstrengend für die Eltern.
Kleinkindalter (einschließlich Kindergartenalter): plan- und rastlose Aktivität, schnelle, häufige und unvorhersagbare Handlungswechsel, geringe Ausdauer bei Einzel- und Gruppenspiel, ausgeprägte Trotzreaktionen, unberechenbares Sozialverhalten, Teilleistungsschwächen bezüglich auditiver und visueller Wahrnehmung, Fein- und Grobmotorik; vermehrte Unfallgefährdung; auffallend früher Spracherwerb oder auch verzögerte Sprachentwicklung; keine beständigen Freundschaften, Kind und Eltern isoliert.
Grundschulalter: mangelnde Regelakzeptanz in Familie, in Spielgruppe und Klassengemeinschaft, Stören im Unterricht, wenig Ausdauer, starke Ablenkbarkeit, emotionale Instabilität, geringe Frustrationstoleranz, Wutanfälle, aggressives Verhalten, schlechte Schrift, chaotisches Ordnungsverhalten; andauerndes Reden, Geräuscheproduktion, überhastetes Sprechen (Poltern); unpassende Mimik, Gestik und Körpersprache; Ungeschicklichkeit, häufige Unfälle; Lese-Rechtschreib-Schwäche, Rechenschwäche, Lern-Leistungsprobleme mit Klassenwiederholungen, Umschulungen, keine dauerhaften sozialen Bindungen, Außenseitertum; niedriges Selbstbewusstsein.
Adoleszenz: Unaufmerksamkeit, Null-Bock-Mentalität, Leistungsverweigerung, oppositionell-aggressives Verhalten, stark vermindertes Selbstwertgefühl, Ängste, Depressionen; Kontakte zu sozialen Randgruppen, häufiger Verkehrsunfälle, Neigung zu Delinquenz, Alkohol, Drogen.
Erwachsenenalter: Schusseligkeit, Vergesslichkeit; Mühe, Auf-

gaben zu planen und zu Ende zu bringen; Unbeständigkeit von beruflichen und sozialen Bindungen; Ängste, Depression, Jähzorn, Neigung zu Delinquenz, Alkohol, Drogen.
Hieraus wird erkennbar, dass hyperaktiv-impulsive Verhaltensauffälligkeiten schon früh und deutlich merkbar werden. Die Aufmerksamkeitsstörung wird erst mit den Leistungsanforderungen der Schule deutlich auffällig, sublime Ausdrucksformen davon finden sich aber als zentrale Steuerungsstörung bereits im Kleinkindalter: mangelnde Merkfähigkeit, auditive und visuelle Wahrnehmungsprobleme, schnelle Blickwechsel, polternde Sprache, unkoordinierte Bewegung.
Häufig zu beobachtende positive Eigenschaften: Ideenreichtum, künstlerische Kreativität, Begeisterungsfähigkeit, Hilfsbereitschaft, Gerechtigkeitssinn.

Komorbide Störungen
(begleitende Störungen, Verf.) sind mehr oder weniger häufig und deutlich pathogenetisch schon früh in die Kernproblematik eingewoben, teils auch verstärkt durch Reaktion auf ungünstiges Verhalten der Umgebung. Es ist wichtig, *ausgeprägte* komorbide Störungen im individuellen Symptomenspektrum zu erkennen, da sie sich ungünstig auf die Prognose auswirken und spezielle therapeutische Maßnahmen erfordern: Oppositionelle Störungen des Sozialverhaltens, aggressive Verhaltensstörungen, depressive Störungen, Angststörungen, Zwangsstörungen, Lernstörungen, Teilleistungsschwächen, Sprach-, Sprechstörungen, Tic-Störungen, Tourette-Syndrom (neuropsychiatrische Erkrankung mit Tics, spontane, einschießende, oft heftige Bewegungen, oft verbunden mit Lautäußerungen, Verf.)

Individuelles Symptomenspektrum

Während beim kombinierten Subtyp alle komorbiden Störungen vorkommen können, sind beim hyperaktiv-impulsiven Subtyp häufiger oppositionelle und aggressive Störungen, beim unaufmerksamen Subtyp häufiger Ängste, Depressionen und Lernstörungen zu finden.«[317]

6.3.4.1 Früherkennung und Diagnose
Wie schon oben erwähnt, zeigen die Symptome eine »altersvariable Ausprägung«, d. h. vom Säuglings- bis zum Erwachsenenalter treten die Symptome unterschiedlich auf. Dementsprechend erfolgt auch die Diagnose mit Hilfe unterschiedlicher Verfahren:

- **Exploration** der Lebensgeschichte durch Befragung der Eltern usw.
- **Klinische Untersuchungen** zur Abklärung von möglichen physischen Beeinträchtigungen, von das Verhalten beeinflussenden Krankheiten, wie etwa Ekzemen, Atemwegsallergien, Hör- und Sehschwäche, Koordinationsstörungen usw.
- **ADHS-spezifische Fragebogentests** zur Erfassung bestimmter diagnosetypischer Verhaltensweisen.
- **Testpsychologische Untersuchungen,** die angewandt werden, um herauszufinden, ob »als Ursache für eine ADHS-(Teil)-Symptomatik umschriebene Leistungs- oder Verhaltensstörungen (wie Intelligenzdefizit, Lese-Rechtschreib- oder Rechenstörung, dissoziales Verhalten) in Frage kommen.«[318]
- **Videoaufzeichnungen** »zur diagnostischen Beurteilung und für das Elterngespräch, auch für die Überprüfung des Therapieerfolgs. Demonstrierbar für die Eltern dabei die Auffälligkeiten in Mimik, Gestik und Körpersprache, die Aufmerksamkeitsabbrüche, das unangepasste Verhalten des Kindes und die eigene elterliche Reaktion.«[319]
- **Apparative Diagnostik**, wie z. B. EEG-Untersuchungen

Sämtliche diagnostischen wie auch therapeutischen Verfahren sind gebunden an einschlägige Fachkräfte, wie z. B. klinische Psychologen, Ärzte usw.

Diagnostisch-Therapeutische Maßnahmen

Leider muss man sagen, dass der Markt hier unübersichtlich groß ist und nach ärztlichen Angaben auch Marktinteressen kraftvoll umgesetzt werden. Man spricht vom »Krankheits-Marketing«, wenn durch Sponsoring und andere Maßnahmen Behörden, Therapeuten, Forschungen usw. beeinflusst werden sollen.

Viel diskutiert wird die massenweise medikamentöse Behandlung u. a. mit Ritalin, welches den Dopamin- und Noradrenalinhaushalt im Gehirn beeinflusst. Bei Erwachsenen bewirkt dies gesteigerte Energie und Euphorie. Bei Kindern kann es eine bessere Aufmerksamkeit und Selbstkontrolle, aber keine Heilung von ADHS bewirken. Auch die Nebenwirkungen dieser Behandlung sind beachtlich. Der Zahl der Verschreibung von Medikamenten im Zusammenhang mit ADHS (Ritalin und anderen) soll 2003 bei 20 Millionen gelegen haben.

Hier sind auch andere pädagogische und psychologische Hilfen und diverse Therapien gefragt. Anlass zur Hoffnung gibt

u. a. Neurofeedback von Professor N. Bierbaumer, bei dem Kinder mit Hilfe eines Computerprogramms Einfluss auf eigene Hirnströme nehmen lernen.[320]

Zur Förderung etwa der Aufmerksamkeit bietet sich das – auch empirisch erprobte – Aufmerksamkeitstraining von Lauth / Schlottke an, das nach folgenden Schritten arbeitet:

1. Diagnose

Informationsquelle	*Fertigkeitsdefizite*	*Mängel in der Verhaltensregulation*	*Defizite in der Verhaltensorganisation*
Verhaltensanalyse mit Eltern und Lehrern	Mängel bei genauem Hinschauen; genauem Hinhören; genauem Nach-Erzählen	Vorschnelles und unbedachtes Handeln; Tendenz zu vermehrter Reizsuche: erhöhte Ablenkbarkeit; motorische Unruhe; Zappeligkeit	unsystematisches Vorgehen; Lösungswege nicht einhalten; nicht vorausschauend planen; das eigene Handeln nicht überprüfen
Arbeitsproben und Testverfahren	Reizvorlagen werden nicht ausreichend gemustert; einfache Suchaufgaben werden nicht gelöst; einfache Handlungen werden nicht nachgeahmt; Instruktionen werden nicht umgesetzt; eine Geschichte kann nicht in ihren Grundzügen nacherzählt werden	viele irrelevante Antworten; viele Zusatzfehler; rasche und unbedachte Antworten; kein Innehalten bei Fehlern; das eigene Vorgehen und die Zwischenergebnisse werden nicht überprüft; rasch abfallende Leistungen	unsystematisches Vorgehen; keine Überprüfung von Zwischenergebnissen; rasches und zufallsgesteuertes Arbeiten

2. Behandlung

Kern der Behandlung ist ein Training der Selbststeuerung und Planungsfähigkeit des Kindes unter Einbeziehung von Eltern und Lehrern.

Kasten 1: Training von Basisfertigkeiten und einfacher Verhaltensregulation

Dieser Therapiebaustein fördert Basisfertigkeiten (genau hinschauen; genau zuhören; genau nacherzählen; Wahrgenommenes wiedergeben) sowie Reaktionskontrolle und einfache Formen verbaler Handlungsregulation. Dies erfolgt zunächst an weitgehend wissensfreiem Material, um das Erreichen des Behandlungszieles nicht durch Wissensdefizite zu gefährden. Die Vermittlung dieser Fertigkeiten wird durch operante Verstärkung unterstützt. Wesentliche Inhalte dieses Trainings sind:

- ➔ die Vermittlung eines praktikablen und handlungsrelevanten Wissens über Aufmerksamkeitsstörungen, wobei die Kinder ein »ikonisiertes« Bild der Störung erhalten und lernen, die Trainingsziele als nützlich einzuschätzen (1. Trainingseinheit);
- ➔ das Einüben der Basisfertigkeiten »genau hinsehen«, »genau beschreiben«, »akustische Informationen aufnehmen und verarbeiten«, »Informationen umsetzen« (1. bis 5. Trainingseinheit);
- ➔ die soziale Kontrolle des aufmerksamkeitsgestörten Verhaltens, was durch das Münzverstärkersystem angebahnt wird (1. bis 13. Trainingseinheit);
- ➔ die Ausbildung von »Reaktionsverzögerung« (nachdenken, prüfen); dazu setzen die Kinder zunächst eine Signalkarte (Halt, Stopp!) ein, die sie später dann nur noch imaginativ verwenden (ikonisch-verbale Reaktionskontrolle) (6. bis 11. Trainingseinheit);
- ➔ die Generalisierung des aufmerksamkeitsorientierten Verhaltens auf den schulischen Kontext (9. bis 12. Trainingseinheit).

Kasten 2: Einübung von Verhaltensorganisation (Planungsfertigkeiten)

Das Strategietraining ist für Kinder angemessen, die sich durch ein wenig planvolles Vorgehen und die mangelnde Beherrschung übergeordneter Strategien auszeichnen. Daher werden ihnen handlungsorganisierende Strategien sowie handlungsleitende Selbstinstruktionen vermittelt. Dabei werden situationsübergreifende, allgemeine Handlungsstrategien sowie eine komplexere und flexible verbale Handlungsregulation ausgebildet. Wesentliche Inhalte des Strategietrainings sind:

- → die Vermittlung eines praktikablen und handlungsrelevanten Wissens über Aufmerksamkeitsstörungen und die Ableitung der Trainingsinhalte (1. Trainingseinheit);
- → das Einüben einer verallgemeinerbaren Problemlösestrategie bei Zuordnungsaufgaben (1. bis 5. Trainingseinheit);
- → die Übertragung dieser Strategie auf zunehmend komplexere Reihungsaufgaben (5. bis 10. Trainingseinheit);
- → die Ableitung eigener Organisationsprinzipien (9. und 10. Trainingseinheit);
- → die Übertragung dieses Vorgehens auf schulische Aufgaben (11. bis 13. Trainingseinheit) und ggf. auf die Lösung von sozialen Problemen.

6.3.5 Literatur

Döpfner/Frölich/Lehmkuhl: Hyperkinetische Störungen. Leitfaden Kinder- und Jugendpsychotherapie, Band 1. Göttingen 2000.

Ettrich, C.: Konzentrationstrainings-Programm für Kinder (Bd. I. Vorschulalter; Bd. II. 1. und 2. Schulklasse, Bd. III. 3. und 4. Schulklasse). Göttingen 1998.

Krowatschek, D.: Marburger Konzentrationstraining. Dortmund 1994.

Krowatschek, D.: Überaktive Kinder im Unterricht. Dortmund 1996.

Lauth, G.W.: Dortmunder Aufmerksamkeitstest (DAT). In: Lauth/Hänsgen (Hrsg.): Kinderdiagnostisches System. Göttingen 1996.

Lauth/Schlottke: Training mit aufmerksamkeitsgestörten Kindern. Weinheim ^{5}2000.

Lauth/Schlottke/Naumann: Rastlose Kinder – ratlose Eltern. München ^{6}2002.

Lauth: Förderung von Aufmerksamkeit und Konzentration. In: Lauth/Grünke/Brunnstein (Hrsg.): Intervention bei Lernstörungen. Göttingen 2004, S. 239 ff.

Skrodzki/Mertens (Hrsg.): Hyperaktivität. Aufmerksamkeitsstörung oder Kreativitätszeichen? Dortmund 2000.

6.4 Geistige Behinderung

6.4.1 Begriffsprobleme/Statistik

Mit diesem Begriff wird eines der schwierigen, differenziertesten und in der wissenschaftlichen Diskussion umstrittensten Behinderungsbilder umschrieben.

Hauptelemente des komplexen Begriffs »geistige Behinderung« sind die »extremen« intellektuellen, sozial-emotionalen und organischen sowie sensomotorischen Schwächen bzw. Schädigungen. An der Begriffsbildung sind verschiedene Wissenschaften beteiligt, insbesondere die Medizin, die Psychologie und Erziehungswissenschaften bzw. Heilpädagogik. Sie alle entwickelten »ihre« Theorie und Begriffssysteme von »geistiger Behinderung«[321].

Der heilpädagogische Begriff

Dieser Begriff von geistiger Behinderung ist im Wesentlichen ein »*administrativer Begriff*«.[322] Er bezieht sich vor allem auf den hohen pädagogischen Förderbedarf im Sinne von Frühförderung, Unterricht, Erziehung und Therapie.

Begriffsfelder

Der Begriff umfasst organisatorisch folgende Altersstufen und Institutionen:

- 0–6 Jahre: Frühförderung bzw. Kindergarten oder Elementarbereich,
- 6 bis mindestens 18/21 Jahre: Schule,
- 18–21/24 Jahre: Berufserziehung,
- 18 und weiter: Erwachsenenpädagogik Geistigbehinderter.

Ziele

Schwerpunkt der Erziehung Geistigbehinderter ist die Verbesserung, Steigerung und Optimierung des Lernens durch die Gewährleistung des pädagogischen Mehrbedarfs (s. o.) unter Einschluss der notwendigen medizinischen, psychologischen und sozialen Maßnahmen und Hilfen. Aufgrund der nach bisheriger Erfahrung lebenslangen Behinderung ist eine umfassende Anregungs-, Förderungs- und Führungshilfe Geistigbehinderter notwendig.

Statistik

Eine exakte aktuelle Statistik der Geistigbehinderten gibt es nicht, sondern nur Schätzungen aufgrund einzelner Untersuchungen wie die o.g. von Liepmann. Danach liegt der Anteil Geistigbehinderter mit einem IQ < 60 bei 0,6 % der schulpflichtigen Kinder.

Der medizinische Begriff

Die Medizin geht hauptsächlich von den *organischen Ursachen* aus: den Chromosomenschäden, Stoffwechselstörungen, Erbschäden und den prä-, peri- und postnatalen Schädigungen, wie z. B. Sauerstoffmangel, geburtsbedingte Hirnschädigungen usw., aber auch zunehmend so genannte exogene bzw. umweltbedingte Ursachen (siehe Kap. 2: Behinderung aus medizinischer Sicht).

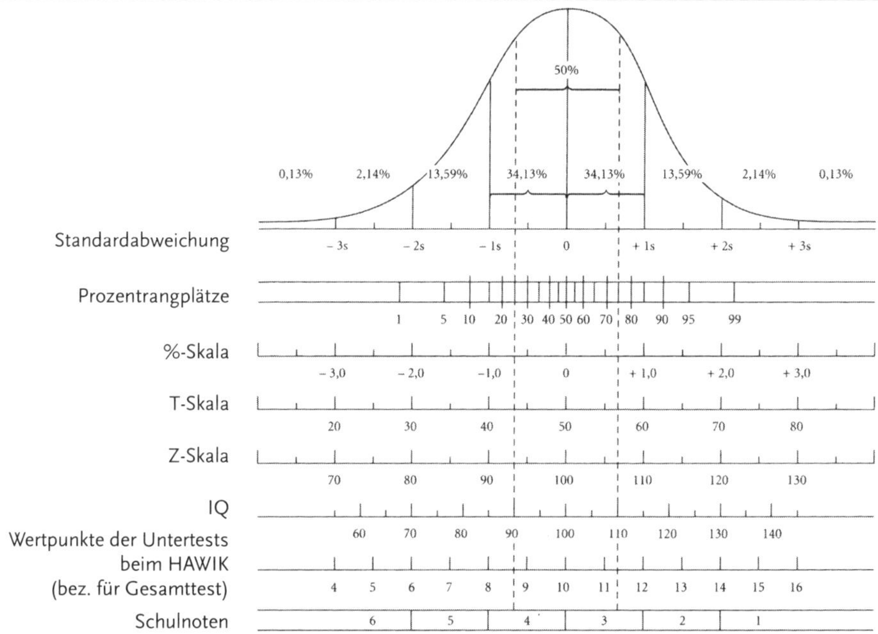

Diese Grafik der Normalverteilungskurve zeigt die verschiedenen Skalierungsweisen, z. B. für Intelligenz und die Beziehungen zwischen einigen statistischen Normierungs-Skalen, so z. B. zwischen Intelligenz-Quotienten und Schulleistungsquoten.
Beispiel von unten nach oben gelesen: Die Note »1« entspricht einem IQ von ca. 130 und mehr, d. h. dies entspricht einer Standardabweichung »+2s« (sigma), oder: 2,14 % haben einen IQ von 130 und mehr, oder – bei der Häufigkeits- oder Prozentrangskala –: ca 97 % von 100 Fällen haben einen IQ von weniger als 130.

Definition

Geistige Behinderung im medizinischen Sinne heißt auch *Oligophrenie* (Abstufungen nach Demenz oder Intelligenzabbau im Kindesalter, Imbezillität, Debilität). Geistige Behinderung wird heute nach der ICD-10-Klassifizierung primär nach der Intelligenzminderung unterschieden:

»Gemäß ICD-10 wird unter einer Intelligenzminderung eine sich in der Entwicklung manifestierende, stehengebliebene oder unvollständige Entwicklung der geistigen Fähigkeiten verstanden, wobei insbesondere Beeinträchtigungen von Fertigkeiten vorliegen, die zum Intelligenzniveau beitragen, wie z. B. Kognition, Sprache, motorische und soziale Fähigkeiten. Ferner liegt stets eine Beeinträchtigung des Anpassungsverhaltens vor. Die Lernbehinderung wird nicht als separate psychiatrische Kategorie der ICD-10 geführt. Sie ist gemäß internationaler Terminologie als grenzwertige Intelligenz im Bereich von IQ 85-70 definiert.«[323]

Man unterscheidet die Schweregrade der Intelligenzminderung:
- *leichte* Intelligenzminderung bei einem IQ von 50 bis 69 Punkten,
- *mittelgradige* Intelligenzminderung bei einem IQ von 35 bis 49 Punkten,
- *schwere* Intelligenzminderung bei einem IQ von 20 bis 34 Punkten und
- *schwerste* Intelligenzminderung: Der IQ wird auf unter 20 Punkte geschätzt.[324]

Leistungsformen

Diesen Abstufungen werden spezifische Leistungsformen bzw. Funktionsschwächen zugeordnet. Einem IQ von 50 bis 60 Punkten etwa werden folgende Beschreibungen zugeordnet:

»Sprache verzögert, jedoch in einem Umfang, dass eine alltägliche Konversation normal gelingt. Die meisten erlangen eine volle Unabhängigkeit in der Selbstversorgung (Essen, Waschen, Ankleiden, Darm- und Blasenkontrolle) und in praktischen und häuslichen Tätigkeiten, bei allerdings verlangsamter Entwicklung. Schwierigkeiten treten beim Erlernen schulischer Fertigkeiten, insbesondere beim Erlernen des Lesens und der schriftsprachlichen Äußerungen auf. Die meisten sind für eine Arbeit anlernbar, die praktische Fähigkeiten und angelernte Handarbeit verlangt. Eine emotionale und soziale Unreife kann bestehen, so dass sie u. U. eigenständig den Anforderungen einer Ehe oder Kindererziehung nicht nachkommen können.«[325]

Abgrenzung von den Schwerstbehinderten

Schädigungsbereiche

Der medizinisch-therapeutischen Fragestellung und Therapie am nächsten liegt die Gruppe der so genannten *Schwerst- und Intensivbehinderten*. Geschädigt sind diese Kinder im Bewegungs- und Wahrnehmungsbereich, durch Ausfälle der Sinnesorgane, Anfallsleiden und chronische Krankheiten. Ihr Behinderungsbild ist dadurch gekennzeichnet, dass sie das vergleichbare Entwicklungsniveau eines halbjährigen Kindes nicht erreichen.

Der psychologische Begriff

Psychosoziale Aspekte

Bei der Bezugnahme auf die Intelligenz überschneidet sich die Medizin mit der Psychologie. Die Psychologie geht hauptsächlich von der Intelligenz, der Lernfähigkeit bzw. Lerntheorie und den daraus resultierenden praktischen, sozialen und kognitiven Entwicklungsmöglichkeiten aus. Aus psychologischer Sicht der Ursachen geistiger Behinderung sind insbesondere die pädagogisch-psychologischen Vernachlässigungen, vor allem die so genannten Deprivationen zu nennen (vgl. oben: Interaktion, Soziose, Deprivation).

Geistige Behinderung ist eben nicht nur organisch verursacht, sondern kann auch zu einem erheblichen Teil das Ergebnis fehlgeschlagener »interaktionaler Prozesse« sein, die zwischen den organischen, emotionalen und kognitiven Entwicklungsprozessen einerseits und zwischen Individuum und Umwelt bzw. allgemeinen sozialen, familiären und materiellen Lernbedingungen des behinderten Kindes stattfinden[326] (vgl. Ursachen der Behinderung, S. 30).

Intelligenzschwäche als Leitsymptom

Lernen als Zentralproblem

Die Intelligenz hat eine große praktische Bedeutung, z. B.: als Maßstab für die Einteilung geistiger Behinderung, für die Aufstellung und Überprüfung von Förderplänen bzw. -maßnahmen, für die schulische Einordnung und die Prognose der Lernmöglichkeiten. Trotzdem ist die Intelligenz als einziges Kriterium umstritten und besonders bei 0–6-jährigen behinderten Kindern nur schwer genau zu ermitteln.[327]

Geistige Behinderung liegt demnach vor, wenn die Intelligenz niedriger als 60+/–5 Punkte liegt.

Geistige Behinderung schließt immer auch »*umfängliche, schwere und langfristige Beeinträchtigungen des seelisch-geistigen*

Werdens (der Lernprozesse) und der sozialen Eingliederung eines Menschen« ein.[328]

Abgrenzung von Störungen
Geistige Behinderung ist von einer Störung abzugrenzen, »die *als partielle, weniger schwere* und/oder *behebbare* beziehungsweise in absehbarer Zeit vorübergehende *Beeinträchtigung* gekennzeichnet ist«, wie z. B. Sprach- und Lernentwicklungsstörungen.[329]

Abgrenzung zu den Lernbehinderten
Als geistig behindert gilt das Kind mit einem IQ < 60+/-5 und wenn es in einer Lernbehindertenschule (mit Kindern bei einem darüberliegenden IQ) nicht hinreichend gefördert werden kann. Hier liegt also ein schulisch-administratives Entscheidungskriterium vor. Es können in Grenzbereichen der Intelligenz Kinder im Einzelfall und je nach Umfang und Grad der Behinderung z. B. mit einem IQ um 60–70 sowohl in eine Sonderschule für Lern- als auch für Geistigbehinderte eingewiesen werden.

6.4.2 Besonderheiten Geistigbehinderter

Wesentliches Merkmal Geistigbehinderter ist das

Lernbesonderheiten

»dauernde Vorherrschen des anschaulich-vollziehenden Lernens trotz optimaler Erziehungsbemühungen unter Berücksichtigung eventuell vorhandener sensorieller oder motorischer Beeinträchtigungen des Lernens«[330].

Dimensionen der Mehrfachbehinderung

Sie liegen in fast allen Bereichen der humanen Kompetenzen, wie Sprache, Sozialverhalten, motorische Fertigkeiten, Kulturtechniken, wie Lesen, Schreiben und Rechnen usw.

Geistige Behinderung ist nach dieser Definition in jedem Fall eine Mehrfachbehinderung, wobei die Intelligenzschwäche ein »Leitsymptom« darstellt für ein anfängliches Syndrom von »*Mehrfachbeeinträchtigungen*«[331].

6.4.2.1 Beeinträchtigungen des Lernens Geistigbehinderter
Die Theorie der geistigen Entwicklung nach Piaget (s.o.) gilt zwar auch für die Geistigbehinderten, aber sie ist nach Bach beeinträchtigt durch eine Reihe von Besonderheiten, wie z. B.:

Besondere Lernverhaltensdisposition[332]
(Aufnahme, Verarbeitung, Speicherung)

- Somatische Komponente
- Emotionale Komponente
- Kognitive Komponente

Erschwerende Lernbedingungen (materielle und soziale Bedingungen)

- Mangelnde Lernanregungen
- Mangelnde Lernangebote
- Mangelnde Lernerlaubnis
- Mangelnde Lernanforderung
- Mangelnde Lernunterstützung
- Mangelnde Lernatmosphäre
- Mangelnde Lernanforderungen
- Einseitige Lernanforderungen
- Überhöhte Lernanforderungen
- Unzureichende Lerninstitutionen

Zusätzlich erschwerende Faktoren (zwangsläufiger bzw. häufiger Art)

- Rückstand der Lebenstüchtigkeit
- Stigmatisierung
- Eingeschränkte Lebenserfülltheit
- Beeinträchtigtes Selbstwertgefühl
- Zusätzliche Behinderungen
- Zusätzliche Verhaltensstörungen
- Chronische organische Erkrankungen
- Abweichungen der körperlichen Entwicklung
- Mediamentöse Einschränkungen
- Extreme sozio-ökonomische Mangelsituationen

- die »Rigidität« oder Starrheit der operationalen Beweglichkeit im Denken und Handeln (nicht abrücken können von bestimmten Positionen, Reizen);
- ein allgemein schwaches Gedächtnis und speziell des Kurzzeitgedächtnisses, d. h., sich etwas über Minuten bis Stunden zu merken; außerdem bilden und behalten sie weniger klare Vorstellungen;
- eine »Aufgabengliederungsschwäche« bei der Lösung von Problemen;
- Aufmerksamkeits- bzw. Konzentrationsprobleme, z. B. den Blick auf einen bestimmten Reiz zu richten und festzuhalten;
- geringe Abstraktions- und Unterscheidungsfähigkeit (Reiz-

diskriminierung), z. B. zwischen bekannten und unbekannten, wichtigen und unwichtigen Reizen;
- ein geringes Lerntempo schon bei der Ausbildung elementarer Reiz-Reaktions-Verbindungen und Orientierungsreaktionen und
- schwaches Durchhaltevermögen.[333]

6.4.2.2 Allgemeine Entwicklungsverzögerung

Kumulation von Entwicklungsproblemen

Eine allgemeine Entwicklungsverzögerung ist schon im ersten Lebensjahr feststellbar, die unbehandelt zu einer ansteigenden Kumulation immer komplexerer Entwicklungsverzögerungen führt (siehe psychologische Aspekte, S. 80). Die für das Bewegungslernen und die sensomotorische Entwicklung wichtigen Reflexe sind oft verlangsamt bzw. gestört, und das führt zu einer schwachen Lernbereitschaft durch geringe Bewegungslust, niedrigen neugierigen Betätigungsdrang (Explorationslust) und schwacher Nachahmung, die umso schwächer ist, je niedriger die Intelligenz ist. An einmal erworbenen Fertigkeiten wird relativ lange und starr festgehalten (Perseveration). Das zeigt sich auch im Spiel: einförmige, einfallslose, sich ständig über Wochen hinziehende variantenlose Wiederholungen und überwiegende Funktionsspiele wurden beobachtet.[334]

6.4.2.3 Wahrnehmungsprobleme

Mit der geistigen Behinderung geht eine Reihe von Wahrnehmungsstörungen oder gar -schäden einher:

Komplexe Warhnehmungsprobleme

→ In der *visuellen* Wahrnehmung zeigen sich Schwächen in der Farbwahrnehmung (22–30 %), im Formerkennen, in der Figur-Hintergrund-Unterscheidung, im Tiefensehen, in der Größenkonstanz, in der Bewegungswahrnehmung und in der visuell-motorischen Koordination.
Sehschäden sind besonders häufig: 18 % einer Untersuchungsgruppe hatten Sehfehler, wovon die meisten Down-Kinder waren; 14 % waren Brillenträger und 15 % wurden als Schielende (Strabismus) ermittelt.[335]

→ In der *auditiven* Wahrnehmung, die besonders wichtig ist für die Sprachentwicklung, zeigen sich 2 bis 18 Mal mehr Fälle von Schwerhörigkeit als bei Normintelligenten; Schwierigkeiten bestehen auch in der auditiven Gestaltgliederung, z. B. bei Lautzerlegung von Wörtern.[336]

6.4.2.4 Motorische Probleme

Die Motorik ist gerade in der Frühentwicklung und -förderung wegen ihrer engen Koordination mit der Sensorik von grundlegender Bedeutung, zumal der Geistigbehinderte durch das vorherrschende anschaulich-vollziehende Lernen seine elementaren Kompetenzen entwickelt. Die motorischen Behinderungen sind außerordentlich hoch.

Mehrfach-verschiedenartige motorische Probleme

Nach einer Untersuchung von Sondersorge waren 50 % bewegungsgestört, davon die Hälfte körperbehindert mit irreparablen Lähmungen, Dysmelien und anderen Missbildungen.[337]

Die Motorik der Geistigbehinderten kann je nach Schädigung und Ursache sehr unterschiedliche Symptombilder haben. Es gibt Formen geistiger Behinderung, wie z. B. Down-Kinder, die aufgrund der bei ihnen häufigen Hypotonie (Schlaffheit der Muskeln) und spastischen Lähmungen oft eine schlaffe Gesamtmuskulatur haben bis zur Bewegungsstarrheit. Manche zeigen auch ein hypermotorisches bzw. hyperaktives Bild bis zum Bewegungschaos. Nicht selten gibt es auch das Erscheinungsbild motorischer Hemmungen und Ungeschicklichkeit aufgrund einer überbehütenden Erziehung.[338] J. Wendeler verweist auf die autistischen Kinder, die oft auch geistigbehindert sind. Sie »haben große Schwierigkeiten bei der Imitation motorischer Verhaltensweisen«.[339]

6.4.2.5 Sprachverzögerungen und -probleme

Der enge Zusammenhang von Sensomotorik und Sprache lenkt den Blick auf die Sprachprobleme Geistigbehinderter. Spreen fasst ihre Sprachprobleme wie folgt zusammen:

Mehrfach-verschiedenartige Sprachprobleme

»Grobe Schätzungen ziehen im Allgemeinen die Intelligenzklassifizierung zum Vergleich heran und zeigen, dass bei Behinderten mit einem IQ von unter 20 in allen Fällen mit groben Sprachbehinderungen gerechnet werden muss. In der IQ-Gruppe 21–50 finden sich Sprachstörungen bei 90 % der Behinderten. Bei leicht Behinderten (IQ 51–70) liegen immer noch 45 % Sprachbehinderungen vor (im Vergleich dazu finden sich diese bei etwa 5–7 % der Allgemeinbevölkerung). Eine ähnliche Beziehung findet sich, wenn man die Verzögerung des Spracherwerbs im Kindesalter beobachtet.«[340]

Hörbeeinträchtigungen, Missbildungen des Nasen-Rachenraumes und der peripheren Sprechwerkzeuge (z. B. übergroße Zunge, gestörte Gesichtsmuskulatur), Spasmen und Schäden des cerebralen Sprachzentrums führen zu einer Vielzahl verschiedener Sprachbeeinträchtigungen, insbesondere aber einer erheblichen Sprachaufbauverzögerung im späteren oder fehlenden Lallen und Spracheintritt erst zwischen 4 bis 5 Jahren, sowie in einem begrenzten sprachlich-expressiven Verhalten.[341] A. Atzesberger erwähnt darüber hinaus eine

»Sprachaufbaubegrenzung ..., die letztlich ein Stehenbleiben bei undifferenzierteren, rudimentären, vorgestaltigen ... Sprachgebrauchsmustern beinhaltet – im Bereich der Lautgebung und Artikulation (mit Stammeln und Artikulationsschwäche), im Bereich des Begriffs- und Wortgebrauchs ... (und) auf der Ebene der Formung des Satzbaus [mit Agrammatismus bzw. Dysgrammatismus; Störung der Grammatik bzw. des Satzbaus, Verf.].«[342]

Die Ursachen dafür liegen bei Geistigbehinderten nicht allein in den organischen Schäden, der oft typischen Apathie und Sprechunlust, sondern auch an »mangelnder Stimulierung, Isolierung und Ablehnung ebenso wie einer übertriebenen Beschützerhaltung der Eltern«[343].

Sie sind also auch das Ergebnis einer fehlentwickelten Interaktion, die zu vermeiden bzw. zu korrigieren die Chancen einer Frühsprachförderung erhöhen dürfte.

6.4.2.6 Geistigbehinderte = Mehrfachbehinderte

Die Forschungsergebnisse zeigen eindeutig, dass es sich bei Geistigbehinderten in der Regel um schwer Mehrfachbehinderte handelt.

So zeigten sich in vielen Untersuchungen – u. a. von Liepmann[344] –, dass bei Geistigbehinderten zusätzlich
1 Behinderung bei 26,11 %,
2 Behinderungen bei 39,3 %,
3 Behinderungen bei 19,8 %,
4 Behinderungen bei 2,6 % auftraten
und nur 11,9 % keine zusätzlichen Behinderungen aufwiesen.

Dieser Komplexität entsprechend schwierig und umfänglich ist die Diagnose und Therapie, die Früherziehung und schulische Förderung.

6.4.3 Probleme der Diagnose geistiger Behinderung

Entwicklungsbegleitende Förderdiagnostik

Die aufgezeigte Komplexität der geistigen Behinderung erfordert eine dementsprechend umfassende Diagnostik, d. h., eine rein medizinische oder nur pädagogisch-psychologische Diagnostik – etwa allein der Intelligenz – reicht ebensowenig aus wie eine einmalige, punktuelle Diagnostik. Aufgrund der Prozesshaftigkeit geistiger Behinderung und der oft schubhaften unregelmäßigen Entwicklung einzelner Kompetenzbereiche wie Sprache, Motorik usw. gerade in den ersten Lebensjahren ist eine Diagnostik erforderlich, die kontinuierlich die Fördermaßnahmen begleitet und alle Kompetenzbereiche in ihren Wechselwirkungen umfasst.

Eggert empfiehlt daher eine »mehrdimensionale Profilbeschreibung« in folgenden variablen Leistungsbereichen:

- *»Wortschatz, Artikulation und Diskrimination als Faktor verbaler Merkmale;*
- *Problemlösen und Symbolfunktion als kognitive Merkmale;*
- *Selbsthilfe und Kommunikation als Merkmale sozialer Anpassung;*
- *Senso- und Psychomotorik;*
- *Sehen und Hören als Sinnesfunktionen;*
- *Lernverhalten;*
- *Sozialstatus, d. h. Sozialschichtenzugehörigkeit als grober Index der Sozialisationsbedingungen.«*[345]

Auf diese Weise könnte eine mehr pädagogisch individuelle, lernziel- und förderungsorientierte Diagnostik gegenüber der traditionellen, defizitorientierten Diagnostik entstehen.

6.4.4 Testverfahren

Eggert nennt u. a. für Geistigbehinderte folgende Tests[346]:

1. Screening-Tests:

Bezeichnung	*Erfasste Merkmale bzw. Verhaltensweisen*	*Altersbereich bzw. Normgruppen*
DENVER-Suchtest	Feinmotorik, Grobmotorik, Sprache, Sozialer Kontakt	bis zum 3. Lebensjahr

2. Standardisierte Tests:

Bezeichnung	*Erfasste Merkmale*	*Altersbereich bzw. Normgruppe*
TBGB (Testbatterie für geistig behinderte Kinder) Subtests:		
CMM (Columbia Mental Maturity Scale)	allg. sprachfreie Intelligenz	Geistigbehinderte: 7–12 Jahre Lernbehinderte: 9–12 Jahre Nichtbehinderte: 3–10 Jahre
BM + CM (Bunte und Progressive Matrizen)	allg. sprachfreie Intelligenz	GB: 7–12 Jahre LB: 9–12 Jahre
PPVT (Peabody Picture Vocabulary Test)	passiver Wort-Schatz (Sprache)	GB: 7–12 Jahre LB: 9–12 Jahre
BA (Befolgen von Anweisungen)	Merkfähigkeit	GB: 7–12 Jahre LB: 9–12 Jahre
KP (Kreise Punktieren)	Feinmotorik	GB: 7–12 Jahre LB: 9–12 Jahre

Bezeichnung	*Erfasste Verhaltensweisen*	*Altersbereiche bzw. Gruppen*
LOS (Lincoln Oseretzky Motor Development Scale)	Motorischer Entwicklungsstand	
– Hamburger Version (Langform)		GB: 7–12 Jahre LB: 9–12 Jahre
– Kurzform (LOS KF 18)		GB: 7–13 Jahre LB: 8–12 Jahre NO: 5–13 Jahre
P-E-T (Psychologischer Entwicklungstest)	Spez. Lernfähigkeiten	NO: 4–10 Jahre
HMKTK (Hamm-Marburger-Körper koordinationstest für Kinder)	Motorische Koordination	NO: 3–14 Jahre
Frostig-Test	Visuelle Wahrnehmung	
HAWIVA (Hannover-Wechsler-Intelligenztest für das Vorschulalter)	Verbale Intelligenz Organisation der Wahrnehmung	NO: 4–6; 6 Jahre

3. Verhaltensbeobachtungs- und Beurteilungsskalen:

Bezeichnung	*Erfasste Verhaltensweisen*	*Altersbereiche bzw. Gruppen*
Kurzform der VSMS für Geistigbehinderte (Vineland Social Maturity Scale)	Soziale Reife	GB: 7–12 Jahre NO: 2–7 Jahre
P-A-C und P-E-I (Päd. Analyse und Curriculum und Päd. Einschätzungs-Index) in folgenden Formen:	Selbsthilfe, Verständigungsvermögen, Sozialanpassung und Grobmotorik	
P-P-A-C und P-P-E-I		jüngere und/oder erheblich behinderte Kinder
P-A-C 1 und P-E-I 1		GB von 6 bis 16 Jahren
M/P-A-C 1 und M/P-E-I 1		Spezielle Version für mongoloide Kinder von 6–16 Jahren
P-A-C 2 und P-E-I 2		für heranwachsende und erwachsene Geistigbehinderte

Erläuterungen:
GB = Geistigbehinderte; LB = Lernbehinderte; NO = Nichtbehinderte
Anmerkung: Es wurden nur Verfahren mit Normangaben in die Tabelle aufgenommen.

Zu erwähnen ist außerdem »Das Macquarie-Programm für Kinder mit Entwicklungsrückstand« von S. Cairns/M. Pieterse/R. Treloar zur Erfassung und Förderung von Grobmotorik, Sensomotorik und Wahrnehmung, Sprachverständnis, sprachlicher Ausdrucksfähigkeit und dem persönlich-sozialen Bereich von 0–5-Jährigen.

6.4.5 Frühförderung

Förderchancen und -ergebnisse

Die Zeit scheint glücklicherweise vorbei zu sein, dass Geistigbehinderte als bildungs- oder erziehungsunfähig betrachtet und behandelt wurden. Das heutige Wissen über die Erziehbarkeit dieser Kinder, insbesondere aus der Gehirnforschung, und die bisherigen praktischen therapeutischen und pädagogischen Erfolge belegen größere Förderchancen als bisher angenommen.

Erwähnt wird in der Literatur immer wieder das Experiment von Skeels und Dye. Sie untersuchten 26 Kinder mit einem IQ < 70 in einem Waisenhaus und teilten sie im Alter von zwei Jahren in zwei Gruppen auf. Eine Gruppe gaben sie in eine persönliche Pflege von weiblichen Insassen einer Anstalt für Geistigbehinderte, die anderen blieben in der bisherigen Massenpflege. Die erste bzw. Beobachtungsgruppe zeigte nach 1 ½ Jahren einen Intelligenzzuwachs um durchschnittlich 28 und nach weiteren 2 ½ Jahren erreichten sie 101 Punkte. Die andere Gruppe in der Massenpflege fiel um 26 Punkte zurück. Die Kinder aus der ersten Gruppe erlangten durchaus normale Berufe, von der Hausfrau bis zum Grundstücksmakler, Berufsberater usw., wogegen bei den Kindern aus der Massenpflege nur einer Schriftsetzer wurde, die anderen in Heimen blieben oder nur niedrigere Berufe (Geschirrspüler) erlangten oder früh starben.[347]

Unbestreitbar sind die nachgewiesenen Erfolge in der frühen Hör-Spracherziehung, in der physiotherapeutischen Frühbehandlung cerebral-geschädigter Kinder (s. o. Kalbe, S. 225) und in der Früh- und Entwicklungstherapie für mehrfachbehinderte Kinder. Für diese Kinder kommt Schamberger[348] zu dem Ergebnis,

»dass Kinder mit Entwicklungstherapie bei hoher Signifikanz (0,01 % Niveau) in allen Funktionsbereichen ein höheres Entwicklungsalter aufwiesen als jene, die keine Entwicklungstherapie erhalten hatten, (und) dass die ... Entwicklungstherapie als wirksame Methode in der Frühtherapie bei Down-Syndrom nachgewiesen ist, wobei begründet angenommen werden kann, dass sich diese Ergebnisse auf andere geistig und mehrfachbehinderte Kinder übertragen lassen«.

Funktional integrierte Förderung

Spezielle und integrierte Förderung in den Bereichen Motorik, Greifen, Perzeption, Sprache und Sozialentwicklung in Verbindung mit intensiver Elternanleitung bzw. -Training (vgl. o. E. Schmitz, S. 234) und die Einbeziehung der Montessori-Pädagogik haben sich als ein wirksames Verfahren ganzheitlicher Frühförderung erwiesen. Diese optimistisch stimmenden Aussagen treffen nicht ohne Einschränkungen zu bei den schwerstbehinderten Kindern, für die Fröhlich das Konzept der »Basalen Stimulation« entwickelte.

Früherzieherische Ansatzpunkte liegen in den pädagogischen Konzepten von Fröbel und Montessori, die durch therapeutische Maßnahmen ergänzt werden müssen. Umfangreiche Hilfen im Sinne von entwicklungsfördernden Aufgabensammlungen und Materialien liegen vor.

6.4.6 Literatur

Augustin, A.: Beschäftigungstherapeutische Behandlung bei Wahrnehmungsstörungen. Dortmund 1980.

Brandt, R. (Hrsg.): Handlungstheorie und Entwicklungsförderung. Emden ²1980.

Conrads/Kluge: Die spieltherapeutische Grundausstattung. München 1985.

Cunningham/Sloper: Hilfe für Ihr behindertes Kind. Frankfurt a.M. 1980.

Erziehungsdirektion des Kantons Zürich (Hrsg.): Erfassen und Fördern im Kindergarten. Bd. 1: Schwerpunkt Wahrnehmung. Zürich ²1987, und Bd. 2: Bewegung, Zürich 1990.

Herzka, H.: Spielsachen für das gesunde und behinderte Kind. Basel ³1974. Mit Ergänzungen für CP-, sehbehinderte und blinde Kinder.

Montessori-Material. Handbuch für Lehrgangsteilnehmer. 3 Bde. Nienhuis Zelhem Niederlande (in Verbindung mit einem Montessori-Lehrgang zweckmäßig).

Morgenstern, F.: Erziehung und Unterricht bei behinderten Kindern. Heidelberg 1985.

Morgenstern, M. u. a.: Heilpädagogische Praxis, Methoden und Material. München ²1973.

Neuhäuser/Steinhausen (Hrsg.): Geistige Behinderung. Grundlagen, klinische Syndrome, Behandlung und Rehabilitation. Stuttgart, 1990.

Ohlmeyer, G.: Frühförderprogramme für behinderte Kinder 0–6. Dortmund 1979.

Straßmeier, W.: Frühförderung konkret. München 1981.

Thiesen, P.: Konzentrationsspiele für Kindergarten und Hort. Freiburg 1990.

Verband evangel. Einrichtungen für geistig und seelisch Behinderte (Hrsg.): Wahrnehmungsübungen im Bereich des Tastsinns und Bewegungssinns. Hamburg ⁴1987.

Ders.: Trainingsprogramm für Geistigbehinderte. Stuttgart ⁴1983.

von Oy, C. M./Sagi, A.: Werkhefte zur heilpädagogischen Übungsbehandlung. Ravensburg (mehrere Hefte).

von Schwerin, A.: Sprache haben – Sprechen können. Freiburg ¹⁰1998.

6.5 Das Autismus-Syndrom

6.5.1 Begriff/Symptome

Autismus (=*Selbst*bezogenheit, -isolierung, -abkapselung) ist eine schwerwiegende und tiefgreifende Entwicklungsstörung und ein komplexes psychiatrisches Krankheitsbild. Seit E. Bleuler (Zürich 1912), H. Asperger und L. Kanner in den 1940er Jahren ist dieses Problem weiter bekannt geworden. Man hat früher das Kanner'sche Syndrom/Autismus infantum (frühkindlicher Autismus) und das Asperger-Syndrom (autistische Psychopathie) unterschieden.

Definition

Heute kann man Autismus definieren als eine tiefgreifende abnorme Entwicklungsstörung, die vor dem 3. Lebensjahr auftritt und sich in der gestörten Funktionsfähigkeit in folgenden Bereichen zeigt: soziale Interaktion, Kommunikation, eingeschränkte Repetitionsfähigkeit, oft speziell begrenzte Interessen und Aktivitäten mit in der Regel lebenslanger Hilfsbedürftigkeit.

Kriterien und Klassifikationen

In der heutigen Autismus-Diskussion dominieren die internationalen Kriterien und Klassifikationen.

- International Classification of Diseases ICD-10 (herausgegeben von der Weltgesundheitsorganisation)
- Diagnostisches und Statistisches Manual psychischer Störungen DSM-IV (herausgegeben von der Amerikanischen Gesellschaft für Psychiatrie)

Diese Klassifikationen wurden weiter unterteilt in:

a) Frühkindlichen Autismus (ICD-10 F84.0; DSM-IV 299.00) Autistische Störung
b) Asperger-Syndrom (ICD-10 F84.5; DSM-IV 299.80)
c) Atypischer Autismus (ICD-10 F84.1; DSM-IV 299.80)

Die Zahlencodes sind internationale Schlüssel zur Verständigung.

Die »Marburger Spezialambulanz für Autismus-Spektrum-Störungen« hat eine Übersicht zu den »Kriterien für den frühkindlichen Autismus nach ICD-10 und DSM-IV« (gekürzt und sinngemäß) erstellt. Daraus wird ersichtlich, dass die Kriterien der beiden diagnostischen Systeme nahezu identisch sind.

Diagnostische Leitlinien bzw. Kriterien für den frühkindlichen Autismus nach ICD-10 und DSM-IV:

ICD-10	DSM-IV
1. Qualitative Beeinträchtigungen wechselseitiger sozialer Aktionen (z. B. unangemessene Einschätzung sozialer und emotionaler Signale; geringer Gebrauch sozialer Signale)	1. Qualitative Beeinträchtigung der sozialen Interaktion (z. B. bei nonverbalen Verhaltensweisen wie Blickkontakt etc.; Beziehungsaufnahme zu Gleichaltrigen; Ausdruck von Gefühlen)
2. Qualitative Beeinträchtigung der Kommunikation (z. B. Fehlen eines sozialen Gebrauchs sprachlicher Fertigkeiten; Mangel an emotionaler Resonanz auf verbale und nonverbale Annäherungen durch andere Menschen; Veränderungen der Sprachmelodie)	2. Qualitative Beeinträchtigung der Kommunikation (z. B. verzögerte oder ausbleibende Sprachentwicklung; stereotyper oder repetitiver Gebrauch der Sprache; Fehlen von entwicklungsgemäßen Rollen- und Imitationsspielen)
3. Eingeschränkte Interessen und stereotype Verhaltensmuster (z. B. starre Routine hinsichtlich alltäglicher Beschäftigungen; Widerstand gegen Veränderungen)	3. Beschränkte, repetitive und stereotype Verhaltensweisen, Interessen und Aktivitäten
4. Unspezifische Probleme wie Befürchtungen, Phobien, Schlaf- und Ess-Störungen, Wutausbrüche, Aggressionen, Selbstverletzungen	4. Beginn vor dem 3. Lebensjahr und Verzögerungen oder abnorme Funktionsfähigkeit
5. Manifestation vor dem 3. Lebensjahr	

Die in der Tabelle aufgeführten diagnostischen Kriterien umschreiben in allgemeiner Form die Symptomatik, die im Einzelfall sehr vielgestaltig sein kann und sich im Laufe der Entwicklung auch verändert. Innerhalb der Diagnose des frühkindlichen Autismus unterscheidet man klinisch noch zwischen:

- »Low-functioning Autism«: Personen mit Intelligenzminderung und mit nur sehr geringen sprachlichen Fähigkeiten;
- »High-functioning Autism«: Personen ohne Intelligenzminderung und mit guten verbalen Fähigkeiten. Oft zeigen sich intelligenzunabhängig spezielle Teilkompetenzen, wie z. B. in Mathematik, Technik, Musik und andere rätselhafte Begabungen.[349]

6.5.1.1 Besonderheiten und weiterer Entwicklungsverlauf

Besonderheiten

Auffällig ist die positive Ding-Beziehung dieser Kinder, z. B. zu Puppen und Fellen, mit denen sie offensichtlich mit einem »relativ großen Gefühlsgehalt« hantieren.[350] Jedes Eindringen in ihr isoliertes Leben und Spiel wird als störend empfunden.

Weitere Symptome liegen im Vermeiden des Blickkontaktes zur Mutter, in der verzögerten bzw. unvollkommenen Sprachentwicklung (50 % erwerben nach Weber keine Sprache), in

Echolalie (Wiederholungen) und Ängsten insbesondere gegenüber jeglichen Veränderungen der Räume, des Essens, der Kleidung usw., in autoaggressivem Verhalten (sich schlagen, beißen, kratzen usw.) und in Bewegungsstereotypen.[351]

Auffallend sind die Selbststimulationen wie Augenbohren (Kind drückt mit einem oder mehreren Fingern das Augenlid auf das Auge), Fächerbewegungen vor den Augen oder das stundenlange Bewegen bestimmter Gegenstände vor den Augen usw., was insgesamt auf »Störungen der Reaktion auf Sinnesreize« hinweist.[352] Dazu passt auch die Entwicklung der Intelligenz, wonach ca. 60 % geistig behindert und ca. 20 % lernbehindert sind, 17 % im Grenzbereich zum Normalen und nur 3 % im Normalbereich liegen.[353]

Verlauf

Die weitere Entwicklung dieser Kinder ist sehr unterschiedlich und reicht von der Ausbildung spezieller Kompetenzen, relativ selbständiger Lebensführung (ca. ein Drittel) bis hin zu allgemeinen Verschlechterungen in der Adoleszenz (Jugendalter).

»Die Kernsymptome aus den drei genannten Bereichen zeigen eine entwicklungspsychologische Variabilität, bleiben aber bis ins Erwachsenenalter als persistierende und tiefgreifende Symptomatik erhalten. Zwar verbessert sich bei der Mehrzahl autistischer Menschen graduell das Kontakt- und Sozialverhalten, wenn man es mit der diesbezüglichen Symptomatik im Kindes- und Jugendalter vergleicht. Auch werden gewisse Routinen im Alltag besser bewältigt, jedoch bleiben die basale Kommunikationsstörung, vielfach auch Stereotypien, Selbststimulationen, die eingeschränkten Interessen und auch die eingeschränkte Fähigkeit zur Kontaktaufnahme mit anderen Menschen erhalten.«[354]

6.5.2 Ursachen

Über die Ursachen des Autismus und seiner vielfältigen Ausprägungen besteht keine Einigkeit.

Beziehungsstörungen

Spiel/Spiel gehen davon aus, dass sie teils in einer »gestörten Mutter-Kind-Beziehung« begründet sind. Es sind auch Fälle bekannt, wo die Eltern »selbst autistisch waren, dass sie keine empathische (liebevoll empfindende, Verf.) Erziehungshaltung zustande brachten bzw. dass sie ›intellektuell‹ erziehen«[355].

Teils werden die Ursachen auch in »verkappten Sinnesdeprivationen« gefunden, d. h., dass diese Kinder taub waren, oder vermutlich prä- und perinatale Schädigungen hatten.[356]

Deprivation

Hirnschäden

Weber berichtet aus ihren Fällen 41 % hirngeschädigte Kinder, und sie nennt bis zu 29 %, die epileptische Anfälle im Jugendalter haben.[357]

Die Hypothesen über Hirnschädigungen haben in den letzten Jahren zugenommen: Eliot verweist auf Störungen des Vestibularapparates (des Gleichgewichtssinns) in Verbindung mit Motorik-, Wahrnehmungs-, Konzentrations-, Lern- und Sprachproblemen.[358] Auch eine Schädigung des Mandelkerns (zuständig für Gefühle) wird mit Autismus in Verbindung gebracht,[359] und sozialemotionale Kontaktstörungen bei Autisten können mit Problemen im limbischen System in Zusammenhang gebracht werden.[360]

Genetische Ursachen

In jüngerer Zeit werden häufiger genetische Ursachen genannt, die »mit hoher Wahrscheinlichkeit« Autismus verursachen.[361] »Die genetische Schädigung bzw. Veranlagung wirkt sich »bereits vor der Geburt auf die Gehirnentwicklung aus ... (und) die Anzeichen und Symptome treten erst nach und nach in Erscheinung und sind erst ab dem zweiten Lebensjahr voll erkennbar.«[362]

Chemische und biochemische Faktoren

Es darf als »sicher angenommen werden, dass bei einem Teil der als autistisch diagnostizierten Personen Störungen in den körpereigenen, chemischen Prozessen nachgewiesen werden können«, aber auch andere Stoffwechselprobleme werden genannt. Sie betreffenden den Hirnstoffwechsel, das Immunsystem und Nahrungsmittelunverträglichkeiten.[363] Neben diesen wie auch genetischen, psychologischen und sensorischen Ursachen nennt Dzikowski diverse Krankheiten, die als zusätzliche, Autismus auslösende Faktoren in Betracht kommen. Er resümiert:

> »Zusammenfassend lässt sich schlussfolgern, dass Autismus bei verschiedenen Menschen auch verschiedene Ursachen hat. Es gibt nach dem bisherigen Kenntnisstand keinen gemeinsamen Verursachungsfaktor, sondern eine Vielzahl von Kombinationsmöglichkeiten von Faktoren aus unterschiedlichen Bereichen.«[364]

Asperger-Syndrom

Das *Asperger-Syndrom* zeigt sich durch die Mimik und Motorik dieser Kinder, die meist durch Ungeschicklichkeit, Tolpatschigkeit und durch Bizarrerien gekennzeichnet[365] und in ihrer Beziehung zu Menschen und Dingen schwer gestört sind.

Symptome

Andere Merkmale sind: Schwierigkeiten, sich auf Veränderungen in der Umwelt einzustellen (oft starres Festhalten am Gegebenen) und verarmtes Gefühlsleben; »Belehrungen hinsichtlich ihrer sozialen und kommunikativen Schwächen nehmen sie nicht an. Sie haben schwere Einordnungs- und Anpassungsschwierigkeiten«, anderseits haben sie oft eine sehr gute Intelligenz, entwickeln z. B. künstlerische Sonderbegabungen und neigen zu »skurrilen, sonderlingshaften Interessen«[366].

Ursachen

Die Ursachen sah Asperger in einer Psychopathie (krankhaften psychischen Störung), andere Autoren in »unerkannt gebliebener schizophrener Psychose« oder in einer Beziehungsstörung zur Mutter.[367] Die hier vorgenommene Aufzählung von Symptomen und Ursachen ist bei weitem nicht vollständig. Die Fachleute selbst sind sich nicht ganz einig, und eine »fast unübersehbare wissenschaftliche Literatur«[368] über den Autismus, seine Ursachen und Behandlungschancen machen es dem Pädagogen nicht leicht. Nissen spricht sogar von einer »Modediagnose ›Autismus‹ bei *pseudoautistischen*, tatsächlich aber schwachsinnigen Kindern«[369].

6.5.3 Frühdiagnostik

Diese sollte zwischen dem 6. und 12. Lebensmonat erfolgen. Erste Symptome hat Dzikowski zusammengefasst:

»Oftmals schreien autistische Babys, ohne ein Bedürfnis (z. B. nach Stillen) auszudrücken; sie zeigen kaum reaktives Lächeln auf das Gesicht besonders vertrauter Personen; sie interessieren sich (ca. 6.–7. Lebensmonat) kaum für Spielzeug und wollen nicht gerne hochgenommen werden. Auf dem Arm lehnen sie nicht den Kopf an. Sie lallen wenig. Kurz vor dem ersten Geburtstag fällt den Eltern auf, dass sich ihr Kind kaum für die Umwelt interessiert. Wer sich mit ihm beschäftigen will, erntet unerklärliches Gebrüll; überlässt man das Kind sich selbst, beruhigt es sich wieder und scheint am zufriedensten zu sein, wenn es sich mit sich selbst beschäftigen kann. Beim Umgang mit Material entwickelt sich selten ein Spiel, sondern vielmehr ein stereotypes Hantieren. Das Kind wendet den Blick nicht zur Mutter oder zum Vater, wenn diese erscheinen, es reagiert wie taub auf Geräusche. Das interaktiv-kommunikative Hinzeigen (»da«) auf interessierende Gegenstände (»Hund«, »Uhr«, »heiß« etc.) unterbleibt. Meist zeigen

autistische Kleinkinder eine verzögerte Sprachentwicklung, die mehr durch monotones Plappern als durch den Versuch, Gehörtes nachzuahmen, geprägt ist.«[370]

Nach den »Empfehlungen des Bundesverbandes Hilfe für das autistische Kind« (Hamburg) müsste die Früherkennung »in vielen Fällen im zweiten Halbjahr möglich sein«, und die »endgültige Diagnose sollte zwischen dem zweiten und vierten Geburtstag gestellt werden.«[371]

Neben ärztlichen Untersuchungen (allgemeinpädiatrisch, neurologisch und kinderpsychiatrisch) gehören die psychologische bzw. heilpädagogische Untersuchung und der Einsatz von Symptomfragebögen[372]:

»Wie erfolgt die Früherkennung?

Das autistische Syndrom kann als Krankheitseinheit gelten. Die Erkennung erfolgt als Summationsdiagnose aus dem Zusammentreffen mehrerer typischer Symptome (abnormer Verhaltensweisen) und der Verlaufsbeobachtung.

Die ersten abnormen Verhaltensweisen werden zunächst von der Mutter beobachtet. Der Experte, z. B. der Arzt, sieht sie selten selbst – das kommt auch in der somatischen Medizin vor!

Die Früherkennung baut also auf folgenden Einzelpunkten auf:

1. Bericht der Mutter oder einer anderen Pflegeperson über abnorme Verhaltensweisen des Babys oder Kleinkindes.
2. Ähnliche Beobachtungen anderer Personen (Freunde, Verwandte etc.).
3. Beobachtung des Experten bei der Untersuchung, meist ambulant, selten stationär.
4. Ärztliche Untersuchungen:
   a) körperlich (allgemein-pädiatrisch), neurologisch, einschließlich aller Hilfsmethoden,
   b) kinderpsychiatrisch.
5. Psychologische und/oder heilpädagogische Untersuchung.
6. Als weiteres Hilfsmittel: Symptomfragebögen; z. B. Check-Liste für das erste Lebensjahr:

→ Bereich Wahrnehmung

- Reagiert auf bestimmte akustische Reize gar nicht, scheint taub zu sein.

- Hat eine Vorliebe für bestimmte andere Geräusche.
- Dreht sich am Ende des 7. Monats nach einer Schallquelle oder einer Berührung nicht um.
- Kratzt häufig und langandauernd auf bestimmten Oberflächen.
- Fixiert langandauernd und häufig bestimmte visuelle Muster.
- Reagiert auf bestimmte andere visuelle Reize gar nicht.

→ **Bereich Sprachverhalten**
- Bildet am Ende des 5. Monats noch keine Silben.
- Macht am Ende des 7. Monats noch nicht durch Sprechlaute auf sich aufmerksam (z. B. durch da-da).
- Spricht am Ende des 9. Monats noch keine Silben nach.
- Spricht am Ende des 12. Monats noch kein Wort in Kindersprache.

→ **Bereich Sozialverhalten**
- Lacht am Ende des 3. Monats oft nicht, wenn es von der Mutter angesprochen wird bzw. sie ihr Gesicht nahe vor ihm bewegt (scheint sie nicht zu erkennen).
- Streckt am Ende des 6. Monats nicht die Arme nach der Bezugsperson aus.
- Scheint am Ende des 6. Monats nicht hochgehoben oder beschäftigt werden zu wollen (scheint mit sich selbst zufrieden zu sein, ›ruhiges Baby‹).
- Macht am Ende des 10. Monats noch nichts nach.
- Zeigt am Ende des 12. Monats nicht auf Gegenstände der Umwelt (zeigt ›wenig Interesse‹).
- Spielt nicht wie andere Kinder, sondern beschäftigt sich immer mit denselben, gleichartigen Tätigkeiten.

→ **Bereich Motorik**
- Kraftlose, schlaffe oder wenig anschmiegsame, starre Körperhaltung auf dem Arm (wirkt ›schwer‹).
- Langandauerndes Bewegen und Drehen der Hände im Gesichtsfeld, vor den Augen.
- Langandauerndes Bewegen und Drehen von bestimmten Lieblingsgegenständen im Gesichtsfeld, vor den Augen.
- Motorische Erkundung der Umwelt gering.

→ **Weitere Auffälligkeiten**
- Verschiedene Störungen bei Nahrungsaufnahme.
- Damit verbundene Störungen in den Ausscheidungsfunktionen.

- Langandauernde unerklärliche Wein- und Schreiphasen.
- Langandauernde Phasen hoher Erregung bzw. tiefer Apathie.
- Schlafstörungen.
- Insgesamt ein ungewöhnlich ruhiges Allgemeinverhalten.
- Gesundes, attraktives Äußeres.

Differentialdiagnose
Die Diagnose ›autistisches Syndrom‹ ist nicht identisch mit einer Oligophrenie (geistigen Retardierung).

Ähnliche Symptome wie beim autistischen Syndrom findet man beim so genannten Hospitalismus. Sie sind hier weitgehend reversibel.

Ähnliche Symptome wie beim Autismus kommen auch bei verschiedenen Sinnesbehinderungen, aber auch bei Oligophrenen in unterschiedlicher Ausprägung vor. Hier ist meist die Diagnose: ›Geistige Behinderung mit autistischen Zügen‹ zweckmäßig.

Ein wichtiger Schritt bei der Früherkennung ist die Feststellung eines eventuell vorhandenen Grundleidens (Hypothyeose, DOWN-Syndrom, frühkindlicher Hirnschaden etc.). Die Feststellung eines solchen Grundleidens ändert nichts an der Diagnose ›autistisches Syndrom‹.«

6.5.4 Frühförderung

Förderchancen

Nach Nissen[373] ist inzwischen eine »therapeutische Resignation« bei den Behandlungsansätzen eingetreten, die an den Ursachen ansetzten, weil dadurch »kein durchgreifender rehabilitativer Erfolg erzielt werden konnte«. Chancen und Erfolge sieht Nissen »durch konsequente symptomorientierte Behandlungsmaßnahmen«, also der Frühförderung bestimmter funktioneller Schwächen.

In der Schrift »Kommunikation zwischen Partnern«[374] präzisiert Feuser die Schwerpunkte der Frühförderung autistischer Kinder. Schwerpunkte müssen demnach sein: Das Wahrnehmungs- und Assoziationslernen sowie das instrumentelle Lernen bzw. das operante Konditionieren. Als besonders wirksam bezeichnet Feuser die Verhaltenstherapie und die individuelle

Förderung mit entsprechenden »speziellen und individuellen Lernprogrammen«[375].

> Die Fördermethoden konkurrieren oft ohne empirisch gesicherte Basis. Dzikowski resümiert daher, »dass die Bandbreite therapeutischer Möglichkeiten für die ambulante Behandlung autistischer Menschen heute außerordentlich groß ist. Keine Therapieform kann Autismus heilen und keine kann – isoliert angewendet – den autistischen Menschen wirklich gute Entwicklungsfortschritte ermöglichen. Eine interdisziplinäre Mixtur verspricht die größten Erfolge, vor allem wenn wissenschaftlich fundierte und anerkannte Verfahren verwendet werden. Dennoch kann niemals ausgeschlossen werden, dass im Einzelfall auch eine Außenseitermethode zu spektakulären und dramatischen Verhaltens- und/oder Beziehungsverbesserungen führt.«[376]

Fördermaßnahmen und -bedingungen

Bei autistischen Kindern/Schülern werden nach Feuser zwei Stufen/Formen der Förderung notwendig sein. Dabei sind äußere räumliche Bedingungen wichtig für den Erfolg: »Die Arbeit mit einem autistischen Kind in einem möglichst ablenkungsfreien Raum und einer 1:1-(Schüler: Therapeut) Relation stellt ein Management des Lernumfeldes dar, mittels dessen eine hochgradige Anpassung an die Isolation des Kindes erreicht wird. So kann es lernen. »Aber es braucht auch die zweite Stufe/Form, das Lernen in der Gruppe, um die unter der ersten Bedingung erworbenen Fertigkeiten zu stabilisieren und das Kind durch soziale Integration integrationsfähig zu machen, denn die segregierende (absondernde) Förderung erhält die Behinderung!« und baut sie also nicht ab.[377]

6.5.5 Literatur

Arens/Dzikowski: Autismus heute. Dortmund 1990.

Dzikowski/Arens (Hrsg.): Neue Aspekte der Förderung autistischer Kinder. Dortmund 1990.

Dzikowski/Vogel: Störungen der sensorischen Integration bei autistischen Kindern. Deutscher Studienverlag 1988.

Feuser, G.: Grundlagen zur Pädagogik autistischer Kinder, Weinheim 1979.

Hilfe für das autistische Kind, Bremen (Hrsg.): Früherkennung bei frühkindlichem Autismus. Untersuchungsplan und Merkmalslisten. Bremen 1984.

Klicpera/Gasteiger-Klicpera: Autismus. In: Borchert, J. (Hrsg).: Handbuch der sonderpädagogischen Psychologie. Göttingen 2000.
Nußbeck, S.: Gestützte Kommunikation. Göttingen 2000.
Siehe auch im Internet unter www.kjp.uni-marburg.de/aut/index.php?include=fruehkind

6.6 Blinde, Sehbehinderte, Taubblinde

6.6.1 Begriffe

6.6.1.1 Blinde – Sehbehinderte (ICD 10 Sehstörungen und Blindheit H53–H54)
Die Schädigungen im Bereich des Sehens werden als Blindheit und Sehbehinderung definiert. Die Übergänge sind zwar fließend, aber aus praktischen Gründen, z. B. durch das Sozialgesetzbuch und Schulrecht, werden hier bestimmte Differenzierungen vorgenommen. Man unterscheidet:

Definition

→ *Blinde* (Amaurose): Nach D. Hudelmayers Darstellung gelten Personen als blind:
  - »wenn ihre Sehfähigkeit wirtschaftlich nicht mehr verwertbar ist;
  - wenn sie ihr Weltbild nicht mehr optisch aufzubauen vermögen;
  - wenn sie sich in unbekannter Umgebung nicht ohne fremde Hilfe zurechtfinden können;
  - wenn sie ihre Vorstellungen überwiegend mittels Gehör und Tastsinn erwerben müssen;
  - wenn sie auf blindentechnische Hilfen angewiesen sind, insbesondere beim Lesen und Schreiben auf Braille-Schrift;
  - wenn sensorisches Unvermögen, gegenständlich zu sehen, vorliegt;
  - wenn sie höchstens noch Lichtschein wahrnehmen;
  - wenn sie bestenfalls noch hell/dunkel unterscheiden können;
  - wenn sie Fingerzählen auf 1 Meter Entfernung visuell nicht mehr leisten können;
  - wenn ihre Sehschärfe (Visus, Verf.) nicht mehr als $^1/_{50}$ beträgt;
  - wenn ihre Sehschärfe nicht mehr als $^{20}/_{200}$ ($^1/_{10}$) beträgt;

– wenn bei einer Sehschärfe von 1/20 oder weniger das Gesichtsfeld auf 15 Grad oder weiter eingeschränkt ist.«[378]

Diese auf »Handlungsräume und Lebensvollzugsformen« sich beziehenden Merkmale wiederholen sich in den Sozial- und Schulgesetzen.[389]

➔ *Sehbehinderte*: Die über der Blindheit liegenden Sehbehinderungen werden nach Mersi[380] sehr uneinheitlich definiert, so dass Mersi zu dem Schluss kommt:
- »Dass Sehbehinderung heute allgemein vom Sehen her definiert wird;
- dass nur aufgrund längerer Feldbeobachtung bzw. Arbeitsproben entschieden werden kann, welcher Grad von Sehbehinderung vorliegt;
- dass im Bereich der beruflichen Rehabilitation die differenziertesten Klassifikationen benötigt werden;
- dass im pädagogischen Bereich die Tendenz besteht, zwischen zwei Gruppen von Sehbehinderten von jeweils eigener pädagogisch-didaktischer Bedürfnislage zu unterscheiden (zzt. »sehbehindert« von 1/3 bis 1/20, »hochgradig sehbehindert« von 1/25 bis 1/50 und
- dass in der Sozialgesetzgebung beide Gruppen als (hinsichtlich der Eingliederungshilfe) »wesentlich sehbehindert« anerkannt werden.«[381]

Folgende Stufen der Sehbehinderung werden unterschieden:

Stufen der Sehbeeinträchtigung	*Sehschärfe mit bestmöglicher Korrektur*	
	Maximum weniger als:	*Minimum bei oder höher als:*
1	6/18	6/60
	3/10 (0,3)	1/10 (0,1)
	20/70	20/200
2	6/60	3/60
	1/10 (0,1)	1/20 (0,05)
	20/200	20/400

3	3/60	1/60 (Fingerzählen bei 1 m)
	1/20 (0,05)	1/50 (0,02)
	20/400	5/300 (20/1200)
4	1/60 (Fingerzählen bei 1 m)	Lichtwahrnehmung
	1/50 (0,02)	
	5/300	
5	keine Lichtwahrnehmung	
9	unbestimmt oder nicht näher bezeichnet	

Quelle: DIMDI – Medizinwissen online

Darüber hinaus gibt es noch Unterscheidungen wie ein- und beidseitig Sehbehinderte und Blinde und diverse schwerwiegende Augenerkrankungen im Kindesalter, insbesondere bei den o. g. Risiko-Kindern.[382] Die nachstehende Tabelle gibt einen Überblick häufiger Augenerkrankungen im Kindesalter.

Symptome

Augenerkrankungen im frühen Kindesalter[383]

Krankheitsbild	*Folge von Allgemeinerkrankungen*	*vererblich*	*auffällig durch*
Grauer Star	Stoffwechselerkrankungen, Röteln der Mutter während der Schwangerschaft (teilweise)	± (teilweise)	»graue Pupille« Schielen Augenzittern Vorgeschichte
Hornhauttrübungen	Infektionskrankheiten z. B. Lues	± (teilweise)	graue Hornhaut, Schielen
Grüner Star	–	± (teilweise)	»große Augen« lichtscheu, Tränen

Erkrankungen der tieferen Augen-abschnitte einschließlich Geschwülsten und Miss-bildungen	Frühgeburten mit Sauerstoffmangel oder -überschuss, Infektions-krankheiten auch der Mutter während der Schwangerschaft (selten)	± (häufig)	schlechtes Seh-vermögen Kind fixiert nicht Schielen Augenzittern Vorgeschichte
Primäres Schielen und Augenzittern	—	± (häufig)	Im Allgemeinen grob auffällig

Aus dieser Zusammenstellung ergeben sich zwei wesentliche Tatsachen:

1. Die erkrankten Kinder gehören zum großen Teil zu den so genannten Risiko-Kindern, weil sie aufgrund von Erbanlagen, von Erkrankungen der Mutter während der Schwangerschaft oder eigenen Leiden bereits von vornherein als erhöht gefährdet anzusehen sind. Beim Vorliegen dieser Faktoren sollten sie damit immer einer augenfachärztlichen Kontrolle zugeführt werden.
2. Diese Kinder zeigen im Allgemeinen Symptome wie z. B. Schielstellungen oder Augenzittern, ungewöhnlich große Augen (grüner Star) oder graue Verfärbungen der Pupille (grauer Star), die auch dem medizinischen Laien oder Nichtaugenarzt auffällig sein müssten.

Schließlich sind die schweren Erkrankungsformen dadurch charakterisiert, dass diese Kinder Bewegungsstörungen zeigen und nicht altersentsprechend an Ereignissen ihrer Umgebung teilnehmen. Alle Kinder, die diese Erscheinungen bieten, sollten bald einer augenärztlichen Untersuchung unterzogen werden.

6.6.1.2 Taubblinde und andere Mehrfachbehinderungen

Hudelmayer führt noch eine Reihe von Mehrfachbehinderungen an: Lernbehinderte, geistig behinderte, sprachbehinderte, körperbehinderte-hörgeschädigte blinde Kinder sowie die Kombination mit Verhaltensstörungen. Hudelmayer[384] bezieht sich hier auf ausländische, insbesondere amerikanische und kleinere deutsche Untersuchungen, die ebenfalls Mehrfachbehinderungen feststellten:

Symptome

Zusätzliche Behinderung	*bei allen vollblinden mehrfachbeh. Kindern (N = 4.309) %*	*bei vollblinden Kindern mit nur einer weiteren Behinderung %*
Lern- u. Geistigbehinderung (mental retardation + slow learner; <IQ 90)	93,6	17,9
Sprachbehinderungen	47,7	1,0
Hirnschädigung	44,8	0,9
Verhaltensgestörte (emotional problems: autistic, psychotic, neurotic)	19,3	2,5
Cerebralparetiker	15,5	1,0
Epilepsie	18,6	0,9
Chronische Krankheiten u. Missbildungen (z. B. Asthma, Hydrocephalus)	7,8	(keine Angaben)
Hörschädigungen	10,8	1,2
Entstellungen (cosmetic defect)	6,3	0,8
Gebissanomalien	4,2	0,4
Gaumenspalte	0,8	0,0

Aus den Daten ist zu entnehmen, dass die Lernbehinderung und die geistige Behinderung ganz im Vordergrund der Mehrfachbehinderungen stehen, 68 % der Mehrfachbehinderten haben einen IQ unter 75, 45 % liegen unter IQ 49.

Ein besonderes Problem sind die »Verhaltensstörungen« bei Blinden und Sehbehinderungen, die schwer zu definieren sind und als ein Problem der frühen Interaktion zwischen Kind und Familie bzw. der »adäquaten Früherziehung« angesehen werden[385].

6.6.2 Beispiele früher Augenerkrankungen

Augenzittern (Nystagmus)
Hierbei gibt es verschiedene Formen und Schweregrade, und Augenzittern tritt oft in Verbindung mit Schielen und anderen Erkrankungen auf.

Die Augen dieser Kinder zeigen »langsame und/oder rasche pendelnde Augenbewegungen«, und die Sehschärfe ist fast immer schon herabgesetzt[386]. Eine frühe Behandlung ist möglich.

Schielen (Strabismus)
Ca. 6 % aller Kinder schielen, und das bedeutet – unbehandelt – immer einen Verlust an Sehfähigkeit. Behandelbar ist Schielen ab ca. fünf Monaten durch eine Brille und das Abdecken und Ruhigstellen eines Auges oder durch eine Operation.

Schielende Kinder zeigen eine Lichtempfindlichkeit, Augentränen, Zukneifen eines Auges, Verstimmungen oder Reizbarkeit, chronische Lidrandentzündungen, schiefe Kopfhaltung und ungeschickte Bewegungen.[387]

Kurzsichtigkeit (Myopie)
Schwere Kurzsichtigkeit von über 10 Dioptrien (augenärztliche Messskala) wird häufig vererbt, und solche Kurzsichtige bilden einen großen Teil der Kinder in Sehbehinderten- und teilweise auch in Blindenschulen. Sie tritt oft in Verbindung auf mit Netzhautablösung (ablatio retinae), die ohne Behandlung zur Erblindung führen kann.

Grauer Star (Katarakt)
Diese Linsentrübung gehört auch zu den häufigsten Fällen in Blinden- und Sehbehindertenschulen. Sie ist oft angeboren und hat ihre Ursache u. a. in Erbkrankheiten oder Infektionen der Mutter in den ersten drei Schwangerschaftsmonaten. Grauer Star kann auch Folge einer Diabetes mellitus (Zuckerkrankheit) des Kindes oder von Verletzungen sein.

Angeborene Linsentrübungen (kongenitale Katarakte) sind »häufiger einseitig als beidseitig. Bei einseitigen Linsentrübungen entwickelt sich die Sehfähigkeit des gesunden Auges in der Regel normal, das Sehvermögen des erkrankten Auges bleibt in seiner Entwicklung stark zurück«.[388] Neuere Behandlungsmöglichkeiten wie frühe Operationen (Linsenentfernung) zwischen der 6. bis 8. Lebenswoche und der Einsatz von Haftschalen und anderen Hilfsmitteln lassen größere Entwicklungschancen erkennen.

6.6.3 Ursachen von Blindheit und Sehbehinderung sowie Statistik

Ursachengruppen

Genannt wurden bereits die so genannten Risiko-Kinder. Hudelmayer spricht bei den Ursachen von Blindheit von 15 % erblicher bzw. genetischer und 7,4 % angeborener Ursachen[389], und ein großer Teil der »*erworbenen Kinderblindheit*« geht auf Erkrankungen zurück.[390]

Sehbehinderungen haben ihre Ursachen überwiegend im pränatalen Bereich (49,1 %), in Infektionen (5,1 %), in »nichtinfektiven Allgemeinerkrankungen« mit 11,6 % und in Unfällen mit 1,2 %.[391]

Die Statistik über Blinde und Sehbehinderte in Deutschland wird generell kritisiert, weil die Begriffe und Abgrenzungen von Blindheit und Sehbehinderung unscharf sind. Die Statistik über Blinde und Sehbehinderte in Deutschland wird generell kritisiert, weil die Begriffe und Abgrenzungen von Blindheit und Sehbehinderung unscharf sind. Nach etwas unsicheren Statistiken (1996) liegt der Anteil der 0–17-jährigen Blinden bei 6 %.[392] Nach Aussagen des Deutschen Blinden- und Sehbehindertenverbandes gibt es in Deutschland ca. 155 000 blinde Menschen. Er stellt weiter fest: »Im Vergleich zu 1990 ist die Zahl der Blinden zwischen 1 und 18 Jahren leicht rückläufig (um ca. 0,4 Prozent), zwischen 18 und 79 Jahren fast konstant und über 80 Jahren stark zunehmend (um ca. 3,3 Prozent). Dazu kommen rund 500 000 sehbehinderte Menschen« (vgl. http://www.dbsv.org/infothek/Statistik.html).

6.6.4 Frühdiagnostik

Problem: Späterkennung

Die Frühdiagnostik und -erfassung Blinder und speziell Sehbehinderter ist nach Einschätzung der Fachleute noch nicht optimal, d. h., gerade Sehbehinderte werden zu spät erkannt und heilpädagogisch erfasst. Dadurch treten vermeidbare Probleme in vielen Entwicklungs- und Funktionsbereichen auf, insbesondere in der Intelligenz, Wahrnehmung, Motorik, Raumorientierung und im sozialemotionalen Verhalten.

Die ophtamologischen (augenärztlichen) Verfahren haben sich inzwischen wesentlich verbessert. So können schon im Säuglingsalter Schäden festgestellt werden.[393]

Wichtig ist noch immer die Beobachtung des Kindes durch die Eltern. Das oben erwähnte Heft der Aktion Sorgenkind, die sich inzwischen in Aktion Mensch umbenannt hat,[394] gibt praktische Hinweise zur Beobachtung und Prüfung der Sehleistungen.

6.6.5 Frühförderung

Elternberatung und -anleitung

Generell wird beklagt, dass insbesondere durch die zu späte Früherkennung und -erfassung die Frühförderung zu spät einsetzt. Die Folge davon sind vermeidbare Folgebehinderungen. Eine besonders wichtige Aufgabe ist die Beratung und Anleitung der Eltern im Umgang mit ihrem blinden oder sehbehinderten Kind. Zentrum dieses Problems ist der Aufbau der Mutter-Kind-Beziehung.

Kindbeobachtung und Aufbau von Interaktionsprozessen

Wie die Forschungen von Papousek belegen, bauen sich die interaktionalen Beziehungen von der Mutter und vom Kinde her auf. Man spricht von der »Reziprozität« der Mutter-Kind-Beziehung und ihren Verhaltensdialogen. Dadurch aber, dass das blinde oder sehbehinderte Kind nicht die »normalen« Signale geben oder empfangen kann, kommt es bei den Müttern zu Irritationen und Stress bis zur Kontaktvermeidung oder Ablehnung des Kindes.

Signale des Kindes »lesen« lernen

Ein erster Schritt, diese elementare Kommunikation aufzubauen, ist die sorgfältige Beobachtung der kindlichen Signale, die nicht mit dem Sehen verbunden sind: Vor allem die motorischen oder akustischen Signale. Im Gegensatz zu normalsichtigen Kindern verfallen blinde und sehbehinderte durch sprachliche und taktikte Anregungen notgedrungen in Bewegungslosigkeit und Stille, gerade weil sie auf die Signale von außen hin orientiert sind: »Es (das Kind) ist seelisch aktiv, obschon es für den gewöhnlichen Beobachter unbeweglich, in sich gekehrt und nicht aufnahme- und antwortbereit zu sein scheint. Nur ein sensibler Beobachter kann feststellen, wann das Kind im Alter von etwa drei Wochen aus der ursprünglichen Unbeweglichkeit in die Position ›aufmerksame Stille‹ überwechselt. Im Ausdrucksgeschehen, insbesondere im Gesichtsausdruck, gibt es feine Unterschiede zwischen dem bloß unbeweglichen und dem aufmerksamen Stillehalten. Beim Aufmerken ... hob das blinde Kind die Wangen, öffnete leicht den Mund, was als ruhige Zufriedenheit anmutete, und hielt die Arme entspannt ... Die Mutter lockte das Kind, indem sie es ansprach, sanft bewegte und sagte: ›Marci, hier ist Mama, es ist deine Mama‹.«[395] Schmalohr berichtet über den weiteren Aufbau solcher elementarer Verhaltensdialoge und elementarer Entwicklungshilfen, wie Greifen nach Gehör, Locken des Kindes in den Fernraum usw., um über die Bewegung und akustische Orientierung dem Kinde den Weg in den personalen und dinglichen Lebensraum zu erschließen.

Dementsprechend sind die meisten Frühförderungsansätze aufgebaut: Schwerpunkte in der Frühförderung Sehgeschädigter sind, über die Körperschulung mehrere Zielbereiche zu fördern:

- durch »Bewegungserfahrung« zur »Erfahrung des eigenen Körpers«;
- zur Raumerfahrung, zur Materialerfahrung, Bewegungserfahrung, Wahrnehmungserfahrung;
- zur »Erfahrung des ›Ich‹ und des ›Anderen‹«;
- zur »Erweiterung der Handlungsfähigkeit« und zur »reflektierten ... gewussten Erfahrung« zu gelangen.[396]

6.6.6 Literatur

Arbeitsgemeinschaft blinder und hochgradig sehbehinderter Kinder im Rheinland (Hrsg.): Nicht sehen und doch spielen. Tipps und Anregungen zur Förderung blinder und mehrfachbehinderter Kleinkinder. Düren 1984.

Beermann, U.: Die Erziehung von Sehbehinderten. Würzburg 1966.

Blankennagel, A. u. a.: Hilfe für sehgeschädigte Kinder. Stuttgart 1975.

Blindeninstitutsstiftung Würzburg (Hrsg.):

- Förderung schwerstbehinderter Kinder im Elternhaus.
- Förderprogramme für mehrfach sehgeschädigte Kinder.
- An- und Ausziehen.
- Selbständiges Essen und Trinken.
- Selbständige Körperpflege.
- Testinstrument zur Erfassung des Entwicklungsstandes mehrfachbehinderter sehgeschädigter Kinder.

Daoud-Harms, M.: Blindheit. Zur psychischen Entwicklung körpergeschädigter Menschen. Frankfurt a. M. 1986.

Deutsches Blindenhilfswerk Duisburg (Hrsg.): Frühförderung sehgeschädigter Kinder. Tagungsreferat. Würzburg 1982.

Düren/Strehle: Die besten Jahre. Frühförderung sehgeschädigter Kinder. Köln 1979.

Hudelmayer, D.: Sprachstörungen bei Blinden und Sehbehinderten und ihre Behandlung. In: Rath, W. / Hudelmayer, D. (Hrsg.): Handbuch der Sonderpädagogik, Band 2: Pädagogik der Blinden und Sehbehinderten. Berlin 1980, S. 384–392.

Mersi, F.: Erziehung Sehbehinderter. In: Deutscher Bildungsrat (Hrsg.): Sonderpädagogik 5.

Nater, P.: Erste Erfahrungen mit dem ITVIC-D (Intelligence Test for Visually Impaired Children – Deutsche Version). In: Verband der Blinden- und Sehbehindertenpädagogen (Hrsg.): XXXII. Kongress der Blinden- und Sehbehindertenpädagogen 1998. Hannover-Kirchrode 1999, S. 217–245.
Peltzer-Karpf, A.. Spracherwerb bei hörenden, sehenden, hörgeschädigten, gehörlosen und blinden Kindern. Tübingen 1994.
Rath, W.: Blindenpädagogik. In: Bleidich u. a. (Hrsg.): Einführung in die Behindertenpädagogik. Stuttgart 1998.
Rath, W.: Sehbehindertenpädagogik. Stuttgart 1987.
Rath, W. / Hudelmayer, D. (Hrsg.): Handbuch der Sonderpädagogik, Band 2: Pädagogik der Blinden und Sehbehinderten. Berlin 1985.
Rath/Hudelmayer: Pädagogik der Blinden und Sehbehinderten. In: Handbuch Sonderpädagogik. Berlin 1985.
Scherer, F.: Sport mit blinden sehbehinderten Kindern und Jugendlichen. Schorndorf 1983.
Sekretariat der Ständigen Konferenz der Kultusminister der Länder in der Bundesrepublik Deutschland (Hrsg.): Empfehlungen zum Förderschwerpunkt Sehen. Bonn 1998.
Verband der Blinden- und Sehbehindertenlehrer (Hrsg.): Anregungen für die Förderung sehgeschädigter Kinder im Früh- und Elementarbereich (0–6 Jahre). Umfangreiche Mappe mit Förderhilfen und Literatur.
Verein zur Förderung der Blindenbildung (Hrsg.): Anregungen für die Förderung sehgeschädigter Kinder im Früh- und Elementarbereich. Hannover 1976.
von Campenhausen, Chr.: Die Sinne des Menschen. Stuttgart ^{2}1993.

6.7 Gehörlose und Schwerhörige ICD (H90–H95 690)

6.7.1 Begriffe

Die Begriffe sind auch hier nicht ganz eindeutig definiert. Der Mediziner P. Plath definiert wie folgt: »Im medizinischen Sinne taub ist ein Kind, bei dem mit allen zur Verfügung stehenden Mitteln keine Hörreste nachweisbar sind, das also selbst höchste Schallintensität nicht über das Gehör wahrnehmen kann. Von ›praktischer Taubheit‹ oder ›subtotaler Taubheit‹ spricht man dann, wenn Hörreste nachweisbar sind, das Kind aber nicht in der Lage ist, sie zur Erlernung der Sprache zu nutzen«[397]. Bei Gehörlosigkeit sind i.d.R. Innenohr und Hörnerven betroffen. Bei der Schwerhörigkeit unterscheidet man zwischen »Mittelohr- (Schalleitungs-) Schwerhörigkeit und Innenohr- bzw. Nervenschwerhörigkeit (Rezeptionsschwerhörigkeit wegen der Konsequenzen für die Therapie«[398]).

Die Grenzen zur Schwerhörigkeit sind fließend: Man spricht von verwertbaren und nichtverwertbaren »Hörresten«, je nachdem, ob sie mit Hilfe technischer Hörhilfen »zum Hören und Erkennen von Signalen genutzt werden können«[399]. In den Fällen, wo die Sprache noch verstanden werden kann, »wenn unmittelbar am Ohr gesprochen wird«, liegt ein Grenzfall zur Schwerhörigkeit vor[400].

Die Unterscheidung von Gehörlosigkeit und Schwerhörigkeit wird in audiologischen (Gehör-)Messungen auch nach Dezibel – einer Maßeinheit für Schallintensität – vorgenommen. H. G. Furth unterscheidet danach die

- Gehörlosigkeit mit einem durchschnittlichen Hörverlust von 80 und mehr Dezibel,
- hochgradige Schwerhörigkeit mit einem durchschnittlichen Hörverlust mit 60 Dezibel.[401]

Die Schwerhörigkeit wird unterschieden nach folgender Einteilung:

Graduelle Einteilung der Schwerhörigkeit und einige Bezugswerte.[402]

Grad der Schwerhörigkeit	*Umgangssprache wird verstanden aus*	*% Hörverlust*
geringgradig	mehr als 4 Metern	10–40
mittelgradig	1–4 Metern	40–60
hochgradig	0,25–1 Meter	60–80
an Taubheit grenzend	weniger als 0,5 Meter	80–95

6.7.2 Ursachen und Statistik

Ursachengruppen

Die Ursachen werden unterteilt in prä-, peri- und postnatale Ursachen:

Zu den pränatalen Ursachen gehören:

- die ererbte Gehörlosigkeit durch Missbildungen des Innenohres, die oft kombiniert ist mit Schädigungen anderer Organe wie Nieren, Herz und Gehirn;
- Hemmungen in der embryonalen Entwicklung etwa durch Viruserkrankungen, wie z. B. Röteln, oder Medikamente;
- toxische Wirkungen von Medikamenten, wie z. B. Antibiotika, aber auch Nikotin, Alkohol usw.

Zu den perinatalen Schäden gehören insbesondere Schädelverletzungen, Sauerstoffmangel und krankhaft schwere Gelbsucht.

Postnatale Ursachen

Zu den postnatalen Ursachen gehören:
- Mittelohrentzündungen;
- Infektionskrankheiten, wie z. B. Mumps, Keuchhusten, Masern, Röteln, Pocken;
- Medikamentenvergiftungen, z. B. durch Antibiotika, Kopfschmerzmittel;
- Neurovasculäre Regulationsstörungen (Durchblutungsstörungen), niedriger Blutdruck usw.;
- Knall- und Explosionstraumen;
- Kopfverletzungen und
- Nervenerkrankungen, wie z. B. Morbus Recklinghausen.[403]

Die Statistik des Statistischen Bundesamtes gibt folgendes Bild für 0–6-jährige Kinder:
Taubheit: 113 Fälle
Taubheit kombiniert mit Störungen der Sprachentwicklung und entsprechenden Störungen der geistigen Entwicklung: 202 Fälle
Schwerhörigkeit mit Gleichgewichtsstörungen: 249 Fälle
Gleichgewichtsstörungen: 4 Fälle
Der Deutsche Bildungsrat[404] schätzte den Anteil der Schwerhörigen auf 0,3 % (ca. 13 000) und der Gehörlosen auf 0,05 % (ca. 2000) der 0–6-jährigen Kinder.

6.7.3 Frühdiagnostik

Obwohl sich die medizinische Frühdiagnostik in den letzten Jahren wesentlich verbesserte, werden noch immer zu viele Kinder zu spät diagnostiziert und für die Frühförderung erfasst. Der Zeitverlust zwischen Verdacht und Diagnose bzw. Behandlung kann sich über Jahre hinziehen. Der Mediziner P. Biesalski stellt fest:

»Nach meinen Erfahrungen werden ca. 20 % der hochgradig hörgeschädigten Kleinkinder zu spät, d. h. bei angeborenen Hörstörungen erst oft um das dritte Lebensjahr erfasst. Bei mittelgradigen Hörstörungen sind es sicher 30 %, die wesentlich verspätet, meist erst zwischen dem 3. und 6. Lebensjahr, bekannt werden. Leichtere Hörstörungen werden mindestens zu 40 % zu spät erkannt. Dabei ist festzustellen, dass es in der Bundesrepublik mindestens 4000 gehörlose bzw. hochgradig hörgestörte Kinder im Alter zwischen 1 und 6 Jahren gibt.«[405]

Praxishinweis

Es gibt in der Bundesrepublik eine Reihe so genannter Pädoaudiologischer Beratungsstellen, die teilweise an HNO-Kliniken, Gesundheitsämtern oder an Hörgeschädigtenschulen angeschlossen sind oder mit ihnen kooperieren. Die Verfahrensweisen der Frühdiagnostik (Audiologie – Gehörmessungen) hat ausführlicher A. Löwe beschrieben.[406] Einen Ratgeber mit einfachen Diagnose-Spielen für Eltern hat die erwähnte Aktion Sorgenkind (heute: Aktion Mensch) herausgebracht. Ein einfaches Verfahren ist: Man stellt sich für das Kind unbemerkt hinter das Kind und knistert mit Papier, läutet ein Glöckchen usw. einmal links und rechts am Ohr. Reagiert das Kind nicht, ist eine ärztliche Kontrolle angezeigt.

Die audiologischen Untersuchungen des Säuglings und Kleinkindes sind schwierig. Wichtig ist die mütterliche Beobachtung, ob und wie das Kind auf Geräusche reagiert. Risikokinder sollten regelmäßig untersucht werden.

»Bei Neugeborenen kann eine grobe Prüfung erfolgen durch das Auslösen der Reflexe und laute akustische Reize. Dies sind vor allem der Lidreflex und ein Zusammenzucken des ganzen Körpers, verbunden mit einer Streckung des Rumpfes (Moro-Reflex) oder ähnliche Gesamtreaktionen.
Nach spätestens sechs Monaten sollte ein normalhörendes Kind gelernt haben, die Richtung zu erkennen, aus der die Schallsignale kommen. Man beobachtet deshalb in diesem Alter die Hinwendereaktion der Kinder. Diese Prüfung kann schon erste Hinweise dafür geben, dass eventuell eine einseitige Hörstörung vorliegt.«[407]

In Kliniken oder Pädoaudiologischen Zentren können dann u. a. Nervenstrommessungen durchgeführt werden (»Computer-Audiometrie«, Elektrocochleographie – ECoG – oder Electric Reponse Audiometrie-ERA).

6.7.4 Frühförderung

Die medizinische Frühbehandlung Gehörloser hat in den letzten Jahren folgende Möglichkeiten eröffnet:

Cochlea-Implantat

- Cochlea-Implantat (CI): Darunter versteht man eine technische Hörhilfe für taube bzw. schwerhörige Patienten, die chirurgisch in den Knochen hinter dem Ohr eingesetzt wird.

Voraussetzung für die Implantat-Wirkung sind ein intakter Hörnerv und eine intakte Funktion der Hörbahn zum Gehirn. Das Implantat besteht aus einem Magneten, einem Empfänger mit Stimulator und einem Elektrodenbündel, das zur Cochlea (Gehörschnecke) eingeführt wird. Dazu gehört ein hinter dem Ohr getragenes Richtmikrofon mit Sendespule zur Übertragung von Signalen an das Implantat und ein Sprachprozessor. Der Erfolg dieser weltweit angewandten Hilfe ist »abhängig von

- dem sehr frühen Erkennen der Taubheit;
- einer intensiven Frühförderung;
- der Operation möglichst schon im 3. oder gar 2. Lebensjahr;
- einem kontinuierlichen auditorisch-verbalen Training (speziell mit dem Sprachprozessor, Anm. d. Verf.);
- einer gewissen Sprachbegabung;
- einer hörgerichteten Gesamtpersönlichkeit« – so der einschlägig spezialisierte Mediziner Lehnhardt. Darüber hinaus – so der Erkenntnisstand (1997) – verlangt diese technische Hilfe nach der Operation für das Hör-Sprach-Training eine gute psychische Belastbarkeit sowohl des Patienten als auch der in die Therapie einbezogenen Familienangehörigen. Unabdingbar ist auch eine hochqualitative Einsatzbereitschaft der nach der Operation nachsorgenden Fachleute wie Oto-Audiologen (Gehörspezialisten), Hörgeschädigtenpädagogen und Psychologen, damit der Patient die technische Hilfe auch optimal nutzen und seine Hör-Sprachkompetenz aufbauen kann.[408]

➔ Durch elektrische Reizung der Nerven und Einpflanzung von Elektroden ins Innenohr lässt sich eine Verbesserung der Tonhöhenunterscheidung bewirken.

➔ Durch medikamentöse und operative Behandlung lässt sich die Aktivität von Hörrestfunktionen steigern.[409]

Behandlungseffekte

Bei den Schwerhörigen ist durch medikamentöse und operative Behandlung in vielen Fällen (z. B. bei Versteifung des Steigbügels, Beseitigung so genannter Polypen oder richtiger: zu großer Rachenmandeln), Einsetzen von Elektroden, Behandlung von Durchblutungsstörungen eine Verbesserung bzw. Vorbeugung einer Verschlimmerung möglich. Entscheidend ist eine »frühestmögliche« Hörgeräteversorgung.[410]

Unbehandelte Kinder haben in ihrer »Gesamtentwicklung ... schwerwiegende Folgen« zu ertragen, und deshalb ist aus ärztlicher Sicht die Frühförderung und sonderpädagogische Behandlung »möglichst schon am Ende des ersten Lebensjahres« notwendig.[411] Die Folgen liegen nach A. Löwe in den Bereichen der

- ausfallenden, verzögerten und unvollständigen Sprachentwicklung;
- in der begrenzten Teilnahme am Familienleben;
- in der sozialemotionalen Entwicklung;
- in der kognitiven Entwicklung;
- im Aufbau normaler Verhaltensmuster.[412]

Elternarbeit

Dementsprechend muss die Früherziehung Gehörloser und Schwerhöriger ganzheitlich konzipiert sein. Einen Schwerpunkt bildet auch hier die Elternberatung und -anleitung, nicht nur, um sozial-emotionalen Fehlentwicklungen wie zu enges Anklammern an die Mutter oder zu starkes Sichzurückziehen zu verhindern, sondern auch, um der Mutter und Familie zu helfen, dem Kinde die nötigen Hilfen zu geben für den Aufbau seiner Kommunikationsmöglichkeiten und Selbständigkeit.

Gehörlose und schwerhörige Kinder werden verstärkt das Sehen einsetzen, um den Gehörausfall bzw. die -minderung zu kompensieren. Hier setzt die Frühförderung ein durch Hausspracherziehung und ggf. Kindergartenerziehung für Gehörlose.

Gebärdensprache

Zu den besonderen Methoden der Gehörlosenerziehung zählen verschiedene *Gebärdenarten* und *Handzeichensysteme*. Dabei unterscheidet man konventionelle Gebärden als Gebärdensprache aufgrund von Übereinkünften in den Gehörlosengemeinschaften, dann das Fingeralphabet als schriftzeichenbezogene Handzeichen für bestimmte Buchstaben und Lautgebärden als lautsprachbezogene Handzeichen.[413]

Wichtig ist für die ersten Lebensjahre die Einführung des Kindes in die Gehörlosenkommunikation.

Gehörlosen-Kommunikation

»Da die Lautsprache (bei Gehörlosen, Verf.) als verbindendes Element nicht wahrgenommen wird, müssen ihre Funktionen im Kleinkindalter zunächst von der Mimik und Gebärde übernommen werden. Immer aber sollten die Eltern mit ihrem Kind gleichzeitig sprechen, damit es so früh wie möglich an diese Formen der Kommunikation herangeführt wird. Dies bewahrt auch die Eltern vor

Fehlverhalten und leitet zu einem sinnvollen Miteinander von Lautsprache und Gebärde an. Die auch von den Hörenden je nach Temperament in unterschiedlichem Umfang gebrauchte Mimik und Gestik gilt es in verstärktem Maße bei der Unterhaltung mit gehörlosen Kindern einzusetzen.«[414]

Förderansätze

In der Früherziehung gehörloser und schwerhöriger Kinder gibt es neben der Kombination von Lautsprache und Gebärde noch folgende Ansätze:

- Die ganzheitliche Lautsprachmethode von Schmid-Giovanni (für resthörige Kinder): Man könnte diesen Ansatz auch als situativen Ansatz bezeichnen, der von der natürlichen Interaktion zwischen Mutter und Kind und dem alltäglichen Sprachgebrauch ausgeht. Weil Sprache nicht nur hörbar, sondern auch seh- und fühlbar ist, kann sie auch visuell, taktil oder vibratorisch vermittelt werden.
  Nicht die Wort- und Begriffsmenge, sondern der tatsächliche alltägliche Gebrauchswert ist ihr Ansatz. Deshalb soll die Mutter in jeder Situation für das Kind sichtbar mit ihm sprechen, damit es den Zusammenhang von Sprache, Dingen und Handlungen erfahren und erleben kann. Spezielle Übungen sollen spielerisch durchgeführt werden, damit das Kind immer Freude an der Kommunikation erlebt und zur Kommunikation angeregt wird.
- Sprachentdeckendes Lernen van Udens: Auch er geht wie Schmid-Giovanni von der Normalsprachentwicklung aus, allerdings setzt van Uden auf das »Gespräch« als didaktische bzw. interaktionistische Grundeinheit. Durch die so genannte »Fangmethode« spricht die Mutter das aus, was das Kind eigentlich sagen möchte, aber nicht oder noch nicht sagen kann. Tritt z. B. die Mutter an das Kinderbettchen und sieht das Kind strampeln oder lachen, dann sagt sie: »Hast du Hunger? Komm her, Liebling!« usw.
  Die Mutter nimmt eine »Doppelrolle« ein: Sie spricht für das Kind und ihre Rolle:
  »Im ersten Satz ›fängt‹ die Mutter, was das Kind sagen will, und suggeriert die richtigen Worte. Sie folgt der Fangmethode, hier spielt die Mutter gewissermaßen die Rolle des Kindes. Im zweiten Satz spielt die Mutter ihre eigene Rolle: ›Komm her Liebling!‹ Auf diese Weise ›spielt sie eine Doppelrolle‹: die Rolle des Kindes und ihre eigene Rolle.«[415]

Diese Methode wird bis zum ca. vierten Lebensjahr praktiziert. Indem sie die unvollkommenen Äußerungen des Kindes auffängt und korrekt wiederholt, steigert sie die Sprachfähigkeit des Kindes.

Das Kind entdeckt dabei nicht nur den Sinn, sondern zunehmend auch die Möglichkeiten, mit der Sprache etwas anfangen oder bewirken zu können, bzw. es lernt »immer wieder neue Sprachformen und Strukturen, (und) es reflektiert über seine Sprache«[416].

Abschließend bleibt festzustellen, dass die Methodenwahl oder auch -kombination z. B. von Implantat-Therapie und Gebärdensprache von Fachleuten wie z. B. Günther als eine Einzelfallfrage anzusehen ist.

6.7.5 Literatur

Bernard-Opitz/Blesch/Holz: Sprachlos muss keiner bleiben. Freiburg ²1992 (Übersicht und Anleitung zu nonverbaler Kommunikation).
Bundesarbeitsgemeinschaft für Eltern und Freunde schwerhöriger Kinder (Hrsg.): Ratgeber für Eltern hörgeschädigter Kinder. Hamburg ⁵1985.
Ding/Horsch: Materialien zur Früherziehung hörgeschädigter Kinder. Heidelberg 1984.
Jussen/Neumann: Kölner Sprachlernspiele. Vlg. G. Holdau.
Ders.: Hörenlernen im Spiel. Berlin ⁴1982.
Lindner, G.: Pädagogische Audiologie. Berlin ⁴1992.
Michels, J.: Frühe Spracherziehung für hörgeschädigte und sprachentwicklungsverzögerte Kinder. Berlin ³1982.
Neukomm, E.: Der Dichotische Hörtest für Kinder. Göttingen 1992.
Papousek, M.: Vom ersten Schrei zum Wort. Bern 1994.
Sarimski, K.: Kindliches Symbolspiel und Bedeutungsentwicklung. Möglichkeiten der Intervention. In: Grohnfeldt, M. (Hrsg.): Handbuch der Sprachtherapie. Band 3. Berlin 1996, S. 196–209.
Sassenroth, M.: Schriftspracherwerb. Entwicklungsverlauf Diagnostik und Förderung. Bern 1991.
Volmert, J.: Grundkurs Sprachwissenschaft. Stuttgart 1995.
Breiner, H. L.: Hilfen für Hörgeschädigte in Orientierung an den sensorischen Bedingungen. In: Jussen, H./Claußen, W.H. (Hrsg.): Chancen für Hörgeschädigte. Hilfen aus internationaler Perspektive. München 1991, S. 230–249.
Ptok, M.: Das schwerhörige Kind. In: Deutsches Ärzteblatt 94 (1997), S. 1932–1937.
Plath, P.: Lexikon der Hörschäden. Heidelberg 1993.
Schmidt-Giovanni, S.: Sprich mit mir. Berlin ²1980.

Uden, A. van: Das gehörlose Kind – Fragen seiner Entwicklung und Förderung. Heidelberg 1982.
Wisotzki, K. H.: Situationen in der Familienerziehung. In: Hörgeschädigtenpädagogik 40 (1986), S. 10–23.

6.8 Sprachbehinderte, -gestörte und -entwicklungsverzögerte Kinder

6.8.1 Mensch und Sprache

Die Sprache ist das einzig dem Menschen verfügbare und hochkomplexe Organ der geistigen Selbst- und Welterfassung, Träger und Vermittler von Wissen und Gefühlen, Mittel des Denkens und der Kommunikation. Sie reicht von nonverbalen, mimisch-gestisch komplexen und wenig definierten Symbolisationen von Bedeutungen bzw. Sinngehalten bis zu den abstrakten Formen schriftlicher, verbal-begrifflicher und sozial definierter allgemeingültiger Zeichensysteme für bestimmte Bedeutungen bzw. Sinngehalte oder auch für Handlungen, wie etwa das Stopp-Schild im Straßenverkehr.

Mündliche wie schriftliche Sprache steuert unser individuelles und soziales Verhalten und verbindet oder trennt Menschen in dem Maße, in dem sie an Sprache teilhaben, sie wahrnehmen und verstehen, sprechen, lesen und schreiben können oder nicht. Die Sprachkompetenz kann daher zum Lebensschicksal werden.

Frühe Sprachforschungen

Die Erforschung der Sprachentwicklung und -behinderungen und ihre Behandlung hat die Wissenschaften früh beschäftigt. Der Arzt Hieronimus Mercurialis schrieb 1584 ein Buch über Stottern, und Heinicke gründete 1778 in Leipzig eine Anstalt zur Behandlung von Stummen und Sprachgebrechlichen.[417]

Anmerkung zur Sprachentwicklung

Sensible Phase für Sprache

Bevor das Kind zur korrekten Sprache gelangt, verfügt es durch eine Mobilisierung des Organismus über eine Spracherlebnis-, Sprachverstehens- und Lernbereitschaft für Sprache durch spontane Lautproduktion und Reaktionsbereitschaft auf menschliche Sprache, z. B. der Mutter. Das Kind hat eine angeborene Sensivität für Sprache (vgl. Kap. 4.4.5). Sinz definiert »sensible Phasen der Entwicklung (als) genetisch determinierte Zeitnischen, in denen sensibilisierte Neuronenbahnen selektiv auf Außenreize abgestimmt und somit funktionell verifiziert werden«, insbesondere bezogen auf die frühe Wahrnehmungs-, Sozial- und Sprachentwicklung.[418] Es sind reifungs- wie milieuabhängige spezifische Lernbereitschaften, die auf frühe Sprachkontakte, gute Sprachmodelle und -erziehung angewiesen sind. Sprachentwicklung zeigt frühe Geschlechtsunterschiede insofern, als bei den Mädchen die Gehirnreifung (Myelinisierung) anfangs etwas schneller als bei den Jungen verläuft, d. h. die Mädchen dementsprechend früher sprechen, ein Unterschied, der durch Sozial- und Bildungsschichteinflüsse verstärkt werden kann. Der Beginn und Verlauf der Sprachentwicklung ist beim Kind außerordentlich regelmäßig, so dass man zu Recht von einer gewissen »Normalität« und folglich ebenso von Verzögerungen der Sprachentwicklung, Sprachstörungen und -behinderungen sprechen kann.

Geschlechtsunterschiede

6.8.2 Begriffe

Im sonderpädagogischen Bereich hat sich der Begriff der Sprachbehinderung als Oberbegriff durchgesetzt. Der Deutsche Bildungsrat definiert wie folgt:

Definition

»Als sprachbehindert gilt, wer infolge einer Schädigung der zentralen und peripheren Anteile der Organe (s. u. Physische Determinanten, Verf.), die an der innersprachlichen Vorbereitung, dem Sprechen und dem Sprachverständnis beteiligt sind, oder durch Funktionsmängel in seiner Mitteilungs- und Ausdrucksfähigkeit sowie im Sprachverständnis auffällig beeinträchtigt ist. Sprachschädigungen wirken sich in den Bereichen des Sprachaufbaus, der Rede und des Sprechens sowie im Sprachverständnis aus. Sie beeinträchtigen je nach Art der individuellen Schädigung das Kommunikationsgeschehen und führen in unterschiedlicher Ausprägung zu Abweichungen im Lern- und Sozialverhalten.«[419]

Sprachbehinderungen als vorübergehende, längerfristige oder bleibende Phänomene sind individuell komplexe Behinderungen in Form von umfassender oder teilweiser Unfähigkeit, die Umgangssprache mündlich oder schriftlich regel-, alters- und entwicklungsgemäß zu lernen und zu gebrauchen. Dadurch sind die Betroffenen in ihrer psychisch-geistigen und sozialen Kommunikation bzw. Interaktion sowie in ihrem Denken, Erleben und Handeln beeinträchtigt.

6.8.3 Ursachen und Symptome

Bedingtheiten des Sprachverhaltens –
Ursachen der Sprachbehinderungen und -störungen
Heinelt brachte diese Determinanten des Sprachverhaltens in drei Gruppierungen:

Persönlichkeitsdeterminanten:	– Intelligenz – Affekte, Stimmungen – Selbstgefühl – Geschlechtszugehörigkeit – Sprechantrieb
Physische Determinanten:	– Hörvermögen – Hirnphysiologische u. neurologische Grundlagen – motorische, anatomische, muskuläre – Sprachverhalten
Milieudeterminanten:	– Familiäres Milieu – Sozio-kulturelle Faktoren

Allgemein gilt hinsichtlich der Persönlichkeitsdeterminanten,

»dass es Kindern mit guter und sehr guter Intelligenzausstattung zu einem frühen Zeitpunkt der Entwicklung und verhältnismäßig rasch gelingt, sich ein Wortverständnis, einen reichen Wortschatz und die syntaktischen Gundformen anzueignen«[420].

Gefühle und Denken

Bei Geistigbehinderten und anderen Intelligenzschwachen ist die Sprachentwicklung generell verzögert und in den Fällen von Debilität oder gar der Idiotie schwer und umfänglich eingeschränkt. Dass Stimmungen, Affekte und Emotionen die Sprachentwicklung beeinflussen, erkennt man nicht nur an dem Einfluss von Alkohol und Drogen, sondern auch an den Gefühlen, die ein Gespräch zwischen den Kommunikationspartnern auslöst: Sympathie erhöht zweifelsohne die Sprechfreude; gehemmtes oder gestörtes Selbstgefühl bzw. Selbstwertgefühl – wie z. B. Unsicherheit und Minderwertigkeitsgefühle, Stress, Angst, Schocks – beeinflussen ebenfalls Sprechbereitschaft und Sprachverhalten bis zur Sprechangst oder zum Mutismus (Stummheit, Sprachverweigerung, s. u.).

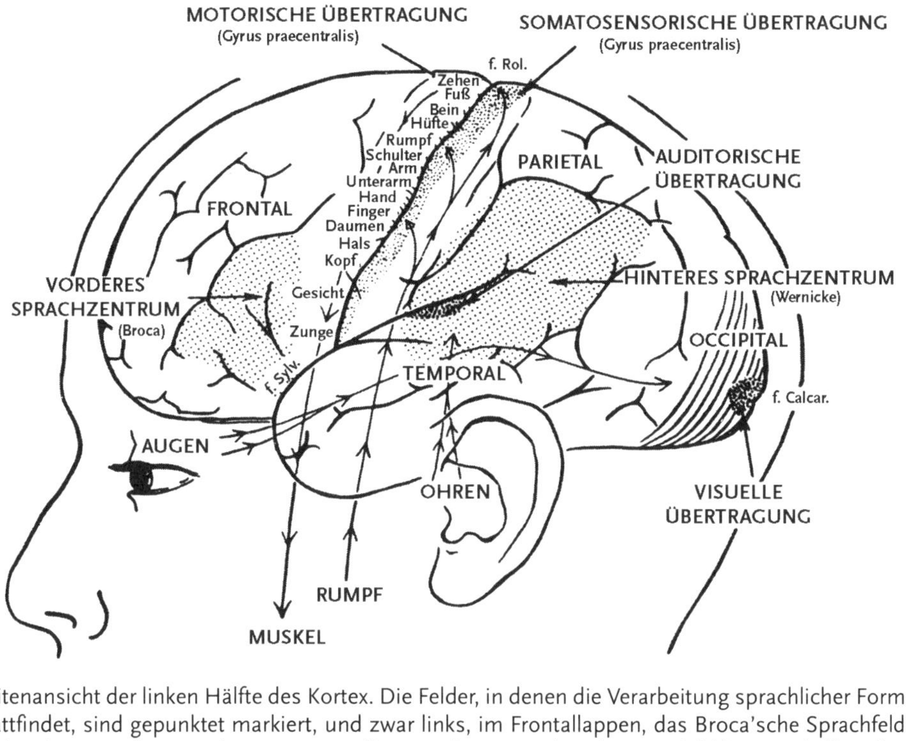

Seitenansicht der linken Hälfte des Kortex. Die Felder, in denen die Verarbeitung sprachlicher Form stattfindet, sind gepunktet markiert, und zwar links, im Frontallappen, das Broca'sche Sprachfeld und rechts, vor allem im oberen Temporallappen, das Wernicke'sche Sprachfeld. Der Schall wird in den Ohren in den Kern des Wernicke'schen Sprachfeldes übertragen und dort analysiert. Vom Broca'schen Sprachfeld aus werden die rechts dahinter an der Rolandischen Furche liegenden, die Mundbewegungen auslösenden Neuronen aktiviert.

Physische Determinanten

Physische Determinanten sind im Falle von Behinderungen Schädigungen und Funktionsmängel in den Stimm- und Sprechorganen, wie z. B. Kehlkopf, Luftröhre und anderen Artikulationsorganen im Gesichts- und Mundbereich einschließlich Zähnen, Gaumen, Kiefer und Nase sowie ihrer Nervensysteme und der für die Sprache zuständigen Gehirnstrukturen. Dazu kommen diverse sensorische Schädigungen und Funktionsschwächen des Gehörs, aber auch des Sehens (vgl. Kap. 6.6) und des Gehirns bzw. seiner Informationsverarbeitung. Daher sind bei anderen Behinderungen Sprachstörungen fast immer wesentliche Bestandteile des Behinderungsbildes.[421]

Milieudeterminanten

Milieudeterminanten und ihre Wirkungen auf die Sprachentwicklung haben in den letzten drei Jahrzehnten mehr Aufmerksamkeit in der Forschung gefunden, insbesondere bzgl. Grammatik, Syntax, Semantik bzw. Wortschatz und Begriffsbildung. Dabei wurden schwerwiegende Unterschiede zwischen Kindern verschiedener Sozial- und Bildungsschichten festgestellt, was sich besonders deutlich bei den lernbehinderten Kindern und Schülern zeigt (s. u.).

Zusammenfassung

»Zusammenfassend lässt sich feststellen, dass dem sozialen Milieu aufgrund der verbalen und kommunikativen Zuwendung ein nachhaltiger, oft sogar entscheidender Einfluss auf die Förderung bzw. Vernachlässigung der sprachlichen Entwicklung zukommt. Dabei liegen die Unterschiede nicht allein im Entwicklungstempo, sondern im zeitlich verschiedenen Auftreten der sprachlichen Äußerung. Entwicklungsrückstände können zwar aufgeholt werden, jedoch ist der Zeitpunkt für den Erfolg ausschlaggebend.«[422]

Exemplarische Ursachen und Symptome

Die an der Sprachforschung beteiligten Wissenschaften wie Medizin, Psychologie, Linguistik und Sprachheilpädagogik entwickelten je eigene Begriffs-Systematiken und uneinheitliche bzw. sich inhaltlich teilweise deckende Begriffe für die Symptome. Daher beschränken wir uns hier auf die Sprachheilpädagogik.[423]

Gehirnreifung

→ *Entwicklungsnormale Probleme:* Die Ausreifung des Gehirns (vgl. Kap. 4.4.4) und der damit für die Sprache erforderlichen sensorisch-motorischen Organe und ihrer Funktionen bringt es mit sich, dass nach Knura bestimmte Sprachentwicklungsschwierigkeiten als »normal« gelten, wie z. B.: Wort- und Lautbildungs- bzw. Ausspracheschwierigkeiten, die Ein- und Zweiwortsätze als Schwierigkeiten beim korrekten Satzbau (Grammatik, Syntax) und der richtigen Verwendung der Wortbedeutungen (Semantik) sowie bei besonders sprechfreudigen Kindern die überstürzte Rede und das Lautwiederholen, solange das dritte bis vierte Lebensjahr nicht überschritten ist.

Entwicklungsverzögerungen

→ *Sprachentwicklungsverzögerungen* (Synonyme: Alalie, prolongierte Alalie, Hörstummheit bzw. Audimutitas, allgemeine Unterentwicklung der Sprache) lassen sich nach Knura »kennzeichnen als ausbleibender, verspäteter, verlangsamter, nicht altersgerechter Spracherwerb«, der als »zeitlich stark verzögert, strukturell jedoch regelhaft verlaufender Spracherwerb« zu verstehen ist. Betroffen sind in der Regel alle Sprachbereiche, wie z. B. die Aussprachfähigkeiten, Syntax und Grammatik, Semantik und Wortschatz.

Spezielle Probleme

Unterbegriffe sind hier nach Knura:

- *Auditive Agnosie* (sensorische Hörstummheit) als »Unfähigkeit, Schallereignisse auditiv zu erkennen«. Die Unfähigkeit, Sprache auditiv zu erkennen, obwohl sie gehört wird, nennt man *verbale auditive Agnosie* bzw. angeborene Worttaubheit oder *rezeptive Aphasie*; allerdings können diese Kinder sich räumlich orientieren und mit Blicken, Gesten, Gebärden usw. visuell verständigen.
- *Verbale visuelle Agnosie* (Dyslexie) bezeichnet die »beeinträchtigte Fähigkeit, Buchstaben und geschriebene Wörter visuell zu erkennen und zu behalten«.
- *Verbale Apraxie* bezeichnet die »Beeinträchtigung der Fähigkeit, die Bewegungsmuster der Sprechlaute zu erwerben, zu behalten und zu produzieren«.

Stottern/Poltern/Sprechangst/Mutismus[424]

Diese Begriffe werden nach Grohnfeldt unter dem Oberbegriff »Redeflussstörungen« zusammengefasst, wobei eine genaue Abgrenzung nicht immer möglich ist und Kombinationen untereinander oder mit anderen Störungen auftreten.

Stottern (Synonyme: Dysphemie, Spasmophemie, Balbuties, Laloneurose)

Typisch sind hier Wort- und Silbenwiederholungen, stummes Pressen mit Muskelverkrampfungen; Fehlformen der Atmung, unwillkürliche Mitbewegungen (z. B. Nasenflügelsymptom), so dass der gesamte Redefluss und damit die Kommunikation gestört ist. Man unterscheidet:

- klonisches Stottern, d. h. rasche Phonem(Laut)-, Silben- und Wortwiederholungen und
- tonisches Stottern als eine Verkrampfung bzw. Blockierung und Störung der Koordination der Artikulations-, Phonations(Lautbildungs)- und Atmungsmotorik.

Dyslalien (Aussprachestörungen) lassen sich gruppieren, wie im Schaubild S. 333 zu sehen ist.[425]

Ungünstige Erziehungsbedingungen

Zumeist beginnt Stottern im Vorschulalter als vorübergehendes Phänomen in der Phase des Satzbaus (ca. zwischen dem ersten und dritten Jahr) und dauert in der Mehrzahl der Fälle weniger als ein Jahr (max. bis zum fünften Lebensjahr). Allerdings kann sich dieses Stottern durch ungünstige Erziehungsbedingungen fixieren. In der Regel zeigt der Großteil (bis zu 80 %) der späteren Stotterer im Alter von 3 ½ bis 5 Jahren erste Symptome. Nur bei ca. 1 % aller Kinder hält das Stottern länger an, so dass eine Therapie (stottertherapeutische Frühförderung) angezeigt und die Heilungswahrscheinlichkeit sehr groß ist. Bei Kindern, die länger als fünf Jahre stottern, sinkt diese auf ca. 20 %.

Geschlechtsunterschiede

Auffallend ist das Geschlechterverhältnis: Auf drei bis zehn stotternde Jungen kommt ein Mädchen, was darauf schließen lässt, dass neben hirnorganischen Ursachen (die Zahlen schwanken zwischen 40 und 61 %) Erziehungs- und Milieueinflüsse, bestimmbare Situationen, die Stottern auslösen, und fehlende Frühförderung/Elternberatung wesentlichen Einfluss auf die Stotterentwicklung haben.

Poltern (Synonyme: Tachyphemie, Paraphrasia praeceps, Tumultus sermonis)

Probleme beim Schulbeginn

Poltern ist gekennzeichnet durch hastiges Sprechen, Wiederholungen von Silben und Wörtern, Verkürzungen und Umstellungen. Es ist schwierig vom Stottern abzugrenzen und tritt in komplexer Weise auf in Verbindung mit Dysgrammatismus, Aussprachestörungen und Legasthenie, verlangsamter Sprachentwicklung und sensomotorischen Störungen. Dies zeigt sich spätestens beim schulischen Schriftspracherwerb (Abschreibfehler, Buchstabenauslassungen, schlechtes Schriftbild) und beim Mathematikunterricht (Unsicherheiten im Zahlenschema, Zahlenumstellungen, fehlerhafte Stellenwerte, Richtungswechsel bei Subtraktions- und Divisionsaufgaben).

EEG-Abnormitäten

In 50–90 % der Fälle von Polterern sind Abnormitäten im EEG festgestellt worden. Es

Schaubild: Zum möglichen Bedingungshintergrund von Aussprachestörungen

Aussprachestörungen

Biologische und neurophysiologische Störungskorrelate

1. Störungen der Aufnahme und Verarbeitung von Sinneseindrücken
1.1 Audiogene Dyslalie:
Sprachstörungen bei nachweisbaren Hörstörungen (besonders bei Hochtonverlust)
1.2 Sensorische Dyslalie:
Störungen der zentralen Verarbeitung von Höreindrücken bei intaktem Mittel- und Innenohr im Sinne einer herabgesetzten Fähigkeit der Unterscheidung klangverwandter Laute (phonematische Differenzierungsschwäche, akustische Lautagnosie)
1.3 Zentrale Dyslalie:
Störungen der impressiven, mnestischen und koordinierenden Wahrnehmungsfunktionen im serialen Ablauf
2. Störungen der Sprechwerkzeuge und der neuromuskulären Koordination
2.1 Dysglossien:
Aussprachestörungen als Folge organischer Veränderungen der Sprechwerkzeuge (z. B. LKG-Spalten, Lippen- und Zungenparesen, Kieferanomalien...)
2.2 Motorische Dyslalie:
Artikulationsstörungen als Folge einer gestörten taktil-kinästhetischen Rückkoppelung (z. B. reduzierte Wahrnehmung des Lage- und Spannungsgefühls der Zunge, Lippen...)
2.3 Dysarthrien:
Zentral bedingte Störungen der Artikulation und Stimmbildung aufgrund von Verletzungen oder Erkrankungen der am Stimm- und Sprechvorgang beteiligten Zentren, Bahnen und Kerne

Störungen im soziokulturellen und familiären Umfeld

1. Wenig anregende Lebens- und Umweltbedingungen
   - Schichteinflüsse (umstritten)
   - fehlerhaftes oder mangelndes familiäres Sprachvorbild
   - Deprivationssyndrom durch Hospitalisierung oder ungenügende sensorische Anregung
2. Störungen der Eltern-Kind-Interaktion
   Aussprachestörungen als Ausdruck
   - einer ungünstigen familiären Rollenkonstellation (Kind als Sündenbock)
   - von Projektionen unerfüllter Wünsche der Eltern an das Kind
   - bestimmter Geschwisterpositionen und -rivalitäten durch Entthronungserlebnisse (Regression und Babysprache)
   - überfordernder, überbehütender und ambivalenter elterlicher Erziehungsstile

Störungen beim Aufbau funktionaler Hirnsysteme

zeigen sich neben neuropsychologischen bzw. sensomotorischen Störungen Schwierigkeiten, die Ordnung aufeinander folgender Reize und Seriationen zu erfassen, sie in der Ordnung wiederzugeben oder zu produzieren. Probleme bestehen oft in der Raum-Zeit-Orientierung, mit der Folge, dass das Kind

Schwierigkeiten hat, Handlungspläne aufzubauen, zu steuern und daran festzuhalten.

Sprechangst (Logophobie)
Sie wird in der leichten Form auch »Lampenfieber« genannt. Man spricht auch vom »inneren« Stottern, das häufig bei psychisch und organisch labilen Personen beobachtbar ist und oft in Verbindung mit Stottern auftritt.

Mutismus
bezeichnet das Schweigen oder den Rückzug aus der sprachlichen Kommunikation. Man unterscheidet:

Selektiver Mutismus

- nach selektivem/elektivem Mutismus, wenn nach vollzogenem Spracherwerb die Lautsprache gegenüber bestimmten Personen bzw. in bestimmten Situationen trotz erhaltener Hör-Sprechfähigkeit verweigert wird. Die Ursachen liegen in Milieubedingungen, Konflikten, traumatischen Erlebnissen (z. B. Trennungsschock), Ängsten und Depressionen und ggf. frühkindlichen Hirnschädigungen;

Totaler Mutismus

- nach totalem Mutismus, einer völligen Verweigerung der Lautsprache ebenfalls bei erhaltener Hör-Sprechfähigkeit. Die Ursachen sind jene des elektiven Mutismus. Zumeist treten die Phänomene gehäuft um das 3./4. Lebensjahr auf – man spricht hier vom »Frühmutismus« – bzw. zwischen dem 5. und 7. Lebensjahr – man spricht dann vom »Spät«- oder auch »Schulmutismus«. Betroffen sind häufig Kinder aus der Landbevölkerung, stark Dialekt sprechende, linkshändige und entwicklungsverzögerte Kinder sehr isoliert lebender Familien, verbunden mit Fehlerziehung, wie z. B. mütterlicher Überprotektion und/oder harter Erziehung seitens des Vaters.

Stimmstörungen (Dysphonien)
Sie zeigen sich nach Knura[426] »in einer Unfähigkeit, stimmlichen Anforderungen in üblicher Weise zu entsprechen. Charakteristisches Symptom ist neben der eingeschränkten Leistungsfähigkeit Heiserkeit in verschiedenen Ausprägungen«.

Spezielle Formen

Man unterscheidet:

- entwicklungsbedingte Stimmstörungen, wie sie z. B. in der Pubertät und in anderen kritischen und hormonell bedingten Umstellungen späterer Lebensphasen auftreten;

- psychogen bedingte Stimmstörungen, z. B. Stress und abnorme Belastungssituationen;
- organisch bedingte Stimmstörungen, wie z. B. Krankheiten, Entzündungen, Lähmungen usw. und angeborene Deformationen der Stimmorgane, wie z. B. des Kehlkopfes.

Spezielle Formen bei Kindern

Bei Kindern kommt es oft (Zahlen liegen nicht vor) zu:
- *Phonoponosen* als »Ausdruck von automatisierten Fehlfunktionen der inneren und äußeren Kehlkopfmuskulatur«;
- *hyperkinetischer Dysphonie* als Teilgruppe der Phonoponosen, d. h., »unökonomischer Stimmgebrauch bewirkt subjektive Beschwerden im Kehlkopfbereich (Missempfinden, Schmerzen ... Räusperzwang, Trockenheit)«;
- *Stimmlippenknötchen*; sie treten außer bei stark belasteten Stimmen (ErzieherInnen, LehrerInnen) auch bei Kindern im Vorschulalter auf, wobei vor allem Jungen betroffen sind, und können in der Regel behoben werden.

Aphasie

Damit bezeichnet man »zentrale Störungen der bereits erworbenen Sprache«; sie betrifft vor allem die »Symbolfunktion« (Zeichen- und Bedeutungsverständnis und -gebrauch). Die Ursachen liegen u. a. in Erkrankungen des ZNS und in mechanischen bzw. unfallbedingten Verletzungen des Gehirns. Es gibt sehr unterschiedliche Klassifizierungen, man unterscheidet u. a.:

Spezielle Formen

- *totale Aphasie*, bei der weder gesprochen noch Sprache verstanden wird;
- *amnestische Aphasie*, deren Leitsymptom Wortfindungsstörungen bei ansonsten intaktem Sprachfluss und Satzbau sind und bei der irgendwelche Wörter oder Ersatzausdrucksformen (Mimik, Gestik) für das Gemeinte eingesetzt werden;
- *motorische Aphasie* (nach Broca) mit einem gestörten, extrem langsamen Redefluss, gestörter Artikulation und Dysgrammatismus;
- *sensorische Aphasie* (nach Wernicke), bei der das Kind zwar sprechen, aber Gesprochenes nicht hinreichend verstehen kann und oft irgendwelche Wortneuschöpfungen (Neologismen) in seine Rede einbaut.

Auffällig werden diese Kinder besonders zwischen dem 4. und 10. Lebensjahr. Betroffen sind:

Kindergarten und Schulanfang: Beobachtungshinweise

- Sprachverständnis; Namen behalten und benennen, die Bedeutungserfassung von Bildern;
- die Fähigkeit, geometrische Figuren visuell und taktil zu unterscheiden und entsprechende Muster zu zeichnen und zu legen;
- die Fähigkeit, typische Merkmale bestimmten Begriffen (Haus, Fenster, Tür, Dach) zuzuordnen, und
- der Vollzug des Lesens und Schreibens sowie die Rechenfähigkeit (Dyskalkulie, Akalkulie).

Bei der Fülle an Varianten dieser Störung wird u. a. von Dysphasie, Dyslexie (das Lesen betreffend) und Dysgraphie (das Schreiben betreffend) gesprochen.

Dysgrammatismus

Im Gegensatz zu entwicklungsnormalen und vorübergehenden Problemen des Grammatikerwerbs kann man bei Dysgrammatismus von einem eigenständigen und komplexen Störungssyndrom sprechen, das den Wort- und Satzaufbau bzw. deren Strukturen betrifft und die Semantik, Lexik (Wortschatz) und Lautbildung einschließt. Beispiel dafür sind Wortauslassungen, Deklinations- und Konjugationsfehler, Schwierigkeiten bei Präpositionen und Pluralbildungen, Wortstellungsfehler usw. sowie Wort- und Satzstrukturen, die in der Normalentwicklung des grammatischen Regelsystems nicht auftauchen. Die Ursachen liegen

Ursachen

- in sensomotorischen und intellektuellen Grundstörungen der Zeit- und Rhythmusverarbeitung;
- in der auditiven Wahrnehmungsorganisation, Gedächtnis- und Abrufkapazität;
- in der Problemlösungsfähigkeit;
- in familiär-soziokulturellen Einflüssen (Milieu) und
- in hirnorganischen Schädigungen.[427]

6.8.4 Sprachbehinderungen als individuelles und behinderungsübergreifendes Problem[428]

Bei fast allen Behinderungsformen können sich Sprachprobleme entwickeln und finden sich Sprachbehinderungen und -störungen in den unterschiedlichsten Schwere- und Komplexitätsgraden:

- Körperbehinderungen schließen fast immer Sprachbehinderungen ein. Sie sind unterschiedlichster Art, Ausprägung und Genese. Dabei fällt auf, dass neben der hohen Anzahl Sprachbehinderter aufgrund zerebraler Bewegungsstörungen ein beträchtlicher Teil der Schüler nicht in der Lage ist, die Lautsprache rezeptiv oder expressiv zu verwenden, und schreibmotorische Probleme hat.
- *Blinde und sehbehinderte Kinder* haben Sprachprobleme relativ zur Sehbeeinträchtigung bzw. Blindheit, d. h., dass die Zahl zusätzlicher Sprachbehinderungen bei Vollblinden größer ist als bei Sehbehinderten, dass sie häufiger bei jüngeren als bei älteren Kindern auftreten und häufiger bei Personen, deren Sehschädigung in sehr frühem Alter eingetreten ist; sie betreffen neben den Schreib- und Leseproblemen insbesondere »sprechtechnische Mängel«.
- Auf *Gehörlose* und ihre Besonderheiten wurde bereits hingewiesen (s. S. 318). Vertiefend soll hier angemerkt werden, dass bei Gehörlosen häufig Störungen des aktiven und passiven Wortschatzes und in der Grammatik auftreten und sie über weniger Oberbegriffe und Synonyme verfügen, in deren Anwendung unsicher sind, mehr unvollständige Sätze produzieren und Schwierigkeiten bei der Sinnerfassung von Texten haben.
- Bei *geistiger Behinderung* kann man pauschal sagen, dass nahezu 100 % der Behinderten als sprachlich auffällig zu gelten haben und dass 80 % dieser Gruppe keine Sprache zur Kommunikation verwenden. Darüber hinaus sind folgende Symptome zu nennen: Sprachentwicklungsverzögerungen bzw. Spracherwerbsstörungen, Dysgrammatismus, Stammeln bzw. Dyslalien, Dysphonien, Stottern und andere Redeflussstörungen, Mutismen und Kommunikations- und Entwicklungsstörungen, unter anderem in Bezug auf Mimik, Gestik, Wachheit und Konzentration und das Mitteilungs- und Aufnahmebedürfnis.
- *Lernbehinderte bzw. potentiell lernbehinderte Kinder und Schüler* fallen schon im Vorschulalter durch ihre umfänglich verzögerte, eingeschränkte und undifferenzierte sprachliche Entwicklung auf, so dass man geradezu von einem gleichermaßen lern- und sprachbehinderten Kind sprechen muss.

  Die Merkmale sind:
  - Die Sprache ist unmittelbar auf situative persönliche Be-

dürfnisse und akute Erlebnisbereiche bezogen und verharrt in symbolisch-vorabstrakten Stadien;
- Unterschiede zwischen mündlichem und schriftlichem Sprachgebrauch, d. h., nur die Hälfte des vorhandenen Wortschatzes wird mündlich tatsächlich gebraucht;
- weniger Grammatikfehler im Mündlichen als im Schriftlichen. Insgesamt zeigen diese Kinder bessere Leistungen im Mündlichen als im Schriftlichen. Darüber hinaus stellte man fest: weniger Adjektive, Schwächen in der Begriffsklarheit, bei Sätzen, Nebensätzen und Satzverbindungen, bei direkter und indirekter Rede. Die verschiedenen Satzarten sowie der Gebrauch von Verben, Pronomen, Adverbien, Adjektiven usw. weist erhebliche negative Unterschiede auch im Vergleich zu jüngeren Regelschülern auf;
- neben Sprachentwicklungsverzögerungen wurden Stammeln, Stottern, Poltern, unverständliche Sprache und Mehrfachschädigungen festgestellt. Diese therapiebedürftigen Defizite sind oft zu komplex, als dass den schulischen Standards entsprochen werden könnte, und so können die Kinder den schulischen Instruktions- und Lernvorgängen nur mühsam folgen.

➔ *Verhaltensauffälligkeiten und Sprachstörungen bzw. -behinderungen* sind vielfach untersucht worden, und man hat dabei viele Überschneidungen zwischen Sprachbehinderungen und Verhaltensstörungen sowohl im Vorschul- als auch im Schulalter nachgewiesen. Diese Überschneidungen umfassen ein vielfältiges und uneinheitliches Bild von Sprach- und Sprechstörungen in Verbindung mit Konzentrations- bzw. Aufmerksamkeitsstörungen, Schüchternheit/Gehemmtheit, Hyperaktivität, Überempfindlichkeit, Aggressivität und sozialer Unangepasstheit (vgl. Kap. 6.10), die in unterschiedlichen Kombinationen auftreten. Dabei ist nicht hinreichend geklärt, ob die Verhaltensauffälligkeiten die Sprach-Sprech-Probleme begründen bzw. beeinflussen oder umgekehrt.

6.8.5 Lese-Rechtschreib-Schwäche LRS, Legasthenie

Definition Lese-Rechtschreib-Schwäche kann als vorläufiger Endpunkt einer allgemein verzögerten und/oder gestörten Gesamt- oder speziell der Sprachentwicklung bezeichnet werden. Es ist ein wissenschaftlich umstrittenes, komplexes Störungssyndrom von Wahrnehmungs- und Artikulationsstörungen, phonematischen (lautlichen) Differenzierungs- und Merkschwächen für Sprache und Wortschatz. Probleme des Schriftspracherwerbs (Legasthenie, Dyslexie, Dysgraphie/Agraphie) treten beim Schulanfang auf und können – unbehandelt – den gesamten Schulleistungsbereich beeinträchtigen und generelles Schulversagen sowie erhebliche langfristige Verhaltensschwierigkeiten hervorrufen.

Symptome

Vordergründig auffallend sind Buchstabenverdrehungen und -auslassungen, Probleme der Graphem(Buchstaben)-erkenntnis und -merkfähigkeit, Schwierigkeiten bei optisch-akustischen Graphem-Phonem(Laut)-Synthesen, bei Phonem- und Graphem-Analysen, der Merkfähigkeit von Schriftbildern, in der Schreibmotorik (Dysgraphie bzw. Agraphie). Es kommt

- zu syntaktischen Dysgraphien, bei denen das Schreiben von Sätzen nicht gelingt, Worte fehlen oder falsch im Satz stehen;
- zu linguistischen Dysgraphien, bei denen einzelne Wörter falsch geschrieben werden;
- zu graphematischen Dysgraphien, bei denen einzelne Buchstaben misslingen.

Ursachen

Die Ursachenforschung reicht von der vorgeburtlichen Entwicklung bis zum Schuleintritt. Sie umfasst sowohl sensomotorische, grob- wie feinmotorische als auch Gedächtnis- und Intelligenzprobleme, familiäre Erziehungsprobleme und Defizite der familiären Sprache bzw. des Sprachmilieus einschließlich der Dialekte, ohne dass es bisher zu einer statistisch gesicherten eindeutigen Erkenntnis gekommen ist. Dementsprechend gibt es viele Förderansätze und Therapien.[429] Weniger untersucht wurden »Lehrschwächen« der Lehrer und ihre fehlende oder mangelhafte Ausbildung in den Erstlese- oder Schreiblernverfahren sowie die Effizienz bzw. individuelle Brauchbarkeit der einzelnen Erstlese- und Schreiblernverfahren. International angewandte, erfolgreiche Verfahren, wie z. B. die individualisierende und ganzheitliche Montessori-Methode, haben in Deutschland bisher wenig Verbreitung gefunden (vgl. Kap. 5.6.2 und Kap. 7).

6.8.6 Statistik

Die Zahlen schwanken außerordentlich. In Frühförderstellen nimmt die Zahl der sprachentwicklungsverzögerten und -behinderten Kinder auffallend zu, und es entstehen auch bei den Logopäden beachtliche Warteschlangen. Von 1075 Schulanfängern wurden nach Zuckrigl 31,4 % als sprachauffällig, 22 % als sprachgestört und 8 % als behandlungsbedürftig bezeichnet, und nach Bleidick finden sich in der Häufigkeitsreihe an erster Stelle 23,4 % Lispeln, 5,6 % Stammler, 2,5 % Stotterer, 2,1 % Stimmstörungen und 1,6 % Näseln.[430]

6.8.7 Frühdiagnostik

Die fachärztliche Frühdiagnostik deckt sich im Wesentlichen mit den Untersuchungen, wie sie auch bei Hörgeschädigten praktiziert werden. Hinzu kommen neurologische und psychiatrische Untersuchungen der Gehirnfunktion, kieferchirurgische Untersuchungen des Mundbereiches und Untersuchungen seitens des HNO-Arztes (Schallwahrnehmung und Stimmbildung). Gute Erfolgsaussichten bestehen durch die Frühdiagnose und -behandlung z. B. bei Kindern mit Lippen-Kiefer-Gaumenspalte, die schon im zweiten Lebensjahr operiert und logopädisch weiterbehandelt werden kann.

Problem: Späte Diagnose

Die sonderpädagogische und logopädische Diagnostik verfügt über eine Reihe von Testverfahren, wie sie bereits oben (s. S. 153ff.) genannt wurden. Leider ist auch hier festzustellen, dass sprachverzögerte und -behinderte Kinder oft zu spät der Diagnose und Frühförderung zugeführt werden (vgl. das Verlaufsschema der Diagnostik[431], S. 341).

6.8.8 Frühförderung

Sprachentwicklung und -behinderungen sind von einer Vielzahl sich wechselseitig bedingender psychisch-geistiger, neurologischer, sensomotorischer Funktionen und vor allem von der sozial-emotionalen, sprachlichen Anregung und Zuwendung abhängig und eben dadurch auch störanfällig. Auch die Tatsache, dass in den meisten Behinderungsarten die Sprache mit beeinträchtigt

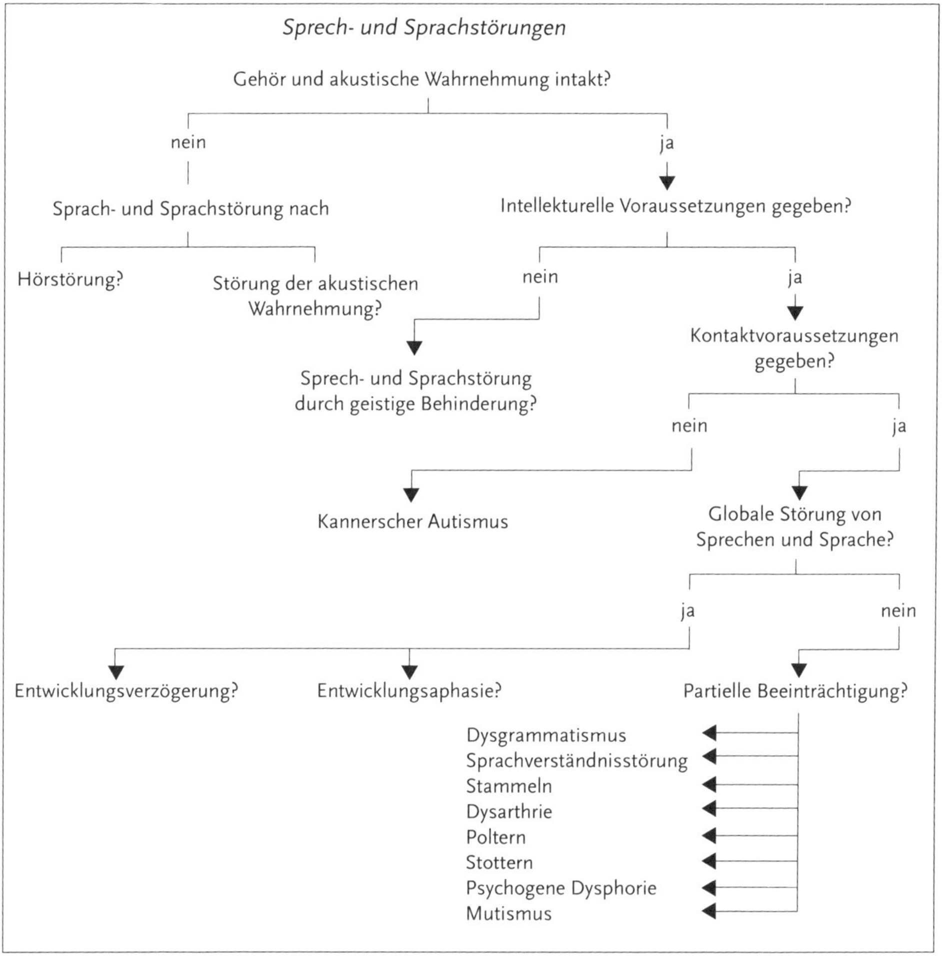

ist, bedeutet, dass Sprachbehinderung sowohl ein individuell-spezifisches als auch ein behinderungsübergreifendes und soziales Phänomen darstellt. Heute wird die Auffassung vertreten, dass eine eindeutige und strikte Trennung der Ursachengruppen und eine entsprechende Zuordnung der Störungs- bzw. Behinderungssymptome nicht aufrechterhalten werden kann.

Behandlungsansätze

Die Komplexität des Sachverhaltes »Sprache« und »Sprachbehinderung« erfordert daher entsprechende interdisziplinäre wissenschaftliche Erforschung, Erklärung und Behandlung:

- → Notwendig ist eine individual-genetische Erklärungsweise, die als »Personorientierung« die gesamte »Lebenssituation« in ihrer »biografischen« Gewordenheit und damit anthropogenen Einmaligkeit und den sprachbehinderten Menschen ganzheitlich versteht. Sprachbehinderung kann zwar theoretisch nach isolierten Einzelfaktoren analysiert werden, aber sie muss nach Maßgabe der personalen Ganzheit interpretiert und dementsprechend pädagogisch-therapeutisch erfasst und behandelt werden;
- → Es ist eine Tatsache, dass sich sprachlich-individuelle Personwerdung nur in einem sozial-ökologischen Kontext vollziehen kann. Also muss die individuelle Sprachentwicklung als Teilsystem im System der Wechselwirkungen zwischen »Organismus und Milieu« betrachtet werden. So ist Sprachbehinderung immer auch ein individuelles wie soziales Phänomen im Austauschprozess zwischen Kind und Familie, Gesellschaft und Kultur, das unter dem Blickwinkel der »Systemorientierung« betrachtet und behandelt werden muss. Das erfordert die Zusammenarbeit von Spezialisten und die Einbeziehung der Familie in die Behandlung.

Förderstellen

Frühförderung sprachbehinderter und -entwicklungsverzögerter Kinder wird durchgeführt in Sprachheilkursen, Sonderschulkindergärten für Sprachbehinderte, in Frühförderstellen und bei niedergelassenen Logopäden. Die Erfolgsaussichten sind bei einer Frühbehandlung zwischen dem zweiten und dem sechsten Lebensjahr gut.

Förderaspekte

Die Methoden sind dem Problem entsprechend ganzheitlich angelegt: Spielpädagogik, Basteln, Gestalten mit diversen Materialien, Malen, rhythmisch-musikalische Förderung, sensomotorische Förderung und die speziellen Maßnahmen und Übungen zur Sprechmotorik, Konzentrationsförderung, Lautbildung, Neubildung und Übung fehlerhaft gesprochener Laute. Häufig wird Sprachförderung auch mit der Verhaltenstherapie kombiniert, so dass es zu nachweisbaren Erfolgen gerade bei geistig behinderten Kindern gekommen ist.

6.8.9 Prävention, Frühförderung und Rehabilitation – Frühe Sprach- und Schriftsprachförderung und Behandlung von LRS

6.8.9.1 Montessoris Ansatz

Früherkennung

Montessoris Ansatz ist hilfreich, weil es ein Konzept ist, das von der Früherziehung bis in den Schulbereich hinein praktikabel ist. Bereits zwischen 2 ½ und 6 Jahren werden systematisch-individuell sensomotorische und kognitive Kompetenzen für den Schriftspracherwerb und die weitere Sprachentwicklung grundlegend eingeübt. So werden entwicklungsbehindernde Auffälligkeiten früh erkannt und der Prävention bzw. Therapie zugeführt. Ebenso haben Frühleser und -schreiber eine Chance, ihrem individuellen Entwicklungstempo gemäß lesen und schreiben zu lernen. Gleichzeitig schafft das Konzept schulvorbereitende Grundlagen und ist nachweislich schulisch-rehabilitiv flexibel und individuell anwendbar.[432] Ihr weltweit angewandtes Sprach- und Schriftsprachförderungskonzept setzt an bei den sensiblen Phasen für Wahrnehmung, Bewegung und besonders Sprache. Das ist eine genetisch festgelegte Zeitnische zwischen der Geburt und ca. dem 12. bzw. 13. Lebensjahr, in der das Kind Sprache bzw. Sprachen fast mühelos erlernt und die gelernte Sprach- bzw. Schriftsprachfertigkeit im Menschenkind neuronal fest verankert wird. Für den Spracherwerb bringt das Kind außerdem die Fähigkeit mit, 70 Phoneme zu unterscheiden.[433] Optimaler Spracherwerb, effiziente Sprachförderung und entsprechende Lernanregungen sind an das sich entwickelnde Gehirn und an die sensible Phase für Sprache gebunden, d. h.,

Schulvorbereitung

Ansatz bei der Sensiblen Phase für Sprache

Sensible Phasen und Umweltbedingungen

- fehlen solche Lernanregungen in der sensiblen Phase für Sprache (z. B. bei so genannten Wolfskindern);
- sind die zum Spracherlernen erforderlichen Sprach- bzw. Sprechmodelle (z. B. Elternsprache) qualitativ nicht optimal (z. B. schlechte Aussprache, falsche Syntax, sprachliche Vernachlässigung);
- hat das Kind sensorische Schäden (z. B. akustische Sprachverständnisschwierigkeiten);
- hat das Kind muskulär-motorische Schäden (z. B. Haltungs- und Bewegungsprobleme);
- erleidet das Kind eine harte Erziehung oder traumatisierende Erlebnisse (z. B. Elternverlust);

dann kann sich die sensible Phase für Sprache nicht optimal

auswirken, und spätere Erziehungsbemühungen werden aufwendiger bei geringerem Erfolg.[434] Für die Frühsprachförderung 0–3-jähriger und mehrfachbehinderter Kinder sind in jedem Fall spezialisierte Sprachheilpädagogen zuständig (s. S. 326).

Sprachförderpraxis nach Montessori ab 2 ½ Jahren – indirekte und direkte Förderung

Übungen des täglichen Lebens

Förderbereiche

Wenn Kinder mit ca 2 ½ bis 3 Jahren in Montessori-Einrichtungen kommen, dann beschäftigen sie sich zumeist mit den so genannten Übungen des täglichen Lebens: Tischdecken, Putzen, Spülen, An- und Ausziehenlernen usw. In solchen »natürlichen« Sprachlern-Lernsituationen (native learning):

- übt das Kind seine Sprachkompetenz mit sinnhaft erlebten Tätigkeiten;
- entwickelt es motivationsbildende Selbstsicherheit und Selbstvertrauen (Sprechfreude);
- erlernt es grundlegende grob- und feinmotorische Fertigkeiten für die Schreibfähigkeit;
- werden vor allem Wortschatz, Satzbau und Aussprache gefördert, indem es die Namen, Funktionen und Eigenschaften der Dinge und Tätigkeiten im Umgang erlernt (funktional, learning by doing).

Nachahmung, Lernen am Modell

Indirekt lernt das Kind durch die Nachahmung der Erzieherin bzw. dadurch, dass sie diese Dinge oder Tätigkeiten beim Namen nennt (z. B. »Hole den Besen!«; »Fege den Fußboden!«). Direkt wird das Kind belehrt, wenn es diese Namen bzw. Begriffe nicht kennt.[435] Direkte Sprach-Lektionen sind primär Einzelfördermaßnahmen.

Motopädagogik

Motopädagogische Hilfen (»Gehen auf der Linie« und andere Bewegungsübungen)

Bekannt ist das große Interesse der Kinder, über Balken, niedrige Mauern usw. zu balancieren. Durch solche entwicklungsnormalen spontanen grobmotorischen Spiele entwickelt es die später schreibrelevanten Fähigkeiten wie bewusste Körperbeherrschung, -schema, -haltung, Richtungs- und Gleichgewichtssinn, Bewegungsordnung nach Raum und Zeit. Schreibrelevant sind z. B.: rechts – links; hinauf – hinunter; oben – unten; innen – außen; unter – über; Anfang – Ende; lang – kurz; an – aus; groß – klein; schräg, diagonal, schief, herum, kreuzweise, Mitte, Zentrum, Linie, Krümmung, Bogen, senkrecht, waagerecht, Kreis, Gerade.[436]

»Gehen auf der Linie«[437]:

Beispiele

»Material:
Benötigt wird eine 3 bis 4 cm breite ellipsenförmige Linie, die auf dem Boden aufgemalt oder aufgeklebt ist und deren langer Durchmesser ca. 4 Meter beträgt. Weiter braucht man tragbare Gegenstände, wie z. B. mit gefärbtem Wasser gefüllte Flaschen, Gläser, Glocken, Kerzen, Zündhölzer, einen Plattenspieler, eine Schallplatte oder ein Musikinstrument.

Übungsbereiche und -ziele:
Gleichgewichte, Verfeinerung der Bewegungskoordination (Füße, Gehen, Gesamtmotorik), Körperbewusstsein(sschema), die Erfahrung innerer Ruhe durch Konzentration, Bewegungsschönheit (Grazie), Konzentrationssteigerung, Selbstkontrolle und -disziplin, soziale Sensibilität und Gemeinschaftsgefühl.

Alter:
Etwa 3–6 Jahre

Darbietung und Übung:
Die Kinder sitzen um die Ellipse. Sie sind so weit von dieser entfernt, dass sie sie nicht mit den Füßen berühren, und tragen dabei möglichst leichte Schuhe oder Turnschuhe. Die zu tragenden Gegenstände sind für die Kinder sichtbar in der Nähe der Ellipse bereitgestellt. Die Leiterin geht einmal über die Linie und versucht dabei, die Aufmerksamkeit der Kinder auf das Aufsetzen des ganzen Fußes auf die Linie und auf ein natürliches Gehen zu richten. Fußspitze und Absatz befinden sich auf der Linie. Nun ruft die Leiterin ein Kind nach dem anderen beim Namen und bittet es, mit der Übung zu beginnen. Nach und nach nehmen alle Kinder der Gruppe an dieser Übung teil. Durch Beobachten erkennt die Leiterin die Schwierigkeiten der einzelnen Kinder und kann durch leise allgemeine Anregungen auf diese eingehen, z. B.: ›Wir versuchen, genau auf die Linie zu treten.‹«

Beobachtung / Diagnostik

Derartige Übungen haben nach Montessori auch eine diagnostische Bedeutung, und so sollten Kinder mit auffälligen Bewegungsschwierigkeiten (z. B. der Unfähigkeit, eine Körperhaltung einzunehmen und im Gehen durchzuhalten) ärztlich kontrolliert werden.

Sensomotorische Förderung

Das Sinnesmaterial (auch: psychodidaktisches Material)
Diese Materialien dienen mehreren Zielen:
- der Diagnose und Förderung sensorischer und motorischer, speziell koordinatorischer Kompetenzen der Einzelsinne und Bewegungen;
- als Einzelfunktionsförderung bzw. auditive und optische Wahrnehmungsförderung (Grundlage für den Schriftspracherwerb);
- der intersensoriellen Koordination, z. B. beim Sprechenlernen (Sehen und Hören);
- der sensomotorischen Koordination (z. B. Hören und Sprechen als sensomotorischer Akt; Auge-Hand-Koordination als kinästhetische Vorübung der Schreibhand und des Schreibens);
- der basalen sensomotorischen Förderung
- der Wahrnehmungskategorien (z. B. Raum-, Zeitbegriff für die Fähigkeit raumzeitlicher Ordnung und Seriationen, etwa beim Schreiben der Buchstaben bzw. Graphemfolge, bei der richtigen Lautwahrnehmung bzw. Phonemfolge und deren sprachlicher Wiedergabe sowie als Prävention von Buchstabenverdrehungen (z. B. p–d) im Raum);
- dem Denken, wie z. B. Erkennen, Unterscheiden, Vergleichen, Kombinieren, Schlussfolgern bzw. der Fähigkeit sprachlogischen Ausdrucks und dem Vermögen, Sprachregeln anzuwenden;
- der direkten Sprachförderung, da in jedem Material »Sprachlektionen« integriert sind.

Grundmethode: Dreistufenlektion

Bei der Einführungslektion bzw. »Dreistufenlektion« werden durch die Benennung der Teile die Rezeption, Reproduktion und Produktion aktiviert.

»1. Stufe: Der Erzieher stellt die Beziehungen zwischen Gegenstand und Namen (bzw. Eigenschaft und Bezeichnung) her, indem er auf den Gegenstand weist und dabei langsam und deutlich dessen Namen nennt. So werden Sache, Begriff und Benennung fest miteinander verbunden. ›Das ist ...‹ – Benennung durch den Erzieher.

2. Stufe: Es handelt sich um die Phase der Festigung. Diese Phase kann unterschiedliche Zeiträume bei den jeweiligen Kindern in Anspruch nehmen. Der Erzieher nennt den Begriff und gibt dem Kind Aufträge. Durch häufiges Wechseln der Aufträge übt sich das Kind immer mehr im Zuordnen und verliert dadurch nicht sein Interesse. Die Wiederholungen müssen vielfältig und für das Kind interessant gestaltet werden unter Berücksichtigung des Bewegungsdranges der Kinder. ›Gib, hole, lege oder bringe mir ...‹ – Erkennen durch das Kind.

3. Stufe: Der Erzieher zeigt einen Gegenstand und fragt nach dessen Namen. Der passive Wortschatz wird so zum aktiven. Das Kind besitzt nun Namen und Gegenstand. Die 3. Stufe ist gleichsam die Kontrolle der 2. Stufe. ›Was ist das?‹ oder ›Wie ist das?‹ – Benennung durch das Kind.«[438]

Sprachförderung durch Sachlernen und Sprachlektionen

Sprachmuster vermitteln

In den einzelnen Materialien sind Lektionen zur Einführung von Begriffen, Adjektiven, Verben, einfachen Mustersätzen sowie Steigerungsformen der Adjektive (groß – größer – am größten; klein – kleiner – am kleinsten usw.) möglich:

Beispiele

- Rosa Turm: groß – klein
- Braune Treppe: dick – dünn
- Rote Stangen: lang – kurz
- Einsatzzylinder: flach – tief, eng – weit, hoch – niedrig, dick – dünn, groß – klein, hoch – schmal, niedrig – breit
- Farbtäfelchen: Farbbenennungen, hell – dunkel
- Geometrische Kommode: verschiedene Dreiecke, Rechtecke, Vielecke, Trapez, Raute, Vierpass, Parallelogramm, Ei, Ellipse, Kreise
- Biologische Kommode: Bezeichnungen der Blattformen
- Geometrische Körper: rollen, kippen, drehen, Ecken, Kanten, Ei, Ellipse, Kegel, Walze, Quader, Kubus, Pyramide, Kugel, Prisma
- Tastbretter: rau – glatt
- Tasttäfelchen: grob – fein
- Stoffkasten: glatt – rau, hart – weich, dick – dünn, grob – fein, locker – fest
- Gewichtstäfelchen: schwer – leicht
- Geräuschdosen: laut – leise

- Glocken: hoch – tief
- Geruchsdosen: Namen der Geruchsstoffe
- Geschmacksgläser: süß, sauer, salzig, bitter
- Wärmekrüge: warm – heiß, kühl – kalt

Indirekte Förderung sensomotorischer Grundlagen des Schreibens: Geometrische Figuren, Metallene Einsätze

Spezielle Schreibvorbereitung

Indirekte Vorübungen zur Stärkung der Handmuskulatur stellen z. B. Knetübungen, speziell mit der festeren Bienenwachsknete, Web- und Stecharbeiten nach Fröbel dar.

Montessori gibt dem Kind eine Serie von geometrischen Figuren, die ihm – neben basaler Formwahrnehmung und Förderung des Formbewusstseins – Hilfen zur Formunterscheidung, -kombination und -darstellung geben, wie sie für die Buchstabenschrift nötig sind. Dazu dienen die »Metallenen Einsätze«.[439]

Beispiel

»Material:
Zwei Ständer mit je 5 quadratischen rosa Metallrahmen. Die Kantenlänge beträgt 14 cm. Die folgenden Einsätze in blauer Farbe: auf dem ersten Ständer: Dreieck, Quadrat, Rechteck, Trapez, Fünfeck; auf dem zweiten Ständer: Kreis, Vierpass, Kreisbogendreieck, Eiform, Ellipse. In der Mitte haben sie einen Knopf zum Anfassen (Drei-Finger-Schreibgriff). Eine feste Unterlage, quadratische Blätter (14 cm x 14 cm); Buntstifte in mehreren Farben.

Direkte und indirekte Ziele:
Übung der Feinmotorik als Vorübung zum Schreiben, Stifthaltung, Augen-Hand-Koordination, Kraftdosierung, Richtungssteuerung der Schreibhand, Begrenzungen einhalten, Form-Grenzen bzw. später die Lineatur einhalten, Figur-Hintergrund-Wahrnehmung bzw -unterscheidung, Entwicklung des ästhetischen Sinnes; Vorbereitung der Geometrie, Gefühl für die schreibende und zeichnende Hand.

Alter:
ab drei Jahren.

Darbietung:
Die Leiterin bereitet gemeinsam mit dem Kind den Arbeitsplatz vor: Unterlage, Papier, drei Buntstifte in verschiedenen Farben, eine Einsatzfigur mit Rahmen. Für das Kind gut sichtbar legt

die Leiterin den Rahmen genau auf das Papier. Mit der einen Hand hält sie den Rahmen fest auf das Papier gedrückt, während sie mit der anderen Hand die Kontur der ausgeschnittenen Form mit dem Bleistift nachfährt. Sie beginnt oben und führt die Bewegung links herum aus. Dann nimmt sie den Rahmen beiseite und legt die Einsatzfigur genau auf die gezeichnete Figur. Sie hält mit der einen Hand die Einsatzfigur an dem kleinen Knopf fest, während sie mit einem andersfarbigen Buntstift die Form umfährt. Dabei setzt sie so an, dass die Figur in einer geschlossenen Bewegung umfahren werden kann. Die Einsatzfigur wird weggelegt. Mit einer Farbe füllt sie die Figur, die jetzt in zwei parallelen farbigen Linien auf dem Papier zu sehen ist, mit senkrechten Strichen aus. Diese werden von Rand zu Rand von oben nach unten ganz leicht über das Papier gezogen. Die Leiterin fordert das Kind auf, die Übung selbst durchzuführen.

Fehlerkontrolle 1:
Das Kind wiederholt die Übung eventuell in Teilschritten.

Fehlerkontrolle 2:
Parallel laufender Doppelrand. Die Begrenzung ist durch Umrandung gegeben.

Weitere Übungen:
Die Figuren können ganz ausgemalt werden. Es können mehrere Figuren übereinander gezeichnet werden. Die Teilfiguren können verschiedenfarbig gefüllt werden.«

Effekte

Die Kinder lernen in der intensivsten Phase für den Erwerb bewusster Wahrnehmung und der Feinmotorik und für die differenzierteste Koordinationsbildung das Gefühl für die schreibende und zeichnende Hand: Druck- und Kraftdosierung, Richtungssteuerung, Stifthaltung und -führung, Formgrenzen bzw. später das Einhalten der Lineatur, Auge-Hand-Koordination. Zudem erfahren sie ihre geometrischen Gestaltungsmöglichkeiten. Zwischen sechs und acht Jahren – die Zeit des üblichen Schulbeginns – ist diese komplexe schreibmotorische Lernfähigkeit schon im Abklingen begriffen. Das erklärt die oft große Abneigung bei schreibmotorischen Vorübungen und die Anstrengung beim Schreiben (Blätter durchdrücken, Spitzen abbrechen, Federn verbiegen usw.).

Einführung von Buchstaben

Mit dem beginnenden Symbol- bzw. Zeichenverständnis wollen viele Kinder Buchstaben bzw. das Schreiben erlernen. In aller Welt lernen Montessori-Kinder dies zwischen vier und sechs Jahren. Das Verfahren dabei ist mehrkanalig insofern, als hier verschiedene Sinne (Hören, Sehen, Tasten, kinästhetischer Sinn usw.) und eben auch Perzeption, Reproduktion und Produktion aktiviert werden. Mit diesem mehrkanaligen Verfahren nimmt Montessori die heutige Praxis der Förderung der Graphem-Phonem-Korrespondenz vorweg.

Beispiel **Sandpapierbuchstaben**[440]:

»Material:

Die Buchstaben sind aus Sandpapier ausgeschnitten und auf Holzbrettchen aufgeklebt, die Vokale auf blauem, die Konsonanten auf rotem Grund.

Direktes Ziel:

Kennenlernen der Buchstaben durch die Verbindung von Form und Laut.

Indirektes Ziel:

Vorbereitung des Schreibens.

Alter:

ca. drei Jahre.

Ablauf der Übung:

Die Leiterin sucht drei Buchstaben aus, die sich in Form und Klang deutlich unterscheiden. Mit Zeige- und Mittelfinger fährt sie langsam den Buchstaben in Schreiberichtung nach und spricht den Laut dabei phonetisch aus. Sie fordert das Kind auf, das Gleiche zu tun. Dann sagt sie ein Wort, das mit diesem Laut beginnt. Sie bittet das Kind, sich ebenfalls ein Wort zu überlegen. Die Übung wird in der Form der Drei-Stufen-Lektion fortgesetzt. Dabei ist es wichtig, dass die Buchstaben immer nachgefahren werden und der Laut ausgesprochen wird.

Fehlerkontrolle:
Die unterschiedliche Oberfläche von Sandpapier und Holz veranlasst das Kind, der Schreibrichtung zu folgen. Die Leiterin überprüft die richtige Nennung des Buchstabens.

Weitere Übungen:
- Buchstaben nachfahren: Wenn sie bekannt sind, den Namen aussprechen und sie auf einen Stapel legen.
- Buchstaben zu Kindern oder Gegenständen im Raum legen, in deren Namen der Laut vorkommt.
- Die Buchstaben des beweglichen Alphabetes auf die entsprechenden Sandpapierbuchstaben legen.

Die Sandpapierbuchstaben liegen mit der Schriftseite nach unten auf dem Tisch. Ein Kind dreht einen Buchstaben um, fährt ihn nach, spricht den Laut aus und sagt ein Wort, das mit diesem Buchstaben beginnt. Dann legt es ihn zu den anderen zurück und mischt sie. Das nächste Kind kommt an die Reihe. Das Spiel ist auch mit offen auf dem Tisch liegenden Sandpapierbuchstaben möglich, die das Kind mit geschlossenen Augen nachfährt.
→ Ein Kind wählt einen Buchstaben aus und ruft alle Kinder, deren Name mit diesem Laut anfängt oder aufhört.
→ Ein Kind zeigt einen Buchstaben. Die anderen Kinder suchen Wörter, die diesen Buchstaben enthalten.
→ Namensraten: Die beiden vorherigen Übungen werden abgewandelt, und es dürfen nur Namen aus bestimmten Bereichen genannt werden, z. B. von Blumen, Tieren, Nahrungsmitteln oder Vornamen.«

Methodenunterschiede

In manchen Montessori-Einrichtungen wird sofort auf vorbereitetem Papier geschrieben. Auch unterscheiden sich die Buchstabentypen bei der Einführung (z. B. Druck- bzw. Schreibschrift), ohne dass dabei besondere Probleme bekannt wurden.

Phonologische Bewusstheit

Nach der Buchstabeneinführung folgen spielerische Übungen mit Einzelbuchstaben (Bewegliches Alphabet), mit deren Hilfe zunächst bekannte lautgetreue Namen von alltäglichen Gegenständen (Dose, Faden, Hase, Blume usw.) ausgelegt werden können (so genannte Phonemanalyse). Dies ist eine auch rehabilitiv wichtige Übung bei LRS-Schulkindern, weil hierbei außer der Lautbewusstwerdung auch die Graphem(Buchstaben)-Phonem(Laut)-Korrespondenz trainiert und dem Kind bewusst wird.

Das Erkennen dieses Zusammenhanges ist eine Entschlüsselungshilfe und befähigt das Kind zur selbständigen Lautanalyse und damit zum selbständigen Schreiben.[441]

Lesen lernen

Erstes sinnentnehmendes Lesen

»Material.
Ein Körbchen mit einigen Gegenständen, deren (zunächst nur lautgetreue) Namen phonetisch geschrieben werden (z. B. Dose, Lupe, Hase, Hut, Rose), kleine Zettel, Bleistift.

Ziel:
Verständnis, dass ein geschriebenes Wort eine Gruppe von Lauten ist, die durch grafische Zeichen dargestellt werden, und dass geschriebene Wörter etwas bedeuten.

Alter:
ab 5 Jahren.

Darbietung und Übung:
Die Leiterin fordert das Kind auf, die Gegenstände auf den Tisch zu legen und von jedem den Namen zu sagen. Dann sagt sie. ›Ich will mal sehen, ob du herausfindest, was ich davon haben möchte!‹ Sie nimmt Bleistift und Papier und schreibt in Gegenwart des Kindes den Namen eines der Gegenstände, z. B. Dose. Das Kind wird versuchen, das Wort zu lesen; wenn das Kind die Laute nicht verbindet, sagt die Leiterin: ›Sag es schneller!‹ so dass die Verbindung der Laute dadurch entsteht. Sie bittet nun das Kind, ihr diesen Gegenstand zu geben und den Zettel dazuzulegen. In gleicher Weise verfährt man mit allen Gegenständen.

Fehlerkontrolle:
Geschieht durch die Leiterin.

Weitere Übungen:
Das Kind arbeitet allein und hat beschriebene Karten mit den Namen der Gegenstände. Die Kinder haben Karten, die man Gegenständen im Raum zuordnen kann. Karten mit Namen der Kinder der Gruppe. Karten mit kleinen Aufträgen, die das Kind ausführen kann. Rätselkarten. Reime. Bilderbücher mit kurzem Text. Kleine Geschichten.

Kommentar:
In diesem Stadium schreibt man immer im Beisein des Kindes die Namen auf.«[442]

Die weiteren Schritte des Montessori-Ansatzes werden im Handbuch für Lehrgangsteilnehmer, Montessori-Material – Teil 1, 2 und 3, und in Lehrgängen vermittelt.

Was hier die Montessori-Praxis seit ca. hundert Jahren als Grundmethode früher Schrift- und Sprachförderung enthält, wird heute mit den Begriffen »Phonologische Bewusstheit« und »Graphem-Phonem-Korrespondenz« als Schlüsselqualifikationen für den erfolgreichen Lese-Schreib-Lernprozess betrachtet.

Phonologische Bewusstheit

Förderung

Sie bedeutet die Fähigkeit, die Lautstruktur der gesprochenen Sprache bewusst analysieren und manipulieren zu können. Das Kind weiß z. B., aus welchen Lauten sich das Wort »Mama« zusammensetzt und an welcher Stelle das »a« oder »m« steht oder welcher der Anfangs- bzw. Endlaut ist. Weiter bedeutet dieser Begriff die Fähigkeit, Wörter, Silben, Reime zu erkennen, zu unterscheiden/analysieren oder neue Reime zu bilden.

Defizite in dieser wichtigen sprachlichen Teilkompetenz lassen sich im Vorschulalter diagnostizieren und langfristig wirksam kompensieren. Ein anerkanntes Programm ist das »Würzburger Trainingsprogramm« (»Hören-Lauschen-Lernen I« mit dem Schwerpunkt phonologisches Bewusstsein und »Hören-Lauschen-Lernen II« mit dem Schwerpunkt Buchstaben-Laut-Zuordnung oder Graphem-Phonem-Korrespondenz).

Graphem-Phonem-Korrespondenz

Diese gilt ebenso als Schlüsselqualifikation des Lese-Schreib-Lernprozesses. Sie bedeutet, dass ein Kind einen bestimmten Laut einem bestimmten Buchstaben zuordnen kann (GPK-Regel). Diese Regel gilt zwar für viele deutsche Graphem-Phonem-Verbindungen, jedoch nicht für alle (z. B. i-bitte; ie-Biene, i-Stil, ieh-stiehlst), die gesondert gelernt werden müssen.

Das obige Programm kann und sollte schon im Kindergarten durchgeführt werden.

6.8.9.2 Kossows rehabilitativer Ansatz: »Leitfaden zur Bekämpfung der Lese-Rechtschreib-Schwäche«

Das 1991 in Berlin erschienene Werk für das 1.–4. Schuljahr besteht aus einem Lehrerband »Einführung und Kommentare« mit einer exakten und erprobten Anleitung und einem mit farbigen Bildern gestalteten »Übungsbuch« für die Förderpraxis.

Förderansatz

Es geht darin um die Rehabilitation gescheiterter Erstlese-Schreib-Lernprozesse und gezielte Einzelförderung. Das Förderkonzept setzt eine medizinische, neurologische und psychologische Untersuchung und auch lernbiografische Abklärung voraus. Spezielle Untersuchungsverfahren ermitteln den Schriftsprachbestand und das Ausgangsniveau der Förderung. Kossow formuliert Fördergrundsätze und -anleitungen sowie »Vorschläge zur Aufstellung eines Behandlungsprogramms bei Lese-Rechtschreib-Schwäche« für den Einzelfall. Jeder Förderbereich (z. B. Einführung der Laute, Lautbildung, Wortarten und -schatz, Rechtschreibung usw.) wird seitenbezogen auf das Übungsbuch hin für den Übungsleiter Schritt für Schritt mit exakten Handlungsanweisungen/Algorithmen des Lernens dargestellt.

Methode

Ziel

Sein Verfahren zielt auf die Einübung und »Verinnerlichung – Interiorisation – der Algorithmen, wodurch hinsichtlich des Tempos, hinsichtlich der Entfaltetheit usw. der Algorithmen eine ganz neue Qualität erreicht wird, die bei LRS-Kindern zu Fertigkeiten in der Rechtschreibung führt«. Man kann solche Algorithmen auch als Selbstinstruktionsschritte oder Selbststeuerungshilfen bezeichnen, die sich in experimentellen Untersuchungen als effizient erwiesen haben.[443]

1. Algorithmus

Im 1. Algorithmus geht es um die Grobgliederung eines Wortes, d. h. um die Aufgliederung eines Wortes in seine Silben.

1. Schritt: Sprich das Wort gut artikuliert nach!

2. Schritt: Sprich die Silben und schreib gleichzeitig die Silben des Wortes als Silbenbogen!

Beispiel:

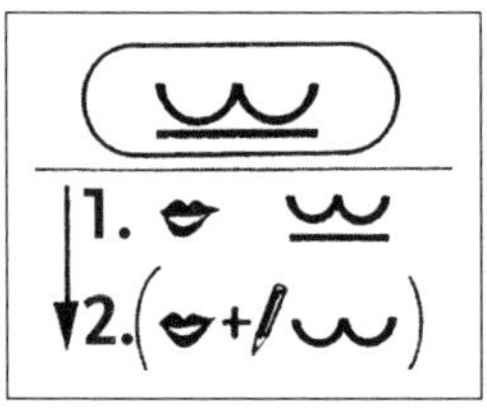

Beispiele für Algorithmen und für die Bedeutung der Symbole:

- Stimmhafter Laut
- Stimmloser Laut
- **? ** Klein- oder Großschreibung
- Kurzer Vokal
- Langer Vokal
- **S Ṡ** Auf Selbstlaut zurückzuführender Umlaut
- **Ṡ / S+S** Umlaut oder Zwielaut
- **S̄ → M** Nach langem Selbstlaut folgt **ein** Mitlaut
- **Ṡ ⇄ MM** Nach kurzem Selbstlaut folgen **zwei** Mitlaute
- **S+S → M** Nach einem Zwielaut folgt **ein** Mitlaut
- **ß** Achtung „ß"!
- **M** Achtung **ein** Mitlaut!
- **MM** Achtung **zwei** Mitlaute!
- **M ? MM** **Ein** Mitlaut oder **zwei** Mitlaute?
- Achtung! Besonders gut aufpassen! Einprägen!

- **sch / sch** Wir sprechen „sch", wir schreiben „sch"!
- **sch / s** Wir sprechen „sch", wir schreiben „s"!
- **sch / sch ? sch / s** Entscheide dich! Wie schreiben wir? „s" oder „sch"?
- **h** Beachte das „h"!
- Auslautgesetz! Am Wortende sprechen wir die Verschlusslaute stimmlos! Wie schreiben wir? Verlängere das Wort!
- **ie** Beachte das „ie"!
- **S ? M** Achte auf das Ende der ersten Silbe! Hörst du einen Selbstlaut oder einen Mitlaut?
- **tz / t-z** Beachte die Trennung!

2. Algorithmus

Im 2. Algorithmus geht es um die Grobgliederung eines Wortes und um die gleichzeitige Bestimmung der Selbstlaute (Vokale), deren Differenzierung auf den ersten Übungsseiten geübt und in den entsprechenden Kommentaren genau erläutert wird. Die Buchstaben der Selbstlaute sollen in die Silbenbogen geschrieben werden.

1. Schritt: Sprich das Wort gut artikuliert nach!

2. Schritt: Sprich die Silben und schreib gleichzeitig die Silben des Wortes als Silbenbogen!

3. Schritt: Entscheide, ob du jeweils, a, e, i, o oder u schreiben musst! Sprich das Wort mehrmals, achte auf die Lautbildung und höre genau!

4. Schritt: Schreibe die Buchstaben der Selbstlaute in die Silbenbogen!

Beispiel:

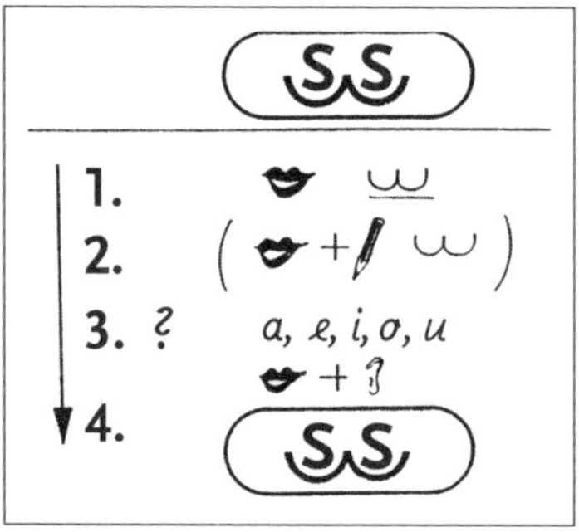

6.8.10 Literatur

Die Literatur deckt sich weitgehend mit der zu Hörgeschädigten.

Böhme, G.: Methoden zur Untersuchung der Sprache, des Sprechens und der Stimme. Stuttgart 1978.

Cordes/Wilker: Aufbau komplexer Sprachstrukturen bei autistischen Kindern. In: Sprachtherapie bei autistischen Kindern. Hrsg. vom Bundesverband für das autistische Kind. Hamburg 1977.

Jansen/Mannhaupt/Marx/Skowronek: Bielefelder Screening zur Früherkennung von Lese- Rechtschreibschwierigkeiten (BISC). Göttingen 1999.

Kalde, M.: Vom spielerischen zum sprachlichen Dialog mit behinderten Kindern. Dortmund 1992.

Klicpera/Gasteiger/Klicpera: Psychologie der Lese-Schreibschwierigkeiten. Entwicklung–Ursachen–Förderung. Weinheim ^{2}1998.

Knura/Neumann (Hrsg.): Pädagogik der Sprachbehinderten. Berlin 1980.

Küspert/Plume/Schneider/Laier/Becker: Lausch- und Lernspiele. Multimedia-Spiele aus dem Würzburger Trainingsprogramm zur phonologischen Bewusstheit (CD-ROM). Göttingen 2006.
Küspert/Schneider: Hören, lauschen, lernen – Sprachspiele für Kinder im Vorschulalter. Göttingen ³2001.
Othmann/Scholz: Stottern. Berlin 1975.
Plume/Schneider: Hören, lauschen, lernen. Göttingen 2006.
Schmidt u. a.: Zur Frühdiagnostik und Frühförderung von Lese- und Rechtschreibleistungen. Berlin 1990.
Seemann, M.: Sprachstörungen bei Kindern. Berlin ⁴1974.
Stock/Marx/Schneider: Basiskompetenzen für Lese-Rechtschreibleistungen. Ein Test zur Erfassung der phonologischen Bewusstheit vom ersten bis vierten Grundschuljahr. Göttingen 2003.
Werner, L.: Das sprachgeschädigte Kind in der Vorschulerziehung. Frankfurt/M. ²1975.
Zuckrigl/Rechner: Moderne Hilfen für Sprachgeschädigte. München 1972.

6.9 Lernbehinderte

6.9.1 Begriffliches

Sie bilden mit ca. 80 % die größte Gruppe von Sonderschülern. Sonderschüler werden diese Kinder i.d.R. dann, wenn sie nicht den Anforderungen der Regelschule (Primarstufe) gerecht werden oder auch die Regelschule ihnen nicht gerecht werden kann.

Problemlage

Die Einweisung in eine Sonderschule für Lernbehinderte ist für viele dieser Kinder mit einer umfänglichen pädagogisch-psychologischen und medizinischen Diagnose verbunden (Sonderschulaufnahmeverfahren, SAV). Die Einweisung ist immer auch ein Schlusspunkt und Urteil über ihre frühen Entwicklungs- und Lebensbedingungen, für die diese Kinder selbst keine Verantwortung haben können, aber die Konsequenzen dieser Entscheidung voll zu tragen haben: geringste Chancen bei der Berufswahl, größere Chancen, arbeitslos zu werden, und vielfach Rückkehr in die deprivierenden Lebensverhältnisse, aus denen sie gekommen sind. Das bedeutet für viele: Obdachlosen- und soziale Randgruppensituationen, soziale Ausgrenzung und Armut und nicht selten kriminelle Karrieren schon als Jugendliche.[444] Der Verfasser geht von folgendem Vorverständnis aus: Als Lernbehinderte bezeichnet man Kinder, die

Definition

wesentlich in ihren Lernfähigkeiten und damit in ihrem gesamten Verhaltens- und Persönlichkeitsaufbau schon im Vorschulalter beeinträchtigt sind und von ihrer Altersgruppe hinsichtlich der organischen Gesundheit, Intelligenz, Lernfähigkeit und im Sozialverhalten soweit abweichen, dass eine besondere individuelle Förderung des Kindes und seiner familiären Lebensbedingungen sowie ein differenzierter pädagogischer Mehraufwand bereits im Kindergartenalter und spätestens in der Schule notwendig sind.

Probleme der Begriffsbildung

Die Begriffsbildung von Lernbehinderung ist schwierig und oft sehr einseitig, je nachdem, von welchem wissenschaftlichen oder subjektiven Vorverständnis (-urteil, Paradigma) oder welchen Ursachen von Lernbehinderung ausgegangen wird (vgl. S. 20ff.).

Medizinisch-organische Betrachtungsweisen gehen überwiegend von den organischen Ursachen aus, wie z. B. Hirnschädigungen.[445] Der Deutsche Bildungsrat definiert primär medizinisch-personenorientiert:

Definition

»Als lernbehindert im Schulalter gelten Kinder und Jugendliche, die infolge mangelhafter Entwicklung oder einer Schädigung des zentralen Nervensystems oder soziokultureller Deprivation bei erheblich verminderten Intelligenzleistungen vornehmlich in ihren schulischen Lernleistungen soweit beeinträchtigt sind, dass die Aufnahme, Speicherung und Verarbeitung von Lerninhalten nicht in altersentsprechender Weise gelingt. Soziale Determinanten und biologische Faktoren interagieren oft in der Weise, dass die Entstehungsursachen der Lernbehinderung nicht eindeutig nachweisbar sind.«[446]

Hier werden also organische Ursachen, Funktionsschwächen und Symptome wie Schulleistung, intellektuelle, entwicklungs- und lernpsychologische sowie soziale Ursachen in der Definition angeführt.

Soziologische Ansätze gehen von den so genannten soziokulturellen und ökonomischen bzw. familiären Bedingungen bzw. Ursachen aus.[447]

Pädagogisch-psychologische Ansätze stellen das Lernen, den Lernaufbau und die zumeist feststellbaren auffallenden Schulleistungs- und Intelligenzschwächen in den Mittelpunkt ihrer Betrachtung.[448] Bleidick schreibt:

»Lernbehindert ist, wer eine Schule für Lernbehinderte besucht.«[449]

In dieser systemtheoretischen Definition liegt der Ausgangspunkt in der Regelschule, die diese Kinder entweder nicht hinreichend fördern kann bzw. will (Versagen der Schule) oder weil die Kinder nicht die Voraussetzungen für den erfolgreichen Schulbesuch mitbringen (Versagen der Kinder). Gründe für das mögliche Versagen der Schule sind u. a.: die Klassengrößen, mangelnde Individualisierung, unzureichende inhaltliche und methodische Differenzierung des Unterrichts, Lehrermangel, häufiger Lehrerwechsel oder auch eine unzulängliche Lehrerausbildung und -qualifikation u.v.a. So kann Lernbehinderung auch als sozialnormative Schulausgrenzung und als Versagen der Schule vor den Lernbehinderten verstanden werden.

6.9.1.1 Lernbehinderung – Lernstörung – generalisierte Lernstörung

Die umfassendste und differenzierteste nicht schulbezogene Definition liefert Kanter, der das behinderte Lernen und den Lernaufbau in den Mittelpunkt der Definition stellt:

Definition

»Alle am Lernprozess und den Lernaufbau (damit die psychische Entwicklung, die Bildungsgenese und letztlich Persongenese) negativ beeinflussenden Momente werden Beeinträchtigungen des Lernens genannt. Als lernbehindert wird ein Mensch bezeichnet, der in seinem Lernen schwerwiegend, langdauernd und umfänglich so beeinträchtigt ist, dass deutlich normabweichende Verhaltens- und Leistungsformen sichtbar werden«,

und er also z. B. in der üblichen Jahrgangsklasse der Regelschule nicht hinreichend gefördert werden kann; weiter heißt es:

»Bei weniger gravierenden, temporären oder partiellen Beeinträchtigungen spricht man von Lernstörungen«,

d. h., hierbei liegt keine Sonderschulbedürftigkeit, sondern lediglich ein zeitlich begrenzter zusätzlicher Förderbedarf etwa in Sprache oder Mathematik usw. vor:

Fließende Übergänge

»Der Übergang zwischen den Formen und Gradausprägungen ist fließend. Vor allem können sich Lernstörungen unter ungünstigen Be-

dingungen und über den Weg von Wechsel- und Kumulationswirkungen ausweiten und verfestigen und als ›generalisierte Lernstörungen‹ das Erscheinungsbild der Lernbehinderung hervorrufen.«[450]

Beispiel Minimale sensomotorische Störungen oder Schwächen (z. B. Konzentrationsschwächen) und andere psychosoziale Belastungen (Scheidungskrisen, Gewalt in der Familie usw.) führen zu Schwierigkeiten beim Schriftspracherwerb, und diese weiten sich auf den Mathematiklehrgang aus, wo ja ebenfalls Lesefertigkeiten verlangt werden. Parallel dazu entwickeln sich Versagens- und Schulangst, Schulschwänzen, »Bauchschmerzen«, weitere Unterrichts- und Stofflücken, Konflikte mit Eltern, Lehrern, Mitschülern, Aggressionen usw.

6.9.2 Abgrenzung zu anderen Behinderungen

Nicht zwangsläufig lernbehindert sind nach Kanter die Sinnesgeschädigten, wie z. B. die Seh- und Hörgeschädigten, die Körperbehinderten (z. B. Dysmelie- und Spastikerfälle) und Sprachbehinderten sowie die Geistigbehinderten mit einem IQ unter 55, Kinder mit Anfallsleiden (z. B. Epileptiker), angeborenen Verhaltensstörungen usw.[451]

Damit soll ausgesagt werden,

- dass es auch Lernbehinderte mit solchen Merkmalen, wie z. B: Sinnesschäden oder -schwächen, Verhaltensstörungen usw. gibt, aber die Lernbehinderung im definierten Sinne ist die Hauptbehinderung, und
- dass es Sinnesgeschädigte und andere Behinderte gibt, die auch Lernbehinderungen haben können (z. B. Spastiker, Verhaltensgestörte bzw. Erziehungsschwierige und Mehrfachbehinderte).

Eine besondere Schwierigkeit ist die eindeutige Abgrenzung zu den Verhaltensgestörten und Erziehungsschwierigen. Das liegt daran, dass sich sowohl Ursachen und Symptome als auch die Entwicklungsverläufe oft decken.[452]

6.9.3 Sonderschulbedürftige Lernbehinderte

IQ als Entscheidungshilfe

Für die in Deutschland übliche schulische Einordnung (SAV) der Lernbehinderten spielt der IQ eine wichtige, wenn auch nicht entscheidende Rolle. Er liegt in der Regel mindestens eineinhalb bis zwei Standardabweichungen unterhalb des Mittelwertes (100), also zwischen ca. IQ 55 bis 75. Die besondere schulische Förderbedürftigkeit wird wie folgt definiert:

Förderbedarf

»Als sonderschulbedürftig lernbehindert sind Kinder anzusehen, die (I.) schwerwiegend, umfänglich und langdauernd in ihrem Lernen beeinträchtigt sind, (II.) dadurch deutlich normabweichende Leistungs- und Verhaltensformen zeigen und (III.) aus diesem Grund im Unterricht der allgemeinen Schule auch unter Ausschöpfung spezieller Förder- und Stützmaßnahmen nicht hinreichend gefördert werden können.«[453]

IQ und Förderplanung

Der IQ ist nach Kanter[454] »lediglich soweit von Bedeutung, wie er sonderpädagogische Maßnahmen zum Zwecke einer differenzierten Abklärung und der Entwicklung von Förderstrategien auslöst« bzw. Förderpläne, -maßnahmen und ihre Kontrolle erleichtert.

Ob die besondere Förderung dieser Kinder letztlich in Sonderkindergärten, speziellen Schulkindergärten, in Sonderschulen, in Sonderklassen, an Regelschulen, in Regelschulklassen mit heilpädagogischer Zusatzförderung stattfindet, bleibt eine bildungspolitische Entscheidung.

6.9.3.1 Neue Ansätze in der Definition von Lernbehinderung

Die Ablösung des Phänomens und Begriffs Lernbehinderung von den Institutionen und auch von der Intelligenz zeigt sich in Neuorientierungen, wie sie von Lauth und anderen vollzogen werden. In jüngerer Zeit wird das »Lernen« und die damit möglichen Störungen als zentrale Kategorie des Problemkomplexes »Lernbehinderung« stärker in den Mittelpunkt gerückt und damit einer so genannten und häufig diffusen ›ganzheitlichen‹ und persönlichkeitsorientierten Betrachtungsweise vorangestellt. Auch der Bezug auf eine bestimmte Schule (z. B. Förderschule) oder Institution entfällt, weil »Lernstörungen« als Problemzentrum nur bedingt mit einer Institution korrespondieren – sie gibt es in vielen Bereichen (Kindergarten, Beruf usw. und in vielen Lernbereichen). Der Schlüsselbegriff ist also die »Lernstörung« mit ihren speziellen Teilproblemen zwischen Kind/Lerner und der spezifischen Sachanforderung bzw. Lernaufgabe.

Man folgt begrifflich dem System der internationalen Klassifikation (Diagnostisches und Statistisches Manual psychischer Störungen DSM).

Lauth und andere definieren:

»Lernstörungen bezeichnen nichts anderes als Minderleistungen beim absichtsvollen Lernen. Sie äußern sich darin, dass das gewünschte Können, Wissen und Verhalten (z. B. Lesen, Rechnen, Schreiben, Mitarbeit) nicht in ausreichender Qualität, nicht mit ausreichender Sicherheit sowie nicht in der dafür vorgesehenen Zeit erworben wird: Die erwarteten Leistungsergebnisse werden trotz als angemessen erachteter Lernangebote nicht erreicht, sodass den betroffenen Schülern mehr oder minder umfangreiche Störungen des Lernens zugeschrieben werden.« [455]

Dabei unterscheiden sie nach
- inhaltlichen bezogenen Lernstörungen, wie z. B. im Fach Mathematik
- generellen/allgemeinen Lernstörungen, z. B. allgemeinem Schulversagen, Lernbehinderung, geistiger Behinderung und Versagen im außerschulischen Bereich sowie
- nach vorübergehenden und dauernden Lernstörungen.[456]

	Bereichsspezifisch (partiell)	*Allgemein (generell)*
Vorübergehend (passager)	Lernrückstände in Einzelfächern	Schulschwierigkeiten Neurotische Störung
Überdauernd (persistierend)	Lese-Rechtschreib-Schwäche Rechenschwäche	Lernschwäche Lernbehinderung Lernbeeinträchtigung Geistige Behinderung

Ursachen

Als Ursachenerklärung dient hier ein anderes Schema als bisher: Ausgangspunkt sind konkrete Sachverhalte, die gelernt werden sollen, wie z. B. Mathematik bzw. Addition, und hier stellt sich die Frage nach den Teil-Kompetenzen, die der Lernende einsetzen muss, »um bestimmte Anforderungen« zu meistern.[457]

Lernstörungen nach Kompetenzbereichen

Es geht also um eine aufgabenspezifische Form der ›Lernbehinderung‹, die mit bestimmbaren Lernvoraussetzungen und spezifischen Kompetenzen verknüpft ist.

Dementsprechend klassifiziert man die Lernstörungen nach Kompetenzbereichen, und hier sucht man sowohl nach den Ursachen als auch nach Fördermöglichkeiten:

- Basisfertigkeiten, wie z. B. Informationsverarbeitungsprobleme, visuelle, auditive Probleme;
- Wissens- und Begriffssystem, d. h. z. B. fehlendes Vorwissen, fehlende oder mangelhafte Lernstrategien, mangelnde Gedächtnisfähigkeit;
- Metakognitive Fertigkeiten, wie z. B. die Fähigkeit, eigenes Lernen bewusst zu reflektieren und zu steuern;
- Motivation, d. h. Lern- und Anstrengungsbereitschaft, Interesse an der Sache, Fähigkeit zur Selbstüberwindung, Selbstvertrauen, Selbstverantwortung usw.[458]

Erkennbar ist, dass hier eine allgemeine »Intelligenz« als zentrale Kategorie nicht den Ausgangspunkt bildet, sondern »Intelligenz« als generelle humane bzw. kognitive Leistungsform in sehr individuellen Teilleistungen, wie z. B. »Strategien« des Lernens, sich konkretisiert und dementsprechend Förderkonzepte entwickelt werden. Die Behandlung von Lernstörungen folgt diesem Schema. Dazu liefern Lauth und andere Beispiele zur Förderung. Die gängige Praxis folgt jedoch zumeist dem traditionellen und schulbezogenen Schema.

6.9.4 Ursachen und Symptome der Lernbehinderung

Hier richtet sich unser Blick vor allem auf Ursachen und Symptome, die bereits im Vorschulalter und für die Frühförderung von Bedeutung sind. Die Ursachen können

- angeboren sein, z. B. angeborene allgemeine oder speziell diagnostizierte konstitutionelle Schwäche;
- sozialer Art (Deprivation, Mangel- und Fehlerziehung, Mangel- und Fehlernährung usw.) und/oder
- das Ergebnis von biosozialen Wechselwirkungen sein.

So genannte monokausale Erklärungen haben sich als falsch erwiesen.[459]

6.9.4.1 Soziale Ursachen: Obdachlosigkeit und soziale Randgruppen

Armut

Unbestritten ist, dass bis zu 80 % der Lernbehinderten aus der sozialen Unterschicht mit extrem deprivierenden Entwicklungsbedingungen kommen, d. h., die Väter bzw. Eltern haben einen niedrigen schulischen und beruflichen Ausbildungsstand bzw. keinen Beruf, sind oft Gelegenheitsarbeiter, haben ein niedriges Einkommen, kleine Billigwohnungen (ca. 40 qm) bzw. wohnen in Obdachlosensiedlungen bei gleichzeitig hoher Kinderzahl: 40 % haben zwischen 5 bis 14 Kinder.[460] Hinzu kommen soziale Isolierung, Ächtung und Diskriminierung.[461] Darüber hinaus ist ein schlechter Gesundheitszustand vor allem bei den Obdachlosen und ein gehäuftes Auftreten von Epidemien in diesen Siedlungen festzustellen. Die oft extrem jungen Mütter sind durch mehrere Geburten geschwächt und in der Kinderbetreuung generell überfordert: Mangel- und Fehlernährung, erhöhte Krankheitsanfälligkeit, Haut- und Erkältungskrankheiten und Entwicklungsstörungen sind die Folge.[462]

Gesundheitsprobleme

Medizinisch unbetreute Hausgeburten erhöhen die Lebens- und Entwicklungsrisiken der Kinder, und so entfallen auch die notwendigen Routinevorsorgeuntersuchungen (U1 bis U10) und damit die Früherkennung von Schädigungen und Entwicklungsstörungen. So erklärt es sich, dass 54 % der Obdachlosenkinder nicht mit sechs Jahren schulreif sind.[463]

6.9.4.2 Deprivierende Erziehungsbedingungen

Psychosoziale Probleme

Erschwerend für die Entwicklungschancen dieser Kinder sind nach Klein[464] psycho-soziale Erziehungsfaktoren wie Gewaltanwendungen, unerwünschte Kinder, hohe Scheidungsraten, aber auch Drogen- und Alkoholabhängigkeit sind überdurchschnittlich häufig festzustellen.

Erziehungskompetenz

Das pädagogische Verhältnis zu den Kindern ist bestimmt durch regellose und widersprüchliche Erziehung, mangelnde Zuwendung zu den Säuglingen (z. B. tagelanges Schreienlassen), Apathie und Resignation des Kindes, physische Vernachlässigung (kein oder zu spätes Trockenlegen, unregelmäßige Ernährung u. v. a.), fehlendes Spielzeug und unzureichende Sprach- und Lernanregungen, keine kindgemäßen Spiel-, Experimentier- und Betätigungsmöglichkeiten, fehlende Anregungen für die Leistungsmotivation und Erziehungs- bzw. Sozialisationsmuster, die dem Kinde das Lernen erschweren (z. B. die Praxis, Konflikte gewalttätig auszutragen oder die Kinder mit Gewalt zu erziehen).

6.9.4.3 Organische Ursachen

Hierbei darf nicht übersehen werden, dass eine eindeutige Zuordnung von Lernbehinderung zu einer bestimmten Ursachengruppe aufgrund der o.g. biosozialen Interaktionen (siehe medizinische und psychologische Aspekte, S. 46; 80ff.) oft kaum möglich ist, d. h., dass Vernachlässigung, Mangel- und Fehlernährung usw. organische Konsequenzen haben können. Allerdings muss man festhalten, dass bei den leichteren Formen der Lernbehinderungen eher die exogenen, ungünstigen psychosozialen Bedingungen ursächlich überwiegen, bei den schweren Formen der Lernbehinderung aber überwiegend organische Ursachen. Denn es gibt gesicherte Befunde darüber, dass Lernbehinderung in vielen Fällen auch organische Ursachen hat.

Nissen fasst zusammen:

Zusammenfassung

»*Insgesamt gelingt es aber nur in etwa 20 bis 25 % aller Fälle, die Ursache des Schwachsinns sicher festzustellen, etwa 10 % beruhen auf exogenen Schäden und 10 bis 15 % auf genetischen Störungen ... Einige Autoren ... vermuten dagegen, dass in 90 % der Fälle genetische oder pränatale Ursachen vorliegen, während andere für den Generalfaktor einer ›sozialen Vererbung‹ plädieren. Die Zwillingsforschung ergab bei EZ (eineiigen Zwillingen, d. Verf.) eine Konkordanzrate (Übereinstimmungsrate, d. Verf.) von 50 bis 100 %, bei ZZ (zweieiigen Zwillingen, d. Verf.) von 20 bis 50 %. Die Konkordanz bei den EZ ist damit etwa doppelt so hoch wie bei den ZZ, das weist auf Anlagefaktoren hin.*«[465]

Die Vielzahl der Ursachen in diesem organischen Bereich lässt sich hier nicht aufzählen. Nissen nennt Chromosomen- und Hirnschäden, Drüsenerkrankungen (z. B. Hirnanhangdrüse), allgemeine konstitutionelle Schwächen und extreme Entwicklungsverzögerungen (Retardierung) oder -beschleunigung (Akzeleration), erbbedingte Persönlichkeitsanomalien (Angst, Depression, Zwangsverhalten, Hysterie), schizophrene Erkrankungen usw. mit vielen Untergruppen und Symptomen.[466]

Symptome: Beispiele

Als Beispiele seien genannt:

- Partielle Lernbehinderungen sind z. B. »isolierte Begabungsschwächen im verbalen und nichtverbalen Bereich, etwa Rechen-, Schreib- und Leseschwächen, Schwächen im Körperschema, der Raumorientierung und der sozialen Anpassung«[467].
- Erbliche Legasthenie, die auf eine Genveränderung zurückzuführen ist und von der überwiegend Jungen betroffen sind.[468]
- Zu den chromosomalen Lernbehinderungen zählt z. B. das Klinefelter-Syndrom, das mit folgenden Merkmalen gekennzeichnet wird: leichte geistige Behinderung, Antriebsarmut und Infantilität, feminines Gehabe, Tendenz zur Homosexualität, Kontakt- und Bindungsschwäche und teilweise »überdurchschnittlich langandauernde Mutterbindung«[469].
- Sexueller Infantilismus usw. ist eine Ausprägungsform der Drüsenstörungen, und sie zeigt sich in normaler intellektueller Entwicklung bei gleichzeitiger Schwäche der Lernmotivation, Stimmungsschwankungen, mangelnder Bindungsfähigkeit, sozialer Desintegration und Unselbständigkeit.
- Drüsenerkrankungen: Auch die Hypothyreose (Schilddrüsenunterfunktion) ist eine häufige Erkrankung und zeigt folgende Merkmale: geistige Behinderungen von leichten bis schweren Formen, Antriebsschwäche, verlangsamte Motorik und schwache Muskulatur, Sprachentwicklungsverzögerungen und Rechenschwäche.[470]
- Eine große Ursachengruppe bilden auch die »Konstitutionellen Lernbehinderungen«, wie z. B. vegetative Anomalien des so genannten vegetativen (autonomen) Nervensystems, das für die Atmung, Verdauung, Blutkreislauf usw. zuständig ist. Kinder mit solchen Störungen werden auffällig durch Schweißausbrüche, Schlafstörungen usw. sowie durch »vorzeitige Ermüdbarkeit und Konzentrationsschwäche ... (sowie) Jähzornausbrüche«, und sie neigen »in der Lernsituation zum vorzeitigen Aufgeben« aufgrund ihrer generell herabgesetzten körperlichen und geistigen Leistungsfähigkeit.[471]
- »Affektive (manisch-depressive) und schizophrene Erkrankungen werden als endogene Psychosen bezeichnet, weil sie sich nicht psychoreaktiv oder psychogen und nicht als exogen-hirnorganisch erklären lassen.«[472] Sie treten zumeist erst im Schulalter zwischen dem 10. und 14. Lebensjahr auf

Was sind Teilleistungsschwächen?

= Leistungsschwäche in Teilbereichen der kindlichen Entwicklung, die vom übrigen Fähigkeitsniveau des Kindes deutlich abweicht und seine psychosoziale Integration behindert.

- kommt bei verschiedenen Intelligenzgraden vor
- Sinnesbeeinträchtigungen und psychogene Lernstörung als Ausschlusskriterien
- oft verdeckt durch eine Verhaltensstörung
- oft kombiniert mit „Teilleistungsstärken“

Betroffene Bereiche

Eigentliche Leistungsbereiche

Wahrnehmung in verschiedenen Sinnbereichen
Verarbeitung und Integration von Wahrnehmung
Planung und Ausführung von Aktivitäten
Höhere kognitive Prozesse (Seriation, Gedächtnis, Analogien, Abstraktion)
Sprache
Kulturtechniken

Reizempfindlichkeit

Voraussetzungen für Leistungen
Aktivitätsniveau
Aufmerksamkeit
Emotionale Stabilität
Soziale Kompetenz

Auswirkungen von TLS

→ auf das Kind

Versagen in Teilbereichen der Anpassung
→ Inadäquate Reaktionen der Umwelt: „...will nicht“ „ist dumm“
→ Negative Selbsteinschätzung
→ Vermeidungsverhalten oder Selbstüberforderung
→ Weitere Misserfolge
→ Resignation, Erwartungsangst, Leistungsabfall
→ Versagen in Teilbereichen der Anpassung

Vermeidungsverhalten oder Selbstüberforderung → Sekundäre Leistungs- und Verhaltensstörungen

→ auf Eltern/Bezugspersonen

Verunsicherung
Fehleinschätzung als generelle Minderbegabung oder als „Nichtwollen“ des Kindes
Über- oder Unterforderungstendenz
Schuldbewusstsein resp. Schuldzuweisung an andere

durch einen so genannten »Entwicklungsknick«. Schüler lassen plötzlich in ihren intellektuellen Leistungen in Fächern nach, wo sie vorher gute Leistungen hatten, ziehen sich von anderen Kindern zurück und zeigen Wahnvorstellungen, hören Stimmen und reden mit ihnen und sind stark selbstmordgefahrdet.

→ Vielfach findet man unter den Lernbehinderten auch Kinder mit Teilleistungsschwächen oder -störungen.[473] Als relativ geringfügige Behinderungen können sie in mehreren Funktions- und Fertigkeitsbereichen behindernd wirken.

Teilfunktionsstörung

Als »neurophysiologische Teilfunktionsstörungen« zeigen sie sich als verbale und nicht-verbale Funktionsschwächen. »Beiden liegt eine Störung der zentralen Erfassung oder Entschlüsselung, Speicherung oder Abrufbarkeit von akustischen oder visuellen, motorischen oder sozialen, zeitlichen oder körperlichen Eindrücken zugrunde, die zu einer umschriebenen Leistungsstörung führen. Verbale Teilleistungsstörungen kommen bei etwa 7 %, nicht-verbale bei etwa 5,5 % der Schulkinder vor. Bei den verbalen Teilleistungsstörungen handelt es sich in erster Linie um die Lese-Rechtschreibschwäche (Legasthenie) und um die Rechenschwäche (Dyskalkulie).«[474]

Teilleistungsschwäche

Wie sich eine solche Schwäche beim Kind in Wechselwirkung mit der Familie und anderen Bezugspersonen auswirken kann, zeigt das Schema[475] auf S. 367.

6.9.5 Frühdiagnostik

Das Schicksal der Lernbehinderten ist die späte Diagnostik, d. h., sie werden i.d.R. erst beim Schuleintritt erkannt, wenn sie mit den im Vorschulalter erworbenen und unzulänglichen Fähigkeiten gegenüber den Anforderungen der Schule nicht fertig werden.

Frühe Symptome bei 3–6-Jährigen

Dennoch sind im Vorschulalter und besonders im Kindergarten einige wichtige Symptome erkennbar, die auf leichte Hirnschädigungen schließen lassen und eine ärztliche und pädagogisch-psychologische Untersuchung erfordern. H. G. Schlack[476] nennt:

- »*verzögerte motorische Entwicklung,*
- *verzögerte sprachliche Entwicklung,*
- *motorische Ungeschicklichkeit,*
- *Unruhe, geringe Ausdauer,*

– Vermeidungsverhalten, z. B. beim Malen, Basteln, Puzzle u. Ä.,
– geringes Selbstvertrauen,
– Außenseiterstellung unter Gleichaltrigen.«

Kindergarten: Neurologisch auffällige Kinder

Schlack stellt weiter fest,

»dass bereits im Kindergartenalter die bestehenden Schwächen von den Kindern offensichtlich als starke Verunsicherung und Beeinträchtigung des Selbstwertgefühls erlebt werden. Untersucht man die Außenseiter in einer Kindergartengruppe, so findet man in einem hohen Prozentsatz neurologisch auffällige Kinder«.[477]

Frühere Diagnosen wären durch die längerfristige Beobachtung so genannter Risikokinder und durch die kostenlosen Vorsorgeuntersuchungen des Kindes (U1 bis U10) möglich, wenn die Kinder auch zum Arzt gebracht würden.[478]

Darüber hinaus sind nach § 124 des Bundessozialhilfegesetzes (Sicherung der Beratung Behinderter) all diejenigen Fachkräfte (z. B. Erzieherinnen, Hortnerinnen, Heimerzieher usw. bzw. deren Eltern, Vormünder, Sorgeberechtigte) verpflichtet zur Beratung und Hilfe für die Kinder, sie einem Arzt zuzuführen oder dem Gesundheitsamt zu melden.[479] (Testverfahren: siehe Kap. 4.5)

6.9.6 Frühförderung potentiell Lernbehinderter

Unter Berücksichtigung der gesamten Ursachenkomplexion von Lernbehinderung und des vielfältigen sowie völlig uneinheitlichen Störungsbildes schließt sich eine Frühförderung aus, die allein auf das Kind oder allein auf die Effizienzsteigerung von Einzelfunktionen wie Intelligenz, Sprache usw. hin orientiert ist.

Fördereffekte

Alle einschlägigen Forschungen und Förderprogramme zeigten in der Gruppenförderung von Kindern:
- wesentliche Steigerungen der IQ-Werte, die aber nach ein bis zwei Jahren nach der Förderung auf unter 90 IQ zurückfielen;
- dass nach dem Eintritt in den Schulkindergarten oder in die Grundschule der stärkste Leistungsabfall eintrat;
- dass Kinder aus sozioökonomisch schwächsten Verhältnissen die geringsten Fortschritte erzielten und am schnellsten zurückfielen.

Dagegen zeigte eine Förderung von Eltern und Kind:
- wesentliche Steigerungen der IQ-Werte mit langanhaltenden Wirkungen bis zu fünf Jahren nach Förderungsabschluss;
- stetige Steigerungen der Leistungsfähigkeit über den Förderprogrammabschluss hinaus;
- eine größere Zunahme der IQ-Steigerung, je früher (mit 1 bis 2 Jahren) die Förderung einsetzte, und
- die Wirkung der Förderprogramme war umso geringer, je schwächer die sozioökonomische Lage der Eltern war.[480]

U. Bronfenbrenner kommt nach der Auswertung amerikanischer Förderprogramme zu folgender Erkenntnis:

Sozialökologische Intervention

»Die entscheidenden Kräfte der Zerstörung liegen weder im Kind noch in seiner Familie, sondern in den hoffnungslosen Umständen, unter denen die Familie leben muss. Benötigt wird darum eine Form der Förderung auf der ökologischen Ebene, Maßnahmen also, die totale Veränderungen in der unmittelbaren Umgebung der Familie und des Kindes bewirken.«[481]

Ansatzpunkte der Prävention

Eine solche ökologisch-ganzheitliche Intervention müsste also präventiv ansetzen:
- bei der Steigerung der Erziehungskompetenz zukünftiger Eltern, z. B. durch eine Erziehungskunde (Familienbildung) in der Schule und durch die Erwachsenenbildung (VHS, Fernsehen usw.);
- bei einer Verbesserung des Mutterschutzes und der Schwangerschaftsbetreuung, insbesondere lediger und sozioökonomisch schwacher Mütter, sowie der Ausweitung des Erziehungsurlaubs bis zum vollendeten 3. Lebensjahr des Kindes bzw. seinem Eintritt in den Kindergarten/Hort;
- Verbesserung der Geburtshilfe und nachgeburtlichen Betreuung von Mutter und Kind, insbesondere in den sozialen Brennpunkten;
- Bereitstellung ausreichender und qualitativ hochwertiger Kindergartenplätze.[482]

Rehabilitation und Frühförderung als Aufgaben

Rehabilitative und frühförderische Maßnahmen sind:
- die regelmäßigen ärztlichen und pädagogisch-psychologischen Untersuchungen der Risiko-Kinder bis zum Schuleintritt;
- die aufspürende Früherfassung entwicklungsgefährdeter Kinder in Problemfamilien, z. B. alkoholabhängiger und

süchtiger Eltern, in Obdachlosensiedlungen, in Familien, in denen es bereits Lernbehinderte gibt (s. Institutionen der Frühförderung, S. 173) und die
- Verbesserung der Frühförderung und pädagogischen Qualität der Kindergärten und anderer Vorschuleinrichtungen.

Qualitätsstandards

So gibt es in Deutschland bis heute keine Standards für die Mindesteinrichtung von Frühförderstellen hinsichtlich der personellen, räumlich-materiellen und finanziellen Grundausstattung und Qualifikationen der Mitarbeiter.

Ein nicht weniger problematischer Zustand herrscht in den Kindergärten, wo die Früherkennung und -erfassung entwicklungsverzögerter und potentiell lernbehinderter Kinder sowie eine entsprechende Diagnose bzw. Frühförderung noch größte Chancen hätte.

6.9.6.1 Spezielle Maßnahmen und Förderansätze

Eine spezifische Frühförderung Lernbehinderter oder potentiell Lernbehinderter gibt es nicht. Vielmehr handelt es sich hier um die Anwendung allgemeiner pädagogischer Ansätze und spezifischer Schwerpunktsetzungen nach Maßgabe des individuellen Behinderungsfalles und Störungsbildes. Daraus folgt, dass für jedes einzelne Kind ein Förderplan erstellt und eine individuelle Verlaufs- bzw. Entwicklungskontrolle durchgeführt werden muss (vgl. dazu Oy/Sagi, S. 200ff. und Teil Psychologie, Testverfahren, S. 153ff.).

6.9.6.2 Schwerpunkte in der Frühförderung

Notwendig ist für die potentiell Lernbehinderten und entwicklungsverzögerten Kinder allerdings eine Schwerpunktsetzung, Verdichtung der pädagogischen Maßnahmen und ein pädagogischer Mehrbedarf in Bereichen, wo die Schwierigkeiten gehäuft auftreten:

Spezielle Ansatzpunkte

- Sensomotorik und insbesondere Feinmotorik als Grundbedingungen schulischen Lernens und speziell Schriftsprache und Mathematik;
- Wahrnehmungs- und basale Intelligenzförderung, z. B. nach Piaget;
- Sozial-emotional positive Grundhaltungen (z. B. Selbststeuerungs- und Kooperationsfähigkeit) und Selbstwertgefühle sowie Lernmotivationen;

- Sprachkompetenzen, insbesondere Wortschatz und Satzbau;
- Begabung und Kreativität durch kindgemäße Sachbegegnung und musisch-künstlerische Elementarbildung;
- Sachkompetenzen, also der Aufbau eines basalen Wissens, um die Kluft zwischen familiärer Erziehung, Kindergarten- bzw. Früherziehung und Schulpädagogik so gering wie möglich zu halten und so eine pädagogische, didaktisch-methodische Kontinuität zur Schule hin zu ermöglichen.

6.9.6.3 Hinweise zur Praxis

Dementsprechend sind diese Förderbereiche didaktisch-methodisch zu akzentuieren:

- Spielförderung, wie sie z. B. von Fröbel, Montessori, Oy/Sagi, in der Psychomotorik bzw. Motopädagogik entwickelt wurde, und die Anleitung der Eltern zu Spiel- bzw. Beschäftigungsformen mit dem Kinde[483];
- die Wahrnehmungs- und damit Intelligenzförderung, z. B. nach Frostig, Montessori u. a.[484];
- die Förderung *sozial-emotionaler* und *musisch-kreativer Kompetenzen* durch rhythmisch-musikalische Erziehung, der Ausdrucksfähigkeit in Farbe, Bewegung, Tanz, plastischem Gestalten[485] (siehe auch MCD, POS, CP-Kinder, S. 252ff.);
- Förderung von *Identität* und *positivem Selbstkonzept*[486];
- Förderung der *Sprache* und *Hinführung zur Schrift*, z. B. nach Montessori[487];
- Förderung *kognitiver* und *mathematischer Grundfunktionen*, z. B. nach dem Montessori-Sinnes- und Mathematikmaterial.[488]
- die Förderung der *lebenspraktischen Selbständigkeit* und *Selbstversorgung* (Körperpflege, An- und Ausziehen usw.), z. B. nach Montessori (siehe auch CP-Kinder, S. 227ff.)[489]
- die Förderung der *Sachlichkeit* und *Sachkompetenz* durch Hinführung zur Natur und Technik, z. B. nach Montessori.[490]

Förderung kognitiver Grundfunktionen

Mathematisch-rechnerische Kompetenzen hängen vom Zusammenwirken sensomotorischer, kognitiver Teilfunktionen und Prozesse ab, wie z. B.:

- von der Wahrnehmung (z. B. Raum-, Zeit-Begriff, Substanz- bzw. Materialeigenschaften);
- von Erkennen (Identifikation), Wiederkennen, Gedächtnis und Vorstellungsfähigkeit, z. B. bestimmter Dinge, Mengen,

von Beziehungen unter den Dingen, Zahlen, Räume, Gesetzmäßigkeiten, Regelhaftigkeiten;
- von Vorgängen wie dem Kombinieren von Merkmalen (z. B. großes gelbes Dreieck, also der Merkmale Größe, Farbe, Form);
- vom Abstrahieren von Merkmalen, wie z. B. der Farbe von einem Gegenstand als eigenes Merkmal;
- von Lernprozessen (z. B. Reiz/Reaktion, Versuch/Irrtum, Modell-Lernen), Denken z. B. als Ordnen nach Merkmalen, z. B. Farbstärke, Länge, Dicke usw., Problemlösen ohne Versuch/Irrtum);
- von Urteilen (z. B. selbständige Fehlerkontrolle, wahr/unwahr, richtig/falsch, gut/böse) und der Fähigkeit, schlussfolgern und Gütemaßstäbe entwickeln zu können.

Integrative Förderung

Das Ergebnis optimalen Zusammenwirkens dieser Teilkompetenzen ist dann spezifisches, z. B. mathematisches, Wissen und Können. Getragen, unterstützt und zum Ausdruck gebracht wird dies v. a. durch die Sprache (allgemeine, exakt fachsprachliche Begriffe und wissenschaftliche Codes, z. B. der Mathematik).

Kinder entwickeln den Großteil dieser Fähigkeiten im Vorschulalter (vgl. Kap. 4.4).

Bereits hier können und müssen Defizite rehabilitativ behoben, Teilfunktionsansätze fortentwickelt oder gar erst eingeübt werden. Zwischen 3 und 6 Jahren können nachweislich effektiv diese für jedes schulische und spätere Lernen basalen Teilfunktionen kompensatorisch gefördert und fortentwickelt werden.

Mit der Frühsprachförderung muss die kognitiv-mathematische Frühförderung einsetzen, weil die Sprache der Träger und das Steuerungsorgan praktischer und kognitiver Prozesse ist. So ist es kein Zufall, dass Sprachprobleme und Mathematik die häufigsten und stärksten »Lernbehinderungen« sind und zum Anlass der Sonderschuleinweisung werden.

Trainings-programme

Inzwischen kann die Möglichkeit und Praxis einer kognitiven Basalförderung durch Trainingsprogramme z. B. für analoges Denken, den Zahlbegriff, die Intelligenz auf empirischer Grundlage als gesichert gelten.[491]

Die rehabilitativen und präventiven Möglichkeiten haben sich in den letzten Jahren verbessert, und die Forschungsergebnisse stimmen so optimistisch, dass eine Sonderschulüberweisung nicht mehr zwangsläufig angezeigt ist.[492]

Vorschulische Prävention und Rehabilitation

Wegen der zähen Umsetzung der Forschungsergebnisse in der Erziehungsrealität helfen zunächst Praxishinweise auf erprobte Ansätze wie z. B. von Montessori.

Hier lernen Kinder auf der Basis der bekannten didaktischen Materialien durch die sonsomotorische Förderung die o. g. Teil- und Grundfunktionen für die Mathematik. Gleichzeitig dient dieses Material-/Übungsangebot der Frühdiagnostik gestörter sensomotorischer und kognitiver Grundfunktionen. So gibt es

Förderbereiche

- Materialien und Übungen zur Wahrnehmungsförderung über alle Sinneskanäle (Wahrnehmen, Isolieren, Abstrahieren, Materialeigenschaften, wie z. B. hart–weich, rau–glatt, Größe, Wärme, Gewicht, Farben usw. und deren Begriffe);
- Materialien und Übungen zur Förderung der Erkenntnisfunktion wie Unterscheiden, Vergleichen, Kombinieren, Paare, Kontraste, Serien bilden; Abstraktionsübungen (gib mir alles, was rot, rund ist) usw.;
- vormathematische Operationen, wie z. B. Ergänzen, Abziehen (etwa blau-rote Stangen)
- vormathematische Einführung in das Dezimalsystem (viele Materialien bestehen aus je 10 Teilen)
- Einführung des Zahl-Mengen-Begriffs, des Zahlsymbols und des Zählens (blau-rote Stangen) und damit eine mathematische Frühförderung. Die Einführung und das Fortschreiten hängen vom individuellen Lernentwicklungsstand des Kindes ab.

Beispiel

Blau-rote oder numerische Stangen[493]

»Material:

Zehn Stangen, die in Umfang und Länge den ›Roten Stangen‹ entsprechen. Sie unterscheiden sich nur darin, dass sie in rote

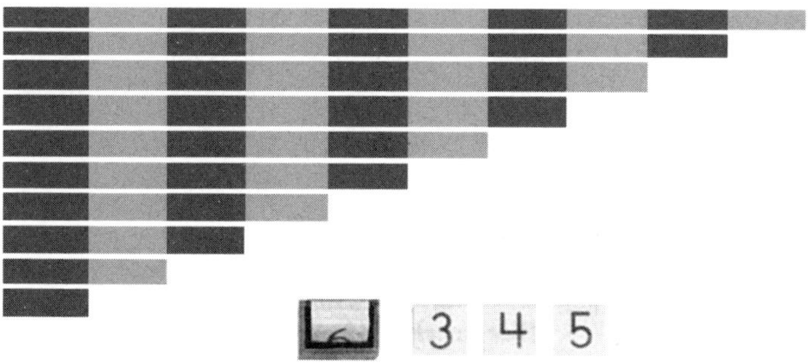

und blaue Abschnitte, je 10 cm lang, eingeteilt sind. Die kürzeste Stange ist rot. Jede Stange repräsentiert eine Zahl.

Direktes Ziel:
Erwerb der Zahlenbegriffe von 1 bis 10. Zählen von 1 bis 10.

Indirektes Ziel:
Vorerfahrungen mit dem metrischen System.

Alter:
Etwa drei Jahre.

Erwerb der Zahlbegriffe von 1 bis 10

Darbietung:
Alle Stangen liegen ungeordnet auf dem Teppich. Das Kind legt sie in der Ordnung hin, die es bei den ›Roten Stangen‹ geübt hat. Die Leiterin nimmt die ersten drei Stangen und trennt sie von den übrigen. Sie legt die kürzeste Stange vor das Kind hin, berührt sie und sagt: ›Eins‹.

Sie legt die zweite Stange vor das Kind und sagt: ›Das ist zwei‹. Sie berührt beide Abschnitte und sagt dabei: ›Eins – zwei‹. Genauso verfährt sie mit der dritten Stange.

Kommentar:
Anknüpfung an Vertrautes.

Erste Stufe der Namenslektion.

Jedes Mal beginnt man von 1 an zu zählen und berührt jeden Abschnitt, damit sich das Kind in die Reihe der aufeinander folgenden Zahlen einübt. Es werden die Abschnitte gezählt, nicht die Stangen.

Die Leiterin mischt die Stangen und sagt: ›Gib mir die Stange 2!‹ oder ›Zeig mir 3!‹ Sie bittet das Kind, jedes Mal nach-

Die Leiterin nimmt eine der drei Stangen und fordert das Kind auf, die Abschnitte zu zählen und anzugeben, welche Stange es hat.

Wenn das Kind interessiert ist, kann die Leiterin weitere Stangen einführen. Ist die Übung beendet, fordert die Leiterin das Kind auf, die Ordnung aller Stangen wiederherzustellen, ehe sie auf ihren Platz im Regal zurückgebracht werden. Bei weiteren Übungen werden nach und nach alle Stangen benannt.

Kommentar:
Zweite Stufe der Namenslektion.
Dritte Stufe der Namenslektion.
Es ist sehr wichtig, dass das Kind am Schluss der Übung das ganze Material erneut als eine Einheit erfährt.

Fehlerkontrolle:
Geschieht durch die Leiterin.

Das Nachprüfen soll durch Zählen erfolgen.

Vorbereitung auf die Addition und Subtraktion

So kommt das Kind zu den Begriffen ›mehr‹ und ›weniger‹

Die folgenden Übungen sind Gruppenspiele.

Weitere Übungen:

- Aus den gemischten Stangen eine herausgreifen und zählen.
- ›Gib mir bitte die Stange, die danach (davor) kommt!‹
- Nur die roten oder blauen Abschnitte zählen.
- Von der größten Einheit zur kleinsten Einheit zählen.
- Die Stangen zur 10 (9 – 8 – 7) ergänzen.
- ›Gib mir die Stange, die 1 mehr ist!‹
- ›Gib mir die Stange, die 2 weniger ist!‹
- Das Kind verteilt die Stangen im Raum. Die Leiterin nennt eine Zahl und das Kind sucht die zugehörige Stange.
- Alle Stäbe austeilen. Wer Stab 6 (3, 8, usw.) hat, soll ihn bringen. Abschnitte zählen. Stäbe in der richtigen Ordnung auf den Boden legen.
- Alle Stäbe austeilen. Die Kinder mit den Stäben bilden schnell die Reihe von 1–10. Stäbe austauschen und Reihen neu bilden.
- ›Stab 6 kommt zu mir‹ – ›Macht schnell die Reihe wieder richtig!‹ Alle Kinder richten sich nach der 6 aus.
- Stäbe austeilen. ›Suche deinen Nachbarn!‹
- Wir zählen, während wir gehen – auch zurückzählen und dabei zurückgehen! Gezählt wird immer bis zu der Zahl, die der Stab darstellt, den das Kind in der Hand hält.
- Beim Gehen die geraden oder ungeraden Zahlen betonen durch lautes Sprechen oder stärkeres Auftreten mit dem Fuß.«

Hinweise zur Schulpraxis

Probleme

Hauptprobleme lernschwacher Kinder mit der Schul-Mathematik sind:

- vorschulische sensomotorische, kognitive Entwicklungsrückstände und Defizite;
- unzureichende Sprachkompetenzen für das Aufgabenverständnis und die Planung der Problemlösung;
- zu frühes und schnelles abstraktes Operieren mit Zahlen ohne den sensomotorisch gesicherten Zahlbegriff, ohne Bezug auf konkretes Handeln/Erleben, ohne bildhaft exakte bzw. schematische Anschauung, die jeder abstrakten Operation vorausgehen.[494]

Montessoris Ansatz

Montessoris Verfahren beruht darauf,

- dass die jeweiligen Abstraktionsstufen für sich erarbeitet und abgesichert werden müssen und

- mathematisch-abstrakte Operationen in konkrete Handlungsprozesse mit didaktischen Materialien umsetzbar und damit wiederholbar sein müssen (z. B. statt Fingerrechnen) und
- das Kind jeden abstrakten Einzelschritt real mit den Händen, d. h. mathematisch-didaktischen Materialien, nachvollziehen kann bzw. danach
- wieder auf die abstrakte Ebene der Anschauung und Begrifflichkeit zurückkehren und natürlich sprachlich-begrifflich seine Handlungen exakt formulieren kann.[495]

Beispiel

So lernt das Kind z. B. mit dem so genannten Goldenen Perlenmaterial sprachlich-abstrakt das Zählen, die Stellenwerte des Dezimalsystems konkret handelnd und anschaulich die dazugehörigen Mengen in ihren Relationen, und es kann mit diesen Materialien so lange rechnen, bis es auf abstrakter Ebene so sicher und schnell ist, dass ihm das Material überflüssig erscheint.

Goldenes Perlenmaterial[496]

»Material:

Goldfarbene Perlen: lose Perlen (Einer), Stäbchen (Zehner), Quadrate (Hunderter), Kuben (Tausender); dazu mehrere Tabletts.

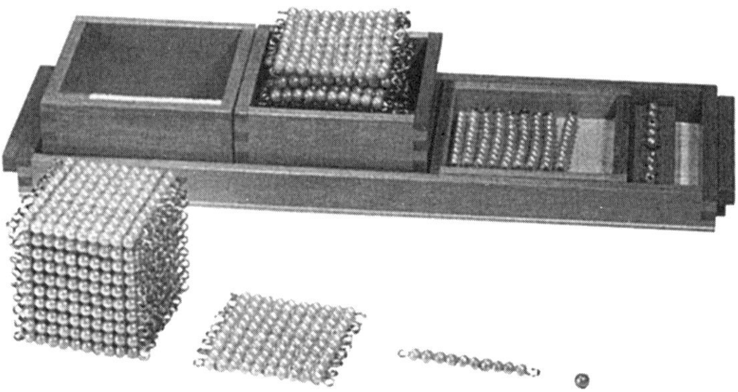

Direkte Ziele:

Mächtigkeit und Darstellungsform von Einern, Zehnern, Hundertern und Tausendern erfahren. Namen der Stellenwerte des Dezimalsystems kennenlernen. Struktur des Dezimalsystems erfahren.

Indirekte Ziele:
Schulung der Feinmotorik. Vorbereitung der Geometrie: Punkt, Linie, Fläche, Körper. Erfahren der Potenzen 10^0, 10^1, 10^2, 10^3.

Alter:
Etwa vier Jahre.

Benennen der Stellenwerte

Darbietung:
Zur Einführung des Dezimalsystems wird ein Tablett mit 10 Einerperlen, 10 Zehnerstäbchen, 10 Zehnerquadraten und 1 Zehnerkubus gebraucht.

Kommentar: Die Einführung kann dann erfolgen, wenn das Kind die Mengen im Zahlenraum von 1–10 erkennen und zählen kann.

Die Leiterin holt mit dem Kind das Tablett auf den Tisch. Sie nimmt eine Einerperle, ein Zehnerstäbchen, ein Zehnerquadrat und einen Zehnerkubus herunter und legt sie vor das Kind hin. In Form der Dreistufenlektion führt sie die Namen der Kategorien ein. Sie gibt dem Kind die Einerperle und sagt:

›Das ist ein Einer!‹

Dann gibt sie das Zehnerstäbchen und sagt: ›Das ist ein Zehner!‹ Ebenso verfährt sie mit dem Hunderter und Tausender.

Nun mischt sie die vier Einheiten und fordert das Kind auf: ›Gib mir den Einer!‹ usw. Dann zeigt die Leiterin auf die einzelnen Einheiten und lässt sie vom Kind benennen.

Kommentar: Es ist wichtig, dass das Kind durch Begreifen die unterschiedliche Form und Mächtigkeit der Kategorien erfährt und so eine feste Verbindung zwischen Menge und Bezeichnung hergestellt wird.

Übungen:
- Bilden von Mengen. Das Kind wird aufgefordert, mehrere Einheiten einer Kategorie zu bringen: ›Bring mir 4 Hunderter!‹, ›Gib mir 7 Zehner!‹ usw. Die gebrachten Mengen werden mit dem Kind noch einmal gezählt. Nach und nach wird die Übung erschwert. Man bittet das Kind, von mehreren Kategorien Mengen zu bilden, z. B. 2 Tausender und 4 Hunderter, 5 Hunderter, 9 Zehner und 6 Einer oder 7 Hunderter und 5 Einer.
- Die Leiterin bildet eine Perlenmenge aus einer oder mehreren Kategorien. Sie lässt das Kind die Menge bestimmen und benennen.

Es sollten bei dieser Übung nicht mehr als neun Einheiten einer Kategorie geholt werden.

Durch das häufige Hantieren und Benennen festigen sich die Begriffe.

Einführung in die dezimale Beziehung zwischen den Stellenwerten

Darbietung:

Die Leiterin legt eine Einerperle, dann ein Zehnerstäbchen auf den Tisch. Sie lässt das Kind mit der Einerperle die Perlen des Zehnerstäbchens zählen:

›1 Zehner hat 10 Einer!‹

Sie nimmt das Zehnerquadrat hinzu und lässt mit dem Zehnerstäbchen die Anzahl der Zehner des Zehnerquadrates feststellen:

›1 Hunderter hat 10 Zehner!‹

Dann lässt sie die Zehnerquadrate des Zehnerkubus bestimmen:

›1 Tausender hat 10 Hunderter!‹

Das Kind erfährt, dass die Zahl 10 im Dezimalsystem eine besondere Rolle spielt.

Aufbau der Stellenwerte

Darbietung:

Die Leiterin nimmt eine Einerperle vom Tablett, legt sie auf den Tisch und sagt: ›1 Einer!‹

Sie fügt eine weitere Perle hinzu und sagt: ›2 Einer!‹

In der gleichen Weise fährt sie fort, bis 10 Einerperlen gelegt sind. Sie sagt: ›Für 10 Einer legen wir 1 Zehner!‹

Die Einerperlen werden gegen einen Zehner umgetauscht.

Entsprechend wird der Hunderter aus 10 Zehnern und der Tausender aus 10 Hundertern aufgebaut.

Kommentar:
Das Kind erfährt, dass 10 Einheiten einer Kategorie einer Einheit der nächst höheren Kategorie entsprechen und umgekehrt.

Auslegen der Stellenwerte

Darbietung:

Man braucht ein Tablett mit je 45 Einerperlen, Zehnerstäbchen und Zehnerquadraten, ferner einen Zehnerkubus. Die Übung wird auf dem Teppich durchgeführt.

Die Leiterin legt eine Einerperle rechts oben hin.

Sie sagt: ›1 Einer!‹ Darunter legt sie im Abstand von etwa 10 cm 2 Einerperlen: ›2 Einer!‹ Ebenso fährt sie bis zu 9 Einern fort.

Dann sagt sie: ›Ein Einer mehr ergibt 10 Einer. Das ist 1 Zehner!‹

Sie legt ein Zehnerstäbchen etwa 15 cm links neben die erste Einerperle.

Darunter ordnet sie mit dem Kind 2 Zehner, 3 Zehner usw. an und benennt jedesmal die dargestellte Menge. So werden alle Zehner, Hunderter und Tausender ausgelegt.

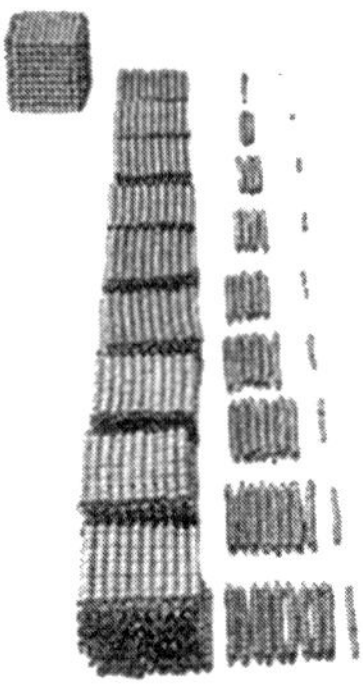

Fehlerkontrolle:
Die vorhandenen Perlen müssen genau ausreichen.

Weitere Übungen:
- Die Leiterin lässt das Kind aus der dargestellten Übersicht bestimmte Mengen heraussuchen.
- Die Leiterin weist auf eine Menge und lässt sie benennen.«

Reform der Schuleingangsstufe

Offener Schulbeginn

Unübersehbar sind heute die Probleme der Schuleingangsstufe: Immer mehr entwicklungsverzögerte, erziehungsschwierige, teilleistungsschwache Kinder und immer mehr Kinder verschiedener Kulturen, Religionen und Nationen mit spezifischen Anpassungsproblemen erfordern neue, individualisierende Konzepte. Es wird die Aufgabe der Schule sein, sich endlich zu einer pädagogischen Reform der Schuleingangsstufe (1. und 2. Schuljahr) durchzuringen und einen altersunabhängigen fließenden Übergang vom Kindergarten/Frühförderung zur Schule zu ermöglichen, d. h. z. B. mehr Elemente der Früherziehung in ihr schulpädagogisch-leistungsorientiertes Konzept aufzunehmen.[497]

6.10 Verhaltensauffällige Kinder und Schüler (ICD 10 F 91ff.)

6.10.1 Begriff

Problemlage

Heutzutage wird in einem inflationären Ausmaß geklagt über verhaltensgestörte und -schwierige, lern-, schul- und erziehungsschwierige, verhaltensbehinderte, psychosozial gestörte, psychisch kranke oder anpassungsschwierige Kinder und Schüler. Dies alles sind gängige und zumeist sehr subjektive Umschreibungen von Problemen, die Eltern, Erzieherinnen und Lehrer/innen mit den Kindern erleben. Es scheint so, als trügen die Kinder Verhaltensauffälligkeiten wie die Augenfarbe oder andere organischen Merkmale.

Erziehungsrealität und Fakt ist die *Normalität von »Verhaltensauffälligkeiten«*: Man kann diese Perspektive in Gestalt einer Frage auch umkehren: Zeigen Kinder solche Probleme bzw. Verhaltensweisen, weil sie Kinder sind, sich und ihr Verhalten in einem bestimmten soziokulturellen Umfeld entwickelt und weil sie erzogen werden müssen als unabdingbare Voraussetzung für ihr Menschwerden? Sind in diesem komplizierten Prozess des Lern- und Verhaltensaufbaus des Kindes Schwierigkeiten nicht »normal«?

Ebenso wahr ist auch die Normalität von *Schwierigkeiten der Erwachsenen* bei der Erziehung: Es gibt die alltäglichen Erziehungsschwierigkeiten, die Eltern, Erzieher und Erzieherinnen oder Lehrer erleben, Schwierigkeiten als Ausdruck ihrer mehr oder weniger vollkommenen Erziehungskompetenz.

Man muss also zumindest unterscheiden zwischen »Verhaltensstörungen« als ›Entwicklungsnormalität‹, als eine Reaktion des Kindes/Schülers auf die Erziehungsmaßnahmen und als Symptom – besser: Symptomkomplex – einer so genannten pathologischen Entwicklung.

6.10.2 Definition

Eine einheitliche, verbindliche und eindeutige Begriffsbestimmung von »Verhaltensauffälligkeit« ist zurzeit nicht gegeben. Jeder Fachautor hat seine Definition. Der Deutsche Bildungsrat definierte wie folgt:

Definition

»Als verhaltensgestört gilt, wer aufgrund organischer, vor allem hirnorganischer Schädigungen oder eines negativen Erziehungsmilieus in seinem psychosozialen Verhalten gestört ist und in sozialen Situationen unangemessen reagiert und selbst geringfügige Konflikte nicht bewältigt.«[498]

In einer jüngeren Definition wird die pädagogische Hilfsbedürftigkeit stärker betont. Verhaltensstörung nennt man

»ein von den zeit- und kulturspezifischen Erwartungen abweichendes maladaptives(schlecht angepasstes, d. Verf.) Verhalten, das organogen und/oder milieureaktiv bedingt ist, wegen der Mehrdimensionalität, der Häufigkeit und des Schweregrades die Entwicklungs-, Lern- und Arbeitsfähigkeit sowie das Interaktionsgeschehen in der Umwelt beeinträchtigt und ohne besondere pädagogisch-therapeutische Hilfe nicht oder nur unzureichend überwunden werden kann.«[499]

6.10.3 Ursachen und Symptome

Eine eindeutige Zuordnung bestimmter Symptome von Verhaltensauffälligkeiten zu bestimmten Ursachen ist generell nicht möglich. So kann z. B. das Symptom »Verstöße gegen soziale Regeln« in Beziehung stehen zu Angst, inneren Konflikten (z. B. Familienproblemen, seelischen Spannungen), Versagensängsten, Mangel an Selbststeuerung, falschen Gewohnheiten, Mangel an Bekräftigung, erhöhter Reizbarkeit usw. (siehe Postnatale Risiken, S. 47).[500]

Ursachenkomplexe

Es gibt aber bestimmbare Ursachenkomplexe, die Verhaltensauffälligkeiten hervorrufen können.

1. Nichterfüllung basaler Bedürfnisse des Kindes: Das Kind hat offensichtlich angeborene basale organische Bedürfnisse, wie Hunger, Durst, Wärme, Sicherheit, Geborgenheit und Liebe sowie nach Anerkennung oder Geltung. Basale Bedürfnisse bauen in einer sinnvollen Hierarchie aufeinander auf. Daraus erwachsen die Motive für sein Handeln und Verhalten als seine individuell sinnvolle Antwort auf seine augenblickliche und zukünftige Situation. Ist der Hunger oder das Geborgenheitsgefühl als basales Bedürfnis nicht gestillt, wird das Kind keinen Grund haben, »höhere« Motive zu entwicklen oder sich »höheren« Motiven zuzuwenden, also z. B. etwas zu lernen, das nicht diesem basalen Bedürfnis entspricht. Es wird aber alles tun, dieses basale Bedürfnis zu stillen, weil das Motiv, seine basalen Bedürfnisse zu stillen, vorrangiger und stärker ist, als eine geforderte Verhaltensweise oder Fertigkeit zu lernen oder dem Erzieher gehorsam zu sein.

Unterdrückung und Ersatzhandlungen

Die Unterdrückung oder Nichterfüllung primärer Bedürfnisse und Motive führt beim Kinde zu Ersatzbefriedigungen oder -handlungen, wie z. B.:

- Naschsucht, Fresssucht und anderen Formen der »Abhängigkeit«, Schnullern, Daumenlutschen usw. über das sechste Jahr hinaus;
- sich z. B. emotional an die Erzieherin hängen oder ihre Zuwendung in irgendeiner Form erzwingen: durch Ungehorsam, Provokationen, Zerstörung von Gegenständen oder Schlagen anderer Kinder;
- Autoaggressionen, wie z. B. Haaredrehen und -ausreißen, Nägelkauen und andere Selbstverletzungen, Grimassieren, Tics;

- Bewegungsstereotypen bzw. Jaktationen (Schaukelbewegungen);
- Zielloses Herumlaufen, Streunen, Trebegängerei.
- Wutanfälle, Jähzorn, hysterische Ohnmachtsanfälle usw.;
- Bettnässen (Enuresis), Einkoten (Enkopresis) über das 6. bis 8. Lebensjahr hinaus, um die mütterlich-elterliche Zuwendung aggressiv zu erzeugen. Enuresis und Enkopresis können zwar in seltenen Fällen auch organisch oder durch eine Fehlerziehung (z. B. zu früh, zu streng) bedingt sein, aber sie sind für das Kind vielfach auch ein Mittel im Kampf mit dem Erwachsenen in der Form aggressiven Einnässens oder Einkotens.[501]

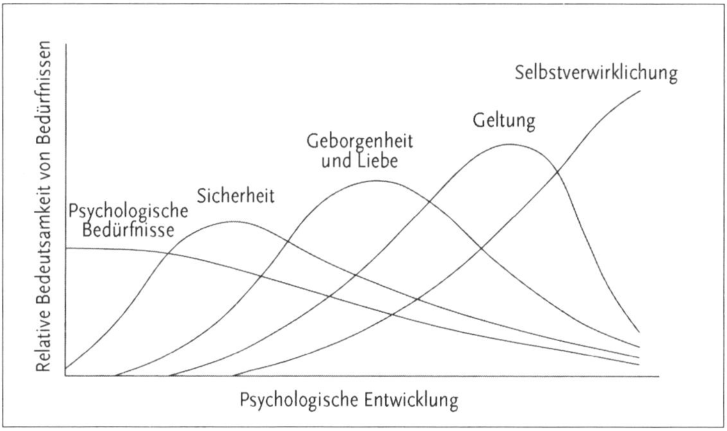

Modell der Bedürfnishierarchie nach Maslow[502]

2. Organische bzw. hirnorganische Ursachen: Diese umfänglichen und schier endlosen Ursachen und Ursachenkomplexe wurden schon weitgehend oben dargestellt.[503]

Pränatale Ursachen für Verhaltensprobleme haben in den letzten Jahren in der Forschung zunehmend Beachtung gefunden (vgl. Kap. 2.11).

Insbesondere Kinder mit angeborener Hyperaktivität, MCD, POS, ADHS, ADS zeigen folgende Symptome:

Symptome

- Stimmungslabilität und schwache Affektkontrolle, geringe Frustrationstoleranz, Schwächen im Aushalten von Spannungszuständen, z. B. beim Warten, bis man »drankommt«, oder bei aufkommenden Bedürfnissen, wie Hunger, Durst usw.; Neigung zu »Kurzschlusshandlungen«;

– Konzentrationsschwäche und -schwankungen;
– Schwierigkeiten bei der Mutter-Kind-Bindung und Sozialbindungsfähigkeit überhaupt;
– Schwierigkeiten bei der Aktivitätskontrolle bzw. -steuerung: Ziel- und Planlosigkeit, Hast und überflüssige Aktionen um der Aktion willen, Fahrigkeit, unstete und regellose Aktivitäten.[504]

Bio- und psychosoziale Interaktion

Es ist aber bei den organischen Ursachen und den Interaktionen in den Erziehungsprozessen, im Wechselspiel zwischen Kind und Umwelt nicht immer eindeutig, in welchem Ausmaß die Erziehung und Lebensbedingungen des Kindes Verhaltensauffälligkeiten verstärken oder abschwächen.[505] Bejahende oder kühle, feindliche Erzieherhaltungen gegenüber dem Kind, überforderte Erzieher, unangemessene Erziehungsnormen und -praktiken spielen besonders beim organisch geschädigten Kind eine große Rolle, und sie können selbst beim organisch gesunden Kind eine Ursache bei der Entstehung von Verhaltensauffälligkeiten sein.

Klassen von Störungen

Man kann Verhaltensstörungen wie folgt ordnen[506]:

Externalisierende Störungen	Aggression, Hyperaktivität, Aufmerksamkeitsstörung, Impulsivität;
Internalisierende Störungen	Angst, Minderwertigkeit, Trauer, Interesselosigkeit, Schlafstörungen, somatische Störungen;
Sozial unreifes Verhalten	Konzentrationsschwäche, altersunangemessenes Verhalten, leicht ermüdbar, leistungsschwach, nicht belastbar
Sozialisiert delinquentes Verhalten	Gewalttätigkeit, Reizbarkeit, Verantwortungslosigkeit, leichte Erregbarkeit und Frustration, Beziehungsstörungen, niedrige Hemmschwellen;

Am häufigsten kommen externalisierende Störungen vor, gefolgt von internalisierenden Auffälligkeiten. Die beiden verbleibenden Klassen sind empirisch weniger abgesichert.

3. *Erzieherhaltungen, Erziehungsnormen und -praktiken* bestimmen den pädagogischen Bezug, das Verhältnis und die Wechselwirkungen zwischen Erzieher und Zögling.[507] Sie setzen sich u. a. zusammen:

➔ aus den *emotionalen Einstellungen zum Kind* (liebend-bejahend, feindlich-ablehnend, wie z. B. oft gegenüber ungewollten Kindern, aus Vergewaltigungen usw.);

➔ aus den *pädagogischen Grundeinstellungen* der Erzieher, wie z. B. die logothrope Einstellung: Man liebt primär das Fach Pädagogik, die Psychologie usw., oder die pädothrope Einstellung: Man liebt die Kinder, den pädagogischen Umgang mit ihnen, man möchte ihnen helfen und dienen, damit sie unabhängige, lebenstüchtige und liebenswerte Menschen und Persönlichkeiten werden. Hier geht es also auch um die persönlichen Erziehungsvorstellungen und -ziele;

➔ aus der *eigenen Erziehungsbiografie,* ob man z. B. selbst eine liebevolle und gute Erziehung erhalten hat oder geschlagen bzw. hart erzogen wurde. Nachgewiesenermaßen zeigen in ihrer Kindheit missbrauchte oder misshandelte Eltern oft selbst bei ihren eigenen Kindern ähnliche Verhaltensweisen;

➔ aus den Sichtweisen oder *Anthropologien des Kindes.* Sie umfassen unser pädagogisches, medizinisches, psychologisches Wissen von Kindern und ihrer Entwicklung und unseren persönlichen Erfahrungen im Umgang mit Kindern. Dies erklärt z. B., dass erfahrene Pädagogen oft gelassener gegenüber »Verhaltensauffälligkeiten« sind als Berufsanfänger.

Konsequenzen pädagogischer Anthropologien

Dieses Wissen und die Erfahrung bestimmen darüber, ob der Erzieher das Kind eher als passives, plastisches Wesen sieht, das man nach den eigenen Vorstellungen »prägen« kann, oder mehr als aktives, und mit der Hilfe des Erziehers sich selbstgestaltendes individuelles Wesen?

Solche Anthropologien können wissenschaftlich mehr oder weniger korrekt, vollständig bzw. ganzheitlich sein, d. h., das Kind wird in seiner leibseelischen, sozialen und geistigen Ganzheit gesehen, oder ein Aspekt wird als besonders »wichtig« angesehen, während andere vernachlässigt werden:

Einseitige Anthropologien

- Das Kind wird primär als soziales Wesen gesehen, d. h., hierbei wird das soziale Lernen überbetont.
- Das Kind wird primär als intellektuelles Wesen gesehen, d. h., hier wird die Intelligenz überbetont und andere Seiten, wie z. B. der entwicklungsnormale Bewegungsdrang,

die Freude an sinnlich-emotionaler Erfahrung, Kreativität usw. werden nicht hinreichend beachtet oder gefördert.

Enge / weite Anthropologien

Hinsichtlich der Verhaltensstörungen können *Anthropologien weit oder eng* gefasst sein, d. h., dann werden entweder viele Verhaltensweisen bzw. so genannte »Auffälligkeiten« als »normal« angesehen oder – bei enger Sicht – wird vieles, was ein Kind macht oder nicht macht, als »auffällig« definiert und dementsprechend als »behandlungsbedürftig« gesehen. Hier setzen problematische Behandlungs-Konzepte ein:

Behandlungskonzepte für »Verhaltensauffällige«

- die *Medikalisierung* des Kindes, d. h. medizinisch-medikamentöse Behandlungen, z. B. bei Schulleistungsschwächen, Lernstörungen, Konzentrationsschwächen, wo es sich vielleicht um Erziehungsprobleme handelt, die in der Familie bestehen (Scheidung, häufige Auseinandersetzungen, elterlicher Ehrgeiz und Überforderung des Kindes);
- die *Psychiatrisierung und Psychologisierung* des Kindes, d. h. der Einsatz psychiatrischer Untersuchungen und psychologischer Maßnahmen, wie z. B. medikamentöse Hilfen (Psychopharmaka[508]) und Therapien (z. B. Verhaltenstherapien) bei Ess- oder Trinkstörungen, Bettnässen, Einkoten usw.[509];
- die *Kriminalisierung* des Kindes, insbesondere des Jugendlichen, wenn z. B. pubertierende, um die Gunst eines Mädchens rivalisierende Jugendliche in körperliche Auseinandersetzungen geraten, wenn sie gelegentlich stehlen, um dieselben Dinge zu haben wie Erwachsene, um zu protzen oder andere entwicklungsnormale »Mutproben« ablegen.[510] Um diesen Entwicklungsbedürfnissen zu entsprechen, wurde z. B. die Erlebnispädagogik entwickelt.[511]

Pädagogische Normprobleme

- *Erziehungsnormen bzw. Ziele.* Sie bestimmen die Bandbreite erwünschten und unerwünschten Verhaltens sowie den vorläufigen Endzustand (Erziehungsziel) der Erziehungs- und Bildungsarbeit in der Familie, im Kindergarten und in der Schule. Grissemann[512] weist zu Recht auf die Problematik vieler unserer Normen hin:
- Die Orientierung an teststatistischen Durchschnitts-Normen kann zu leicht zur unberechtigten Ausgrenzung von Kindern und zur Etikettierung »abnorm« führen.
- Diesen Effekt bringen auch so genannte »Mehrheitsmeinungen der Bevölkerung« oder einer »Gruppe«, z. B. der Familie, der Erzieher oder Lehrer, über »normales« und »abnormes« Verhalten.

- So genannte persönliche Selbst- und »*Sollensforderungen*«, die man den Kindern einimpfte, können zu einer Selbstüber- oder Unterforderung des Kindes führen und entsprechende Verhaltensauffälligkeiten hervorrufen (z. B. überzogener Ehrgeiz, Faulheit, Bequemlichkeit usw.).
- »*Funktionale*« oder »*dysfunktionale*« (abweichende) Normen bezüglich der Fähigkeiten wie Schreiben, Rechnen, Feinmotorik usw. können zu eng gefasst sein und daher Verhaltensauffälligkeiten als kindliche Reaktion darauf hervorrufen.
- »*Idealnormen*« stehen immer in einem Spannungsverhältnis zu den anderen Normen. Werden diese aber starr und ohne Rücksicht auf die »Individuallage« des Kindes angewandt, werden viele Kinder und Jugendliche als »verhaltensauffällig« erscheinen.

Beispiel: Autorität

➔ *Erziehungspraktiken und -methoden:* Exemplarisch für dieses umfangreiche Problem seien zwei Erziehungsstile genannt. Der so genannte autoritäre Stil ist eine rigorose und extreme Form der Führung und Durchsetzung der Absichten des Erwachsenen gegenüber dem Kind ohne Rücksicht auf seine individuelle Entwicklung, Fähigkeiten, Begabungen oder Interessen. Eine solcherart praktizierte Reinlichkeitserziehung führt nicht nur oft zum Gegenteil, sondern auch zu einer Reihe von konkreten und schwer korrigierbaren Verhaltensaufälligkeiten wie aggressives Einnässen und Einkoten.[513]

- Autoritäre Erziehung kann im Extremfall die Entwicklung einer autonomen Persönlichkeit verhindern und zu einer extremen Anpassungsschwäche bzw. Starrheit führen. Im Kindergarten wird das Kind versuchen, andere Kinder zu unterwerfen oder, weil sich die anderen das nicht bieten lassen, selbst aus dem Feld gehen bzw. ausgeschlossen oder zum Außenseiter werden.

Pädagogische Prinzipien

- Eine überzogene und missverstandene »antiautoritäre« Erziehung kann bis zur Vernachlässigung und Kindesmisshandlung führen. Sie verursacht beim Kinde Orientierungs- und Haltlosigkeit, weil es die für das Zusammenleben notwendigen elementaren Sozialnormen, die für seine Leistungs- und Fähigkeitsentwicklung notwendigen Funktionsnormen und die für die eigene Lebensgestaltung notwendigen Sollens- und Ideal-Normen weder kennt noch anstreben lernt. Gute Erziehung verlangt eine individuell ausgewogene Balance zwischen Führen und Wachsenlassen (Litt), vorschreibend-nachgehender Erziehung (Fröbel) oder Freiheit und Bindung (Montessori). Fröbel nannte dies eine lernbare »Erziehungskunst«[514].

6.10.4 Frühdiagnostik

Neben den bereits oben genannten Verfahren werden noch folgende Verfahren genannt:

- Verhaltensbeobachtungen in der natürlich-familiären Situation, im Labor (z. B. Videoaufzeichnungen von Mutter-Kind-Interaktionen) und durch die teilnehmende bzw. nichtteilnehmende Beobachtung;[515]
- Elternfragebogen;[516]
- Tests für die sozialemotionale Entwicklung (siehe Rennen-Allhoff/ Allhoff S. 153ff.):
  - Vineland Social Maturity Scale,
  - Fragebogen zur Erfassung praktischer und sozialer Selbständigkeit,
  - Beobachtungsbogen für Kinder im Vorschulalter,
  - Skala zur Erfassung des Sozialverhaltens von Vorschulkindern,
  - Burk's Behavior Rating Scales Preschool and Kindergarten,
  - P-A-C,
  - Infant Security Scale.

6.10.5 Frühförderung

Aus der Komplexität des Problemfeldes »Verhaltensauffälligkeit« konnte ersichtlich werden, dass es nicht »die« eine richtige Behandlungsmethode geben kann. Die medizinische, pädagogisch-psychologische Abklärung der Ursachenfelder ist insofern schon ein Gewinn, weil man dadurch das Problem eingrenzt und der Pädagoge auch seine Grenzen bzw. Mitverantwortung und Möglichkeiten erkennen kann. Es wurden in den letzten Jahren diverse Ansätze zur Verbesserung des Erziehungsverhaltens als Grundbedingungen für die Prävention und Behandlung von Verhaltensauffälligkeiten entwickelt.

➔ *Verbesserung des Erzieher- und Elternverhaltens:* Zu den bekannten Verfahren zählt das Münchener Trainingsmodell von P. Innerhofer. Er beschreibt dieses Modell wie folgt: *»(Es) ist eine Methode, Eltern und Erziehern im Spielen, Beobachten und Analysieren von Erziehungsproblemen erzieherische Verfahren und Fertigkeiten zu vermitteln.«*[517]

Erziehertraining

➔ *Spieltherapeutische Ansätze:* Spieltherapeutische Ansätze fußen auf der natürlichen Neigung des Kindes zum Spiel als seiner entwicklungsnormalen Lernform. Kinder, die nicht spielen, sagt der Volksmund, sind krank. Ziel der spieltherapeutischen Ansätze ist die Entwicklung der Spielfähigkeit überhaupt und dadurch eine indirekte Förderung des normalen Verhaltensaufbaus, insbesondere der Entwicklung positiver sozial-emotionaler Beziehungen, der Motivation, Wahrnehmung, Motorik, Kreativität und Kommunikation.
Spiel ist daher zu Recht eine pädagogische Grundform in vielen Ansätzen der Frühförderung. Nach einer »Spieldiagnostik« (z. B. Sceno-Test von G. v. Staabs oder »Welt-Test« von M. Lowenfeld[518]) folgt die Spieltherapie. Es werden verschiedene Ansätze verwendet:
- die nicht-direktive Spieltherapie, z. B. nach Axline[519], und die
- psychoanalytisch orientierte Spieltherapie.[520]

Spieltheratpie

Die Leistungen der nicht-direktiven Spieltherapie sind beachtlich. Nach W. Jaede[521] kann sie
- Angst und Neurotizismus verringern;
- Selbständigkeit und Sozialanpassung verbessern;
- geistige Wendigkeit und Denkfähigkeit erhöhen;
- Kreativität und Einfallsreichtum erhöhen und
- Verhaltensstörungen vermindern.

Effekte der Spieltherapie

Die Spielpädagogik und -therapie hat auch im Schulalter bei verhaltensauffälligen Kindern noch eine große Bedeutung.[522]

➔ *Verbesserung des Lehrerverhaltens:* Die Lehrerausbildung hat sich in den beiden letzten Jahrzehnten mehr und mehr zu den fachwissenschaftlichen Schwerpunkten verlagert, d. h., pädagogisch-praktische Kompetenzen gerieten in eine Randsituation. Schwierigkeiten im pädagogischen Umgang mit den Kindern blieben nicht aus, d. h., dass die Vielzahl verhaltens- und erziehungsschwieriger Schüler dadurch noch wei-

Lehrertraining

ter gefährdet wurden. Also müssen nun nachträglich durch Fort- und Weiterbildung diese pädagogischen Kompetenzen entwickelt werden. Auf den Schulbereich hin orientiert können folgende Ansätze genannt werden: Tausch/Tausch[523], Wagner, A. C. u. a.[524], Lorenz, R. u. a.[525] Diese Ansätze zielen auf eine Verbesserung der Lehrer-Schüler-Interaktion und werden besonders in der Schule für Erziehungsschwierige angewandt.

6.10.6 Literatur

Göppel, R.: Ursprünge der seelischen Gesundheit. Risiko- und Schutzfaktoren in der kindlichen Entwicklung. Würzburg 1997.

Goetze, H.: Einführung in die Pädagogik bei Verhaltensstörungen. Göttingen 1994.

Hillenbrand, C.: Didaktik bei Unterrichts- und Verhaltensstörungen. München 1999a.

Hillenbrand, C.: Einführung in die Verhaltensgestörtenpädagogik. München 1999.

Myschker, N.: Verhaltensstörungen bei Kindern und Jugendlichen. Erscheinungsformen – Ursachen – Hilfreiche Maßnahmen. Stuttgart ^{3}1999.

7 Das behinderte und lernschwache Kind in der Regel-Schule

7.1 Sonderpädagogische Förderung in Schulen

Bildungsrecht – Schulpflicht

Das behinderte Kind hat als Grundrechtsträger verfassungsrechtlich einen Bildungsanspruch (Art. 7 GG). Die Schulpflicht und die Einrichtung der Sonderschulen sowie das Recht auf individuelle Bildung und Erziehung stellen einen großen Fortschritt für behinderte Kinder dar. In den letzten 200 Jahren hat sich in Deutschland ein hochdifferenziertes Sonderschulwesen mit entsprechend spezialisierten Lehrern entwickelt. Sie sollen behinderten Schülern jene individuellen speziellen Hilfen geben, die ihnen gesetzlich zustehen: z. B. Schutz, Kenntnisse und Fertigkeiten, Hineinwachsen in die Gesellschaft (soziale Integration), Chancengleichheit, freie Entfaltung der Persönlichkeit (Art. 20 GG).

Sonderschularten

Das geschieht nach Maßgabe der behinderungsspezifischen Förderbedürfnisse und schulischen Fördermöglichkeiten in einer Schule für Lern-, Geistig-, Körperbehinderte, Gehörlose oder Schwerhörige, Blinde oder Sehbehinderte, für Sprachbehinderte und Erziehungshilfe (Erziehungs- oder Verhaltensschwierige) oder bei kranken Kindern durch Krankenhausschule bzw. Hausunterricht. Über den sonderpädagogischen Förderbedarf und den Förderort (Regel- oder Sonderschule, Hausunterricht usw.) entscheiden die Schulgesetze der Bundesländer.

7.2 Verfahren zur Feststellung sonderpädagogischen Förderbedarfs

Wird ein behindertes Kind schulpflichtig oder ein schulpflichtiges Kind behindert bzw. sonderpädagogisch förderbedürftig, dann entscheiden die Schulaufsichtsbehörden über den individuellen Förderbedarf, den Förderort bzw. die für den Einzelfallbedarf geeignete Sonderschule. In Nordrhein-Westfalen z. B. regelt dies das »Gesetz zur Weiterentwicklung sonderpädagogischer Förderung« (v. 29.3.1995; ähnliche Gesetze gibt es in allen Bundesländern). Der Antrag auf sonderpädagogische Förderung kann von den Eltern (Erziehungsberechtigten) oder von der Schule des Kindes ausgehen. Wichtig ist neben der durchgehenden Elternbeteiligung bis zum Verfahrensschluss die Einholung gesundheitsamtlicher, fachärztlicher, pädagogischer und psychologischer Gutachten und die Ermittlung des individuellen Förderbedarfs. Das Verfahren endet mit einer gerichtsfähigen Verfügung über diesen sonderpädagogischen Förderbedarf, den Förderort, einer entsprechenden fachlichen Begründung und Rechtsmittelbelehrung für die Eltern.

Wenn heute ein Schüler sonderpädagogischen Förderbedarf hat, kann er trotzdem in der Regel-, d. h. z. B. in der Grundschule verbleiben, wenn dort sonderpädagogische Förderung möglich ist. Aufgrund schulgesetzlicher Veränderungen gibt es zunehmend behinderte oder von Behinderung bedrohte Schüler auch in Regelschulen, und die Lehrer/innen stehen hier vor der schweren Aufgabe der gemeinsamen oder integrativen Erziehung und Unterrichtung mit nichtbehinderten Schülern.

7.3 Sonder- oder Regel-Schule?

Fragwürdig wurden die Sonderschulspezialisierung und Einweisung der Schüler in Sonderschulen durch Forschungsergebnisse über die Effizienz der Sonderschulen und Modellversuche zur Integration[526] sowie durch die »Empfehlungen des Deutschen Bildungsrates zur pädagogischen Förderung behinderter und von Behinderung bedrohter Kinder und Jugendlicher« (1973), die für mehr sozialintegratives bzw. »soziales Lernen« von behinderten und nichtbehinderten Schülern in Schulen plädierten.

Das führte zu einer bis heute offenen Diskussion über den Abbau von Sonderschulen und die Neuorganisation unseres Schulbildungswesens unter dem Stichwort »Integration« (s. S. 69). Dabei geht es um die zentrale Frage, ob und wie Schulen insgesamt faktisch so verändert werden können, dass sie möglichst allen Schülern und ihren individuellen Erziehungs- bzw. Bildungsbedürfnissen optimal entsprechen und möglichst wenige Schüler aussondern – ein Anspruch, der z. B. in den Gesetzen zur NRW-Grundschule erhoben wird: Die Schule hat

Auftrag der Schule

»alle Schüler unter Berücksichtigung ihrer individuellen Voraussetzungen in ihrer Persönlichkeitsentwicklung, in den sozialen Verhältnissen sowie in ihren musischen und praktischen Fähigkeiten gleichermaßen umfassend zu fördern,
- *grundlegende Fähigkeiten, Kenntnisse und Fertigkeiten in Inhalt und Form so zu vermitteln, dass sie den individuellen Lernmöglichkeiten und Erfahrungen der Kinder angepasst sind;*
- *durch fördernde und ermutigende Hilfe zu den systematischen Formen des Lernens allmählich hinzuführen und damit die Grundlagen für die weitere Schullaufbahn zu schaffen;*
- *die Lernfreude der Schüler zu erhalten und weiter zu fördern«*[527].

Trotz dieses Anspruchs, eine Schule für »alle« Schüler zu sein, wurden und werden behinderte Schüler nach wie vor in Sonderschulen überwiesen. Dagegen läuft der Trend zu mehr sozialer Integration, die aber nicht so problemlos zu sein scheint, denn es gibt schwerwiegende Integrationsdilemmata.

7.3.1 Integrationsdilemmata

Probleme der Schule

Mehr als hundert unterschiedliche integrative Schulversuche haben bisher stattgefunden.[528] Die wissenschaftliche Bewertung der Versuche ist insgesamt nicht eindeutig positiv oder negativ. Sie deckt aber Probleme der Schulorganisation auf, wie z. B. mangelnde Differenzierung und Individualisierung, das überholte, biologisch und nicht entwicklungspsychologisch fundierte Jahrgangsklassensystem, fehlende technische, bauliche und mediale Ausstattung und Mängel in der Lehrerqualifikation.

Akute Integrationsprobleme

Bleidick, ein führender Fachmann, spricht heute vom »Dilemma mit der Integration«[529], weil viele notwendige Bedingungen einer Erfolg versprechenden gemeinsamen Erziehung und Bildung behinderter, von Behinderung bedrohter und nichtbehinderter Kinder nicht hinreichend gewährleistet sind. Das zeigt sich z. B.
- in den Widersprüchen von politisch gewollter Integration und den verfügbaren personellen und sächlichen Mitteln und in dehnbaren Gesetzesformulierungen, wie z. B.: »soweit es die organisatorischen, personellen und sächlichen Gegebenheiten erlauben« (Niedersächsisches Schulgesetz von 1993);
- in der fehlenden Übereinstimmung von speziellem Förder-

bedarf der Schüler und der Bereitstellung der entsprechenden heilpädagogischen Hilfe, Therapie und Kompetenz;
- in der unzureichenden Entwicklung individueller Förder- und Bildungspläne und einer dementsprechenden individualisierenden Schul- und Unterrichtsorganisation, die den individuellen Fähigkeiten, Interessen, Lernzeiten usw. gerecht werden. Gerade die Lernzeit- und damit Schulzeitfrage z. B. lernbehinderter Schüler spielt eine erhebliche Rolle, weil sie u. a. in ihren kognitiven Kompetenzen oft um 1–3 Jahre zurückliegen;

Schulzeit

- in dem ungelösten Problem der Leistungsbeurteilung, d. h., sollen Schüler mit den Mitschülern (soziales Bezugssystem) verglichen oder z. B. in ihrem individuellen Lernfortschritt (ipsativ) oder ihrem sachbezogenen Lernfortschritt gemessen werden?

Leistungsbeurteilung

- in der Frage der Lehrerqualifikation; selbst wenn – wie dies in Modellversuchen der Fall ist – ein Regel- und ein Sonderschullehrer gemeinsam in einer Klasse von behinderten und nichtbehinderten Schülern unterrichten, müssen beide behinderungsspezifische Kompetenzen haben, um optimal zusammenarbeiten und fördern zu können.

Lehrerqualifikation

Ein Erfolg versprechender und hinreichend abgesicherter Weg von Modellversuchen bis zur generellen Integration ist bisher nicht in Sicht.

7.3.2 Was tun? Hinweise und Materialien

Problemlage

Trotz der Widersprüchlichkeiten wird es immer behinderte und von Behinderung bedrohte Schüler in Regelschulen geben,
- bei denen sonderpädagogischer Förderbedarf festgestellt wurde und die spezieller sonderpädagogischer individualisierender Hilfen bedürfen;
- die schulpflichtig, aber nur eingeschränkt bzw. partiell schulfähig sind und/oder spezieller Förderung bedürfen, wie z. B. bei Teilleistungsschwächen oder Entwicklungsverzögerungen.

Außerdem:
- ➔ 10–15 % der Schüler verfügen nicht über die schulnotwendigen Lernvoraussetzungen im sprachlichen, sensomotorischen, kognitiven und sozialen Bereich.

- 33 % der später in die Lernbehindertenschule überwiesenen Schüler werden ein- bis zweimal zurückgestellt bzw. bleiben sitzen[530] (1995 ca. 250 000 in allen BRD-Schulen), wobei die Sonderschüler-Rückschulung sehr unbefriedigend verläuft.[531]
- Mind. 1,6 Millionen funktionale Analphabeten verlassen die Schule.
- ca. 80 000 Jugendliche verlassen jährlich die Schule ohne einen formal berufsqualifizierenden Abschluss.[532]

7.3.3 Schwerpunkt: Lehrerqualifikation und Schulorganisation

Lehrerqualifikation

Die Kultusministerkonferenz (vom 6.5.1994) hat ein neues Lehrerleitbild formuliert, das sowohl allgemeine als auch sonderpädagogische Kompetenzen umfasst. Da heißt es:

Neue Lehrerqualifikationen

»Das Personal muss befähigt sein, die Aufgaben in Unterricht und Erziehung, in Sonderschulen und allgemeinen Schulen, in besonderen behinderungsspezifischen Fördermaßnahmen und im Bereich der Versorgung und Pflege unter Berücksichtigung der individuellen Bildungsmöglichkeiten behinderter Kinder und Jugendlicher in einem abgestimmten pädagogischen Gesamtkonzept kompetent wahrzunehmen ... Die Ausbildung ... vermittelt nicht nur die Grundkompetenz für die eigene Aufgabe, sondern auch einen Überblick über den Gesamtbereich der Erziehung und Unterrichtung von Kindern und Jugendlichen mit sonderpädagogischem Förderbedarf. Aufgabenbezogene und sonderpädagogische Zusatzausbildungen müssen absolviert werden können.«

Spezielle Kompetenzen

Dabei geht es u. a. um Kompetenzen in pädagogisch-psychologischer Diagnostik und die Erstellung individueller Förderpläne z. B. für sensomotorische, kognitive, sprachliche und soziale Unterrichtsvoraussetzungen, unterrichtsmethodische Konzepte der Individualisierung und Differenzierung und sozialpädagogische Fähigkeiten beim Umgang mit erziehungsschwierigen Kindern. Diese Qualifikationen könnten heute in Zusatz- und Aufbaustudien an Universitäten (z. B. Fernuniversität Hagen) und durch die Lehrerfortbildung erworben werden.

Inhaltlich richtungsweisend könnte das nachstehende Schema sein:

Lehrerbildung				
Schwerpunkt Unter-/Mittelstufe			*Schwerpunkt Oberstufe*	
Grundschule	Sonderpädagogik		Hauptschule	Sonderpädagogik
Anteile Sonderpädagogik Anteile Sozialpädagogik Grundstrukturen Erstlesen Erstrechnen	Spielförderung Früherziehung Entwicklungs- förderung Sozial- pädagogische Aspekte Förderdiagnostik LRS-Förderung Dyskalkulie- therapie Erziehungs- schwierigen- pädagogik		Anteile Sonderpadagogik Arbeitslehre Sozial- pädagogische Aspekte	Berufs- vorbereitung Arbeitslehre Kontakt Berufsschule Kontakt Industrie- und Handelskammern Berufsberatung Sonderlehrgänge Tutoriale Begleitung

Schulorganisation

Optimalere Entwicklungs-, Förder- und Integrationschancen bestehen m. E. nur dann, wenn sich die Regelschule, die Frühförderung bzw. der Kindergarten ändern, d. h.,

Pädagogische Einheit Kindergarten/Grundschule

- wenn Grundschule und Frühförderung bzw. Kindergarten enger zusammenarbeiten und eine pädagogisch-kontinuierliche Einheit bilden, wie dies z. B. in den Niederlanden der Fall ist, wo Kinder mit vier Jahren in die »Schule« gehen, oder wie dies in der Montessori-Konzeption der Fall ist (s. u.) und vom Europarat seit 1975 in den Empfehlungen von Versailles gefordert wird;
- wenn die Ausbildungen der Kindergarten- und Schulpädagogen angeglichen und gemeinsame Curricula zumindest bis zur Schuleingangsstufe (1.–2. Schuljahr) entwickelt werden, damit sich eine pädagogisch-didaktische Kontinuität und ein bruchloser Übergang zum Schulunterricht ergeben, Entwicklungsverzögerungen sowie Behinderungen in der Phase höchster Lern- und Entwicklungsfähigkeit früher erkannt und behandelt werden können;
- wenn die Grundschule vom Jahrgangsklassensystem und 45-Minuten-Unterrichtstakt abrückt und konsequent pädagogisch-didaktisch individualisiert und differenziert.

Ein solches zur Früherziehung und -förderung offenes Konzept könnte wie folgt aussehen:

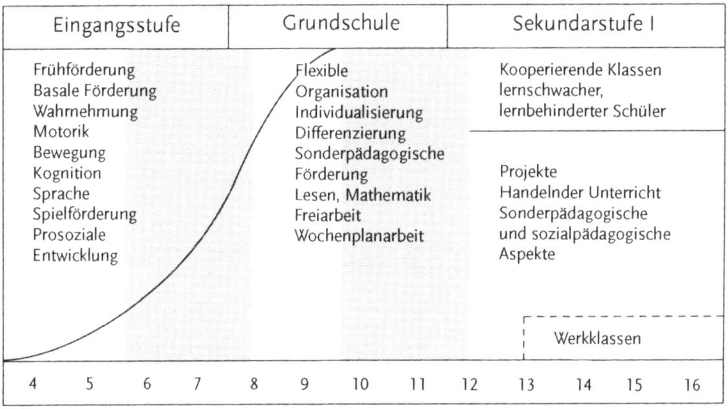

7.3.4 Schwerpunkt: Freiarbeit – Individualisierung – Differenzierung

Als Orientierungsbeispiel für gemeinsamen Unterricht und die Erziehung behinderter und nichtbehinderter Schüler bietet sich das von Montessori entwickelte und von Hellbrügge (München, »Aktion Sonnenschein«) heilpädagogisch modifizierte pädagogische Konzept der Einheit von Kindergarten- und Schulerziehung auf der Basis der Freiarbeit an.

Einheit von Pädagogik und Medizin

Kinder gehen mit ca. drei Jahren in den Kindergarten, an den sich in fließendem pädagogischen Übergang die Schule anschließt (s. S. 190), wobei Montessori-Pädagogik, -therapie und spezielle medizinische wie heilpädagogische Fördermaßnahmen miteinander verbunden sind.[533]

Eine erleichternde Voraussetzung dafür sind eine zusätzliche Qualifikation in Montessori- und Heilpädagogik und die Ausstattung der Schule/Klasse mit entsprechenden individualisierenden didaktischen Materialien.

Aspekte der Freiarbeit

Definition

Freiarbeit bedeutet hier, kurz gesagt,

- dass Schüler/innen ihren Lerngegenstand/ihre Aufgabe frei wählen und nach einer Anleitung damit selbständig arbeiten;
- dass sie nach Maßgabe ihres individuellen Lerntempos lernen;

- dass sie auch ihren Lernpartner frei wählen, d. h. helfen und sich helfen lassen bzw. zusammen lernen.

Sach-, selbst- und sozialgesteuerte Lernprozesse

Das sind »relative Freiheiten«, denn die Lernaufgaben wie die Lernzeiten sind begrenzt

- durch die pädagogische Auswahl und Bereitstellung individuell angepasster Aufgaben (zumeist aufeinander aufbauender Serien z. B. für Mathematik, Sprache), die in der Schule/Klasse als »vorbereitende Umgebung« bereitstehen;
- durch Fachunterricht, gemeinsame Arbeiten und Projekte und
- durch Einzelförderungen oder Therapien.

Ziel

Pädagogischer Kern der Freiarbeit ist die Herausforderung und Freiheit zu individueller wie sozialer Selbständigkeit und die Absicht, die Selbstorganisation und Selbsttätigkeit der Schüler in sach-, selbst- und sozialgesteuerten Lernprozessen hervorzurufen.

Die andere Lehrerrolle

Arbeitsschwerpunkte

Der Lehrer hat eine überwiegend didaktisch-vorbereitende, anleitende, beobachtende und beratende Funktion.

→ *Didaktisch-vorbereitend* heißt, dass er didaktische Materialien, spezielle Fördermaterialien (vgl. Kap. 5.6.2, S. 190) und Hilfen für das einzelne Kind (individuelle Passung) vorbereiten, entwickeln und bereitstellen können muss (z. B. Computer).[534]

→ *Anleitend* ist der Lehrer, wenn er Schüler in den sachgemäßen Gebrauch methodisch einführt, so dass die Schüler dann weitgehend selbstständig über Stunden oder gar Wochen (z. B. in Projekten) arbeiten.[535] Es versteht sich, dass bestimmte Kinder an Aufgaben herangeführt werden müssen und länger führungsbedürftig sind. Möglich ist dies, weil andere Schüler in höchstem Maße selbstständig arbeiten bzw. es durch ein Zwei-Lehrer-System erleichtert wird.

→ Methodische und kontinuierliche *Beobachtung* bedeutet, dass der Lehrer sowohl seine eigenen überwiegenden Einzellektionen als auch die Lernprozesse und -ergebnisse der Schüler erfasst (Förderdiagnostik). In einer niederländischen Schule werden so alle sechs Wochen Schülern wie Eltern Berichte über Lernfortschritte gegeben. Eine zunehmende Selbstkontrolle der Schüler durch Tagebuchführung hat sich bewährt.

→ Die *Beratungsfunktion* des Lehrers bezieht sich auf Lernprobleme, die Schüler mit einer Sache haben, Informations- und Sachfragen, auf Lerntechniken und die Organisation der Schülerarbeit, ob er nun in Einzel- oder in Partner- bzw- Gruppenarbeit tätig ist.[536]

Vorteile pädagogischer Mischung

In der Münchener Montessori-Schule nach Hellbrügge gibt es altersgemischte Klassen (zumeist 2 bis 3 Jahrgänge) zwischen 20 bis 25 Kindern, von denen 5 bis 7 Kinder mehrfach und verschiedenartig behindert (geistig-, körper-, lernbehinderte, blinde und erziehungsschwierige Kinder) sind. Hellbrügge baut wie Montessori auf diese Unterschiede, weil sie die Selbständigkeitsentwicklung, das soziale Lernen (helfen und sich helfen lassen) und dadurch auch die kognitive Leistungsfähigkeit hervorrufen und fördern (wer lehrt, lernt besser).

Effekte

Seine Erfolge mit dem Montessori-Konzept sind beträchtlich und werden von anderen Forschern bestätigt.[537]

- »*Von 17 bei der Einschulung 1975/75 als geistig behindert eingestuften Kindern erreichten 8 Jahre später 2 Kinder einen Hauptschulabschluss, 7 einen Lernbehindertenabschluss, und nur 8 blieben bei einem Abschluss für geistig behinderte Kinder.*
- *Von 16 bei der Einschulung zum gleichen Zeitpunkt als lernbehindert eingestuften Kindern erreichten 8 einen normalen Hauptschulabschluss, und 8 blieben bei einem Lernbehindertenabschluss.*
- *Von 5 bei der Einschulung als erziehungsschwierig eingestuften Kindern erreichten 4 einen normalen Hauptschulabschluss, 1 Kind einen Lernbehindertenabschluss (durch Fremdprüfung bei der Beurteilung der Einschulung wie beim Abschluss, Verf.).*«[538]

Auch in anderen Bereichen zeigten die »integrativen« Montessori-Schüler gleiche und teilweise bessere Leistungen als andere Schüler:

→ Dies gilt bei den »Schulleistungen« in der Sekundarstufe in Deutsch, Mathematik und Turnen, obwohl die Montessori-Schüler in der Grundschule keine Noten kannten.

→ In »Prüfungsangst und manifeste Angst« zeigten sie »hochsignifikant geringere Werte« als Vergleichsgruppen-Kinder aus Regelschulen.

➔ In »Konzentrationsleistungen« zeigten sie gleiche Leistungen wie andere Grundschüler und höhere in der Sekundarstufe.

➔ In »Selbstkonzept« erwiesen sich behinderte wie nichtbehinderte Montessori-Schüler signifikant »als schneller, ruhiger und mutiger sowie als tendenziell besser«.

➔ In der »Soziale-Distanz-Skala« zeigten sich positive Effekte, d. h., Montessori-Schüler zeigten eine »geringe soziale Distanz«, und »72 % der ehemaligen Montessori-Schüler konnten sich gut vorstellen, ein körperbehindertes Kind als besten Freund zu haben«[539]. Darüber hinaus gehen 80 % der ehemaligen Schüler auf das Gymnasium und können sich mühelos auf den üblichen lehrerzentrierten Unterricht mit Noten umstellen, und auch eine Reihe von hör- und körperbehinderten sowie spastisch gelähmten Kindern geht auf das Gymnasium.[540]

Schluss

Trotz der Erfolge einer jahrzehntelangen Praxis darf nicht übersehen werden, dass es sich auch hier um einen Modell-Versuch mit besonderen Bedingungen handelt. Die Übertragbarkeit auf die allgemeine Schulpraxis ist an Voraussetzungen geknüpft, wie z. B. die Lehrerqualifikation, die Bereitstellung didaktischer Materialien und behindertengerechter baulicher Voraussetzungen, Klassen- bzw. Gruppenbildungsfreiheit, Zeitgestaltungsfreiheit usw., die insgesamt eine größere pädagogische Schulautonomie und Gestaltungsfreiheit erfordern als bisher gegeben. Aber als richtungsweisendes Beispiel hat sich dieser Ansatz bewährt.

7.3.5 Praxisbezogene Materialhinweise

Amorosa u. a. (Hrsg.): Arzt und Psychologe in der sonderpädagogischen Diagnose und Förderklasse. Würzburg 1992.

Reiß/Eberle (Hrsg.): Offener Unterricht – Freie Arbeit mit lernschwachen Schülern. Weinheim ^{2}1994. – Landesinstitut für Schule und Weiterbildung in Soest (Hrsg.): Freiarbeit in der Sekundarstufe. ^{2}1992.

Staatsinstitut für Schulpädagogik und Bildungsforschung München (Hrsg.): Handreichung zur Diagnostik für sonderpädagogische Diagnose- und Förderklassen. Würzburg 1991.

Ders.: Erstrechnen, Teil 1: Grundlegende mathematische Fähigkeiten. Würzburg 1992; Teil 2: Erarbeitung der Zahlbegriffe und Operationen. Würzburg 1991; Teil 3: Ausbau des Zahlenraumes bis 100 und Erarbeitung der multiplikativen Operationen. Würzburg 1991.
Ders.: Erstschreiben. Würzburg 1991.
Ders.: Erstlesen. Würzburg 1991.
Ders.: Musik- und Bewegungserziehung. Würzburg 1992.
Ders.: Zusammenarbeit zwischen Schule und Elternhaus. Würzburg 1992.

Anmerkungen und Quellenhinweise

Kap. 1: Was ist eine Behinderung

[1] *Bleidick, U.:* Einführung in die Behindertenpädagogik, Bd. 1. Stuttgart [2]1981, S. 9.
[2] Vgl. *Thust, W.:* Die Rechte Behinderter und ihrer Angehörigen. Düsseldorf [19]1991.
[3] Tabelle nach *Bleidick, U.:* Pädagogik der Behinderten. Berlin [5]1984, S. 76f.
[4] *Bleidick, U.:* a.a.O., S. 23.
[5] *Hellbrügge, Th.* (Hrsg.): Klinische Sozialpädiatrie. Berlin 1981, S. 114.
[6] Ebd., S. 26.
[7] Vgl. *Bleidick, U.:* a.a.O., S. 34ff.
[8] Ebd., S. 66.
[9] Ebd., S. 66.
[10] Ebd., S. 66ff.
[11] Ebd., S. 66.
[12] Ebd., S. 68.
[13] Vgl. *Brown, Chr.:* Mein linker Fuß. Eine Autobiographie eines zerebralgeschädigten Kindes. Frankfurt/M. 1972. – *Beuys, B.:* Am Anfang war nur Verzweiflung. Wie Eltern behinderter Kinder neu leben lernen. Reinbeck b. Hamburg 1984.
[14] *Bleidick, U.:* a.a.O., S. 10.
[15] Vgl. *Krebs, H.:* Behandlung und Rehabilitation. In: *Neuhäuser, G./Steinhausen, H.-Chr.* (Hrsg.): Geistige Behinderung. Stuttgart 1990, S. 202.
[16] Vgl. *Jantzen, W.:* Behindertenpädagogik am Scheideweg. In: Demokratische Erziehung 1/1975, S. 63ff.

Kap. 2: Behinderung aus medizinischer Sicht

[17] *Krebs, H.:* Aufgaben und Verantwortung von Ärzten und Beratern in Familien mit behinderten Kindern. Köln 1973, S. 3.
[18] Vgl. *Flehming, I.:* Normale Entwicklung des Säuglings und ihre Abweichungen. Früherkennung und Behandlung. Stuttgart 1979.
[19] In: *Hellbrügge, Th.* (Hrsg.): a.a.O., S. 17.
[20] *Paul, H. A.:* Rehabilitation von mehrfachbehinderten und Dysmelie-Kindern. Frechen 1971, S. 9.
[21] *Prechtl, H. F./Beintema, D.:* Die neurologische Untersuchung des reifen Neugeborenen. Stuttgart [2]1976, S. 3.
[22] *Ohrt, B.:* Kinderärztliche Vorsorge und kindliche Hirnfunktion. Therapieentwicklungsgestörte Kinder – Überdenken alter Konzepte. In: pädiatr. praxis 27/1982/83, S. 569.

[23] Schema nach *Pechstein, J.:* Sozialpädiatrische Zentren für behinderte und entwicklungsgefährdete Kinder. In: Deutscher Bildungsrat (Hrsg.): Sonderpädagogik 6. Gutachten und Studien der Bildungskommission, Bd. 53. Stuttgart 1975, S. 15.
[24] *Göllnitz, G.:* Neuropsychiatrie des Kindes- und Jugendalters. Stuttgart [4]1981, S. 77.
[25] Ebd.
[26] *Spiel, G./Spiel, W.:* Kompendium der Kinder- und Jugendpsychiatrie. München 1987, S. 79.
[27] *Göllnitz, G.:* a.a.O.
[28] *Flehmig, I.:* Früherkennung zerebraler Bewegungsstörungen. Wiss. Beiblatt zur Materia Medica Nordmark. 67/1974, S. 3.
[29] Tabelle in *Pechstein, J.,* a.a.O., S. 35.
[30] Siehe: Vorsorge, Früherkennung, Früherfassung. Bonn 1985, S. 8f.
[31] *Schmidt, M.:* Bedingungen und Besonderheiten der Biogenese lernbehinderter Kinder, T. 3. Fernuniversität Hagen 1979. – Vgl. *Der Spiegel* 33/1992, S. 119. – *Der Spiegel* 24 u. 25/38. Jg. – *Philippeit/Schwartau:* Zuviel Chemie im Kochtopf. Reinbek b. Hamburg 1982. – *Pröstler, E.:* Stillen trotz verseuchter Umwelt. Freiburg 1981. – *Spreen, O.:* Geistige Behinderung. Berlin 1978, S. 39.
[32] Vgl. *Rett, A.:* Mongolismus. Bern [2]1983. – *Spreen, O.:* a.a.O. – *Göllnitz, G.:* a.a.O. – *Nissen, G.:* Psychische Störungen im Kindes- und Jugendalter. Darmstadt [2]1986.
[33] Abb. aus *Neuhäuser, G./Steinhausen, H.-Chr.:* a.a.O., S. 168.
[34] Vgl. *Beckmann, R.:* Muskeldystrophien. Düsseldorf 1977.
[35] Vgl. *Göllnitz, G.:* a.a.O., S. 121.
[36] *Stephan, U.:* Muscoviscidose. Düsseldorf 1977. – Weitere Beispiele solcher Störungen s.: *Spreen, O.:* a.a.O. und *Göllnitz, G.:* a.a.O.
[37] *Pechstein, J.* in: Ders.: a.a.O., S. 18.
[38] Vgl. *Langemann, J.:* Medizinische Embryologie. Stuttgart [7]1985.
[39] Vgl. *Krieg, O.:* Röteln-Risiko für Neugeborene. Sonderschulmagazin 2/1981, S. 9f.
[40] Vgl. *Langmann, J.:* a.a.O., S. 109.
[41] Vgl. *Weigt, G.:* Mangelernährung und Behinderung. In: Z. f. Heilpäd. 4/1988, S. 228ff.
[42] Ebd., S. 234.
[43] Vgl. *Steinhausen, H.-Chr.:* Risikokinder. Stuttgart 1984, S. 209ff. – *Manzke, H.:* Entwicklungsprognose von Kindern mit perinatalen Risikofaktoren. Stuttgart 1984, S. 148ff.
[44] *Janov, A.:* Frühe Prägungen. Frankfurt/M. 1984, S. 50.
[45] *Herzka, H. S.:* Kinderpsychopathologie. Basel [2]1986, S. 47.
[46] Vgl. *Hau, T. F./Schindler, S.* (Hrsg.): Pränatale und perinatale Psychosomatik. Stuttgart 1982. – *Schindler, S.:* Geburt. Eintritt in eine neue Welt. Göttingen 1982.
[47] Schema nach *Hau, T. F./Schindler, S.* (Hrsg.): a.a.O., S. 146; vgl. *Bundesministerium für Gesundheit* (Hrsg.): Lebensqualität von Frühgeborenen und Reifgeborenen bis ins Erwachsenenalter. Baden-Baden 1997.
[48] Vgl. *Sarimski, K.:* Frühgeburt als Herausforderung. Göttingen 2000, S. 18ff. – *Garbe, W.:* Das Frühchen-Buch. Stuttgart [3]2002.
[49] *Manzke, H.:* a.a.O., S. 107.

[50] Tabelle nach *Janov, A.:* a.a.O., S. 71.
[51] Vgl. *Göllnitz, G.:* a.a.O., S. 62.
[52] *Pechstein, J.* in: s. Anm. 23, S. 19.
[53] *Göllnitz, G.:* a.a.O., S. 63f.
[54] *Manzke, H.:* a.a.O., S. 34.
[55] Ebd., S. 62.
[56] Ebd., S. 62.
[57] Tabelle nach *Hau, T. F./Schindler, S.* (Hrsg.): a.a.O., S. 150.
[58] Vgl. dazu Erfahrungsberichte und Forschungen in: *Schindler, S.:* a.a.O.
[59] Vgl. ebd., S. 101f.
[60] *Hau, T. F./Schindler, S.* (Hrsg.): a.a.O., S. 149.
[61] Ebd., S. 149f.
[62] *Manzke, H.:* a.a.O., S. 83.
[63] *Göllnitz, G.:* a.a.O., S. 71. – Vgl. *Manzke, H.:* a.a.O., S. 65ff.
[64] Vgl. *Piaget, J./Inhelder, B.:* Die Psychologie des Kindes. Olten [3]1973.
[65] *Pechstein, J.*, in: s. Anm. 23, S. 19.
[66] Vgl. *Neuhäuser, G.:* Klinische Syndrome. In: *Neuhäuser, G./Steinhausen H.-Chr.* (Hrsg.): a.a.O., S. 194.
[67] *Hilsheimer, G. von:* Verhaltensgestörte Kinder und Jugendliche. Ravensburg 1975, S. 20ff.
[68] Bericht und Empfehlungen der Nationalen Kommission zum Internationalen Jahr der Behinderten, Teil: Vorsorge, Früherkennung, Frühförderung. Hrsg. vom *Bundesministerium für Arbeit und Sozialordnung.* Bonn 1981, S. 1.
[69] Tabelle aus: Die Chance. *Aktion Sorgenkind.* Frankfurt/M. o.J.
[70] Eine detaillierte Beschreibung zu den Vorsorgeuntersuchungen gibt es von *Brüggemann, J. H.:* Vorsorgeuntersuchungen im Kindesalter, U1–U9. Stuttgart 1991.
[71] *Bundeszentrale für gesundheitliche Aufklärung (Hrsg.):* Behinderte Kinder. Früherkennung, Behandlung, Rehabilitation. Köln, S. 18f.
[72] Zu beziehen bei jedem Kinderarzt oder bei der Bundeszentrale f. gesundheitliche Aufklärung, Ostmerheimer Str. 200, Köln, Postfach.
[73] *Hellbrügge, Th./Wimpffen, J. H.* (Hrsg.): Die ersten 365 Tage im Leben eines Kindes. München 1978.
[74] *Kiphard, E.:* Wie weit ist ein Kind entwickelt? Dortmund 1976.
[75] Vgl. *Flehmig, I.:* a.a.O.
[76] *Frankenburg, W.* u. a.: Entwicklungsdiagnostik bei Kindern. Trainingsprogramm zur Früherkennung von Entwicklungsstörungen. Stuttgart 1986, S. 21f.
[77] *Flehmig, I.:* a.a.O., S. 3f.
[78] *Frankenburg, W.* u. a.: a.a.O., S. 13.
[79] Ebd., S. 14.
[80] Ebd., S. 14.
[81] Ebd., S. 14.
[82] Ebd., S. 15.

Kap. 3: Behinderung aus soziologischer Sicht

83 Vgl. *Bracken, H.:* Soziologische und sozialpsychologische Aspekte. In: *Bach, H.* (Hrsg.): Pädagogik der Geistigbehinderten. Handbuch der Sonderpädagogik, Bd. 5. Berlin 1979, S. 421ff. – *Weichlein, E.:* Rechtliche Aspekte. In: Ebd., S. 489ff. – *Thust, W.:* a.a.O. – *Junge, H.:* Das Kinder- und Jugendhilfegesetz. Freiburg 1990. – *Speck/Martin* (Hrsg.): Sonderpädagogik und Sozialarbeit. Handbuch der Sonderpädagogik, Bd. 10. Berlin 1990.

84 *Steinhausen, Chr.:* a.a.O., S. 16.

85 Ebd., S. 19f.

86 *Liepmann, M.:* Geistig behinderte Kinder und Jugendliche. Bern 1979, S. 126.

87 Ebd., S. 127.

88 Vgl. *Klein, G.:* Lernbehinderte Kinder und Jugendliche. Stuttgart 1985. – *Thimm, W.:* Kommunikation zwischen Partnern, T. 1. Wissenschaftliche Aspekte der Behindertenarbeit. Düsseldorf 1976.

89 Vgl. *Borel, R.:* Formen des Umgangs mit behinderten und geistig behinderten Menschen. Diss. Reutlingen 1990.

90 Ebd., S. 42.

91 Ebd., S. 72.

92 Ebd., S. 80.

93 Ebd., S. 100.

94 *Thimm, W.:* a.a.O., S. 46f.

95 *Trenk-Hinterberger, P.:* Die Rechte Behinderter und ihrer Angehörigen. Düsseldorf [32]2004, S. 103.

96 Ebd., S. 67.

97 *Thust, W.:* a.a.O., S. 12. – § 40 BSHG, § 11 EHVO.

98 *Thust, W.:* a.a.O., S. 16.

99 *Goffmann, E.:* Stigma. Über Techniken der Bewältigung beschädigter Identität. Frankfurt/M. [8]1974, S. 160.

100 Vgl. *Thimm, W.:* a.a.O., S. 50. – *Speck, O.:* System der Heilpädagogik. München 1988, S. 138ff.

101 *Thimm, W.:* a.a.O., S. 50.

102 Ebd., S. 51f.

103 *Bank-Mikkelsen, N.:* Das Normalisierungsprinzip. In: Zur Fortbildung 1972, H.2, S. 30.

104 *Wolfensberger, W.:* Principle of Normalization in Human Service. Toronto [3]1974.

105 Montessori-Pädagogik und die Integration behinderter Kinder. In: *Haberl, H.* (Hrsg.): Montessori und die Defizite der Regelschule. Wien 1993, S. 112ff.

106 *Kugel/Wolfensberger, W.* (Hrsg.): Geistige Behinderung. Eingliederung oder Verwahrung? Stuttgart 1974, S. 33–46.

107 *Speck/Martin* (Hrsg.): a.a.O., S. 311.

108 Ebd., S. 311.

109 Vgl. *Schmutzler, H.-J.:* Sondererziehung geistig behinderter Kinder als Normalisation. In: Schweiz. Heilpäd. Rundschau 1982. – Montessori-Pädagogik und die Integration behinderter Kinder. In: a.a.O. 1988. – *Hellbrügge, Th./Montessori, M.:* Die Montessori-Pädagogik und das behinderte Kind. München 1978. – *Hellbrügge, Th.:* Unser Montessori-Modell. München 1977.

Kap. 4: Behinderung aus psychologischer Sicht

110 *Richter, H.-E.:* Eltern, Kind, Neurose. Reinbek b. Hamburg 1969, S. 168f.
111 Ebd., S. 169.
112 *Klaus, M./Kennell, J.:* Mutter-Kind-Beziehung. München 1983, S. 18.
113 Vgl. *Prekop, I.:* Wir haben ein behindertes Kind. Stuttgart 1979. – *Schuchardt, E.:* Soziale Integration Behinderter, Bd. 1. Braunschweig 1980. – Dies.: Warum gerade ich ...? Behinderung und Glaube. Gelnhausen 1991, S. 33.
114 *Bach, H.* (Hrsg.): Familien mit geistig behinderten Kindern. Berlin 1979, S. 56f.
115 Nach einer Diplom-Arbeit von *B. Barthen:* Zur Entwicklung der Mutter-Kind-Beziehung bei geistig behinderten Kindern. Univers. Köln 1987, S. 108.
116 Ebd. – Vgl. auch dazu die Elternbriefe in: *Prekop, I.:* a.a.O. – *Hinze, D.:* Väter und Mütter behinderter Kinder, Heidelberg 1991. – *Mannoni, M.:* Das zurückgebliebene Kind und seine Mutter. Eine psychoanalytische Studie. Olten 1972. – *Weiß, H.:* Familie und Frühförderung. München 1988.
117 Ebd., S. 117.
118 Vgl. *Trube-Becker, E.:* Missbrauchte Kinder. Heidelberg 1992. – *Enders, U.* (Hrsg.): Zart war ich, bitter war's. Köln 1990.
119 *Frank, R.:* Definition und Epidemiologie. In: *Olbing, R.* u. a. (Hrsg.): Kindesmisshandlung. Köln 1991, S. 20.
120 *Hellbrügge, Th.:* Pathologische Sozialentwicklung und Soziose. In: *Ders.:* s. Anm. 5, a.a.O., S. 61.
121 Ebd., S. 61.
122 Ebd., S. 62.
123 Ebd., S. 63.
124 *Schmalohr, E.:* Den Kindern das Leben zutrauen. Frankfurt/M. 1989.
125 *Moog/Moog:* Die entwicklungspsychologische Bedeutung von Umweltbedingungen im Säuglings- und Kleinkindalter. Berlin [2]1973. – Vgl. *Luckner, E. von:* Stellt die Frühkindheit die Weichen? Eine Kritik an der Lehre von der schicksalhaften Bedeutung erster Erlebnisse. Stuttgart 1985.
126 *Spitz, R.:* Hospitalismus. In: *Bittner/Schmid-Cords* (Hrsg.): Erziehung in früher Kindheit, I/II. München 1968.
127 *Hassenstein, B.:* Bedingungen für die Sozialisation in der Sicht der Verhaltensbiologie. In: *Neidhardt, F.:* Frühkindliche Sozialisation. Stuttgart 1975, S. 91f.
128 Ebd., S. 91f.
129 Ebd., S. 93.
130 Vgl. *Schmalohr, E.:* a.a.O., S. 65ff.
131 Vgl. *Schmalohr, E.:* Frühe Mutterentbehrung bei Mensch und Tier. München [2]1975.
132 Vgl. *Göllnitz, G.:* a.a.O., S. 301ff.
133 *Gagné, R. M.:* Die Bedingungen menschlichen Lernens. Hannover 1969.
134 *Eliot, L.:* Was geht da drinnen vor? Die Gehirnentwicklung in den ersten fünf Lebensjahren. Berlin 2001, S. 296.
135 Vgl. *Zimbardo/Gerrig*: Psychologie. München [16]2004, S. 453.
136 Ebd.
137 Ebd., S. 454
138 Vgl. *Zimbardo/Gerrig,* a.a.O., S. 455.

139 *Kesselring, Th.:* Jean Piaget. München 1988, S. 156.
140 Ebd., S. 86ff.
141 *Blakemore/Frith,* a.a.O., S. 8.
142 Ebd.
143 *Papousek, H.:* Soziale Interaktion als Grundlage der kognitiven Entwicklung. In: *Hellbrugge, Th.* (Hrsg.): Fortschritte der Sozialpädiatrie, Bd. 2. München 1978, S. 136.
144 Ebd., S. 137. – Vgl. *Papousek, H.:* Die Entwicklung früher Lernprozesse im Säuglingsalter. In: Kinderarzt 6, 10/1975, S. 1077ff. – Vgl. *Oerter/Montada:* Entwicklungspsychologie. München 1982, S. 137f. – Vgl. *Gross, W.:* Was erlebt ein Kind im Mutterleib? Freiburg 1982, S. 57.
145 Vgl. *Hetzer, H.:* Das Spiel behinderter Kinder. In: Lebenshilfe 6/1967, S. 1ff. – Dies.: Spielen lernen – Spielen lehren. München ^{2}1970.
146 *Kanter, G.:* Sonderpädagogische Grundlegungsprobleme, T. 4: Lernbehinderungen und Lernbehinderte in sonderpädagogischer Sicht. Hagen 1979, S. 50.
147 *Oerter/Montada:* a.a.O., S. 45f.
148 *Eliot, L.:* Was geht da drinnen vor? Die Gehirnentwicklung in den ersten fünf Lebensjahren. Berlin 2001, S. 52.
149 Ebd., S. 49.
150 Ebd., S. 52f..
151 *Kanter, G.:* a.a.O., S. 86.
152 *Johannsen, L. P.:* Biologische Reifephase des Kindes. In: *Behler, W.* (Hrsg.): Das Kind. Freiburg 1971, S. 95.
153 Vgl. *Schmidt/Esser:* Psychologie für Kinderärzte. Stuttgart 1985, S. 8f.
154 Zitiert nach *Kantner, G.:* a.a.O., S. 88.
155 Vgl. *Schamberger, R.:* Frühtherapie bei geistig behinderten Säuglingen und Kleinkindern. Weinheim 1978, S. 39ff.
156 Vgl. *Schmutzler, H.-J.:* Fröbel und Montessori. Freiburg 1971. – Vgl. *Hellbrügge, Th.:* Klinische Sozialpädiatrie. Berlin 1981.
157 Vgl. *Eliot, L.:* Was geht da drinnen vor? Die Gehirnentwicklung in den ersten fünf Lebensjahren. Berlin 2001, S. 595.
158 Ebd., S. 578.
159 Ebd.
160 *Blakemore/Frith:* Wie wir lernen. Was die Gehirnforschung darüber weiß. München 2006, S. 258.
161 *Kesselring, Th.:* Jean Piaget. München 1988, S. 137.
162 *Eliot,* a.a.O., S. 180f.
163 Vgl. *Eliot,* a.a.O.
164 Vgl. *Eliot,* a.a.O., S. 587.
165 Vgl. auch S. 294.
166 *Kanter, G.:* a.a.O., S. 89.
167 *Kanter, G.:* a.a.O.
168 Auswahl in Anlehnung an Testzentrale Göttingen 2004/05.
169 *Rennen-Allhoff, B./Allhoff, J. P.:* Entwicklungstests für das Säuglings-, Kleinkind- und Jugendalter. Berlin 1987, S. XII/XIII.
170 Der Beobachtungsbogen BEK wurde 1998 vom Staatsinstitut für Frühpädagogik in München veröffentlicht.

Kap. 5: Heilpädagogik – Frühförderung

[171] Vgl. *Bleidick, U.:* a.a.O., S. 34ff.
[172] *Rühfel, H.:* Kinderleben im klassischen Athen. Mainz 1984, S. 28f.
[173] Ebd.
[174] *Plato:* Gesetze. Übers. und erläutert von O. Apelt. Leipzig 1916, S. 268f.
[175] *Rühfel, H.:* a.a.O., S. 41.
[176] *Krecker, M.:* Quellen zur Geschichte der Vorschulerziehung. Berlin 1971, S. 21ff.
[177] Ebd., S. 507ff.
[178] Vgl. *Ballauff, Th.:* Pädagogik, Bd. I. München 1969, S. 514.
[179] *Krecker, M.:* a.a.O., S. 27.
[180] Vgl. Enzyklopädisches Handbuch der Sonderpädagogik. Berlin 1969.
[181] Ebd.
[182] *Reble, A.:* Geschichte der Pädagogik. Stuttgart ^{11}1971, S. 115.
[183] *Borel, R.:* a.a.O., S. 94.
[184] *Borel, R.:* a.a.O., S. 93f.
[185] Zitiert nach *Möckel, A.:* Sonderpädagogische Grundlegungsprobleme, I. Hagen Fernuniversität 1979, S. 7.
[186] Vgl. Enzyklopädisches Handbuch der Heilpädagogik, a.a.O.
[187] Vgl. *Barth, H.:* Pestalozzi. Grundlehren über Mensch, Staat, Erziehung. Stuttgart 1956.
[188] *Borel, R.:* a.a.O., S. 94f.
[189] *Pestalozzi, J. H.:* Sämtliche Werke. Berlin u. a. 1927, S. 179.
[190] Vgl. *Dollase, R.:* Definition und Struktur der Früh- und Vorschulpädagogik. In: Ders. (Hrsg.): Handbuch der Früh- und Vorschulpädagogik, Bd. 1. Düsseldorf 1978, S. 3ff.
[191] Zur pädagogischen Förderung behinderter und von Behinderung bedrohter Kinder und Jugendlicher. Deutscher Bildungsrat. Stuttgart ^{2}1976.
[192] Ebd., S. 25.
[193] Ebd., S. 24.
[194] Ebd. – Vgl. *Speck, O.:* Frühförderung entwicklungsgefährdeter Kinder. München 1977.
[195] Vgl. *Hellbrügge, Th.* (Hrsg.): a.a.O., S. 197.
[196] Vgl. *Heese, G.* (Hrsg.): a.a.O., S. 18ff.
[197] Ebd., S. 22.
[198] Zu bestellen beim Bundesministerium für Wirtschaft und Arbeit.
[199] Vgl. dazu die »Allg. Anforderungen an Kindergärten für Behinderte – Sonderkindergärten«. Runderlass des Ministeriums für Arbeit, Gesundheit und Soziales NRW vom 30.6.1982 – IV Al-5009.120.
[200] *Speck, O.:* System Heilpädagogik. München 1987, S. 362ff. – Vgl. *Innerhofer, P./Warnke, A.:* Eltern als Co-Therapeuten. Berlin 1978.
[201] *Oswald, P.:* Menschenbildung. In: *Schulz-Benesch, G.* (Hrsg.): Montessori für Eltern. Ravensburg 1974, S. 394.
[202] Vgl. *Bleidick, U.:* Sondererziehung. In: *Speck/Wehle* (Hrsg.): Handbuch Pädagogischer Grundbegriffe, Bd. II. München 1970, S. 454.

[203] *Retter, H.:* Typen pädagogischer und didaktischer Ansätze im Elementarbereich. In: *Dollase, R.* (Hrsg.): Handbuch Vorschulerziehung, Bd. 2, a.a.O., S. 136.
[204] Ebd., S. 137.
[205] Ebd.
[206] Ebd.
[207] *Becker, R.* u. a.: Früherziehung geschädigter Kinder. Berlin 1978, S. 184ff.
[208] *Schmalohr, E.:* Vorlesungsmitschrift.
[209] *Becker, R.* u. a.: a.a.O., S. 284.
[210] *Egg, M.:* Die Entwicklung des geistig behinderten Kindes. Ravensburg 1972.
[211] *Oy, C. M. von/Sagi, A.:* Lehrbuch der heilpädagogischen Übungsbehandlung. Ravensburg [3]1979. – Pädagogische Förderung behinderter und von Behinderung bedrohter Kinder. Hrsg. vom Institut Sonderpädagogik Universität München 1982. – Reutlinger Projektgruppe Frühförderung (Hrsg.): Frühförderung entwicklungsverzögerter und entwicklungsgefährdeter Kinder. Päd. Hochsch. Reutlingen 1982.
[212] *Kiphard, E.:* Motopädagogik. Dortmund 1979.
[213] *Brandt, R.* (Hrsg.): Handlungstheorie und Entwicklungsförderung. Emden [2]1980.
[214] *Schmutzler, H.-J.:* a.a.O., S. 65.
[215] Ebd., S. 66.
[216] Ebd., S. 17.
[217] Vgl. ebd.
[218] Vgl. *Klein-Jäger, W.:* Fröbel-Material zur Förderung des entwicklungsgestörten und behinderten Kindes. Ravensburg 1978. – *Bondzio, M./Vater, W.:* Frühförderungs- und Entwicklungshilfen für behinderte Kinder. Bonn 1980.
[219] Vgl. *Kohlberg, L.:* Montessori für kulturell Benachteiligte. In: *Hess/Bear* (Hrsg.): Frühkindliche Erziehung. Weinheim 1972, S. 111ff. – *Fend-Engelmann, E.:* Schulunreife Kinder – Prophylaxe durch Vorschulerziehung. Bonn 1972. – *Schmutzler/Heimann/Klein*: Die Relevanz der Montessori-Pädagogik für die Sprachförderung des soziokulturell benachteiligten Kindes. In: Montessori-Werkbrief 1986. – *Milz, I.:* Die Bedeutung der Montessori-Pädagogik für die Behandlung von Kindern mit Teilleistungsschwächen. In: Prax. der Kinderpsychol. und Kinderpsychiatrie 2/1981, S. 298ff.
[220] Handbuch für Lehrgangsteilnehmer, Montessori-Material – Teil 1, [2]1992, S. 39–41.
[221] Materialübersicht zum Beispiel »Rosa Turm« vgl. ebd. – *Schmutzler, H.-J.:* Fröbel und Montessori. Freiburg 1991. – *Oy, C. M. von:* Montessori-Material zur Förderung des entwicklungsgestörten und des behinderten Kindes. Ravensburg 1978.
[222] *Wilms, H.* : Montessori-Musik. Bergamo 1977; vgl. auch *Hosterbach, H.:* Musikalisches Lernen in der Montessori-Pädagogik. Münster 2005.
[223] Abb. aus: *Bondzio, M./Vater, W.:* a.a.O., S. 37.
[224] A.a.O. (s. Anm. 211). Das folgende Beispiel s. S. 79–81, der Beobachtungsbogen S. 208–209.
[225] *Kiphard, E.:* Motopädagogik. Dortmund 1979, S. 23.
[226] Ebd., S. 73.
[227] Graphik ebd., S. 18.
[228] *Hünnekens/Kiphard:* Bewegung heilt. Gütersloh [6]1975, S. 364.
[229] *Hecklau-Seibert:* Effizienzüberprüfung psychomotorischer Fördermaßnahmen

bei Kindern mit »minimaler cerebraler Dysfunktion«. Frankfurt/M. 1990. – Vgl. auch *Eckert, R.:* Auswirkungen psychomotorischer Förderung bei sprachentwicklungsgestörten Kindern. Frankfurt/M. 1985. Ähnliche Ansätze liegen vor von *Frostig, M.:* Bewegungserziehung. München 1973. – *Ayres, J.:* Bausteine der kindlichen Entwicklung. Berlin 1984; und in ihrem Gefolge: *Miske-Flemming, D.:* Theorie und Methode zur Behandlung von perzeptionsgestörten Kindern. Dortmund 1980. – *Brand/Breitenbach/Maisel:* Integrationsstörungen. Würzburg 1986. – *Ohlmeyer, G.:* Frühförderprogramme für behinderte Kinder<0–6>. Dortmund 1979.

[230] Indikationen für eine Mototherapie s. *Hecklau-Seibert:* a.a.O., S. 87.

[231] *Koch, J.:* Total Baby Development. New York 1978.

[232] *Ruppelt, H.:* Bewegungs- und Spielanregungen für das erste Lebensjahr. Das Prager Eltern-Kind-Programm. In: Geistige Behinderung 4/1982, S. 1.

[233] Vgl. *Koch, J.:* a.a.O., S. 47ff.

[234] Ebd.

[235] Vgl. Vortrag *Fthenakis, W.:* Institut für Frühpädagogik, München 2006.

[236] Hessischer Bildungsplan. Bildung von Anfang an. Bildungs- und Erziehungsplan für Kinder von 0–10 Jahren in Hessen; Erprobungsfassung 2005, S. 26f.

[237] *Vortrag Fthenakis, W.:* a.a.O.

[238] Bayerischer Bildungsplan, S. 54f.

[239] Ebd.

[240] Ebd.

[241] Ebd., S. 427.

[242] Ebd., S. 37.

[243] Ebd., S. 73f.

[244] Eine praktische Einführung in einen Teil der lebenspraktischen Bobath-Therapie stammt von *Finnie, R. N.:* Hilfe für das cerebral gelähmte Kind. Ravensburg [3]1978.

[245] Schema nach *Kalbe, U.:* pädiatr. praxis 27/1983, H. 4, S. 565ff.

[246] Ebd., S. 591.

[247] Tabelle nach *Flehmig, J.:* Normale Entwicklung des Säuglings und ihre Abweichungen – Früherkennung und Frühbehandlung. Stuttgart 1979, S. 11.

[248] *Kalbe, U.:* Die Cerebralparese im Kindesalter. Stuttgart 1981, S. 79.

[249] *Bobath, B./Bobath, K.:* Die motorische Entwicklung bei Zerebralparesen. Stuttgart 1977, S. 4ff. – Vgl. auch *Vojta, V.:* Die cerebralen Bewegungsstörungen im Säuglingsalter. Frühdiagnose und Frühtherapie. Stuttgart 1974.

[250] *Bobath, B.:* Abnorme Haltungsreflexe bei Gehirnschäden. Stuttgart 1968, S. 111.

[251] *Bobath, B./Bobath, K.:* a.a.O., S. 72.

[252] Ebd., S. 83.

[253] *Finnie, N. R.:* a.a.O.

[254] Ebd., S. 17.

[255] Ebd., S. 82f.

[256] Vgl. *Klein, O.:* Zur bewegungspädagogischen Behandlung zerebral gelähmter Kinder im Institut für Bewegungspädagogik Budapest. In: Beiträge 3. Orthop. und Traumatol. 9/1962, S. 315ff.

[257] *Klapp, R.:* Das Klapp'sche Kriechverfahren. Stuttgart 1974.

[258] Vgl. *Preu, O.:* Die musikalische Leistungsfähigkeit von CP-Kindern. Referat auf dem Symposion »Theorie und Methodik der Anwendung von Musik in der Psychotherapie«. Leipzig 1969. – *Schwabe:* Musiktherapie bei Neurosen und funktionellen Störungen. Jena 1974; Vgl. *Wolfgart, H.:* Orff-Schulwerk und Therapie. Berlin 1975. – *Jacques-Dalcroze, E.:* Rhythmus, Musik und Erziehung. Wolfenbüttel [3]1977. – *Gebhard/Kugler:* Didaktik der elementaren Musik- und Bewegungserziehung. München 1979. – *Bünner/Röthig* (Hrsg.): Grundlagen und Methoden rhythmischer Erziehung. Stuttgart [4]1983. – *Neikes, J. L.:* Scheiblauer-Rhythmuk. Wuppertal 1969. – *Tauscher, H.* (Hrsg.): Die rhythmisch-musikalische Erziehung in der Heilpädagogik. Berlin [3]1971. – *Hertzog/Barnea-Braunstein:* »Beroschim«, eine Schule für seelisch gestörte Kinder. München 1980. – *Haselbach, B.:* Improvisation, Tanz, Bewegung. Stuttgart 1976. – *Küntzel-Hansen, M.:* Musikspiele. Wolfenbüttel 1982. Weitere Verfahren und Übersichten: *Knott/Voss:* Komplexbewegungen. Stuttgart [2]1970. – *Feldkamp/Danielcik:* Krankengymnastische Behandlung der cerebralen Bewegungsstörung. München [2]1976.
[259] Vgl. *Gillert, O.:* Hydrotherapie und Balneologie in Theorie und Praxis, Bd. 5. München 1973. – *Rommel, D.:* Übungsprogramm zur Schwimmtherapie nach McMillan. In: Zeitschr. für Krankengymnastik 29/1977, H. 11, S. 603ff. – *Schüler, H.:* Schwimm- und Wassertherapie bei mehrfachbehinderten Kindern. In: Krankengymnastik 11/1973.
[260] Übersicht zur Verhaltenstherapie s. *Kuhlen, V.:* Verhaltenstherapie im Kindesalter. München [3]1973. – Vgl. *Kane/Kane:* Psychologische Maßnahmen. In: *Neuhäuser, G./Steinhausen H.-Chr.:* a.a.O., S. 220ff.
[261] *Schmitz, E.:* Elternprogramm für behinderte Kinder. München 1976, S. 35f. – Vgl. auch *Innerkofer, P.:* Das Münchener Trainingsmodell. Berlin 1977.
[262] *Castillo-Morales, R.:* Die Orofaciale Regulationstherapie. München 1990, S. 18.
[263] Vgl. *Garlinder, D.:* Myofunktionelle Diagnose und Therapie der gestörten Gesichtsmuskulatur. München 1980. – Vgl. *Hellbrügge, Th.* (Hrsg.): a.a.O., S. 218f.
[264] *Fröhlich, A.:* Die Mütter schwerstbehinderter Kinder. Heidelberg 1986, S. 11f. – *Fröhlich* u. a. (Hrsg.): Schwerstbehinderte. Reinbek b. Hamburg [2]1978, S. 91.
[265] *Fröhlich* u. a. (Hrsg.), a.a.O., S. 94.
[266] Ebd., S. 95.
[267] Ebd., S. 94f.
[268] Ebd., S. 95. Weitere Beispiele in: *Fröhlich, A.:* Basale Stimulation. Hrsg. vom Bundesverbd. für spastisch Gelähmte u. a. Körperbehinderte. Düsseldorf 1991.
[269] Vgl. *Forness, S. R./Kavale, K. A./Blum, L. M./Lloyd, J. W.:* What works in special education and related services. Using meta-analysis to guide practice. Submitted to teaching exceptional children. 1998.

Kap. 6: Behinderungen und Störungsbilder

[270] Abb. aus: *Kressin, W./Rautenbach, M.:* Zerebrale Bewegungsstörungen im Kindesalter. Berlin 1976, S. 12.
[271] Zusammenstellung aus: Bundesverband für spastisch Gelähmte und andere Körperbehinderte, a.a.O.
[272] *Horstmann, T.:* Frühförderung bei Kindern mit cerebralen Bewegungsstörungen und sonderpädagogischem Aspekt. Längsschnittuntersuchung an 58 Kindern

vom 1. bis 7. Lebensjahr. Heidelberg 1982, S. 96. Darin auch einschlägige Literatur zur Frühförderung körperbehinderter Kinder.

[273] Vgl. *Schmutzler, H.-J.:* Montessori-Pädagogik und die Integration behinderter Kinder. In: Schweiz. Heilpäd. Rundschau 1988.

[274] *Köng, E.:* Diagnose und Therapie cerebraler Bewegungsstörungen im Kindesalter. Hrsg. vom Bundesverband für spastisch Gelähmte und andere Körperbehinderte. Frechen 1969, S. 46ff.

[275] Vgl. *Ruffing/Kuhn:* Gliedmaßenfehlbildungen. In: Gliedmaßenfehlbildungen und Gliedmaßenverlust. Düsseldorf 1978, S. 5ff.

[276] Vgl. ebd.

[277] *Simon, P.:* Beobachtungen bei 96 Dysmeliekindern im Raume Südwürttemberg-Hohenzollern. In: Rehabiliation von mehrfachbehinderten und Dysmeliekindern. Frechen 1971, S. 105ff.

[278] *Marquardt/Popplow:* Das Dysmeliekind im Rahmen der Gesamtrehabilitation. In: Rehabilitation von mehrfachbehinderten und Dysmeliekindern, a.a.O., S. 63.

[279] Vgl. *Nissen, N.:* Psychische Störungen im Kindes- und Jugendalter. Darmstadt [2]1986, S. 231f.

[280] Ebd., S. 236.

[281] Vgl. MCD. Hrsg. vom Bundesverband für spastisch Gelähmte u. a. Körperbehinderte. Düsseldorf 1984, S. 10ff. – Vgl. *Radigk, W.:* Kognitive Entwicklung und zerebrale Dysfunktion. Dortmund [3]1991.

[282] Vgl. *Nissen, N.:* a.a.O., S. 244ff.

[283] Tabelle der Symptome von POS: nach *Herzka, H.-S.:* Kinderpsychopathologie. Basel 1986, S. 146.

[284] *Nissen, N.:* a.a.O., S. 246.

[285] Vgl. *Grissemann, H.:* Hyperaktive Kinder. Bern 1986, S. 152.

[286] *Nissen, N.:* a.a.O., S. 236.

[287] Ebd., S. 236.

[288] Vgl. *Grissemann, H.:* a.a.O.

[289] *Nissen, N.:* a.a.O., S. 243.

[290] *Steinhausen, H.-Chr.:* a.a.O., S. 210.

[291] *Nissen, N.:* a.a.O., S. 234.

[292] Ebd., S. 234.

[293] Vgl. *Myschker, N.:* Verhaltensstörungen bei Kindern und Jugendlichen, Stuttgart 1993, S. 152ff.

[294] *Eichlseder, W.:* Unkonzentriert? Hilfen für hyperaktive Kinder und ihre Eltern. München 1987, S. 202.

[295] Vgl. *Schor, B.:* Hyperkinese – ein Trauma für Kind und Mitwelt. In: Z. f. Heilpäd. 43/1992, S. 674.

[296] Vgl. *Voss/Wirtz:* Keine Pillen für den Zappelphillipp. Reinbek b. Hamburg 1990, S. 100.

[297] Vgl. *Schmutzler, H.-J.:* Fröbel und Montessori. Freiburg 1997.

[298] Vgl. *Bauer, A.:* Minimale cerebrale Dysfunktion und/oder Hyperaktivität. Berlin 1986, S. 131.

[299] Vgl. *Ortner/Ortner:* Verhaltens- und Lernschwierigkeiten. Weinheim 1991, S. 207f.

[300] Vgl. *Schmutzler, H.-J.:* Fröbel und Montessori. Freiburg 1997.

301 Vgl. *Cruickshank, W.:* Schwierige Kinder in Elternhaus und Schule. Berlin 1973.
302 Vgl. *Neukäter/Goetze:* Sonderpädagogik. Beurteilung und Beratung bei speziellen Auffälligkeiten: Hyperaktivität. Hagen 1984, S. 114.
303 *Kephart, N.:* Das lernbehinderte Kind im Unterricht. München 1977.
304 Ebd., S. 59ff.
305 Vgl. *Meichenbaum, D.:* Kognitive Verhaltensmodifikation. München 1979, S. 29ff. – *Masendorf, F.:* Der Einfluss des sytematischen Verbalisierungstrainings auf die Konzentrationsleistungen lernbehinderter Sonderschüler. In: Z. f. Heilpäd. 34/1983, S. 421ff. – Ders. (Hrsg.): Experimentelle Sonderpädagogik. Weinheim 1997.
306 Vgl. *Neukäter/Goetze:* a.a.O., S. 101 – *Lauth, G. W.:* Verhaltensstörungen im Kindesalter. Stuttgart 1983.
307 Vgl. *Myschker:* a.a.O., S. 161f.
308 Vgl. *Radigk, W.:* Der Blick ins lebende Gehirn. In: *Gerber* u. a. (Hrsg.): Der Beitrag der Wissenschaften zur interdisziplinären Sonder- und Heilpädagogik. Wien 1985, S. 243ff. – *Birkenbihl, V.:* Die Birkenbihl-Methode, Fremdsprachen zu lernen. München 1992. – Dies.: Stroh im Kopf. Speyer 1992. – Dies. u. a.: Einstieg in die neurolinguistische Programmierung. Speyer 1990. – *Blickhan, D./Blickhan, C.:* Denken, Fühlen, Leben. München 1989. – *Bröhm-Offermann, B.:* Suggestopädie, sanftes Lernen in der Schule. Lichtenau 1989. – *Dennison, G.:* Das Handbuch der EDU-Kinestetik für Eltern, Lehrer und Kinder jeden Alters. Freiburg 1990. – *Grinder, M.:* NLP für Lehrer. Freiburg 1991. – *Lehrl/Fischer:* Gehirn-Jogging. Ein Kurzüberblick. Ebersberg 1994. – Dies.: Gehirn-Jogging: Selber denken macht fit. Ebersberg ^{4}1994 – Dies. u. a.: Biologische Intelligenz. Ebersberg ^{3}1993. – *Kamenz/Klapproth:* Wirksamkeit eines Intelligenztrainings mit leistungsschwachen Vorschulkindern. In: Psychol. Erz. Unterr. 31/1984, S. 100ff. – *Robinson, B.:* 3 Wochen Gehirn-Jogging in der 3. Klasse. In: Geistig fit 1/1994, S. 10f.
309 Abdruck mit freundlicher Genehmigung von Frau Dr. Bergsson.
310 Vgl. *Götzel/Neukäter:* Hyperaktivität. Fernuniversität Hagen 1981, S. 54.
311 Ebd., S. 56.
312 *Göbel, S.:* Spezielle Aspekte klientenzentrierter Spieltherapie bei verhaltensgestörten Kindern mit minimaler zerebraler Dysfunktion. In: Praxis Kinderpsych. und Kinderpsychiatr. 25/1976, S. 42ff.
313 *Götzel/Neukäter:* a.a.O., S. 69.
314 *Nissen, N.:* a.a.O., S. 233.
315 Vgl. u. a. *Blakemore/Frith:* Wie wir lernen. Was die Gehirnforschung darüber weiß. München 2006, S. 148ff.
316 Vgl. http://www.uni-duesseldorf.de/AWMF/ll/071-006.htm
317 »Leitlinien der Deutschen Gesellschaft für Sozialpädiatrie und Jugendmedizin«
318 Ebd.
319 Ebd.
320 Vgl. *Birbaumer/Schmidt:* Biologische Psychologie. Berlin ^{4}1999, S. 290.
321 *Speck, O.:* Geistige Behinderung und Erziehung. München ^{5}1984, S. 31ff.
322 Ebd., S. 47.
323 Leitlinien der Deutschen Gesellschaft für Kinder- und Jugendpsychiatrie und -psychotherapie, Stand 2003.
324 Ebd.

325 Ebd.
326 *Bach, H.:* Grundlegungsprobleme der Geistigbehindertenpädagogik I. Hagen 1981, S. 98.
327 Vgl. *Nissen, N.:* a.a.O., S. 214ff.
328 *Bach, H.:* Deutscher Bildungsrat, Gutachten und Studien der Bildungskommission 34. Sonderpädagogik 3: Geistigbehinderte, Lernbehinderungen, Verfahren der Aufnahme. Stuttgart ²1976, S. 19.
329 Ebd., S. 19.
330 Ebd., S. 19.
331 Ebd., S. 32.
332 Tabelle nach *Bach, H.:* Grundlegungsprobleme der Geistigbehindertenpäd., S. 77.
333 Vgl. ebd., S. 53f.
334 Vgl. *Hetzer, H.:* Das Spiel geistig behinderter Kinder. In: Lebenshilfe 6/1967, S. 1ff.
335 Vgl. *Sondersorge, R.:* Geistig behindert – mehrfach behindert. In: Lebenshilfe 1967, S. 140ff.
336 Vgl. *Spreen, O.:* Geistige Behinderung. Heidelberg 1978, S. 87f.
337 Vgl. *Sondersorge, R.:* a.a.O.
338 Vgl. *Wendeler, J.:* Aspekte der Psychogene bei Geistigbehinderten. Fernuniversität Hagen 1984, S. 25.
339 Ebd., S. 24.
340 *Spreen, O.:* a.a.O., S. 92.
341 Vgl. *Atzesberger, A.:* Bereich Sprache. In: Handbuch der Sonderpädagogik. Pädagogik der Geistigbehinderten. Berlin 1979, S. 225ff.
342 Ebd., S. 230.
343 *Spreen, O.:* a.a.O., S. 92.
344 *Liepmann, M.:* Geistig behinderte Kinder und Jugendliche. Bern 1979, S. 100.
345 *Eggert, D.:* Psychodiagnostik. In: Handbuch der Sonderpädagogik. Pädagogik der Geistigbehinderten. Berlin 1979, S. 404.
346 Tabelle nach *Eggert, D.*, ebd., S. 407f.
347 Vgl. *Bronfenbrenner, U.:* Wie wirksam ist die kompensatorische Erziehung? Stuttgart 1974, S. 125f.
348 *Schamberger, R.:* Frühtherapie bei geistig behinderten Säuglingen und Kleinkindern. Weinheim 1978, S. 177.
349 Vgl. *Blakemore/Frith*: Wie wir lernen. Was die Gehirnforschung darüber weiß. München 2006, S. 137ff.
350 *Spiel, W./Spiel, G.*, a.a.O., S. 228.
351 *Weber, D.:* a.a.O., S. 40f.
352 Ebd., S. 42.
353 Ebd., S. 42.
354 *Marburger Spezialambulanz*, a.a.O.
355 *Spiel, W./Spiel, G.:* a.a.O., S. 228.
356 Ebd., S. 228f.
357 *Weber, D.:* a.a.O., S. 45.
358 *Eliot*, a.a.O., S. 220.
359 Ebd., S. 417.
360 Ebd., S. 437.

[361] *Klicpera/Gasteiger-Klicpera*: Autismus. In: Borchert, J. (Hrsg.): Handbuch der sonderpädagogischen Psychologie. Göttingen 2000, S. 793.
[362] *Blakemore/Frith*: Wie wir lernen. Was die Gehirnforschung darüber weiß. München 2006, S. 138.
[363] *Dzikowski, St.*: Frühkindlicher Autismus. Hrsg. von der BAG Hilfe für Behinderte e.V. Düsseldorf 2000, S. 36f.
[364] Ebd., S. 42.f.
[365] *Spiel, W./Spiel, G.:* a.a.O., S. 228f.
[366] Ebd., S. 229f.
[367] Ebd.
[368] *Nissen, N.:* a.a.O., S. 261.
[369] Ebd., S. 266.
[370] Dzikowski, a.a.0., S. 33.
[371] Empfehlungen des Bundesverbandes Hilfe für das autistische Kind. Hamburg 1986, S. 2.
[372] Ebd.
[373] *Nissen, N.:* a.a.O.
[374] *Feuser, G.:* Autismus. In: Kommunikation zwischen Partnern, H. 30. Hrsg. von der BAG Hilfe für Behinderte. Düsseldorf ^{3}1982, S. 40ff.
[375] Ebd., S. 51.
[376] *Dzikowski*, a.a.0., S. 51.
[377] Ebd., S. 53.
[378] *Hudelmayer, D.:* Die Erziehung Blinder. In: Deutscher Bildungsrat, Sonderpädagogik 5: Blinde, Sehbehinderte, Mehrfachbehinderte. Stuttgart 1975, S. 17f.
[379] Ebd., S. 17f.
[380] *Mersi, F.:* Die Erziehung Sehbehinderter. In: Deutscher Bildungsrat, Sonderpädagogik 5, a.a.O., S. 139ff.
[381] Ebd., S. 155.
[382] Vgl. dazu die gute Übersicht in: Kommunikation zwischen Partnern, H. 18: Blinde – Sehbehinderte – Taubblinde. Düsseldorf ^{3}1983.
[383] Tabelle und Hinweise nach *Küppers, C.:* Diagnostik und Behandlung von Funktionsstörungen der Augen im Kindesalter. In: Behinderte Kinder, Früherkennung, Behandlung, Rehabilitation. Hrsg. von der Bundeszentrale für gesundh. Aufklärung. Köln o.J., S. 49.
[384] *Hudelmayer, D.:* a.a.O., S. 52.
[385] Ebd., S. 58.
[386] *Küppers, C.:* a.a.O.
[387] Vgl. Schielen. Deutsche Ophtamologische Gesellschaft. Heidelberg 1985. – Vgl. auch: Das Hör- und Sehtestheft. Informationen zur Früherkennung kindlicher Hör- und Sehstörungen. Hrsg. von der Aktion Sorgenkind. Frankfurt/M.
[388] Vgl. Kommunikation zwischen Partnern, H. 18: a.a.O., S. 22.
[389] *Hudelmayer, D.*: a.a.O., S. 29.
[390] Ebd., S. 33.
[391] *Mersi, F.:* a.a.O., S. 166.
[392] Vgl. *Rath, W.*: Blindheit und Sehrbehinderung. In: Borchert, a .a.O., S. 104 ff.
[393] Vgl. *Bartelmeß, B.*: Sehtestungen. Stuttgart 1982. – *Waubke, T. N.*: Die Augenerkrankungen im Kindesalter. Stuttgart 1985.

394 Siehe Anm. 373.
395 *Schmalohr, E.:* a.a.O., S. 310.
396 *Walther, R.:* Die Bedeutung der Bewegungserziehung in der Früherziehung sehgeschädigter Kinder. In: Frühförderung sehgeschädigter Kinder. Würzburg 1982, S. 50.
397 *Plath, P.:* Gehörlosigkeit – Medizinische Aspekte und pädagogische Rehabilitation. In: Kommunikation zwischen Partnern: Gehörlose – Schwerhörige – Sprachbehinderte. Düsseldorf [4]1982, S. 8.
398 Ebd., S. 30.
399 Ebd., S. 30.
400 Ebd., S. 30.
401 *Furth, H. G.:* Lernen ohne Sprache. Weinheim 1977, S. 25.
402 *Plath, P.:* a.a.O., S. 30.
403 Ebd., S. 9ff.
404 *Deutscher Bildungsrat:* a.a.O., S. 137.
405 *Bielsalski, P.:* Kritische Überlegungen zur Früherfassung hörgestörter Kinder. In: *Stange, G.* (Hrsg.): Früherfassung hör- und sprachentwicklungsverzögerter Kinder. Marburg 1980, S. 12f.
406 *Löwe, A.:* Kinder-Audiometrie. Berlin 1974.
407 *Plath, P.:* a.a.O., S. 14.
408 *Lehnhardt, E.:* Das Cochlear Implantat von den Anfängen bis zur verlässlichen Hilfe für gehörlose Kinder. In: Das Cochlear Implantat bei Kindern und Jugendlichen. Hrsg. von *A. Lehnhardt.* München 1997, S. 19ff., hier auch weitere Forschungsergebnisse, Erfahrungen, Literatur, Adressen von Fachleuten in Kliniken. – Vgl. Das Cochlear Implantat, eine (neue) Möglichkeit der Begabungsentfaltung bei Hörgeschädigten? Hrsg. von der Stiftung zur Förderung körperbehinderter Hochbegabter, Buchenweg 1, Vaduz/Liechtenstein. Bericht über die Internationale Arbeitstagung 1995 in Vaduz. – Cochlear Implant bei Kindern. Hrsg. v. *Th. Lenarz* u. a. Stuttgart 1994.
409 *Ploth, P.:* a.a.O., S. 16.
410 Ebd., S. 35ff.
411 Ebd., S. 35ff.
412 *Löwe, A.:* a.a.O., S. 21ff.
413 Vgl. *Schulte, K.:* Phonembestimmtes Manualsystem PMS. Villingen-Schwenningen 1974.
414 Kommunikation mit Gehörlosen in Lautsprache und Gebärde. Hrsg. von der BAG der Elternvertreter und Förderer deutscher Gehörlosenschulen. München 1982, S. 14.
415 *Uden, A. van:* Das gehörlose Kind. Heidelberg [2]1982, S. 4f.
416 Ebd., S. 94.
417 Zur Sprachentwicklung: *Stern, C. U. W.:* Die Kindersprache. Leipzig 1907. – *Piaget, J.:* Le langage et la pensée chez l'enfant. Neuchatel 1923. – *Hörmann, H.:* Psychologie der Sprache. Berlin 1967. – *Oerter/Montada:* Entwicklungspsychologie. München 1982.
418 *Sinz, R.:* Folgen und Prävention frühkindlicher Prägungsstörungen – das Konzept der primären und sekundären Prägung. In: Kindertherapie, hrsg. von *Speck* u. a. München 1987, S. 63.

[419] *Deutscher Bildungsrat:* a.a.O., S. 40. – Zum Forschungsstand: Dt. Gesellschaft für Sprachheilpädagogik e.V.: Interdisziplinäre Zusammenarbeit. Kongressbericht über die XXII. Arbeits- und Fortbildungstagung in Münster 1996.
[420] *Heinelt, G.:* Kind und Sprache. In: *Behler, W.* (Hrsg): Das Kind. Freiburg 1971, S. 116ff.
[421] Handbuch der Sonderpädagogik, Bd. 7: Pädagogik der Sprachbehinderten, hrsg. von *Knura/Neumann.* Berlin 1980. – Handbuch der Sprachtherapie, Bd. 8: Sprachstörungen im sonderpädagogischen Bezugssystem. Hrsg. von *Grohnfeldt, M.* Berlin 1995. – *Gschwend, G.:* Die neurophysiologischen Grundlagen der Rehabilitation. Lübeck 1994. – Abb. nach *Schnelle, H.:* Sprache, Gehirn und neuronale Netze. In: Rubin. Wissenschaftsmagazin der Ruhruniversität Bochum 2/92, S. 4.
[422] *Heinelt:* a.a.O., S. 133.
[423] Vgl. *Knura/Neumann:* a.a.O., S. 12ff.
[424] Ders.: Bd. 5: Störungen der Redefähigkeit. Berlin 1992, S. 3ff.
[425] *Grohnfeldt, M.:* Handbuch der Sprachtherapie Bd. 2: Störungen der Aussprache. Berlin 1990, S. 8.
[426] Vgl. *Knura/Neumann:* a.a.O., S. 39 ff. – Vgl. Grohnfeldt, M.: Störungen der Sprachentwicklung. Berlin ^{6}1993.
[427] Vgl. *Knura/Neumann:* a.a.O., S. 26ff.
[428] Vgl. Überblick in: *Grohnfeldt, M.:* a.a.O., Bd. 8, Anm. 367.
[429] Vgl. *Ayres, J.:* Lernstörungen. Heidelberg 1979. – *Valtin, R.:* Legasthenie. Weinheim 1970. – *Hasler, H.:* Lehren und Lernen der geschriebenen Sprache. Darmstadt 1991. – *Kossow, H.-J.:* Leitfaden zur Bekämpfung der Lese-Rechtschreibschwäche. Berlin 1991. – *Kephart, N.C.:* Das lernbehinderte Kind im Unterricht. München 1977.
[430] *Zuckrigl, A.:* Sprachstörungen. In: Kommunikation zwischen Partnern, Gehörlose – Schwerhörige – Sprachbehinderte. Düsseldorf ^{4}1982, S. 47. – Vgl. *Bleidick, U.* u. a.: Einführung in die Behindertenpädagogik, Bd. 3: Schwerhörigen-, Sehbehinderten-, Sprachbehinderten- und Verhaltensgestörtenpädagogik. Stuttgart ^{2}1981, S. 74f.
[431] *Schmidt/Esser:* Psychologie für Kinderärzte. Stuttgart 1985, S. 213. Die Unterschrift unter der Tabelle lautet: Differentialdiagnostisches Vorgehen bei Sprech- und Sprachstörungen (aus: *H. Harbauer* [bearbeitet von *M. H. Schmidt*]: Kinder- und Jugendpsychiatrie. Köln ^{3}1984).
[432] Vgl. *Hellbrügge, T./Montessori, M.* (Hrsg.): Die Montessori-Pädagogik und das behinderte Kind. München 1978. Vgl. auch Kap. 7.3.4.
[433] Vgl. *Spitzer, M.:* Geist im Netz. Darmstadt 1996, S. 233.
[434] Vgl. ebd., S. 197ff. – *Montessori, M.:* Kinder sind anders. Stuttgart 1971, S. 64.
[435] Vgl. Handbuch für Lehrgangsteilnehmer, Montessori-Material – Teil 1, ^{2}1992.
[436] Vgl. *Ebersole* u. a.: Lernen Schritt für Schritt. München 1976. Dort sind weitere nützliche Hinweise zu finden. Siehe auch S. 134 ff.
[437] Das Beispiel wurde entnommen aus: Handbuch für Lehrgangsteilnehmer, Montessori-Material – Teil 1, ^{2}1992, S. 32.
[438] Ebd., S. 38.
[439] Ebd., S. 128f.
[440] Ebd., S. 130f.
[441] Vgl. *Klicpera/Gasteiger-Klicpera:* Psychologie der Lese- und Schreibschwierigkeiten. Weinheim 1995 (grundlegend).

[442] Handbuch für Lehrgangsteilnehmer, Montessori-Material – Teil 1, [2]1992, S. 134.
[443] Vgl. *Masendorf* (Hrsg.): Experimentelle Sonderpädagogik. Weinheim 1997.
[444] Vgl. *Schmutzler, H.-J.*: Ehemalige Sonder- und Hauptschüler im Jugendstrafvollzug. In: Sonderpädagogik 1989.
[445] Vgl. *Nissen, G.*: Medizinische Aspekte der Lernbehinderung. In: Handbuch der Sonderpädagogik, Bd. 4: Pädagogik der Lernbehinderung. Hrsg. von *Kanter/Langenohl/Speck*. Berlin 1977.
[446] *Deutscher Bildungsrat:* a.a.O., S. 38.
[447] *Jantzen, W.*: Sozialisation und Behinderung. Gießen 1974.
[448] *Kanter, G.*: Lernbehinderungen, Lernbehinderte – deren Erziehung und Rehabilitation. In: *Deutscher Bildungsrat* (Hrsg.): Sonderpädagogik 3. Stuttgart 1974.
[449] *Bleidick, U.*: Einführung in die Behindertenpädagogik, Bd. 2. Stuttgart 1981, S. 93.
[450] *Kanter, G.*: Handbuch der Sonderpädagogik, Bd. 4. Berlin 1976, S. 47.
[451] Ebd., S. 48.
[452] Vgl. *Harbauer/Lempp/Nissen/Strunk:* Lehrbuch der speziellen Kinder- und Jugendpsychiatrie. Berlin [4]1980. – *Hilsheimer, G. von:* Verhaltensgestörte Kinder und Jugendliche. Ravensburg 1975 (praxisorientiert; s. unten: Ursachen, Symptome).
[453] *Kanter, G.:* a.a.O., S. 57.
[454] Ebd., S. 55.
[455] *Lauth/Brunstein/Grünke*: Lernstörungen im Überblick. Arten, Klassifikation, Verbreitung und Erklärungsperspektiven. In: Dies. (Hrsg.): Intervention bei Lernstörungen. Göttingen 2004, S. 13.
[456] Ebd.
[457] Ebd., S. 15.
[458] Ebd.
[459] Vgl. *Nissen, N.*: a.a.O., S. 617.
[460] Vgl. *Klein, G.*: Spezielle Fragen soziokultureller Determinanten bei Lernbehinderung. In: *Kanter, G.:* a.a.O., S. 68. – Vgl. dazu: 5. Jugendbericht der Bundesregierung 1980, S. 109.
[461] Vgl. ebd., S. 108.
[462] Vgl. *Breipohl, R.*: Sozialisation in der Obdachlosenfamilie. Rheinstetten 1977, S. 65.
[463] Vgl. *Iben, G.*: Randgruppen der Gesellschaft. München 1974, S. 85.
[464] *Klein, G.:* a.a.O., S. 70.
[465] *Nissen, N.:* a.a.O., S. 218.
[466] Vgl. *Nissen, G.*: Medizinische Aspekte der Lernbehinderung. In: Handbuch der Sonderpädagogik, Bd. 4: Pädagogik der Lernbehinderten, a.a.O., S. 615.
[467] Ebd., S. 621.
[468] Ebd., S. 621.
[469] Ebd., S. 625.
[470] Ebd., S. 626.
[471] Ebd., S. 630.
[472] Ebd., S. 637.
[473] *Nissen, N.:* a.a.O., S. 210ff.

474 Vgl. ebd., S. 211. – Vgl. *Lempp, R.* (Hrsg.): Teilleistungsstörungen im Kindesalter. Bern 1979.
475 *Ensslen, S.* in: Entwicklungsbegleitende Frühförderung – eine interdisziplinäre Herausforderung. Bericht vom 4. Symposion Frühförderung, München. Hrsg. von der Vereinigung für interdisziplinäre Frühförderung e.V. 1988, S. 90.
476 *Schlack, H.-G.:* Lern- und Verhaltensstörungen aus ärztlicher Sicht. In: Kongressbericht Sonderpäd. Maßnahmen – Prävention und Rehabilitation. Kaarst 1983, S. 8.
477 Ebd.
478 *Brüggemann, J. H.:* a.a.O.
479 Vgl. § 11 Kinder- und Jugendhilfegesetz; Sozialgesetzbuch.
480 Vgl. *Bronfenbrenner, U.:* Wie wirksam ist die kompensatorische Erziehung? Stuttgart 1974, S. 140ff.
481 Ebd., S. 140ff.
482 Vgl. *Deutscher Bildungsrat.* Stuttgart ²1976, S. 50.
483 Z. B. *Pousset, R.:* Fingerspiele und andere Kinkerlitzchen. Reinbek b. Hamburg 1984.
484 *Reinartz/Reinartz:* Individualprogramm zum Wahrnehmungstraining. Dortmund 1974. – Dies.: Visuelle Wahrnehmungsförderung. Dortmund ²1977. – *Fritze* u. a.: Hören. Auditive Wahrnehmungsförderung. Dortmund 1976. – *Montessori, M.:* Montessori-Material. Handbuch für Lehrgangsteilnehmer. Zelhem NL 1978. – *Kephard, N. C.:* Das lernbehinderte Kind im Unterricht. München 1977. – *Kükelhaus/zur Lippe:* Entfaltung der Sinne. Frankfurt/M. 1982. – *Mönkemeyer, K.:* Spiele für alle fünf Sinne. Reinbek b. Hamburg 1988.
485 *Tischler/Moroder:* Musikalische Spielideen für die pädagogische, sonderpädagogische und therapeutische Praxis. Frankfurt/M. 1990. – *Michael, B.:* Traurig und fröhlich sein. Ravensburg 1979. – *Iben, G.* (Hrsg.): Zärtlich sein. Soziales Lernen. Ravensburg 1979. – *Schmid, G.:* Mal- und Zeichenspiele in der Gemeinschaft. München 1986. – *Bleckmann, R.:* Soziales Verhalten im Kindergarten. Freiburg 1984.
486 *Neubauer, W. F.:* Selbstkonzept und Identität im Kindes- und Jugendalter. München 1976. – *Keysell, P.:* Pantomime für Kinder. Ravensburg 1975. – *Ellwanger/Grömminger:* Das Puppenspiel. Freiburg 1989.
487 *Duhm/Huss* (Hrsg.): Förderung sprachlicher Kommunikation 4- bis 6-jähriger Kinder. Braunschweig 1977. – *Götte, R.:* Sprache und Spiel im Kindergarten. Weinheim 1977. – *Schwerin, A. von:* Sprache haben – sprechen können. Freiburg 1987. – *Schaufelberger, H.:* Märchenkunde für Erzieher. Freiburg 1987. – *Krimm/von Fischer:* Rhythmik und Sprachanbahnung zur Förderung des entwicklungsgestörten und behinderten Kindes. Ravensburg 1976. – *Wulff, J.:* Sprachfibel (Hör-, Atem-, Sprech-, Lautübungen usw.). München ⁶1977. – *Wurst, F.:* Sprachentwicklungsstörungen und ihre Behandlungen. Wien 1973.
488 *Nikitin, B./Nikitin, L.:* Aufbauende Spiele. Köln 1980. – *Michael/Mottat:* Wind und Wasser erfahren. Ravensburg 1979. – *Thiesen, P.:* Konzentrationsspiele für Kindergarten und Hort. Freiburg 1990. – *Grissemann/Weber:* Grundlagen und Praxis der Dyskalkulietherapie. Bern ²1993.
489 *Grimm/Bodenburg:* So werden Kinder sauber. Reinbek b. Hamburg 1985.
490 *Staatsinstitut für Frühpädagogik* (Hrsg.): Eltern-Kind-Programm, 3 Bde. Donau-

wörth 1977. – *Thiesen, P.:* Die gezielte Beschäftigung im Kindergarten. Freiburg ^{4}1990.

[491] Vgl. *Klauer, K. J.:* Handbuch kognitives Training. Göttingen 2001.

[492] Vgl. *Hellbrügge/Montessori: a.a.O.*, s. auch Kap. 7. – *Hager, W.* (Hrsg.): Programme zur Förderung des Denkens bei Kindern. Göttingen 1995; *Greisbach/Kullik/Souvignier* (Hrsg.): Von der Lernbehindertenpädagogik zur Praxis schulischer Förderung. Lengerich 1998. – *Borchert, J.:* Pädagogisch-therapeutische Intervention bei sonderpädagogischem Förderbedarf. Göttingen 1996.

[493] Handbuch für Lehrgangsteilnehmer, Montessori-Material – Teil 1, ^{2}1992, S. 95f.

[494] Vgl. *Grissemann, H.:* Grundlagen und Praxis der Dyskalkulietherapie. Bern 1993. – Ders.: Dyskalkulie heute. Bern 1996 (mit sehr praktischen Hinweisen).

[495] Anleitungen/Beispiele in: *Schieder, M.:* Montessori-Mathematik. Reutlingen 1996.

[496] Handbuch für Lehrgangsteilnehmer, Montessori-Material – Teil 1, ^{2}1992, S. 104–106.

[497] Vgl. Schlüsselbegriffe in der Vorschulerziehung. Hrsg. vom *Arbeitskreis Vorschulerziehung* der PH Schwäbisch-Gmünd. Freiburg 1973. – *Retter, H.:* Reform der Schuleingangsstufe. Bad Heilbrunn 1975. – *Dumke, D.:* Modelle zur Förderung lernschwacher Schüler. Holstein 1980.

[498] *Deutscher Bildungsrat:* a.a.O., S. 40.

[499] *Myschker, N.:* Verhaltensstörungen bei Kindern und Jugendlichen. Stuttgart ^{3}1999, S. 41.

[500] Vgl. *Schmidt, M.:* Häufige Verhaltensauffälligkeiten bei Beeinträchtigungen des Lernens. Fernuniversität Hagen 1990, S. 35.

[501] Vgl. *Schmidt, P.:* Verhaltensstörungen aus anthropologischer Sicht. Bern 1985, S. 72f. – *Wille, A.:* Die Enkopresis im Kindes- und Jugendalter. Berlin 1984. – *Kahan, V. L.:* Psychische Krankheit im Kindesalter. Köln 1973.

[502] Modell der Bedürfnishierarchie nach Maslow. In: *Oerter/Montada:* Entwicklungspsychologie. München 1982, S. 578.

[503] Vgl. *Harbauer/Lempp/Nissen/Strunk:* Lehrbuch der speziellen Kinder- und Jugendpsychiatrie. Berlin ^{4}1980.

[504] Vgl. Klinische Psychosomatik von Kindern und Jugendlichen. Hrsg. von *Zauner/Biermann.* München 1986, bes. S. 266ff.

[505] Vgl. *Grissemann:* a.a.O., S. 113.

[506] Vgl. *Hillenbrand, C.:* Verhaltensstörung, Verhaltensgestörte, Verhaltensgestörtenpädagogik. In: *Antor/Bleichdick* (Hrsg.): Handlexikon der Behindertenpädagogik. Stuttgart 2001, S. 145.

[507] Vgl. *Klafki* u. a.: Funk-Kolleg Erziehungswissenschaft, 3 Bde. Frankfurt/M. 1970, S. 53ff.

[508] Vgl. *Grissemann:* a.a.O., S. 241.

[509] Vgl. *Barker, Ph.:* Grundlagen der Kinderpsychiatrie. Ravensburg 1973. – *Scholz, W.* (Hrsg.): Verhaltensprobleme in der Schulklasse. München 1977.

[510] Vgl. *Kluge/von Randow:* Kinder- und Jugenddelinquenz. Darmstadt 1979.

[511] Vgl. *Fürst, W.:* Die Erlebnisgruppe. Freiburg 1992. – *Bauer, H. G.:* Die Erlebnis- und Abenteuerpädagogik. München ^{2}1985. – *Smit* u. a.: Freiheit einüben. Stuttgart 1988 (anthroposophische Erziehung).

512 *Grissemann:* a.a.O., S. 113f.
513 Vgl. *Wille, A.:* Die Enkopresis.
514 Vgl. Erziehen? – Heute? Prinzipien verantwortlicher Erziehung. Kastellaun 1980.
515 Vgl. *Faßnacht, G.:* Systematische Verhaltensbeobachtung. München 1979.
516 *Schmidt/Esser:* Psychologie für Kinderärzte. Stuttgart 1985, S. 200.
517 *Innerhofer, P.:* Das Münchener Trainingsmodell. Berlin 1977, S. 1.
518 Vgl. *Goetze/Jaede:* Die nicht-direktive Spieltherapie. München 1975, S. 28.
519 *Axline, V. M.:* Kinderspieltherapie im nicht-direktiven Verfahren. München 1972. – Vgl. *Goetze/Jaede:* a.a.O.
520 Vgl. *Klein, M.:* Die psychoanalytische Spieltechnik, ihre Geschichte und Bedeutung. In: *Biermann, G.* (Hrsg.): Handbuch der Kinderpsychotherapie, Bd. 1. München [4]1976, S. 15ff.
521 *Jaede, W.:* Gesehen und für gut befunden. In: Welt des Kindes 53/1975, H. 6, S. 335ff. – Vgl. *Schmidtchen, S.:* Klientenzentrische Spieltherapie. Weinheim [2]1976. – *Bennecken, J.* (Hrsg.): Kinderspieltherapie. Fallstudien. Stuttgart 1982.
522 Vgl. *Jochimsen, P.:* Spiel und Verhaltensgestörtenpädagogik. Berlin 1984.
523 *Tausch/Tausch:* Erziehungspsychologie. Göttingen [8]1977.
524 *Wagner, A. C.* u. a.: Schülerzentrierter Unterricht. München 1978.
525 *Lorenz, R.* u. a.: Verhaltensänderung in der Schule. Reinbek b. Hamburg 1976. Kap. 7: Das behinderte und lernschwache Kind in der Regel-Schule.
526 Vgl. *Speck, O.:* System Heilpädagogik. München 1988, S. 323ff.
527 AO=Verordnung über den Bildungsgang in der Grundschule, Ausbildungsordnung gem. § 26b SchVG.
528 Vgl. *Speck,* a.a.O., S. 288ff.
529 Vgl. *Bleidick, U.:* Das Dilemma mit der Integration. In: Die Sonderschule 40/1995, H. 5, S. 329ff.
530 Vgl. *Willand, H.:* Lehrerausbildung zwischen Wissenschaftsorientierung und Berufsfelderfordernissen. In: Schule heute 5/94, S. 18.
531 Vgl. *Frühauf, T.:* Schulische Rehabilitation durch Rückschulung. Marburg 1986.
532 Vgl. *Nexus,*Newsletter des Unesco Instituts für Pädagogik 3/2004.
533 Vgl. *Hellbrügge:* Unser Montessori-Modell. München 1977.
534 Pädagogisch bewertete Programme dazu nennt: *Landesinstitut für Schule und Weiterbildung* in Soest/NRW.
535 Vgl. *Biewer, G.:* Montessori-Pädagogik mit geistig behinderten Schülern. Bad Heilbrunn 1992.
536 Vgl. *Schmutzler, H.-J.:* Freiarbeit in der Montessori-Pädagogik. Hamm [4]1994.
537 Vgl. *Hellbrügge/Montessori* (Hrsg): Die Montessori-Pädagogik und das behinderte Kind. München 1978.
538 Ders.: Grundelemente der sozialpädiatrischen Entwicklungs-Rehabilitation. Sonderschrift der Aktion Sonnenschein. München o.J.
539 Ders.: Erlebte und bewegte Kinderheilkunde. München 1994. S. 87f.
540 Vgl. ebd.

Glossar

Abbé In Frankreich Titel eines Geistlichen, der nicht dem Klosterstand angehört

Abort Fehlgeburt

Acidose krankhafte Vermehrung des Säuregehalts im Blut

Adipositas auch: Fettsucht; übermäßige Vermehrung oder Bildung von Fettgewebe

affektiv gefühlsbetont, durch heftige Gefühlsäußerungen gekennzeichnet

Affektabilität Beeinflussbarkeit eines Affektes (= heftige Erregung)

Agnosie krankhafte Störung der Fähigkeit, Sinneswahrnehmungen als solche zu erkennen (trotz erhaltener Funktionstüchtigkeit der Sinnesorgane)

Agraphie Verlust oder schwere Störung der Schreibfähigkeit, die nicht durch motorische Ausfälle zu erklären ist

Akalkulie Rechenschwäche, meist infolge einer Erkrankung des unteren Scheitellappens

Ambivalenz Bezeichnung für das Nebeneinander gegensätzlicher Vorstellungen, Wünsche oder Absichten, unter Umständen mit der Folge der Handlungsunfähigkeit

Anaesthesie völlige Unempfindlichkeit gegen Schmerz-, Temperatur- und Berührungsreize

Anamnese Krankengeschichte

anatomisch den Bau des menschlichen Körpers betreffend

Anomalie Unregelmäßigkeit; geringgradige Entwicklungsstörung

Anoxie Sauerstoffmangel in den Geweben

Anthelix die der Helix der Ohrmuschel gegenüberliegende Windung

Anthropologie Wissenschaft vom Menschen in seiner Entwicklung in natur- und geisteswissenschaftlicher Hinsicht

Anus-praeter künstlicher Darmausgang, so genannter Kunstafter

Apathie Teilnahmslosigkeit; Leidenschaftslosigkeit

Apgar-Schema Punkteschema für die Zustandsdiagnostik des Neugeborenen unmittelbar nach der Geburt (Atmung, Puls, Grundtonus, Aussehen, Reflexe)

Aphasie zentrale Sprachstörung nach weitgehend abgeschlossener Sprachentwicklung

Asphyxie Atemstillstand und Herz-Kreislauf-Versagen bei Atemlähmung

Ataxie Störung der Koordination von Bewegungsabläufen

Athetose Krankheitsbild bei verschiedenen Erkrankungen mit unaufhörlichen, ungewollten, langsamen, bizarren Bewegungen der Gliedmaßenenden

Athetotiker jemand, der an Athetose leidet

Ätiologie Gesamtheit der Faktoren, die zu einer bestehenden Krankheit geführt haben

Audiologie Teilegebiet der Hals-Nasen-Ohren-Heilkunde, das sich mit der Funktion und den Störungen des Gehörorgans befasst

audiologisch die Audiologie betreffend

Autismus Kontaktstörung mit Rückzug in die eigene Vorstellungs- und Gedankenwelt und Isolation von der Umwelt

barisch den Luftdruck betreffend, Druck, -gefühl

basal 1. an der Basis liegend, 2. den Ausgangswert bezeichnend

Biofeedback auf dem Prinzip der operanten Konditionierung aufbauende Methode der Psychotherapie, bei der Messgrößen vegetativer oder motorischer Funktionen durch Instrumente aufgezeichnet und nach Umwandlung in akustische oder optische Signale wahrnehmbar gemacht werden, um sie über eine Steigerung des Körperbewusstseins einer gezielten Einflussnahme durch den Patienten zugänglich zu machen

Brachydaktylie Oberbegriff für erbliche Verkürzung einzelner oder mehrerer Finger oder Zehen, meist seitensymmetrisch

Brachyzephalie Kurz- oder Rundkopf mit abgeflachtem Hinterkopf

Braille-Schrift Blindenschrift

Broca'sches Sprachfeld motorische Sprachregion im Gehirn

Brushfield-Flecken kleine weiße Flecken der Iris beim Down-Syndrom

Captagon Medikament zur Behandlung hyperaktiver Kinder

Cervixinsuffizienz Schwäche des Halses bzw. des Nackens

choreatisch außerhalb der Pyramidenbahn (Gesamtheit aller absteigenden Leitungsbahnen des zentralen Nervensystems) gelegenes Syndrom mit Hyperkinesen (motorische Reizzustände des Körpers mit Muskelzuckungen und unwillkürlichen Bewegungen) und allgemeine Hypertonie der Muskulatur

Curriculum Lehrplan, Lehrprogramm

Cylert Medikament zur Behandlung hyperaktiver Kinder

Daktylogie Wissenschaft von den Fingern, Zehen

debil/Debilität veraltete Bezeichnung für leichte geistige Behinderung

Deformität Missbildung (von Organen oder Körperteilen)

Demenz Bezeichnung für in der Regel über Monate bis Jahre chronische Veränderung des Gehirns mit Verlust von früher erworbenen kognitiven Fähigkeiten

Dendrit kurzer Fortsatz einer Nervenzelle; eine Nervenzelle hat 1 bis 12 Dendriten

depressiv mit Verstimmung verbunden, traurig, niedergeschlagen gestimmt

Depression (anaklitisch) depressives Syndrom, das bei Säuglingen infolge Trennung von der Bezugsperson auftritt

Deprivation Bezeichnung für unzureichende oder fehlende körperliche bzw. affektive Zuwendung, die in den ersten Lebensjahren z. B. zu anaklitischer Depression oder insbesondere zu Abweichung der Sprachentwicklung führen kann

deviant von der Norm sozialen Verhaltens, vom Üblichen abweichend

Diadochokinese schnelle Abfolge antagonistischer (gegensätzlicher) Bewegungen

Dialyse physikalisches Verfahren zur Abtrennung gelöster Teilchen in Abhängigkeit von ihrer Molekülgröße und elektrischen Ladung mit Hilfe einer semipermeablen Membran

Differentialdiagnostik Krankheitsbestimmung durch unterscheidende, abgrenzende Gegenüberstellung mehrerer Krankheitsbilder mit ähnlichen Symptomen

Dioxin hochgiftige Verbindung von Chlor und Kohlenwasserstoff, die schwere Gesundheitsschäden verursacht

Diplegie beidseitige Lähmung

direktiv Verhaltensregeln gebend

diskreditieren dem Ruf, Ansehen einer Person oder Sache schaden

Diskurs die von einem Sprachteilhaber auf der Basis seiner sprachlichen Kompetenz tatsächlich realisierten sprachlichen Äußerungen

Dysarthrie Sprechstörung infolge Störung der an der Sprechmotorik beteiligten neuromuskulären Strukturen, die sich durch Störungen der Artikulation, vermehrte Sprachanstrenung sowie Veränderungen der Sprechgeschwindigkeit äußert

Dysgrammatismus Sprachstörung, Unfähigkeit eines Sprechers, grammatisch richtige Sätze zu bilden

Dysgraphie Schreibstörung

Dyskalkulie Rechenstörung

Dyslalie (Stammeln) Störung der Lautbildung, bei der einzelne Lautverbindungen völlig fehlen, durch andere ersetzt oder abartig gebildet werden

Dyslexie organisch oder seelisch bedingte Lesestörung: Minderung der Fähigkeit, Geschriebenes zu erfassen, geistig aufzunehmen und zusammenhängend vorzulesen

Dysmelie Störung der Extremitätenentwicklung

Dysphasie Bezeichnung für 1. eine Sprachstörung bei hirnlokalem Syndrom; 2. verzögerte Sprachentwicklung

Dysphorie Störung der Affektivität mit bedrückter, gereizter Stimmung

dysplastisch fehlentwickelt, von den normalen Körperwachstumsformen stark abweichend

EEG Elektroenzephalogramm; diagnostische Methode zur Registrierung von Potentialschwankungen des Gehirns

Effizienz Wirksamkeit, Wirkkraft

Epikanthus angeborene sichelförmige Hautfalte am inneren Rand des oberen Augenlids

evozieren vorladen, durch Vorladung eines Beklagten vor Gericht etwas bewirken; hervorrufen

Exploration Untersuchung und Befragung

expressiv ausdrucksstark, mit Ausdruck, ausdrucksbetont

fazial zum Gesicht gehörend

Fetalperiode Zeitraum der pränatalen Entwicklung vom Ende der Embryonalperiode (von Anfang der 9. SSW)

Feudalismus auf dem Lehnsrecht aufgebaute Wirtschafts- und Gesellschaftsform, in der alle Herrschaftsfunktionen von der über den Grundbesitz verfügenden aristokratischen Oberschicht ausgeübt werden

Fötus Leibesfrucht vom dritten Schwangerschaftsmonat

Gestatio Schwangerschaft

Gestose früher übliche Bezeichnung für alle durch eine Schwangerschaft bedingten Krankheitszustände

Glabella-Reflex auch: Orbicularis-oculi-Reflex; Erkrankung des extrapyramidalen Systems; Auslösung des Effekts: Schlag auf die Glabella (unbehaarte Stelle zwischen den Augenbrauen)

Gliazellen vom Ektoderm abgeleitetes Hüll- und Stützgewebe des Nervensystems. Im Gegensatz zu den Nervenzellen sind die Gliazellen auch nach der Pränatalperiode noch vermehrungsfähig.

Habituationslernen Lernen durch Gewöhnen

Hämophilie erbliche Blutkrankheit

haptisch den Tastsinn betreffend

Hemiplegie vollständige Lähmung einer Körperhälfte

Hospitalismus zusammenfassende Bezeichnung für alle durch bzw. während eines Krankenhaus- oder Heimaufenthaltes auftretenden Schädigungen

Hydrocephalus so genannter Wasserkopf

hyperkinetisch mit Muskelzuckungen und unwillkürlichen Bewegungen einhergehend

Hyperkinetisches Syndrom Bewegungsunruhe mit unwillkürlichen, automatenhaft ablaufenden Bewegungen des Körpers oder einzelner Körperteile, besonders der Extremitäten

Hyerthyreose Überfunktion der Schilddrüse mit gesteigerter Produktion und Sekretion der Schilddrüsenhormone

Hypertonie so genannter Bluthochdruck, Hochdruckkrankheit

Hypertonus s. Hypertonie

Hyperventilation im Verhältnis zum erforderlichen Gasaustausch des Körpers gesteigerte alveoläre (mit kleinen Hohlräumen versehene) Ventilation mit normalem bis erhöhtem Sauerstoffpartialdruck bei Erniedrigung des CO/2-Partialdrucks

Hypoglykämie Verminderung der Konzentration von Glukose im Blut unter einen dem jeweiligen Lebensalter entsprechenden Wert

Hypothyreose Unterfunktion der Schilddrüse und unzureichende Versorgung der Körperzellen mit Schilddrüsenhormon

Hypotonie 1. herabgesetzte Muskelspannung; 2. zu niedriger Blutdruck; 3. Verminderung des Drucks im Auge

Hypotrophie Unterernährung; unterdurchschnittliche Größenentwicklung eines Gewebes oder Organs

Hypoventilation alveoläre Minderbelüftung in Relation zum Stoffwechselbedarf des Organismus mit Absinken von partialem Sauerstoff und Anstieg von partialem $CO/2$ infolge verringerten Atemminutenvolumens (Atemvolumen, das in einer Minute geatmet wird)

Hypoxie Verminderung des Sauerstoffpartialdrucks im arteriellen Blut bzw. verminderte Sauerstoffversorgung im Gesamtorganismus oder bestimmten Körperregionen

Ileostomie operative Herstellung eines künstlichen Darmausgangs unter Verwendung einer unteren Krummdarmschlinge

Implantation Einpflanzung von körperfremden Materialien in den Organismus

Indikation Grund zur Anwendung eines bestimmten diagnostischen oder therapeutischen Verfahrens in einem Krankheitsfall, der seine Anwendung hinreichend rechtfertigt, wobei grundsätzlich Aufklärungspflicht gegenüber dem Patienten besteht

infantil auf kindlicher Entwicklungsstufe stehengeblieben, geistig oder körperlich unterentwickelt; einem Kind angemessen

Insuffizienz Schwäche, ungenügende Leistung eines Organs oder Organsystems

intendieren auf etwas hinzielen; beabsichtigen, anstreben, planen

Interaktion Wechselbeziehung zwischen Handlungspartnern

interdisziplinär die Zusammenarbeit mehrerer Disziplinen betreffend

Intoxikation Vergiftung

intrauterin innerhalb der Gebärmutter liegend bzw. erfolgend

ipsativ bzgl. des individuellen Lernfortschritts

Kastration operative Entfernung der Keimdrüsen (Hoden bzw. Eierstöcke) oder Ausschaltung der Keimdrüsen durch Röntgenbestrahlung

kataton schizophren, Wahnerleben

kinästhetisch bewegungsempfindlich

Klinodaktylie meist kongenitale (angeborene) radiale Schiefstellung der Finger

kognitiv die Erkenntnis betreffend; erkenntnismäßig

Kolostomie operatives Anlegen einer äußeren Dickdarmfistel

komatös in tiefster Bewusstlosigkeit befindlich

Konduktor Individuum, das eine Krankheitsanlage von der vorausgehenden Generation auf die nächstfolgende überträgt, ohne selbst krank zu sein; Führer

kongenital ererbt und bei der Geburt manifestiert

Kontraktur 1. Fehlstellung eines Gelenks mit Bewegungseinschränkung, Versteifung; 2. dauernde Verkürzung und Schrumpfung von Weichteilen

Korrelat Begriff, der zu einem anderen in Wechselbeziehung steht

korrelieren miteinander in Wechselbeziehung stehen

Kortex 1. äußere Zellschicht eines Organs; 2. Hirnrinde

KTD Körperkoordinationstest für Kinder

kumulieren (an)häufen

Kyphose Buckel, Wirbelsäulenverkrümmung nach hinten

kyphotisch die Kyphose betreffend

Labeling Etikettieren

labil schwankend, unsicher, unbeständig

Landau-Reaktion frühkindliche Lagereaktion, die etwa im 3. Lebensmonat auftritt und zwischen dem 12. und 24. Lebensmonat verschwindet

larvieren verstecken, verbergen

Legasthenie Schwierigkeit beim Erlernen des Lesens

Leukämie bösartige Erkrankung der weißen Blutkörperchen durch klonale Proliferation (Wucherung des Gewebes durch Zellvermehrung) unreifer hämatopoetischer (blutbildender) Zellen

Listeriose von Tieren auf Menschen selten übertragene Infektionskrankheit

LKG-Spalte Lippenkiefergaumenspalte: Spaltbildung des Gaumens, die entweder den weichen Gaumen oder zusätzlich auch den harten Gaumen betreffen kann, in Kombination mit Lippen- und Kieferspalte

Logopäde Angehöriger eines medizinischen Heilberufs, der Diagnostik, Therapie und Beratung bei Stimm-, Sprech-, Sprach- und Hörstörungen durchführt

LRS Lese-Rechtschreib-Schwäche

manifest offenbar, offenkundig

manisch-depressiv abwechselnd krankhaft heiter, schwermütig

matinal früh

MCD minimale cerebrale Dysfunktion

Meningitis Hirnhautentzündung

Meningoencephalitiden Form der Meningitis, bei der die Gehirnsubstanz in Mitleidenschaft gezogen ist

mental seelisch-geistige Verstandesaspekte

Meningomyelozelen angeborene Fehlbildung des Rückenmarks und der Wirbelsäule

Mneme Gedächtnis

mnestisch die Mneme betreffend

Mongolenfalte Hautfalte besonders der mongoliden Rasse, die den inneren Augenwinkel vom Oberlid überlagert

mongoloid mit mongolischen Rassenmerkmalen; s. a. Trisomie 21

Morbus Förster Durchtrennung der hinteren Wurzel der Rückenmarksnerven als Palleativoperation zur Schmerztherapie

Morbus Recklinghausen meist unregelmäßig dominant vererbte Erkrankung des Nervensystems, bei der sich zahlreiche Knoten an den Nervensträngen in allen Organen bilden können

Moro-Reflex Umklammerungsreflex

morphologisch die äußere Gestalt betreffend, der Form nach

Motologie die Lehre von der menschlichen Motorik und deren Anwendung in Erziehung und Therapie

motologisch die Motologie betreffend

Motopädagogik Erziehung, Förderung durch Bewegung

Mototherapie therapeutisches Verfahren zur Korrektur und Kompensation psychomotorischen Fehlverhaltens und zur Förderung nicht ausgebildeten motorischen Verhaltens

Mucoviszidose autosomal-rezessiv erbliche Stoffwechselstörung mit einem genetischen Defekt am Chromosom 7 und generalisierter Dysfunktion exokriner (nach außen absondernder) Drüsen

Multiple Sklerose primär entzündliche Erkrankung des Zentralnervensystems mit herdförmiger Entmarkung

Muskelatrophie Rückbildung des Muskels

Muskeldystrophie mit schweren Funktionsstörungen einhergehende pathologische Veränderung der Muskeln

Mutismus Stummheit bei intakter Wahrnehmung, erhaltenem Sprachvermögen und intakten Sprechorganen

Myelinisation Prozess der Bildung von aus Lipiden und Proteinen zusammengesetzter Isolationssubstanz in der Markscheide der Nervenfasern

Myopathie entzündliche degenerative Muskelerkrankung

Myotonie tonischer Krampf der Muskulatur

Näseln Störung von Stimmklang und Sprachfärbung durch unphysiologische Luftstromführung

Nephropathie Nierenleiden

Neurologie Wissenschaft von Aufbau und Funktion des Nervensystems

Neurophysiologie Physiologie des Nervensystems

Neuropsychiater Wissenschaftler auf dem Gebiet der Neuropsychologie

Neurose hauptsächlich durch Fehlentwicklung des Trieblebens und durch unverarbeitete seelische Konflikte mit der Umwelt entstandene krankhafte, aber heilbare Verhaltensanomalie mit seelischen Ausnahmezuständen und verschiedenen körperlichen Funktionsstörungen ohne organische Ursachen

Neurotiker jemand, der an einer Neurose leidet

Neurotizismus neurotische Tendenz, Neurosebereitschaft

neurovasculär zu den Nerven und Blutgefäßen gehörend

neurovegetativ das vegetative Nervensystem (Gesamtheit der dem Einfluss des

Willens und dem Bewusstsein primär nicht untergeordneter Nerven und Ganglienzellen) betreffend

Nikotinabusus Nikotinmissbrauch

NMR Abkürzung für (engl.) nuclear magnetic resonance; physikalischer Vorgang, der mit der Ausrichtung und Messung von Elektronen oder geeigneten Atomkernen (Kernspinresonanz) verbunden ist

Noxe krankheitserregende Ursache

Ödem Ansammlung wässriger Flüssigkeit in den Gewebespalten

olfaktorisch den Riechnerv betreffend

ophtalmologisch die Augenheilkunde betreffend

orofazial den Gesichtsnerv betreffend

Pädiater Facharzt für Krankheiten des Säuglings- und Kindesalters

Pädoaudiologie Wissenschaft vom Hören und von Hörstörungen im Kindesalter

palliativ die Beschwerden einer Krankheit lindern, aber nicht die Ursache bekämpfend

palmar zur Handfläche gehörig, fächerförmig

Parese vollständige Lähmung

parietal seitlich, wandständig

Parität Gleichstellung, Gleichsetzung

Pathologie Wissenschaft von den Krankheiten, besonders von ihrer Entstehung und den durch sie hervorgerufenen organisch-anatomischen Veränderungen

peripher außen, am Rande, weg oder fern vom Zentrum

Perseveration so genanntes Haftenbleiben an Vorstellungen bzw. beharrliches Wiederholen von Bewegungen oder Wörtern auch in unpassendem Zusammenhang

Perzeptionsstörung Wahrnehmungsstörung

Phonoponose Fehlfunktion der Kehlkopfmuskulatur

Physiologie Wissenschaft von den Grundlagen des allgemeinen Lebensgeschehens

Placenta Mutterkuchen, Nachgeburt (wird nach der Geburt der Frucht ausgestoßen)

plantar zur Fußsohle gehörend, sie betreffend

Plastizität Bildhaftigkeit, Anschaulichkeit, Körperlichkeit

Plexus Gefäß- oder Nervengeflecht

Polarisation das deutliche Hervortreten von Gegensätzen; Herausbilden einer Gegensätzlichkeit

Poliomyelitis spinale (zur Wirbelsäule gehörende) Kinderlähmung

Poltern Sprechstörung, die als Störung oder Dyskoordination der Sprachgestaltung aufgefasst wird

Polyneuritis in mehreren Nervengebieten gleichzeitig auftretende Entzündung

Prädisposition Anlage, Empfänglichkeit für bestimmte Krankheiten

Prävention vorbeugende Maßnahme, besonders in der Gesundheitspflege

Progredienz das Fortschreiten, die zunehmende Verschlimmerung einer Krankheit

Propriorezeptoren Wahrnehmung der Stellung und Bewegung des Körpers im Raum

Protektion Förderung, Begünstigung, Bevorzugung

psychogen seelisch bedingt

Psychogenese Entstehung und Entwicklung der Seele oder des Seelenlebens

Psychomotorik Gesamtheit des durch psychische Vorgänge beeinflussten körperlich-seelischen Ausdrucksverhaltens

Psychopathie aus einer erblichen Disponiertheit heraus sich entwickelnde Abartigkeit des geistig-seelischen Verhaltens

Psychopathologie Lehre von den psychischen Erlebnis- und Handlungsmöglichkeiten des Menschen, sofern diese als abweichend oder pathologisch angesehen werden

Psychopharmaka Arzneimittel für psychische Störungen

Psychose allgemeine Bezeichnung für psychische Störung mit strukturellem Wandel des Erlebens

Psychosomatik Wissenschaft von der Bedeutung seelischer Vorgänge für Entstehung und Verlauf körperlicher Krankheiten

Psychotiker jemand, der an einer Psychose leidet

Pulmonalinsuffizienz Schlussunfähigkeit der Pulmonalklappe am Herzen

Reanimation Wiederbelebung

remedial heilend

Reversibilität Umkehrbarkeit

rezeptiv aufnehmend, empfangend

rezidivierend in Abständen wiederkehrend

Reziprozität Gegen-, Wechselseitigkeit

Rhesus-Faktor von den Blutgruppen unabhängiger, dominant erblicher Faktor der roten Blutkörperchen, dessen Vorhandensein oder Fehlen ein entscheidendes Bestimmungsmerkmal beim Menschen ist, um Komplikationen bei Schwangerschaften und Transfusionen vorzubeugen

Rigidität Unnachgiebigkeit; Unfähigkeit, sich wechselnden Bedingungen schnell anzupassen

Ritalin Medikament zur Behandlung hyperaktiver Kinder

rubrizieren in eine bestimmte Rubrik einordnen

rudimentär a) nicht voll ausgebildet; b) zurückgeblieben, verkümmert

Schizophrenie Form der körperlich nicht begründbaren Psychose, die durch ein Nebeneinander von gesunden und veränderten Erlebens- und Verhaltensweisen gekennzeichnet ist

Screening zeit- und kostengünstiger Suchtest, z. B. zur ersten Identifizierung von gefährlichen Stoffen

Segregation 1. Ausscheidung, Trennung; 2. Aufspaltung der Erbfaktoren während der Reifeteilung der Geschlechtszellen

Sensomotorik durch Reize bewirkte Gesamtaktivität in sensorischen und motorischen Teilen des Nervensystems und des Organismus

sensorisch die Sinnesorgane, die Aufnahme von Sinnesempfindungen betreffend

serial eine Reihe bestimmter gleichartiger Dinge oder Geschehnisse betreffend

Seriation Reihenbildung, z. B. von optischen oder akustischen Reizen, Signalen

Signifikanz Bedeutsamkeit, Wesentlichkeit

Skoliose seitliche Verbiegung der Wirbelsäule mit Drehung der einzelnen Wirbelkörper und Versteifung in diesem Abschnitt

skurril sonderbar, auf lächerliche oder befremdende Weise eigenwillig

somatisch den Körper betreffend

somatogen körperlich bedingt

Sozialpädiatrie interdisziplinäres Arbeitsgebiet der Kinderheilkunde unter Einbeziehung von u. a. Psychologie, Sozialpädagogik, Kinderkrankenpflege, Logopädie, Spieltherapie, Krankengymnastik

sozialpädiatrisch die Sozialpädiatrie betreffend

Spasmus Krampf; unwillkürliche Muskelkontraktion

spastisch krampfhaft, krampfartig, verkrampft

Spina bifida sogenannter Spaltwirbel, Wirbelspalt; angeborene Spaltbildung im hinteren oder vorderen Teil der Wirbelsäule

spinal zur Wirbelsäule, zum Rückenmark gehörend

Spontanremission (vorübergehendes) Zurückgehen von Krankheitserscheinungen von selbst

SSW Schwangerschaftswoche

statomotorisch Bewegungs-, Körperhaltung betreffend

Strabismus Schielen; Fehlstellung eines Auges

Substitut Ersatz(mittel); Stellvertreter

subsumieren ein-, unterordnen

subtil mit viel Feingefühl, mit großer Behutsamkeit, Sorgfalt, Genauigkeit vorgehend oder ausgeführt

subtotal unterhalb des Ganzen

suggerieren jemanden gegen seinen Willen gefühlsmäßig oder seelisch beeinflussen

Synapse Kontakt-, Umschaltstelle zwischen Nervenfortsätzen, an der nervöse Reize von einem Neuron auf ein anderes weitergeleitet werden

Syndaktylie angeborene Entwicklungsstörung mit Verwachsungen bzw. Nichttrennung von Zehen- oder Fingeranlagen

Synergismus gegenseitige Beeinflussung mehrerer Arzneimittel i. S. einer additiven oder potenzierten, u. U. auch neuartigen Wirkung

Synthese Zusammensetzung, Aufbau

taktil das Tasten, den Tastsinn betreffend

teratogen Missbildungen bewirkend

Tetraplegie komplette Lähmung aller vier Extremitäten

Thalidomid-Embryopathie embryopathisches Fehlbildungssyndrom mit im Vordergrund stehenden schweren Extremitätenanomalien nach Einnahme von Medikamenten in der Frühschwangerschaft

Tic meist automatisch, gelegentlich willkürlich beeinflussbare, plötzlich einsetzende, rasche Muskelzuckungen i. S. von Sterotypien mit zwanghaften Ausdrucks-, Abwehr- und Reflexbewegungen

tonisch 1. kräftigend, stärkend; 2. den Tonus betreffend; durch anhaltende Muskelanspannung charakterisiert

Tonus Grad der Anspannung eines Organs oder Organteils, z. B. von Muskeln, Gefäßen oder Nerven

Toxikose durch exogen oder endogen gebildete toxische Substanzen verursachte Erkrankung

Toxoplasmose durch eine bestimmte Parasitenart hervorgerufene Infektionskrankheit

überprotektiv (über)beschützend

utero-placentar Gebärmutter und Mutterkuchen betreffend

Uterus Gebärmutter

Vakuumextraktion Form der operativen Entbindung zur Entwicklung des kindlichen Kopfes mittels einer Saugglocke, die auf die Kopfschwarte des kindlichen Schädels gesetzt wird und durch Erzeugung eines Unterdrucks festhaftet

validieren etwas für rechtsgültig erklären, geltend machen, bekräftigen

Variabilität Veränderlichkeit, besonders die Verschiedenartigkeit und Veränderlichkeit des Erscheinungsbildes durch Umwelteinflüsse oder durch Veränderungen im Erbgut

vegetativ unwillkürlich, unbewusst

Verhaltensmodifikation die durch äußere Faktoren bedingte nichterbliche Änderung des Verhaltens

visuell das Sehen betreffend

zerebral das Großhirn betreffend, von ihm ausgehend, zu ihm gehörend

Zerebralparese allgemeine Bezeichnung für Folgen eines frühkindlichen Hirnschadens

Zygote nach Verschmelzung der beiden Gameten (geschlechtlich differenzierte Fortpflanzungszelle von Menschen) entstandene diploide (einen doppelten Chromosomensatz aufweisende) Zelle